Métropolisation et grands ensembles urbains

Collection *Droit des collectivités territoriales*
fondée et dirigée par
Bernard POUJADE et Xavier CABANNES
Professeurs à l'Université Paris Cité

Série des travaux de l'association française
de droit des collectivités locales

Dernières parutions

Arnaud DURANTHON (dir.), *Peut-on encore définir la collectivité territoriale ?*, 2023.

Benjamin TENDRON, *Les pôles d'équilibre territoriaux et ruraux et la « politique de pays »*, 2022.

Pauline TÜRK (dir.), *Pour un droit constitutionnel des collectivités territoriales. Évolutions et débats*, 2020.

Marie JAN, *L'égalité professionnelle dans la fonction publique territoriale. L'exemple de la Région Nouvelle-Aquitaine*, 2020.

Jean-Christophe CERVANTES, *Le principe d'unité des catégories de collectivités territoriales en question*, 2019.

Carole CHEVILLEY-HIVER, Matthieu HOUSER et Anne MARCEAU (dir.), *Les collectivités territoriales à l'ère du numérique*, 2019.

Thierry DI MANNO et Alexis LE QUINIO (dir.), *Quelle(s) commune(s) pour le XXIe siècle ? Approche de droit comparé*, 2018.

Maylis DOUENCE (dir.), *L'exercice des compétences locales entre rationalisation et créativité*, 2018.

Apolline THIRION, *La nouvelle compétence GEMAPI, Gestion des milieux aquatiques et préventions des inondations, Quels moyens mis à disposition des collectivités territoriales pour structurer et financer cette nouvelle compétence ?*, 2018.

Jean-Marc BROU (dir.), *La dynamique de l'économie mixte dans la région Occitanie*, 2017.

Julie BENETTI (dir), *Les collectivités territoriales et le principe d'égalité*, 2016.

Mathilde MONTAUBIN, *Le référendum d'indépendance de l'Écosse*, 2016.

Sous la direction de
Sébastien Saunier

MÉTROPOLISATION ET GRANDS ENSEMBLES URBAINS

Préface de Michel Verpeaux

L'Harmattan

5-7, rue de l'École-Polytechnique ; 75005 Paris
http://www.editions-harmattan.fr
ISBN : 978-2-336-40879-8
EAN : 9782336408798

Sommaire

Préface

Michel Verpeaux

Président de l'Association française de droit des collectivités locales

L'année 2021 fut, pour l'Association française de droit des collectivités locales, une année extraordinaire. Frappée comme beaucoup d'organismes et institutions notamment scientifiques et académiques, par la pandémie de covid-19, elle a dû suspendre un certain nombre de ses manifestations, et les a reportées dans le temps en attendant le retour des jours meilleurs. Depuis 2014 en effet, l'AFDCL organise une Journée d'études, parfois deux, du fait de programmes denses et riches. Chaque année, c'est un thème nouveau et une ville universitaire différente qui accueille ces manifestations. Le choix se fait la plupart du temps sur proposition des équipes, ou laboratoires des Universités de ces villes et régions, qui s'intéressent d'une manière ou d'une autre au droit des collectivités locales dans ses diverses dimensions.

Ainsi, après Bordeaux (2014), Reims (2015), Toulon (2016), Pau (2017), Besançon (2018) et Toulon (2019), le choix avait été fait de tenir ces Journées à Strasbourg, initialement prévues en septembre 2020. Les restrictions de circulation et de réunion en « présentiel », comme l'habitude fut prise de les nommer au cours de cette période de pandémie, ont incité les organisateurs strasbourgeois et l'AFDCL à renoncer à organiser un colloque en tout petit comité, sans public ou à distance au cours de l'année 2020 qui fut ainsi une année blanche. L'horizon paraissant s'éclaircir au printemps 2021, il fut décidé que ces Journées auraient lieu en septembre 2021, ce qui fut fait.

Cette décision a eu une incidence imprévue, car, entre-temps, l'Université de Toulouse-1 Capitole, l'Institut du Droit de l'Espace, des Territoires, de la Culture et de la Communication (IDETCOM) et son directeur le professeur Saunier avaient proposé que Toulouse accueille la Journée d'études prévue pour l'année 2021. C'est ainsi que, cette même année vit deux manifestations majeures de l'AFDCL se tenir à quelques mois de distance, les contraintes de la vie administrative et budgétaire des universités et des centres de recherche ne rendant pas possible un nouveau report après la date fatidique du 31 décembre de l'année. Les Journées toulousaines ont donc eu lieu les 2 et 3 décembre 2021 dans un contexte relativement apaisé sur le plan sanitaire entre deux périodes de confinement et d'interdiction de réunion. La « fenêtre de tir » avait été judicieusement choisie, car, peu de jours après ces Journées, de nouvelles restrictions sont intervenues.

L'IDETCOM et son directeur avaient proposé depuis longtemps que le thème choisi serait celui de la métropolisation et des grands ensembles urbains, qui n'avait jamais été traité directement lors des Journées des années précédentes. Bien sûr, il fallait que cette manifestation se déroule dans une ville métropole pour que la réflexion et les échanges aient un sens et Toulouse présentait, pour cela, toutes les qualités.

À défaut de pouvoir confronter les expériences des différentes métropoles, dont le statut n'est d'ailleurs pas identique sur l'ensemble du territoire français, les organisateurs ont eu l'excellente idée de regarder vers « l'étranger » et de convier des spécialistes de différents pays qui connaissent le phénomène métropolitain, que ce soit le Royaume-Uni, l'Italie, l'Allemagne ou certains pays d'Amérique latine.

La métropolisation, plus encore peut-être que d'autres thèmes du droit des collectivités territoriales, exigeait aussi que la géographie et l'aménagement du territoire aient leur place au sein des contributions, car la situation des villes-métropoles au sein de leur territoire n'est pas identique d'un cas à un autre et rend la gestion de l'espace par les différentes collectivités nécessairement propre à chacune. De même, la présence d'élus de la région venant témoigner de la place et du rôle de la métropole dans son environnement départemental et régional, était incontournable, surtout dans la grande région Occitanie, riche de territoires nombreux et diversifiés.

Les organisateurs de ce colloque, sans oublier Didier Guignard dont le rôle fut aussi grand que l'est sa modestie, ont choisi de traiter de la « métropolisation » et non des métropoles, présentant alors ce phénomène comme un mouvement et non comme un constat qui serait terminé. Cela justifiait pleinement que de nombreuses contributions se soient intéressées aux effets et aux conséquences de la métropolisation-métropole sur de nombreuses branches et concepts du droit des collectivités territoriales, ou d'autres sciences sociales, y compris dans les relations que peuvent avoir ces collectivités d'un nouveau genre avec l'État.

Faut-il préciser que si ce colloque fut une réussite sur tous les plans, ce fut bien sûr grâce à l'IDETCOM, grâce aux nombreux et compétents contributeurs, grâce aux nombreux participants présents notamment des étudiants, grâce aussi à une diffusion en direct déployée pour les participants en distanciel, mais aussi à toute l'équipe administrative du laboratoire, sans laquelle rien n'aurait été possible. Merci.

Rapport introductif : existe-t-il une notion juridique de métropolisation ?

Sébastien Saunier

Professeur de droit public
Directeur de l'IDETCOM (EA785)
Université Toulouse Capitole

La métropolisation fait indubitablement partie des thèmes dans l'air du temps. Elle constitue l'un de ces mots en vogue repris par l'ensemble de la classe politique (pour la défendre ou s'en défendre), polarisant l'attention des juristes et des commentateurs. Son usage se répand très rapidement dans le discours juridique. Pourtant, bien que souvent employée, la métropolisation est rarement définie et n'a fait l'objet que de peu d'études d'ensemble[1] ou alors de façon indirecte, en particulier depuis la création par le législateur des métropoles[2]. Ces premiers constats d'une relative carence de la réflexion sur le sujet sont à l'origine de la genèse du colloque et des travaux ci-après rassemblés.

Le terme est d'ailleurs fréquemment entouré de guillemets[3] destinés non pas à citer le propos, mais à marquer la distance, les réserves de l'auteur par rapport à ce qu'il décrit, parfois pire, pour indiquer une forme d'ironie.

Le « flou » qui la caractérise est, de plus, souvent mis en avant par la doctrine, qui, sobrement, évoque « le phénomène de la métropolisation »[4] ou

---

[1] V. cependant, F. Lerique, *À l'heure de la métropolisation, Quels contours juridiques ?*, L'Harmattan, 2012.

[2] C. Regourd, *Les métropoles au prisme du modèle territorial français*, Bibliothèque parlementaire et constitutionnelle, Dalloz, 2020.

[3] E. Deschamps, « Métropole et pôle métropolitain dans la loi du 16 décembre 2010 de réforme des collectivités territoriales », *AJDA* 2011, p. 1128 ; B. Perrin, « L'ère des métropoles », *AJDA* 2013, p. 433 ; E. Marcovici, « De la métropole de 2010 aux métropoles de 2014 », *AJDA* 2014, p. 435 ; R. Lafore, « La métropolisation de l'action sociale », *RDSS* 2015, p. 525 ; M. Verpeaux, « La loi NOTRe dans son contexte », *RFDA* 2016, p. 671 ; E. Aubin, « Fonction publique territoriale : notion et enjeux », *Rep. Dalloz Coll. Terr.* 2021, §102.

[4] J.-B. Auby, « Loi NOTRe », *Dr. adm.* 2015, repère 8 ; R. Lafore, « La métropolisation de l'action sociale », *RDSS* 2015, p. 525 ; J. Ferstenbert, F. Priet, P. Quilichini, *Droit des collectivités territoriales*, Dalloz, 2e éd., 2016, p. 205 ; L. Havard, « La métropole collectivité territoriale de Lyon : évolution ou révolution ? », *AJDA* 2017, p. 510 ; S. Hourson, « Pactiser

bien le « processus » de métropolisation[5]. La question n'est cependant jamais traitée de façon candide, car il est généralement relevé l'« enjeu »[6] qu'elle soulève.

La métropolisation ne laisse pas indifférent. Elle provoque des sentiments ambivalents, balançant entre attirance et rejet.

La métropolisation possède, pour nombre de spécialistes du droit des collectivités territoriales, qu'ils soient universitaires, praticiens ou politiques, une image négative.

L'usage du terme « phénomène » est un premier indice de cette connotation. Mais au-delà, il est frappant de constater que dans la littérature doctrinale, la métropolisation est l'objet de nombreuses critiques : la méthode d'abord lorsqu'il est observé une « métropolisation de la France à marche forcée »[7] ; le fond aussi lorsqu'est dénoncé le risque de disparition de certaines catégories de collectivités territoriales (ainsi de la « métropolisation d'une partie des départements »[8]) ou le dépérissement de l'environnement des plus grandes villes et de la ruralité[9]. Elle est accusée d'être « un puissant facteur de complexité dans la détermination des autorités compétentes »[10], ou bien de constituer un élément perturbateur des « repères conceptuels traditionnels »[11]. La tonalité verse parfois même dans le registre dramatique lorsqu'est évoquée une « inévitable »[12] ou une « irrépressible »[13] métropolisation. Au-delà de la doctrine universitaire, elle est également une source d'inquiétude des institutions locales elles-mêmes, notamment des petites villes qui regrettent « une métropolisation incontrôlée »[14].

---

et pacifier », *Dr. adm.* 2020, focus, n°17 ; C. Regourd, *Les métropoles au prisme du modèle territorial français*, *op. cit.*, §20.

[5] G. Marcou, « Quel Grand Paris demain ? », *AJDA* 2009, p. 1468 ; O. Renaudie, « La métropole du Grand Paris : du rêve à la (dure) réalité », *AJCT* 2021, p. 416 ; « De quoi la loi du 28 février 2017 relative au statut de Paris est-elle le nom ? », *AJDA* 2017, p. 1033.

[6] G. Marcou, « La réforme territoriale : ambition et de défaut de perspective », *RFDA* 2010, p. 357 ; du même auteur, « Les métropoles ont-elles une chance ? », *JCP A* 2010, 2246 ; E. Deschamps, « Métropole et pôle métropolitain dans la loi du 16 décembre 2010 de réforme des collectivités territoriales », *AJDA* 2011, p. 1128 ; E. Marcovici, *Les métropoles en France*, LGDJ, 2019, p. 11.

[7] B. Faure, « Les métropoles "et le désert français" ? », *AJDA* 2019, p. 2430

[8] M. Verpeaux, « La loi NOTRe dans son contexte », *RFDA* 2016, p. 671 ; R. Lafore, « La métropolisation de l'action sociale », *RDSS* 2015, p. 525 ; N. Ferreira, « Départements et métropoles : les départements ne veulent pas disparaître… », *AJCT* 2019, p. 318.

[9] B. Faure, « Les métropoles "et le désert français" ? », *AJDA* 2019, p. 2430.

[10] S. Hourson, « Pactiser et pacifier », *Dr. adm.* 2020, focus, n°17.

[11] A. Duranthon, « Le droit des collectivités territoriales au milieu du gué », *Dr. adm.* 2017, Etude 12.

[12] S. Traore, « L'autre réforme, la réforme de l'État », *AJCT* 2016, p. 76 ; E. Marcovici, « Acte 3 de la décentralisation : la simplification et la démocratisation annoncées seront-elles au rendez-vous ? », *JCP Adm.* 2015, p. 2325.

[13] L. Havard, « La métropole collectivité territoriale de Lyon : évolution ou révolution ? », *AJDA* 2017, p. 510.

[14] Association des petites villes de France, 27 mai 2011, résolution finale.

Pour d'autres analystes, la métropolisation est auréolée d'une vision positive, l'érigeant en « défi »[15], ou bien en élément de mutations des grandes métropoles françaises y compris de la capitale[16].

Malgré la banalisation du terme, il existe ainsi une incertitude quant à ce qui constitue l'objet même du thème qui nous réunit.

La consultation des dictionnaires juridiques de référence est de faible secours. Le terme « métropolisation » en est absent[17]. Le vocabulaire courant n'est pas d'un plus grand soutien. Le terme n'est pas référencé par les dictionnaires de la langue française qui contiennent uniquement ceux de « métropoles » et « métropolitain ». Le premier est entendu au sens de « ville principale d'un pays, d'une province ou d'une région dont le rayonnement et l'influence lui font jouer le rôle de capitale »[18]. Quant au second, il est pris au sens de « qui a rapport à une métropole »)[19]. Nulle trace en revanche du mot « métropolisation ».

La métropolisation constitue en revanche un objet de recherche fondamentale dans d'autres domaines de la connaissance dans lesquelles elle a acquis ses premières définitions, notamment en géographie, en sociologie et en économie[20]. En géographie, par exemple, il est observé que la métropolisation est une « notion (...) plus récente » que celle de métropole - à partir duquel le mot a été construit -, qui « tend à s'imposer depuis quelques années comme une notion clef pour rendre compte de l'évolution des territoires des pays économiquement avancés »[21].

La métropolisation s'ajoute dès lors aux multiples notions qui, initialement, n'appartenaient pas au monde du droit, mais qui ont été absorbées par lui, non d'ailleurs sans une certaine surenchère lexicale. Ainsi parle-t-on d'« alter-métropolisation »[22] ou encore de « dé-métropolisation » (pour qualifier par exemple le redéploiement des services de l'État dans les départements afin de renforcer leur présence dans ces territoires[23]). L'on peut toutefois s'interroger : est-il utile de parler de « dé-métropolisation » pour

---

[15] S. Braconnier, « Le fantôme de la métropole », *AJDA* 2011, p. 65.

[16] A propos de Paris, O. Renaudie, « Le Grand Paris », *RFDA* 2016, p. 490 : « Dire d'une capitale comme Paris qu'elle est en proie à la métropolisation revient ainsi à souligner qu'elle est perçue désormais comme une - grande - ville comme les autres » ; « De quoi la loi du 28 février 2017 relative au statut de Paris est-elle le nom ? », *AJDA* 2017, p. 1033. ; « La métropole du Grand Paris : du rêve à la (dure) réalité », *AJCT* 2021, p. 416.

[17] Seul le mot « métropole » est défini par exemple par le Dictionnaire Cornu.

[18] *Trésor de la langue française.*

[19] *Le Petit Robert.*

[20] L'on observera que le mot « métropolisation » figure dans certains dictionnaires de géographie.

[21] J. Lévy, M. Lussault, *Dictionnaire de la géographie et de l'espace des sociétés*, Belin, 2013, V° « Métropolisation », p. 664.

[22] J. -M. Offner, « Métropole », *Dictionnaire des politiques territoriales*, 2020, p. 349 et s.

[23] Par exemple, 6e comité interministériel de la transformation publique, 23 juill. 2021 : « La poursuite du mouvement de démétropolisation des agents de l'État permettra de renforcer les services publics dans les territoires ».

qualifier ce qui est connu et parfaitement décrit par une notion juridique classique, telle que celle de déconcentration ?

Si la notion de métropolisation n'est pas une pure notion juridique, cela ne veut évidemment pas dire que le droit ne s'en saisit pas. Ce concept rencontre le droit des collectivités territoriales. Du reste, il semble que le droit des collectivités territoriales soit irrigué, transformé, modifié par ce phénomène. Il est devenu en quelques années un puissant *stimulus* d'évolution du droit des collectivités territoriales. L'objectif de métropolisation laisse donc des traces tangibles au cœur de ce droit.

Cependant, il convient en guise de point de départ de nos réflexions de se demander quel est le statut épistémologique de la métropolisation en droit des collectivités territoriales ? Il semble opportun de faire le point. La métropolisation est-elle une vague formule explicative ? Ou bien constitue-t-elle une notion juridique consacrée et précisément définie ? La réponse à apporter à cette question dépend de la résolution de deux interrogations: la métropolisation est-elle consacrée par le droit ? Présente-t-elle les qualités de précisions, de clarté, généralement attendues d'une notion juridique ? À ces questions, deux réponses peuvent être apportées : il convient de constater, d'une part, que la métropolisation fait l'objet d'une consécration croissante (I) même si perdurent, d'autre part, des interrogations quant à sa définition juridique (II).

I. Une consécration croissante

En quelques années, la métropolisation est devenue une référence incontournable du discours juridique. Sa promotion est fulgurante au regard de sa nouveauté. Rappelons en guise de repère qu'en 2015, Robert Lafore relevait alors « l'apparition » ainsi que « le développement de la notion de "métropolisation" »[24] alors que, de nos jours, elle est dans tous les esprits. Cependant, tel Janus, sa consécration présente deux visages. Si l'on se tourne vers les sources « formelles » du droit des collectivités territoriales, la métropolisation semble être une notion clandestine (A). Lorsque l'on se tourne vers les « petites sources »[25] de ce droit, la métropolisation est alors omniprésente (B).

---

[24] R. Lafore, « La métropolisation de l'action sociale », *RDSS* 2015, p. 525 : « Depuis une vingtaine d'années, les agglomérations les plus importantes sont affectées par des mutations qui, d'un certain point de vue, semblent dans la continuité de l'évolution urbaine des années 1950-1960, mais qui cependant paraissent suffisamment spécifiques pour qu'elle suscite l'apparition puis le développement de la notion de "métropolisation" ».

[25] F. Melleray, « Brèves observations sur les « petites » sources du droit administratif », *AJDA* 2019, p. 917.

A. Une notion clandestine du droit des collectivités territoriales

Il est frappant d'observer que l'usage du terme « métropolisation » est faible, voire quasi-inexistant en droit public. Empruntant une formule utilisée par B. Mathieu à propos de la sécurité juridique, l'on dira que la métropolisation est une notion « clandestine, mais efficiente »[26]. S'il n'y a de notion juridique « que dans la mesure où un phénomène est pris en considération par le droit (...) » et si « la notion juridique n'existe que par et pour le droit »[27], alors, la métropolisation n'est pas une notion juridique.

Aucun code, ni aucun texte de loi ne semble utiliser le mot, ce qui est toutefois intéressant. Et ce d'autant plus si l'on compare à l'usage du terme « métropole » mentionné par 1095 articles provenant de 53 codes. Le traitement juridique de l'un et de l'autre diffère profondément, ce qui est révélateur de ce que leur portée parmi les sources du droit des collectivités territoriales n'est pas la même.

Le terme « métropolisation » n'est certes pas inconnu de la jurisprudence administrative, mais les trois décisions qui y font référence ne permettent pas d'y voir une consécration retentissante. Dans l'une, la métropolisation est mentionnée, parce que contenue dans le rapport et les conclusions d'une commission d'enquête publique qui faisait état des inquiétudes du public[28] ; dans l'autre, elle constitue un élément dans l'argumentation d'une partie (« la planification ne doit pas tuer l'habitat rural, mais maintenir la vie en milieu rural en évitant de favoriser la métropolisation »)[29], ou bien au titre de la métropolisation d'une aire urbaine préconisée dans un schéma d'aménagement régional[30]. Elle ne fait donc pas partie du langage du juge administratif, pas plus que du juge constitutionnel.

De surcroît, fort curieusement, la réglementation des autorités administratives paraît tout aussi silencieuse : aucune circulaire, aucun décret ne s'y réfèrent alors que 136 circulaires opposables contiennent le mot « métropole ».

L'on relèvera cependant pour compenser ce maigre bilan que de nombreux arrêtés y renvoient, soit pour indiquer que la métropolisation figure parmi les programmes scolaires officiels[31], soit qu'elle figure dans le

---

[26] Pour reprendre la formule de B. Mathieu, « La sécurité juridique, un principe clandestin, mais efficient », *Mélanges P. Gélard*, Montchrestien, 1999, p. 301.

[27] F.-P. Bénoit, « Notions et concepts, instruments de la connaissance juridique. Les leçons de la Philosophie du droit de Hegel », *Mélanges Peiser*, PUG, 1995, p. 28.

[28] CAA Paris, 1ère chambre, 23 juin 2021, n°21PA00470, Inédit au recueil Lebon.

[29] CAA Bordeaux, 7 mars 2018, 18BX00515, Inédit au recueil Lebon.

[30] CAA Bordeaux, 2 mars 2015, 13BX02338, Inédit au recueil Lebon.

[31] Arrêté du 26 juillet 2005 fixant le programme de l'enseignement de l'histoire-géographie en classe de première de la série sciences et technologies de la gestion ; Arrêté du 29 mai 2012 relatif à l'adaptation des programmes nationaux d'enseignement de l'histoire et de la géographie pour les collectivités d'outre-mer (COM) de Nouvelle-Calédonie, de Polynésie française et de Wallis-et-Futuna dans les classes de seconde générale et technologique, de première et de terminale des séries générales ; Arrêté du 20 juillet 2005 relatif aux diplômes

programme de certaines épreuves de concours[32]. Les exemples pourraient prêter à sourire, mais c'est bien de métropolisation des territoires dont il s'agit. L'on rapprochera des cas précédents les nombreux avis de vacance de poste publiés sur le Journal Officiel, destinés à recruter des agents publics spécialisés dans « l'accompagnement des réformes territoriales et dans la métropolisation ».

Le droit positif n'est donc pas totalement indifférent à ce phénomène, même s'il faut constater le caractère marginal de sa consécration.

B. Un concept pris en compte par le droit

Bien que la métropolisation ne soit pas consacrée par les sources officielles du droit, le concept de métropolisation n'en est pas moins pris en compte par le droit, ainsi qu'en témoignent plusieurs observations.

D'abord, il convient de minimiser le constat qui vient d'être effectué. L'idée, la réalité que désigne la métropolisation peut être consacrée indépendamment de ce terme. Ainsi que l'a expliqué M. Troper à propos de la libre administration des collectivités territoriales, « Un même concept peut être désigné par plusieurs termes différents et (…) un même mot peut servir à désigner plusieurs concepts » [33]. Dès lors, l'on peut se ranger du côté des auteurs qui considèrent que la métropolisation est bien « saisie par le droit »[34]. Elle est, sans nul doute, un objet du droit des collectivités territoriales.

En tout état de cause, comme l'expliquait C. Eisenmann « le juriste de (la) doctrine n'opère pas toujours et uniquement avec des concepts ou des mots (…) figurant dans les sources du droit positif ». Il utilise aussi fréquemment des « concepts de classification théoriques qui fournissent des cadres d'analyse et de systématisation des phénomènes juridiques ». Précisément, tel est le cas : si la doctrine publiciste utilise abondamment le terme[35], c'est parce qu'il fait aujourd'hui partie intégrante du système conceptuel, des instruments intellectuels du droit des collectivités territoriales.

Enfin et surtout, si la métropolisation n'accède pas à la consécration légale, elle est partout présente dans les travaux parlementaires de la plupart des réformes effectuées ces dernières années ainsi que le montre le nombre

---

de spécialisation et d'approfondissement en architecture ; Arrêté du 15 septembre 1998 relatif aux programmes des classes de troisième des collèges.

[32] Arrêté du 27 février 2016 fixant le programme des épreuves des concours pour le recrutement des ingénieurs en chef territoriaux ; Arrêté du 8 juin 2009 fixant la nature et le programme des épreuves des concours pour le recrutement des contrôleurs des douanes et droits indirects.

[33] M. Troper, « Libre administration et théorie générale du droit. Le concept de libre administration », *in La libre administration des collectivités territoriales, Réflexion sur la décentralisation*, PUAM/Economica, 1984, p. 55.

[34] C. Regourd, *Les métropoles au prisme du modèle territorial français*, *op. cit.*, §37.

[35] V. *supra*.

de projets ou de propositions de loi qui s'y réfère, les multiples rapports des commissions ainsi que les divers débats en séance. Pour la seule législature en cours, l'on dénombre devant l'Assemblée nationale, 116 comptes-rendus, 93 amendements, 35 rapports, 6 propositions qui abordent le sujet. Pour la seule année en cours, devant le Sénat, 16 dossiers législatifs, 6 rapports d'information, 7 comptes rendus des débats et 10 comptes rendus des commissions s'y réfèrent. Voilà qui renseigne par ailleurs sur un autre aspect de cette notion : la métropolisation fait partie des notions « qui, si elles ont reçu une traduction et un contenu juridiques (…), ont à l'évidence avant tout un contenu politique (…) et de fortes connotations idéologiques »[36].

L'on observera enfin que de nombreuses questions écrites et réponses ministérielles mentionnent le mot[37], ce qui montre que la métropolisation fait fréquemment l'objet d'une demande d'obtention d'information ou d'interprétation d'une disposition législative par un parlementaire sur tel ou tel aspect de ses implications juridiques.

À ce stade de la réflexion, l'on peut donc considérer que la métropolisation n'est pas une « pure » notion juridique ; elle n'est pas davantage consacrée officiellement par les sources « instituées »[38] du droit des collectivités territoriales. En revanche, elle l'irrigue en permanence par le biais des « forces créatrices »[39] qui influent sur son contenu. Ce qui conduit dès lors à examiner les difficultés de définition qu'elle pose.

II. Des difficultés de définition

L'usage foisonnant du terme laisse en suspens la question de son contenu. Il y a là probablement le principal obstacle lui permettant d'accéder à la qualité de notion, si l'on veut bien considérer avec R. Latournerie que « l'élaboration de toute notion se ramène à un problème de définition »[40]. En effet, les études consacrées à la question en droit des collectivités territoriales, n'ont pas encore pleinement éclairci sa définition, les auteurs s'abstenant le plus souvent d'en donner une explication, comme s'il existait un consensus implicite dispensant une approche plus précise[41].

---

[36] D. Lochak, « Principe hiérarchique et participation dans la fonction publique », *BIIAP* 1978, p. 123, spéc. p. 123-124.

[37] L'on recense 25 questions parlementaires au cours de l'actuelle législature devant l'Assemblée nationale.

[38] M. Fabre-Magnan, F. Brunet, *Introduction générale au droit*, PUF, 2017, p. 75.

[39] G. Ripert, *Les forces créatrices du droit*, LGDJ, 1955.

[40] R. Latournerie, « Sur un lazare juridique ; bulletin de santé de la notion de service public ; agonie, convalescence ou jouvence... », *in* Conseil d'État, *Études et documents*, n° 14, 1960, p. 61-159, spéc. p. 95.

[41] V. par exemple, Rapport d'information de Y. Krattinger et Mme J. Gourault, fait au nom de la mission Collectivités territoriales, n° 264, tome I (2008-2009) - 11 mars 2009, p. 101 : « Les analystes reconnaissent largement le phénomène de la métropolisation ».

La complexité de la définition provient probablement de son caractère extra-juridique. Car, si les tentatives de définition sont rares, l'approche dominante consiste à s'appuyer sur une conception métajuridique, empruntée à d'autres disciplines, qui toutefois mériterait un usage plus précautionneux. Il existe en effet une sorte de « légende » invoquée dans les rapports et les études juridiques consacrées à la métropolisation, laissant penser que le concept fait l'objet d'une définition claire et consensuelle hors du droit alors que tel n'est pas le cas (A), ce qui invite à engager une nouvelle réflexion sur le sujet (B).

A. La conceptualisation progressive et imparfaite de la métropolisation

Le terme « métropolisation » appartient à des vocabulaires scientifiques spécialisés avant d'avoir été importé en Droit. Or, plusieurs acceptions de la métropolisation co-existent, ce qui est source de forte polysémie hors du droit[42] (malheureusement importée dans le champ juridique).

Le terme est par exemple défini en géographie comme désignant soit, uniquement le « mouvement accusé de concentration de la population dans les métropoles »[43], soit cumulativement « une concentration des populations dans les plus grandes villes au détriment des plus petites » et la « croissance urbaine » qui l'accompagne, cette dernière se caractérisant « à la fois par extension des zones urbanisées et par absorption des espaces périphériques »[44].

Cependant, cette première conception dans la laquelle la métropolisation est synonyme d'urbanisation ne se déploie pas de façon unanime : d'aucuns s'interrogent alors sur l'intérêt de « développer une nouvelle terminologie (...). Pourquoi ne pas conserver le terme d'urbanisation qui a le mérite d'avoir une définition nette ? »[45].

L'approche économique de la métropolisation prend appui, de son côté, sur les constats précédents pour les prolonger et ajouter une autre conception, désignant cette fois, « le développement des activités économiques autour des grandes villes », leur concentration dans un nombre limité de villes ainsi que « le rôle grandissant joué par les métropoles dans la

---

[42] S. Leroy, « Sémantiques de la métropolisation », *Espace géographique*, tome 29, n°1, 2000, p. 79 : « (...) L'utilisation du terme de métropolisation se répand rapidement. Mais il n'est pas toujours empiriquement justifié, ni clairement défini. »

[43] R. Brunet, R. Ferras, H. Théry, *Les mots de la géographie, Dictionnaire critique*, La Documentation française, 2005.

[44] J.-M. Offner, « Métropole », *Dictionnaire des politiques territoriales*, 2020, p. 349 et s. V. aussi J. Lévy, M. Lussault, *Dictionnaire de la géographie et de l'espace des sociétés*, Belin, 2013, v° « Métropolisation », p. 664.

[45] S. Leroy, « Sémantiques de la métropolisation », *op. cit.*, p. 79.

croissance économique »[46], dans un contexte de mondialisation et de globalisation[47].

Ces différentes définitions de la métropolisation ont certes en commun de rester fortement liées à celle de métropole, mais présentent chacune des spécificités. Du reste, ces approches n'épuisent pas la définition de la métropolisation.

Pour certains auteurs, le concept de métropolisation ne désignerait plus aujourd'hui uniquement le processus de croissance des grandes agglomérations, qu'il se situe au niveau démographique, urbain ou économique. L'intérêt du terme métropolisation proviendrait de sa capacité à désigner autre chose : « c'est un processus qui s'inscrit dans des transformations plus fondamentales, qui est profondément dépendant de l'économie internationale et des dynamiques des mutations sociétales »[48] ; il engloberait pêle-mêle une conception différente des transports et des mobilités au sein de ces ensembles territoriaux, la généralisation des nouvelles technologies, le mouvement de concentration des couches sociales les plus qualifiées dans les grandes agglomérations[49], le « processus de concentration des fonctions stratégiques dans une grande ville »[50], « un nouveau mode d'occupation et d'appropriation collective du territoire »[51], ainsi qu'une interdépendance entre les grandes villes[52].

C'est alors que le terme « métropolisation » deviendrait pleinement pertinent, le mot « métropole » renvoyant quant à lui à une conception « ancienne » de la ville capitale et de son rôle[53], auquel il conviendrait en définitive d'y substituer celui de « métapole »[54], signifiant étymologiquement « au-delà de la ville »[55].

Le concept de métropolisation doit-il être réservé à l'une de ces conceptions ? Laquelle ? La question n'est pas tranchée. Hors du droit, les spécialistes indiquent que malgré son succès plus ancien, « une impression de flou persiste quant à sa définition »[56].

---

[46] J.-F. Thisse et T. van Ypersele, « Métropoles et concurrence territoriale », *Economie et statistique*, n°326-327, 1999, p. 19-30.

[47] P. Veltz, *Mondialisation, villes et territoire : l'économie d'archipel*, Quadrige, PUF, 2014, p. 24 ; C. Ghora-Gobin, *La métropolisation en question ?*, PUF, 2015, p. 14.

[48] J. Lévy, M. Lussault, *Dictionnaire de la géographie et de l'espace des sociétés*, *op. cit.*, p. 665.

[49] *Ibid.*

[50] A. Akoun, P. Ansart, *Dictionnaire de sociologie*, Le Robert/Seuil, 1999, « Métropolisation ».

[51] J. Lévy, M. Lussault, *Dictionnaire de la géographie et de l'espace des sociétés*, Belin, 2013, p. 666.

[52] A. Ciattoni, Y. Veyret, *Les fondamentaux de la géographie*, A. Colin, p. 91.

[53] J. Lévy, M. Lussault, *Dictionnaire de la géographie et de l'espace des sociétés*, V° « Métropolisation », *op. cit.*, p. 666.

[54] F. Ascher, *Métapolis ou l'avenir des villes*, Odile Jacob, 1995.

[55] D'aucuns considèrent que le concept de métropolisation fait évoluer ainsi la définition du mot « métropole ». V. S. Leroy, « Sémantiques de la métropolisation », préc., p. 81.

[56] S. Leroy, « Sémantiques de la métropolisation », préc., p. 78.

Pourtant, les rapports et études préalables aux réformes récentes en droit des collectivités territoriales sont très fortement inspirés par ces conceptions alors même qu'il est constaté, à l'instar du Rapport Perben, « une terminologie incertaine (...) une approche approximative »[57]. S'y ajoutent des glissements constants entre les différentes approches. L'on remarquera à ce propos que le rapport Mauroy en 2000 n'y renvoie pas encore[58], mais tel est le cas en revanche des rapports postérieurs dès 2003[59]. Ainsi, le CESE la définit dans son rapport de 2019 comme « un phénomène de polarisation des populations et des richesses par les plus grandes villes (...) en lien avec la mondialisation de l'économie, sa tertiarisation, sa dématérialisation et la recherche d'innovations »[60]. La doctrine publiciste y fait plus ponctuellement référence, important alors les définitions extra-juridiques. Certains auteurs retiennent une conception stricte[61], d'autres une conception économique[62], d'autres encore la conception la plus large[63], même si le plus souvent, les commentateurs se gardent d'exposer explicitement la conception qu'ils s'en font ou qu'ils retiennent.

Est-ce à dire qu'il convient d'abandonner l'usage du terme ? Probablement pas. Mais un usage plus raisonné du terme, ou entouré de quelques précautions méthodologiques, paraît plus pertinent.

---

[57] D. Perben, *Rapport Imaginer les métropoles d'avenir*, Janvier 2008, p. 13 : « *face à cette terminologie incertaine, on ne peut qu'observer une approche approximative, non juridique* ». V. déjà, Conseil économique et social, *Métropoles et structuration du territoire*, avis, 9 avril 2003 : « L'accord est loin d'être unanime parmi les chercheurs - économistes, géographes, urbanistes, sociologues... - les acteurs et les élus sur la définition de termes de métropole et de métropolisation, et sur le contenu de ces concepts, alors que les notions « d'agglomération », de « pôle urbain » ou « d'aire urbaine » font l'objet de définitions rigoureuses acceptées par les statisticiens des différents pays ».

[58] P. Mauroy, *Refonder l'action publique locale, Rapport au Premier ministre, La documentation française*, 2000.

[59] Conseil économique et social, *Métropoles et structuration du territoire*, avis, 9 avril 2003 : « Métropolisation et internationalisation sont étroitement liées. Partout dans le monde, la population tend à se regrouper dans des ensembles urbains de plus en plus vastes ».

[60] Conseil économique et social, *Les métropoles : apports et limites pour les territoires*, 2019, p. 13. V. également, France Stratégie, *Dynamiques et inégalités territoriales*, Enjeux, 2016 « La métropolisation, c'est-à-dire la concentration accrue de la dynamique dans les plus grandes villes, s'explique par leurs atouts dans une économie aujourd'hui plus axée sur l'innovation et la connaissance ».

[61] Pour une approche essentiellement spatiale, A. Taillefait, « Les pôles métropolitains et les pôles d'équilibre territoriaux et ruraux », *op. cit.*, p. 625 et s.

[62] F. Lerique, « Propos introductifs », *in A l'heure de la métropolisation, Quels contours juridiques ?, op. cit.*, p. 16 ; G. Marcou, « La réforme territoriale : ambition et défaut de perspective », *op. cit.*, p. 357 et s. ; E. Deschamps, « Métropole et pole métropolitain dans la loi du 16 décembre 2010 de réforme des collectivités territoriales », *op. cit.*, p. 1128 et s.

[63] Par ex., R. Lafore, « La métropolisation de l'action sociale », *op. cit.*, p. 525 et s. ; J.-F. Brisson, « La métropole, une chimère ? », *in A l'heure de la métropolisation, Quels contours juridiques ?, op. cit.*, p. 23.

B. De quelques précautions méthodologiques

L'importation pure et simple du concept de métropolisation soulève plusieurs difficultés : le risque de construire une notion floue, polysémique, utilisée dans des sens extrêmement divers[64] ; ou bien d'en faire un usage purement métaphorique[65] qui apporte un éclairage nécessaire à la compréhension du droit des collectivités territoriales en tant que réceptacle des grandes interrogations qui traversent la matière. Mais qui n'en reste pas moins une formule vaguement explicative.

La question finalement posée, ainsi qu'avait pu le relever Jean-Arnaud Mazères concernant un autre sujet[66], est de savoir ce que le droit fait de la « métropolisation » lorsqu'il s'en saisit ? Le droit des collectivités territoriales s'intéresse, nous l'avons vu, à la notion de métropolisation, mais en opérant à son égard une véritable « transformation », une « conversion »[67], qui pour être soluble dans la discipline occulte probablement un certain nombre d'éléments qui font son identité hors du droit.

L'on perçoit bien ce mouvement dans le rapport du comité Balladur dans lequel le mot « métropolisation » est utilisé une fois telle une clause de style pour préconiser la création des métropoles[68]. L'approche législative semble très réductrice. Plusieurs auteurs se sont d'ailleurs interrogés sur le hiatus existant entre l'idée de métropolisation et sa traduction juridique, généralement pour souligner que, si elle a servi à justifier l'apparition et le développement des métropoles depuis 2010, la métropolisation constitue un instrument explicatif des mutations du droit des collectivités territoriales qui va bien au-delà de la seule existence de celles-ci[69].

---

[64] Ce constat a été effectué à propos d'autres concepts extra-juridiques, dont celui de régulation : J. Chevallier, « La régulation juridique en question », *Droit et Société* 2001, p. 827 et s.

[65] Sur les métaphores en droit, G. Timsit, « L'ordre juridique comme métaphore », *Droits* 2001, n°33, p. 3.

[66] J.-A. Mazeres, « L'un et le multiple dans la dialectique Marché – Nation », *in Marché et Nation, Regards croisés*, Montchrestien, 1995, p. 85.

[67] Pour reprendre les termes de J.-A. Mazeres. V. « L'un et le multiple dans la dialectique Marché – Nation », *op. cit.*, p. 85.

[68] *Il est temps de décider*, Rapport au Président de la République, 5 mars 2009, p. 130 : « Nous préconisions la création d'emblée d'une vingtaine de métropoles, car nous pensons que la « métropolisation » permettra aux villes françaises de se hisser à la hauteur de leurs concurrentes européennes et de rivaliser en puissance et en notoriété avec elles ».

[69] En ce sens, F. Lerique (dir.), « Propos introductif », A l'heure de la métropolisation, Quels contours juridiques ? L'Harmattan, 2012, p. 17 : « En définitive, le phénomène urbain et a fortiori la métropolisation ne sont pas pris en compte par le droit à la hauteur de leur réalité effective dans la société française ». V. également, J.-F. Brisson, « La métropole, une chimère ? », *in A l'heure de la métropolisation, Quels contours juridiques ?, op. cit.*, p. 23 et s., spéc. P. 27 : « La métropole en tant que réponse juridique et institutionnelle à la métropolisation a tout d'une chimère ». E. Marcovici s'interroge : « La métropolisation aurait-elle en France deux dimensions, une dimension géographique, urbanistique, économique… bien réelle et une dimension juridique qui peine à se calquer sur un phénomène pourtant

Les géographes eux-mêmes doutent que la réponse apportée par le droit réponde aux enjeux de la métropolisation[70].

En outre, si la métropolisation n'échappe pas à l'emprise du droit, elle vient se greffer sur des mécanismes, des techniques juridiques, des notions et des catégories éprouvées du droit des collectivités territoriales[71] comme le montrent les contributions qui suivent. La question est alors de savoir si tout en utilisant les cadres classiques du droit formel et matériel des collectivités territoriales, la métropolisation les modifie en profondeur ? Ce « droit de la métropolisation » qui émerge sous nos yeux présente-t-il des caractéristiques différentes du droit traditionnel des collectivités territoriales ?

Enfin, l'on peut se demander si, à défaut d'être une pure notion juridique, et probablement pas davantage un concept doté d'une forte rationalité hors du droit, la métropolisation ne constitue pas un « nouveau paradigme »[72] ainsi que certaines géographes le défendent, qui fait penser à celui de la régulation[73].

À ces réflexions, les pages qui suivent apportent des éclairages précieux, qui m'invitent à remercier chaleureusement l'ensemble des participants pour y avoir contribué, ainsi que l'Association française de droit des collectivités locales, et plus spécialement son président, Michel Verpeaux, pour sa confiance, auxquels il convient d'ajouter l'Université Toulouse Capitole, la Faculté de Droit et de Science politique, la Faculté d'Administration et Communication, et la Région Occitanie pour leur soutien.

---

mondial et irréversible d'extension de l'urbanisation ? », *Les métropoles en France, op. cit.*, p. 11. V. aussi, p. 13, p. 31.

[70] C. Ghora-Gobin, *La métropolisation en question ?*, PUF, 2015, spéc. p. 5, qui souligne « la difficulté à s'approprier (…) la métropolisation ».

[71] Selon un mouvement proche par exemple de la gouvernance, J. Chevallier, « La gouvernance et le droit », Mélanges P. Amselek, Bruylant, 2005, pp.189-207.

[72] C. Ghora-Gobin, *La métropolisation en question ?, op. cit.*, p. 15, p. 25-33.

[73] J. Chevallier, « La régulation juridique en question », préc.

LA MÉTROPOLISATION, QUELLES SIGNIFICATIONS ? DES DISCIPLINES EXTRA-JURIDIQUES AU DROIT

Les métropoles françaises au rendez-vous de la métropolisation : des outils juridiques à l'épreuve des enjeux de l'aménagement du territoire ?

Cécile Jebeili

Maîtresse de conférences en Droit public
Département géographie-aménagement-environnement
UMR LISST-Dynamiques rurales
Université Toulouse Jean Jaurès

Depuis une trentaine d'années, de très nombreux travaux en aménagement du territoire et plus particulièrement en géographie urbaine et géographie économique sont évidemment consacrés à la question de la métropolisation, si bien que s'est peu à peu construit une forme de « récit métropolitain »[1] qui présente les métropoles comme les lieux centraux de la création des richesses et de l'emploi, et les oppose aux autres catégories de territoires, notamment les territoires ruraux, les petites villes ou les villes moyennes, supposées être les « perdants » de la mondialisation. L'avenir appartiendrait donc aux métropoles.

Même si les métropoles ont toujours existé et ont, dès le moyen-âge, occupé une place centrale et dominé les échanges, en particulier commerciaux, avec les autres territoires, ce qui a changé, avec l'évolution du modèle capitaliste et la forme post-fordiste qu'il revêt depuis la fin du XXe siècle, c'est la modification des fonctions métropolitaines et le caractère mondial et universel du processus de métropolisation[2].

Aujourd'hui, plus de la moitié de la population mondiale vit dans des villes (55% contre 30% en 1950) et on estime que cette proportion atteindra 68% en 2050. Cette extension de l'urbanisation entraîne bien entendu l'augmentation du nombre de mégapoles, c'est-à-dire des agglomérations de plus de 10 millions d'habitants. On en compte 33 aujourd'hui contre 3 en 1975 (Tokyo, New York et Mexico).

---

[1] Olivier Bouba-Olga, *Pour un nouveau récit territorial,* Plan Urbanisme Construction Architecture, Les conférences POPSU, 2019.

[2] V. Guy Di Méo, La métropolisation. Une clé de lecture de l'organisation contemporaine des espaces géographiques, *L'Information géographique 2010/3 (Vol. 74)*, pps. 23-38.

Parallèlement à la croissance des villes du Sud et à la multiplication des mégapoles, on observe dans certaines régions urbaines des pays du Nord principalement, une intensification de la concentration de la production et des richesses mondiales, elle-même liée à l'accentuation de la division internationale du travail. Toutes les mégapoles ne sont donc pas des métropoles, et à l'inverse, toutes les métropoles ne sont pas des mégapoles. Ainsi, si Kinshasa, au Congo et ses 17 millions d'habitants reste une mégapole, Philadelphie avec ses 6 millions d'habitants est bel et bien une métropole[3]. Cette divergence entre mégapolisation et métropolisation, flagrante entre les pays du « Sud » et ceux du « Nord », notent Lise Bourdeau-Lepage et Jean-Marie Huriot, renvoie à l'idée de contrôle de la mondialisation[4].

Car la métropolisation constitue la traduction urbaine de la mondialisation et désigne le processus, social, économique, spatial de concentration des capitaux, des hommes et des activités[5], tandis que le terme « métropole », étymologiquement la « ville-mère », renvoie à l'objet urbain auquel elle s'applique[6]. Cependant, « le risque est évidemment que l'on finisse par définir la métropolisation comme la montée en puissance des métropoles et ces dernières comme le résultat du processus de métropolisation » prévient Alain Bourdin[7]. On frôle ainsi la tautologie.

Entrer dans la classification métropolitaine est d'ailleurs particulièrement délicat. Il existe tout un écheveau d'indicateurs permettant de classer les métropoles, mais cela dépend finalement de la place qu'elles occupent dans la région du monde où elles se situent et de leur degré d'intégration dans la mondialisation. Au sein des pays développés, il existe des variantes significatives entre les métropoles, entre les « villes-monde » que sont Londres, New York, Paris, Tokyo, Los Angeles, Pékin ou Séoul et celles qui, à un niveau plus fin, notamment au sein de l'Europe, constituent des sous-réseaux régionaux. En effet, le rayonnement des métropoles est donc plus ou moins étendu et plus ou moins « régionalisé » et les métropoles sont organisées en systèmes de réseaux emboîtés, de portée globale ou infra-globale[8].

C'est là évidemment que nos villes européennes peuvent prendre toute leur place dans le concert de la mondialisation, même si elles font plutôt

---

[3] Exemple actualisé tiré de Cynthia Ghorra-Gobin (dir.), *Dictionnaire des mondialisations*, Armand Colin, 2006.

[4] V. Lise Bourdeau-Lepage et Jean-Marie Huriot, Chapitre 3. La métropolisation : thème et variations, *in* Marie-Andrée Buisson et al., *Concentration économique et ségrégation spatiale*, De Boeck Supérieur | « Économie, Société, Région », 2005, pps. 39-64.

[5] V. notamment Ludovic Halbert, *L'avantage métropolitain*, PUF, Coll. La ville en débat, 2010.

[6] Alain Bourdin, *Être métropole dans un monde incertain*, Plan Urbanisme Construction Architecture, Les conférences POPSU, 2018.

[7] Alain Bourdin, La métropole, un objet mou, *Urbanisme*, HS, n° 50, Novembre 2014, pps. 13-15.

[8] Lise Bourdeau-Lepage, Jean-Marie Huriot, *prec.*.

figure de villes moyennes à l'échelle mondiale. Certaines villes-capitales évidemment, telles Rome, Berlin, Madrid, Budapest ou Lisbonne, mais également certaines capitales régionales, comme Zurich, Barcelone, Milan, Francfort, Naples ou Cologne. À cet égard, nous verrons que la hiérarchie urbaine française est elle-même très singulière au sein du continent européen.

Par ailleurs, cette concentration des activités et du développement dans les métropoles s'est encore accentuée depuis la crise de 2008-2009, nous faisant entrer de plain-pied, selon Pierre Veltz, dans ce qu'on pourrait appeler un « régime économique métropolitain »[9] désignant « le fonctionnement réticulaire » des métropoles dans la mondialisation, « qui ont parfois plus d'échanges entre elles qu'avec leur arrière-pays immédiat »[10].

La métropolisation est donc une « économie d'archipel »[11], caractérisée par une hyper connexion et une hyper-mobilité, et dont le fonctionnement repose sur des réseaux mondiaux, nationaux et régionaux.

Ce fonctionnement réticulaire des métropoles dans la mondialisation est une des clés de compréhension de la notion, mais la métropolisation repose également sur un ancrage territorial très fort : la métropolisation, c'est donc à la fois des liens et des lieux.

Nous présenterons donc les dynamiques de la métropolisation, ses enjeux et ses limites, pour nous concentrer ensuite sur la situation spécifique de la France en métropoles, et confronter les outils juridiques de l'institutionnalisation des métropoles à l'épreuve des enjeux de la métropolisation.

I. Les dynamiques de la métropolisation

La recherche en aménagement du territoire a permis de dégager un certain nombre de caractéristiques attachées à la métropolisation et de relever également différents enjeux et limites soulevés par ce phénomène.

A. Les caractéristiques de la métropolisation

Les travaux des chercheurs s'efforcent de proposer des indicateurs permettant de mesurer et de hiérarchiser les fonctions et les activités métropolitaines qui viennent expliquer le rôle majeur de certaines villes, les processus dynamiques générateurs et accélérateurs de concentration et les logiques de renforcement de la centralité.

---

[9] Pierre Veltz, Grand entretien, *CaMBo*, novembre 2014.

[10] Géoconfluences, Archipel Métropolitain/Mégalopolitain Mondial (AMM), http://geoconfluences.ens-lyon.fr/glossaire/archipel-megalopolitain-mondial-amm

[11] Pierre Veltz, *Mondialisation, villes et territoires, L'économie d'archipel*, PUF, coll. Quadrige, 2014.

Évacuons tout d'abord la question de la taille de l'agglomération et de son poids démographique. Certes, cette question n'est pas indifférente au phénomène de métropolisation, mais on a déjà vu que toutes les mégapoles ne sont pas des métropoles, et qu'à l'inverse, toutes les métropoles ne sont pas des mégapoles.

Pour entrer dans le cercle très fermé des métropoles, il faut que les agglomérations se distinguent par « le haut niveau qualitatif de leurs fonctions » et par « leur forte insertion dans des réseaux mondiaux »[12], par le fait qu'elles détiennent « les fonctions majeures de commandement, de contrôle, de coordination »[13] « d'activités économiques complexes, de portée mondiale, ou globale »[14]. Selon Lise Bourdeau-Lepage et Jean-Marie Huriot, « coordination, complexité et globalité sont les trois fondements de la métropolisation »[15]. Christian Lacour écrit à cet égard : « Une métropole est une concentration de pouvoirs, d'intelligence et d'organisation »[16].

Les dynamiques de la métropolisation reposent sur ce qu'on appelle les externalités d'agglomération, que constitue en leur sein la concentration des pouvoirs, en particulier économiques, qui entraîne celle des agents. La concentration des agents facilite ainsi la circulation de l'information complexe et favorise également la formation de capital humain, entraînant un processus cumulatif, puisque agglomération et capital humain se renforcent mutuellement. C'est ce que Ludovic Halbert appelle « l'avantage métropolitain »[17].

Le récit métropolitain, c'est ainsi celui de la ségrégation entre les villes, entre celles qui prennent le contrôle de l'économie mondialisée, les « villes qui gagnent », et celles qui la subissent. Cette ségrégation est liée à la division territoriale du travail qui sépare la conception de la réalisation, la décision de l'exécution : les premières fonctions, le « front office », sont concentrées dans les métropoles, les secondes, le « back office », sont dispersées dans le reste des territoires.

La métropolisation se construit ainsi sur la tertiarisation de notre économie, sur l'importance croissante de l'économie de la connaissance et de l'innovation, sur l'extraordinaire essor des techniques de l'information et de la communication, ainsi que sur le développement des moyens de transport rapides.

---

[12] Lise Bourdeau-Lepage, Jean-Marie Huriot, *prec.*

[13] Christian Vandermotten, Les villes qui gagnent, les villes qui perdent, *Futuribles*, 2009, n° 354, pps. 61-71.

[14] Lise Bourdeau-Lepage, Jean-Marie Huriot, *prec.*

[15] *Ibidem.*

[16] Christian Lacour, Méthodologie de recherche et théorisation des villes, *in* Lacour C. et Puissant S., *La Métropolisation. Croissance, Diversité, Fractures*, Anthropos, Paris, 2019, pps. 63-113.

[17] Ludovic Halbert, *L'avantage métropolitain*, *prec.*

C'est l'ère de la mobilité généralisée et ce sont des logiques de flux de marchandises, de capitaux, d'idées, de personnes qui supplantent désormais les dynamiques liées à la contiguïté des espaces, autrefois recherchées.

Pour autant, selon Cynthia Gorra-Gobin, la métropolisation repose également sur une logique de déterritorialisation/reterritorialisation : en se globalisant et se financiarisant, le capitalisme s'émancipe du territoire, il se déterritorialise, dans la mesure où il participe des flux d'échanges (matériels et immatériels) et des réseaux, mais il se reterritorialise sous la forme d'un « ancrage territorial »[18] dans les villes, qui garantit à la fois la sécurisation et la facilitation des échanges, explique-t-elle[19].

La métropolisation, c'est donc l'équilibre entre « territorialisation de proximité » et « connexion à distance », entre « réseau mondial des flux » et « génie des lieux » estime Guy Di Méo[20] : les liens et les lieux.

Ces dynamiques de métropolisation soulèvent dès lors toute une série d'enjeux et recèlent évidemment un certain nombre de limites.

B. Les enjeux et les limites de la métropolisation

Le premier enjeu, c'est celui des ressources territoriales : les métropoles doivent-elles se spécialiser sur des productions spécifiques à forte valeur ajoutée, type « clusters » ou « pôles de compétitivité », ou se diversifier dans plusieurs secteurs économiques, pour pousser plus loin l'avantage métropolitain ?[21]

Le deuxième enjeu c'est celui de l'attractivité : il s'agit d'attirer les activités économiques productrices de valeur ajoutée, les porteurs de projet, les jeunes diplômés, les classes créatives. Mais il faut aussi offrir à ces populations des aménités urbaines, des infrastructures techniques, sociales et culturelles, un cadre environnemental de qualité pour les maintenir sur le territoire : des magasins de luxe, des aéroports internationaux, des gares TGV, de grandes universités, des manifestations internationales, des opéras, des musées d'art contemporain, des bâtiments portant une signature architecturale prestigieuse, de grands centres hospitaliers, des centres d'affaires, des start up, tiers-lieux et autres fab'lab, des cabinets d'avocats réputés …[22] Ces élites métropolitaines sont en effet des populations

---

[18] Christian Lefevre et Gilles pinson, *Pouvoirs urbains. Ville, politique et globalisation*, Arman Colin, Coll. Le siècle urbain, 2020.

[19] Cynthia Ghorra-Gobin, *La métropolisation en question*, PUF, Coll. La ville en débat, 2015. C'est ce que défend la thèse de Saskia Sassen sur la ville globale dès 1991 : si le capitalisme participe certes des flux de capitaux, d'informations, de connaissances, de marchandises, et de transferts de données, il requiert néanmoins une inscription dans la ville (Saskia Sassen, *La Ville globale. New York-Londres-Tokyo. Paris*, Descartes et Cie, 1996 pour la traduction).

[20] Guy Di Méo, La métropolisation. Une clé de lecture de l'organisation contemporaine des espaces géographiques, *prec.*

[21] V. Christian Lefevre et Gilles Pinson, *Pouvoirs urbains. Ville, politique et globalisation*, *prec.*

[22] V. Alain Bourdin, La métropole, un objet mou, *prec.*

consommatrices de services, notamment numériques, exigeantes quant au niveau d'offre culturelles et de loisirs, attentives aux thématiques du développement durable, mais aussi hypermobiles, habituées au « zapping territorial », et elles n'hésiteront pas à délaisser une métropole pour une autre. Il s'agit donc d'offrir un marché du travail susceptible de les attirer et une qualité de vie susceptible de les retenir.

Un autre enjeu est celui de l'hospitalité : la métropole doit être capable d'accueillir et réguler les flux humains, qu'il s'agisse de migrants ou de touristes. Elle doit gérer des stratégies d'accueil (grands événements, équipements remarquables, patrimoine prestigieux ...), mais également maîtriser la problématique du tourisme de masse[23], qui peut à la fois propulser la ville au statut de métropole (par exemple Barcelone), mais aussi constituer une pression considérable liée à l'hyperflux et entraîner un effet de saturation insupportable pour les habitants (par exemple Barcelone).

L'enjeu de la régulation des flux est donc fondamental : le dynamisme de la métropole peut en effet entraîner sa thrombose, elle doit donc veiller à équilibrer ses activités et être particulièrement vigilante à la gestion des flux, y compris numériques, notamment ceux liés à l'Internet Des Objets appliqué à la ville intelligente.

La régulation des flux implique également la maîtrise des coûts environnementaux et sociaux. La métropole doit donc réguler les effets délétères de la recomposition spatiale. La métropolisation repose en effet sur un « système urbain » caractérisé par des formes urbaines polycentriques qui restructurent et recomposent les espaces[24]. La métropole, selon, Stéphane Leroy, serait la « ville réelle »[25], une ville forcément polycentrique. C'est une « centralité en réseau » qui suppose donc des interrelations spatiales et humaines, des circulations entre les différents pôles, et entre les pôles et les périphéries. Ces mobilités entraînent ainsi, entre autres, des effets de ségrégation sociale et de pollution. La pression foncière, le phénomène de gentrification, la hausse des loyers créent des espaces de relégation au sein même de la métropole, que ce soit au sein de la ville-centre, dans ses banlieues, mais également dans ses espaces périurbains, à mesure que le front d'urbanisation recule. Partout, les fractures métropolitaines ont tendance à s'aggraver, qu'elles soient sociales, énergétiques ou numériques, liées notamment à l'ubérisation de la société urbaine, à la précarisation du travail, au décalage entre la localisation de l'offre d'emploi et l'absence de mobilité de certaines populations, dites assignées, mais dont la présence assure aux élites métropolitaines le confort qu'elles exigent[26].

---

[23] V. Alain Bourdin, *Être métropole dans un monde incertain*, prec.

[24] Frédéric Gaschet, Claude Lacour, Métropolisation, centre et centralité, *Revue d'Économie Régionale & Urbaine 2002/1* (février), pps 49-72.

[25] V. Stéphane Leroy, Sémantiques de la métropolisation, *Espace géographique*, tome 29, n°1, 2000. pp. 78-86.

[26] V. Laurent Éloi, *La métropole coopérative : éléments d'analyse et de mesure*, Plan Urbanisme Construction Architecture, Les conférences POPSU, 2021.

Cela renvoie à l'enjeu de la durabilité : la métropole doit être durable, d'abord parce qu'elle est au premier rang des « fauteurs » de changement climatique, elle doit agir notamment dans les domaines de l'énergie, du climat, de l'environnement, de l'alimentation.

Parce qu'elle est un espace vulnérable, elle doit relever l'enjeu de la coopération territoriale. L'équilibre du « métabolisme urbain » repose sur les liens et les coopérations avec les territoires périphériques qui entraînent un effet de dynamisation de ces derniers, mais également un certain « renversement de la dépendance »[27].

Enfin, l'enjeu de la sécurité : la métropolisation s'accompagne de la multiplication des incivilités, des conflits d'usage, de l'accroissement des violences urbaines et de la montée en puissance de l'insécurité (ou de son sentiment).

Ainsi, logements accessibles, transports efficaces, environnement urbain accueillant et sûr sont autant d'éléments auxquels la métropole doit veiller pour maintenir son équilibre[28].

La France présente cependant des problématiques spécifiques et on peut se demander si l'institutionnalisation récente des métropoles dans notre pays permet de répondre plus efficacement à ces enjeux de la métropolisation.

II. La France en métropoles

La France se caractérise en effet à la fois par une configuration spatiale très singulière qui fait naître des controverses et des débats spécifiquement français, mais également par une institutionnalisation du niveau métropolitain, qui s'avère néanmoins assez limitée par rapport aux enjeux précédemment énoncés de la métropolisation.

A. Les spécificités de la configuration spatiale française

On sait que la distribution des villes dans l'espace national et les caractéristiques du réseau urbain sont très spécifiques dans notre pays.

On observe en effet une France au tissu urbain discontinu et au taux d'urbanisation plus faible que la moyenne nationale à l'ouest de la fameuse ligne Le Havre-Marseille. À l'inverse, à l'est de cette même ligne, c'est une France plus urbaine qui concentre 15 des 20 plus grandes unités urbaines du pays, dont la plupart des agglomérations millionnaires du réseau urbain français.

Mais surtout, notre système urbain se caractérise par un phénomène remarquable de macrocéphalie de sa capitale tout à fait singulier par rapport à la situation des autres pays développés : près de 20% de la population

---

[27] V. Laurent Éloi, *ibidem*.

[28] V. Pierre Veltz, Grand entretien, 2014, *prec.*

métropolitaine se concentre au sein de l'agglomération parisienne. Les écarts entre la première et la deuxième unité urbaine y sont de 1 à 7, lorsqu'ils ne sont que de 1 à 3 au Royaume-Uni et de 1 à 2 en Italie, Allemagne, Espagne, Portugal, Japon ou aux États-Unis. Dans le classement des agglomérations européennes, Paris occupe la deuxième place, Lyon la 25e place, alors qu'on trouve dans l'intervalle qui les sépare, deux villes allemandes, quatre villes Italiennes et quatre villes britanniques[29].

Mais au-delà de son déséquilibre démographique, ce qui caractérise notre pays, c'est le profond écart entre Paris et le reste de la France, du point de vue politique et administratif, bien entendu, mais surtout économique, financier, social et culturel. C'est d'ailleurs ce déséquilibre qui a donné lieu aux politiques d'aménagement du territoire pilotées par l'État pendant les Trente Glorieuses. C'est notamment dans ce cadre qu'ont été mises en œuvre la politique des métropoles d'équilibre initiée par la DATAR en 1963 et les politiques dites de décentralisation industrielle et de délocalisation de services de l'État et des établissements de recherche scientifique et d'enseignement.

Les chiffres sont connus, rappelons-en seulement quelques-uns en lien avec les indicateurs de métropolisation précédemment recensés.

Le dynamisme économique : l'Île-de-France, c'est près de 31% du PIB national et loin derrière, en deuxième position, apparaît Auvergne-Rhône-Alpes (11,5%)[30]. Le PIB par habitant de la région capitale est près du double de celui de la France hors Île-de-France[31].

Les fonctions de contrôle et de commandement : les études statistiques de l'INSEE recensent les « cadres des fonctions métropolitaines », c'est-à-dire les cadres et les chefs d'entreprises de dix salariés ou plus dans cinq fonctions métropolitaines : la conception-recherche, les prestations intellectuelles, le commerce inter-entreprises, la gestion, et la culture et les loisirs[32]. Or, ces emplois stratégiques sont surreprésentés dans l'aire de Paris, puisque la part des cadres des fonctions métropolitaines dans l'emploi total atteint 30,5 %. Les zones d'emploi de Paris, Roissy, Marne-la-Vallée, Versailles Saint Quentin et Saclay, rassemblent 30 % des emplois salariés des multinationales étrangères et concentrent 21 % de l'emploi des multinationales[33].

---

[29] V. Alexandra Monot, *La France urbaine*, Bréal, Coll. Thèmes et débats, 2e édition, 2020, p. 27.

[30] En 2017, dans le secteur privé, le salaire mensuel net moyen en équivalent temps plein dans la zone d'emploi de Paris s'élevait à 3 133 euros, avec une moyenne nationale à 2 314 euros, v. *La France et ses territoires*, Insee références, 2021).

[31] Insee Première, *L'orientation économique des zones d'emploi : entre spécialisation et diversification des économies locales*, n° 1814, septembre 2020.

[32] https://www.insee.fr/fr/statistiques/1893116.

[33] Insee Première, *L'influence de l'agglomération parisienne s'étend aux régions voisines*, n° 1758, Juin 2019.

L'enseignement supérieur, la recherche et l'innovation : le Grand Paris, c'est près du tiers des étudiants, 36% des doctorants et 33% des étudiants étrangers et dans le domaine de la recherche-développement, l'Île-de-France représente 42% des dépenses des entreprises, et 37 % de celles des administrations[34].

Le rayonnement culturel : plus de la moitié des salariés des entreprises culturelles travaille en Île-de-France[35], qui concentre 40% des établissements culturels, dont évidemment les plus prestigieux.

Les connexions/ hubs enfin : dans le processus de métropolisation, « être relié à » est plus stratégique que « être à côté de » prévient Jean-Marc Offner[36]. Là encore, Paris se détache du lot de façon exceptionnelle. Les deux aéroports parisiens cumulent 95 millions de passagers ; ils comptent parmi les plus grands aéroports mondiaux et européens. Paris-Charles de Gaulle (66 millions de passagers) fait partie du Top 10 des aéroports mondiaux et occupe le deuxième rang des aéroports européens (Paris-Orly est quant à lui au 13e rang européen). Loin derrière Paris, le deuxième aéroport français est celui de Nice Côte d'Azur, avec seulement 12 millions de passagers et le quatrième, Toulouse-Blagnac, avec ses 7,7 millions de passagers, a un trafic majoritairement national (60%)[37].

Le Grand Paris, c'est aussi 116 gares dont six d'intérêt national et international, par lesquelles transitent environ 505 millions de voyageurs chaque année, par lesquelles transitent 714 millions de passagers par an. La première métropole régionale en termes de trafic ferroviaire derrière Paris est Lyon avec seulement 42 millions de passagers.

C'est pourquoi, au lieu de faire jouer une concurrence stérile entre les métropoles régionales et Paris, Pierre Veltz recommande au contraire d'accentuer la mise en réseau de Paris et des métropoles régionales ; c'est ce qu'il appelle la « métropole France », dont le TGV serait le RER[38]. Il explique en effet que cet ensemble fonctionne déjà comme une sorte de métropole unique, une métropole distribuée. Prises individuellement, ces villes restent en effet des villes moyennes à l'échelle mondiale et même européenne, mais collectivement, elles forment un réseau puissant, dont il faut développer encore les connexions.

En outre, et c'est une autre de ses singularités, qui ne date pas de Gravier[39], notre pays est réputé « ne pas aimer » ses villes[40]. Travaillées

---

[34] Métroscope, *Les 22 métropoles françaises, Analyses chiffrées et focus sur la qualité de vie*, Mai 2020.

[35] *La France et ses territoires*, Insee références, 2021.

[36] Jean-Marc Offner, Métropole, *in* Romain Pasquier, Sébastien Guigner, Alistair Cole, *Dictionnaire des politiques territoriales*, 2e éd., Les presses de SciencesPo, 2020, pps. 349-354.

[37] Métroscope, *50 indicateurs clés pour les métropoles françaises*, Juin 2017.

[38] Pierre Veltz, *La France des territoires, défis et promesses*, l'Aube, 2019.

[39] Jean-François Gravier, Paris et le désert français, Le Portulan, Paris, 1947.

depuis leur âge d'or par les problématiques de déséquilibre des espaces et la nécessité de produire de l'équité territoriale, les politiques d'aménagement du territoire, longtemps qualifiées d'urbaphobes, opèrent fréquemment des retours de balancier vers les autres territoires : les contrats de villes moyennes en 1973, après que l'on ait abandonné les métropoles d'équilibre, ou les opérations « action cœur de ville » et « petites villes de demain » plus récemment.

Aujourd'hui, le discours anti-métropoles demeure dominant : les métropoles sont accusées de tous les maux, et en particulier de creuser les inégalités territoriales entre régions et entre villes et campagnes. C'est notamment le discours très controversé et très médiatisé, notamment au moment de la crise des gilets jaunes, de Christophe Guilluy, qui développe la thèse selon laquelle les politiques publiques favoriseraient systématiquement la métropolisation, au détriment des classes moyennes délaissées et reléguées dans le rural et le périurbain, une France périphérique, invisible aux yeux des décideurs[41].

Cette thèse repose sur un raccourci trop rapide : c'est d'abord amalgamer des territoires très différents et oublier que le périurbain est un espace beaucoup plus hétérogène. C'est aussi ne pas prendre en compte la redistribution à la française qui favorise les territoires moins bien pourvus[42]. C'est enfin oublier de préciser que c'est au sein des métropoles que l'on trouve la plus grande concentration des populations les plus précaires.

En outre, Olivier Bouba-Olga et Michel Grossetti récusent cette analyse de la métropolisation fondée sur la mythologie CAME (pour Compétitivité, Attractivité, Métropolisation et Excellence) dont ils relativisent les effets[43]. D'ailleurs, France Stratégie a récemment publié une étude relative à la capacité de diffusion des métropoles, notamment en ce qui concerne la dynamique de l'emploi et a montré que les situations métropolitaines étaient très différenciées à cet égard. Le ruissellement n'est pas toujours au rendez-vous des métropoles[44].

Dès 2001, l'OCDE avait insisté sur la nécessité de lier à l'échelle métropolitaine, le développement économique, l'intégration sociale et la protection de l'environnement, de développer des coopérations entre les

---

[40] V. notamment Bernard Marchand, Les ennemis de Paris, La haine de la grande ville des lumières à nos jours, Presses Universitaires de Rennes, Collection Histoire, Rennes, 2009 et Arnaud Baubérot et Florence Bourillon (dir.), Urbaphobie. La détestation de la ville aux XIXe et XXe siècles, Pompignac, Éditions Bière, 2009.

[41] V. Christophe Guilluy, *La France périphérique*, Flammarion, 2014.

[42] V. Laurent Davezies, *La République et ses territoires. La circulation invisible des richesses*, Seuil, Coll. La République des idées, 2008.

[43] Olivier Bouba-Olga, Michel Grossetti. La mythologie CAME (Compétitivité, Attractivité, Métropolisation, Excellence) : comment s'en désintoxiquer ?. 2018. *ffhal-01724699v2* ; v. également Olivier Bouba-Olga, Michel Grossetti, La métropolisation, horizon indépassable de la croissance économique ?, *Revue de l'OFCE 2015/7* (N° 143), pps 117-144.

[44] France Stratégie, *Dynamique de l'emploi dans les métropoles et les territoires avoisinants*, Note d'analyse, Novembre 2017.

collectivités territoriales et d'ouvrir le système d'acteurs à la société civile[45]. Il n'est pas certain que vingt ans plus tard, l'institutionnalisation des métropoles françaises ait permis d'atteindre ces objectifs.

B. Les limites de l'institutionnalisation

On avait beaucoup critiqué en son temps la tentative d'institutionnalisation des métropoles par la loi RCT du 16 décembre 2010[46], notamment parce qu'elle ne les distinguait pas suffisamment des communautés urbaines, en ne leur attribuant que trop peu de pouvoirs et de moyens et en les maintenant dans la catégorie juridique des EPCI. Pour autant, et même si la loi MAPTAM de 2014[47] a indiscutablement amélioré le dispositif institutionnel de 2010, il reste un certain nombre de critiques à formuler, notamment au regard des enjeux de la métropolisation.

Le poids démographique de nos métropoles est en effet à réinterroger. Alors que l'INSEE distingue douze aires « métropolitaines » accueillant plus de 500 000 habitants et au moins 20 000 cadres des fonctions métropolitaines, Paris, Lyon, Marseille, Lille, Toulouse, Bordeaux, Nice, Nantes, Strasbourg, Rennes, Grenoble et Montpellier, il existe pourtant aujourd'hui 22 métropoles, dont seules dix d'entre elles dépassent les 500 000 habitants. D'ailleurs, lorsque les géographes ou les économistes étudient les métropoles et leurs effets, il est assez rare qu'ils se fondent sur les 22 métropoles institutionnelles, tant il est clair qu'elles ne s'inscrivent pas toutes, tant s'en faut, dans le processus de métropolisation et que, pour certaines d'entre elles, il s'agit plus d'un « label » ou d'un « lot de consolation » pour les perdantes de la fusion des régions.

En outre, en ce qui concerne leur périmètre, même si on admet qu'il existe fatalement dans tout processus d'institutionnalisation territoriale une distorsion entre les territoires fonctionnels et les territoires administratifs, on observe cependant qu'à part Aix-Marseille-Provence, la plupart de nos métropoles sont très loin d'être constituées sur leur aire fonctionnelle, délimitée par les mobilités pendulaires domicile-travail et reflétant la réalité des dynamiques socio-économiques locales. Ainsi, certaines métropoles comme Bordeaux, Toulouse, Lyon ou Grenoble n'englobent même pas la totalité de leur pôle urbain et quant à Nice, on sait que 80 % environ de son territoire est constitué de zones rurales ou montagnardes. Il y a donc un réel décalage entre le pays légal et le pays réel, entre la métropole légale et la métropole réelle.

D'ailleurs, le périmètre de la Métropole du Grand Paris elle-même est bien plus restreint que son aire urbaine et ne comprend pas les éléments

---

[45] OCDE, *Principes de la bonne gouvernance métropolitaine*, 2001, cité par Christian Lefèvre et Gilles Pinson, *Pouvoirs urbains*, prec.

[46] Loi n° 2010-1563 du 16 décembre 2010 de réforme des collectivités territoriales.

[47] Loi n° 2014-58 du 27 janvier 2014 de modernisation de l'action publique territoriale et d'affirmation des métropoles.

essentiels de la métropolisation parisienne. Lui échappe en premier lieu son aéroport international Roissy-Charles de Gaulle, celui-là même qui contribue à en faire une Ville-Monde et à la connecter à l'international. Le Plateau de Saclay, qui porte un ambitieux projet de cluster scientifique et technologique, l'un des huit pôles d'innovation les plus importants au monde et qui regroupe déjà 15% de la recherche publique et privée française, n'y figure pas non plus.

La qualification juridique et les questions de gouvernance sont également problématiques et les métropoles sont réputées être « ingouvernables ».

Ainsi, aujourd'hui, à l'exception du Grand Lyon, elles restent toujours enfermées dans une qualification juridique inadaptée et limitante, celle des EPCI, « par nature, au service des communes », selon la Cour des Comptes, les maintenant dans une conflictualité stérilisante avec le niveau municipal, le « gouvernement des maires ». Il n'est, pour s'en convaincre, qu'à constater la superposition des EPT et autres conseils de territoire au sein de la Métropole du Grand Paris et de la Métropole Aix-Marseille Provence, qui n'ont eu de cesse d'affaiblir l'intégration métropolitaine pour affirmer et conserver leur pouvoir. La Cour des Comptes note d'ailleurs que « la loi engagement et proximité du 27 décembre 2019 entérine les pratiques observées et réaffirme la place centrale des maires des communes membres dans la définition et la mise en œuvre des politiques métropolitaines »[48].

À l'hostilité des élus locaux, qui redoutent que ce changement d'échelle remette en cause l'organisation des pouvoirs, notamment politiques, vient s'ajouter la réticence des États qui craignent la montée en puissance du pouvoir métropolitain. Christian Lefèvre et Gilles Pinson observent que, partout dans le monde, les métropoles sont des géants économiques, mais des nains politiques. Ainsi, ajoutent-ils, l'aire métropolitaine du Grand New York est gérée par trois États, 31 comtés et 783 municipalités[49].

En outre, en dehors du cas spécifique de la Métropole de Lyon, qui a vu ses conseillers métropolitains élus au suffrage universel direct en juin 2020, en raison de sa qualification de collectivité à statut particulier, le reste des métropoles reste éloigné de la démocratie directe, les maintenant dans des procédés électifs privilégiant la « démocratie du sommeil » plutôt que la « démocratie du passant », selon les termes de Jean-Marc Offner[50], à rebours des dynamiques de métropolisation, qui reposent, on l'a vu, sur les circulations entre les pôles, et entre pôles et périphéries au sein d'espaces urbains polycentriques.

Par ailleurs, on peut également déplorer que les métropoles n'aient finalement reçu que peu de compétences supplémentaires par rapport aux

---

[48] Cour des Comptes, *Les finances publiques locales 2020* – Fascicule 3, La mise en place des métropoles : un premier bilan peu convaincant.

[49] Christian Lefèvre et Gilles Pinson, *Pouvoirs urbains*, *prec.*

[50] Jean-Marc Offner, *Métropoles invisibles - Les métropoles au défi de la métropolisation*, Plan Urbanisme Construction Architecture, Les conférences POPSU, 2018.

communautés urbaines. Les transferts de compétences départementales ont été réalisés *a minima* déplore la Cour des Comptes[51]. Ainsi, par exemple, alors même qu'il s'agit d'un ressort essentiel de la métropolisation, c'est la région qui a reçu la compétence économique. Toujours à propos de la Métropole du Grand Paris, lui échappe également l'emblématique et structurant projet du Grand Paris Express, ses 200 km de lignes autour de la capitale, ses 68 gares et ses trois millions de voyageurs, puisqu'il est porté par la Société du Grand Paris, un EPIC créé par la loi du 3 juin 2010. C'est d'ailleurs la région, -Île-de-France Mobilités- qui est l'Autorité Organisatrice des Mobilités, et non la métropole.

Ajoutons que les métropoles ne perçoivent pas non plus de financements spécifiques et que l'effort de solidarité territoriale avec les territoires non métropolitains au sein de leur zone d'influence, leur *hinterland*, n'ait été finalement que très peu encouragé, les pactes État-métropoles et les contrats de réciprocité ville-campagne, aux ambitions bien limitées, n'ayant en effet été guère mobilisés.

À cet égard, Jean-Marc Offner remarque que les métropoles institutionnelles, qu'il qualifie d'« invisibles », ont été peu investies de « compétences métropolisantes »[52], liées notamment à la gestion des flux, aux « mises en réseau », ce que Martin Vanier appelle l'interterritorialité[53].

On peut donc douter de la plus-value de la formule métropolitaine, par rapport à celle des communautés urbaines, qu'elle vient du reste doubler et télescoper, dans une sorte de bégaiement institutionnel peu lisible et finalement peu convaincant.

Pour finir, les crises sanitaires et économiques récentes sont venues ébranler le récit métropolitain, faisant craindre, en raison de la densité des métropoles une plus intense diffusion du virus, offrant le spectacle inédit de villes figées, désertées, fuies par les populations les plus aisées[54] et vidées de leurs touristes, seulement maintenues par les « travailleurs-clés », ceux que leurs métiers ont mis en première ligne, les « servants » ou les « soutiers » de la métropolisation.

La crise a également accentué un certain nombre d'inégalités (de genre, de logement, socio-professionnelles…) et révélé certaines fragilités métropolitaines environnementales ou économiques. Ainsi, la Métropole de Toulouse (et son aire urbaine dans son ensemble) a subi la très forte crise de la filière aéronautique, dont elle mettra sans doute quelques années à se relever.

---

[51] Cour des Comptes, *Les finances publiques locales 2020* – Fascicules 3, *prec.*

[52] Jean-Marc Offner, *Métropoles invisibles - Les métropoles au défi de la métropolisation*, *prec.*

[53] Martin Vanier, *Le pouvoir des territoires*, Economica, Coll. Anthropos, Paris, 2008.

[54] Plus d'un million de Franciliens ont quitté la région parisienne en une semaine, lors du grand confinement en mars 2020, selon les données d'Orange.

Après la crise des gilets jaunes, l'État lui-même a d'ailleurs opéré un changement de paradigme en mettant en avant les villes petites et moyennes, avec les opérations « cœur de ville » ou « petites villes de demain ».

Selon Magali Taillandier, cette situation doit conduire les métropoles à faire le pari de la résilience, c'est-à-dire à réaliser les changements nécessaires pour prévenir les menaces qui pèsent sur le plan climatique et écologique, mais également politique, social et économique[55].

Lors de la crise sanitaire, les métropoles ont d'ailleurs démontré leur capacité d'adaptation aux changements, en développant par exemple l'urbanisme tactique (voies de circulation pour les vélos, terrasses temporaires, élargissement des trottoirs ...) et en encourageant la solidarité entre habitants. On y a en revanche observé un très grand besoin de nature en ville.

Ces métropoles que l'on veut résilientes, équitables, vertueuses, durables, inclusives[56] doivent dès lors construire le territoire national « dans une logique d'interterritorialité »[57].

C'est pourquoi on peut se demander si l'avenir de la métropolisation ne réside pas finalement davantage dans le développement des pôles métropolitains, qui détiennent tous les outils juridiques nécessaires à la construction de cette réticularité, cette interterritorialité indispensable à la métropolisation, dans la mesure où ils s'inscrivent très exactement entre les liens et les lieux.

---

[55] Magali Taillandier. *Résilience des métropoles : Le renouvellement des modèles*, Plan Urbanisme Construction Architecture, Les conférences POPSU, 2019.

[56] V. Magali Taillandier, *Ibidem*.

[57] *Ibidem*.

Métropoles et métropolisation : une relation juridique ambivalente

Cécile Regourd

Maître de conférences en Droit public
Université Grenoble-Alpes
CRJ

Si l'on en croit Camus « se tromper sur les mots » serait « ajouter au malheur du monde ».

Se tromper sur la signification et la portée des mots dans le champ juridique est, assurément, source de graves conséquences dès lors que « la science du droit » est d'abord une herméneutique, tout entière fondée sur les mots, sur le sens qui leur est attribué.

Comment alors articuler les mots, les qualifications, de métropoles d'une part, et de métropolisation, d'autre part ?

Selon une première acception, en forme de quasi-redondance, il pourrait être loisible de considérer que la métropolisation peut désigner le fait de créer des métropoles. Un processus de métropolisation serait ainsi mis en œuvre dans le cadre d'une opération juridique relevant, par exemple, du même champ lexical et sémantique que la décentralisation, ou la régionalisation.

Outre qu'une telle approche, ne serait guère éclairante sur le terrain juridique, n'ajoutant rien quant à la compréhension, ou l'intelligibilité de la création des métropoles, elle serait surtout erronée, car aboutissant à occulter la genèse spécifique de la création des métropoles, résidant dans une pluralité de données factuelles analysées, de manière identique, par les géographes, les sociologues, ou les économistes en termes de métropolisation et apparaissant comme les causes, ou les sources, de la création juridique des métropoles.

De telle sorte que les métropoles, entendues en termes d'institutions, apparaissent comme réponses juridiques au phénomène déjà qualifié, depuis plusieurs décennies auparavant, en termes de métropolisation.

Mais l'ambivalence de la relation entre métropoles et métropolisation revêt une autre portée, beaucoup plus décisive dans la mesure où la création des métropoles, dans le cas français, objet de notre communication, ne peut être analysée seulement à l'aune du phénomène dit de métropolisation.

Cette création a eu, en effet, conjointement, un autre objet certes complémentaire, mais distinct visant à procéder plus largement, à une recomposition territoriale de l'organisation administrative décentralisée pour la moderniser, l'adapter, en remettant en cause le modèle territorial hérité de plus de deux siècles d'histoire.

La consécration des métropoles à partir de la loi du 16 décembre 2010 a bien eu pour objet cumulatif de répondre au phénomène de métropolisation analysé par les géographes, sociologues, et économistes, mais également de procéder à une reconfiguration de l'organisation territoriale française. Ce double fondement est exprimé dans le rapport Balladur précédant l'édiction de la loi[1].

Plus nettement encore, la loi du 27 janvier 2014 intitulée explicitement, d'abord, « modernisation de l'action publique territoriale », ensuite d' « affirmation des métropoles », est conforme à cette ambivalence[2].

La création des métropoles constitue, certes, une réponse juridique aux interpellations socio-économiques de la métropolisation, mais elle outrepasse le cadre de celle-ci pour pallier une carence longtemps soulignée et parfois dénoncée : l'absence d'un statut propre aux grandes villes découlant du statut d'uniformité des communes, dans un contexte de recomposition territoriale.

Ce sont donc les deux volets de notre communication qui seront successivement abordés.

---

[1] R. Balladur (Pt), *Comité pour la réforme des collectivités locales, Il est temps de décider*, La documentation française, 2009, cf. not. B. Faure, « Le rapport du comité Balladur sur la réforme des collectivités territoriales : bonnes raisons, fausses solutions ? », *AJDA* 2009, n°16, pp. 859-865 ; P. Le Lidec, « Réformer sous contraintes d'injonctions contradictoires : l'exemple du comité Balladur sur la réforme des collectivités locales », *RFAP* 2009, n°131, pp. 477-496 ; B. Mathieu, « Le comité Balladur, ses travaux, son rapport », *RFDC* 2008, n° 5, pp. 19-38 ; P. Mozol, « Rapport du comité Balladur : quelles perspectives de réforme des collectivités locales ? », *JCP A* 2009, n°13, pp. 32-38 ; P. Mozol, « Réforme des collectivités locales : quel sort réservé par le comité Balladur aux propositions des élus locaux ? », *JCP A* 2009, n°9, pp. 4-6 ; R. Noguellou, « Le rapport du comité Balladur », *Dr. Adm.* 2009, n°4, p. 3 ; M. Verpeaux, « Des ambitions aux lois ou du comité Balladur à la loi du 16 décembre 2010 », *AJDA* 2011, n°2, pp. 74-79 ; M. Verpeaux, « Le rapport Balladur sur la réforme des collectivités locales, des raisons, des solutions », *RFDA* 2009, n°3, pp. 407-418.

[2] Loi n°2014-58 du 27 janvier 2014 de modernisation de l'action publique territoriale et d'affirmation des métropoles, *JO* 28 janvier 2014, p. 1562.

I. La création des métropoles comme réponse juridique aux données factuelles de la métropolisation

Il convient d'abord de rappeler, de manière synthétique, les caractéristiques du phénomène de métropolisation (A), avant de mesurer les modalités de ses traductions juridiques (B).

A. Le constat de la prévalence socio-économique de la métropolisation

La métropolisation analysée par les géographes ou les économistes se manifeste sous trois dimensions complémentaires : démographiques, urbanistiques et économiques.

La dynamique démographique en constitue bien le premier élément : densité de population sur un vaste territoire, sans qu'il soit évidemment possible de déterminer un seuil spécifique de population, permettant, déjà, d'éclairer la difficulté ultérieure pour traduire cette réalité démographique en dispositifs juridiques.

Ces données démographiques ne sont elles-mêmes pas auto-suffisantes. Les géographes distinguent notamment à cet égard les métropoles des mégalopoles sur la base d'un critère non seulement quantitatif, mais organisationnel : la mégalopole est appréhendée comme une ville « qui n'organise aucun territoire, ne puise nullement sa dynamique interne dans la production lato sensu et croit sans règles, ni mesure »[3].

La métropolisation renvoie alors, plus directement, au processus de l'urbanisation croissante intégrant donc, déjà, certaines modalités de contribution juridique, hors de l'attribution spécifique d'une qualification et d'un régime de métropole, tel, en particulier, que le droit de l'urbanisme, même s'il ne constitue qu'un aspect de l'organisation en cause.

L'urbanisation signifie, plus globalement, coagulation de la densité démographique avec une concentration des activités et des critères de décision. Elle implique « une concentration des techniques, des moyens de productions des pouvoirs »[4]. Elle exprime alors bien « un processus économique, social et culturel rendant compte d'une évolution des modes de vie et des conceptions de la société »[5].

Ces deux éléments – démographie et urbanisation – en intègrent un troisième dans l'identification même de la métropolisation : sa dimension économique, en termes d'adaptation à la mondialisation, ce que l'économiste

---

[3] E. Le Bris cité par J. Véron, *L'urbanisation du monde,* La découverte, coll. « Repères », 2006, p. 72.

[4] P. Rambaud, *Société rurale et urbanisation*, Seuil, coll. « Esprit », 1974.

[5] J. Gottmann, *Essai sur l'aménagement de l'espace habité*, Mouton et Cie, 1966. M. Roncayolo, géographe spécialiste des territoires urbains, la définit comme « une très grande ville, qui s'exprime par la taille de sa population et celle de l'agglomération qu'elle assume par son poids économique, politique, social et culturel ainsi que par son pouvoir d'attraction et de diffusion » Cité par D. Perben, *Rapport Imaginer les métropoles d'avenir*, 2008, p. 13.

L. Halbert, par exemple, nomme « L'avantage métropolitain »[6] et dont une étude de l'OCDE, quelques années plus tôt, relative aux aires urbaines l'avait, significativement publiée sous le titre « *Competities cities in the global economy* ».

Ainsi que le résume M. Casteigts, « la métropolisation n'est que la forme la plus aboutie des métamorphoses des territorialités urbaines dans le processus de globalisation »[7]. L'urbaniste P. Veltz peut même conclure que « la métropolisation n'est pas seulement la forme qui habille les grands processus économiques, elle en est, très largement, la substance même »[8].

Ces analyses ont été recueillies dans la doctrine du droit. La professeure F. Lerique a pu ainsi souligner que « la métropolisation est la résultante de phénomènes économiques liés à la globalisation économique »[9] et le professeur J.-F. Brisson appréhende le terme de métropolisation comme rendant compte d'un « mouvement de transformation profond de l'ensemble des rapports sociaux dicté par un phénomène général de concentration des populations autour de villes centres générant la multiplication de ce que les économistes appellent les externalités négatives »[10].

La création des métropoles se présente alors bien comme la réponse juridique et institutionnelle à cette réalité urbaine pré-existante ne correspondant plus « au maillage institutionnel de proximité issu de la Révolution et de l'Empire, conçu pour les besoins d'une société essentiellement rurale »[11]. Cette « localisation du global » exigeait donc une mise en forme juridique.

B. La tentative d'adaptation juridique aux nouvelles exigences de la compétitivité métropolitaine

La mise en concurrence des territoires selon des exigences de compétitivité et d'attractivité, à une échelle transnationale, exigeait donc l'élaboration de nouveaux statuts juridiques, et permet de comprendre, comme l'explicite le rapport sénatorial précédant la création des métropoles que des créations similaires aient vu le jour dans la majorité des autres pays européens.

Dans son rapport de 1966, la Commission de l'équipement urbain du Vème plan soulignait déjà que « l'urbanisation sera pour notre pays le

[6] L. Halbert, *L'avantage métropolitain*, PUF, 2010.

[7] M. Casteigts, « Mythes métropolitains et territorialités urbaines dans le processus de globalisation : un repérage critique », *in* A. Sedjari (dir.), *Performance urbaine et droit à la ville*, L'Harmattan, 2010, p. 39.

[8] P. Veltz, *Mondialisation, villes et territoire : l'économie d'archipel*, PUF, 1996, p. 12.

[9] F. Lerique, « Propos introductif », *in* F. Lerique (dir.), *A l'heure de la métropolisation. Quels contours juridiques ?*, L'Harmattan, coll. « GRALE », 2012, p. 16.

[10] J.-F Brisson, « La métropole, une chimère ? » *in* F. Lerique, (dir.), *A l'heure de la métropolisation. Quels contours juridiques ?, op. cit.*, pp. 23-24

[11] *Ibid.*

phénomène dominant de la fin du XXe siècle »[12] et à la même époque, le politiste François d'Arcy regrettait déjà l'insuffisance des réponses institutionnelles au regard de la prévalence des aires urbaines et à l'inadaptation de découpages communaux et départementaux dépassés[13].

Près de 50 ans plus tard, l'étude d'impact relative à la loi MAPTAM souligne que « 60% de la population réside dans une aire urbaine de plus de 100 000 habitants, impliquant une nouvelle conception de la ville »[14].

Ainsi que le souligne encore le professeur J.-F. Brisson, « la métropolisation, phénomène endémique des sociétés contemporaines, exige en conséquence une ingénierie juridique et institutionnelle nouvelle mieux adaptée à la gestion des aires métropolitaines, dont le fonctionnement global n'a été jusqu'à présent maîtrisé par aucune institution existante »[15].

Les préconisations du rapport Perben éclairant la création des métropoles par la loi de 2010 sont particulièrement explicites à ce sujet : « rien ne se fera sans une volonté politique forte qui saura prendre le risque de remettre à plat puis de transformer radicalement l'organisation territoriale de la France ainsi que les compétences qui constituent le cadre des relations entre les différents acteurs de la vie économique du pays »[16].

La consécration juridique des métropoles ne pouvait donc se borner à l'attribution d'une qualification nouvelle, à l'extension de compétences et d'éventuels nouveaux modes de désignation de leurs représentants.

Les caractéristiques propres de la métropolisation exigeaient de nouvelles formes de gouvernance fondées sur les postulats du management public. Ainsi que l'a démontré le professeur A. Supiot, dans son essai sur « la fonction anthropologique du droit »[17], la question du pouvoir ne se pose plus désormais en termes de gouvernement souverain, mais de gouvernance efficace. La compétitivité attendue des métropoles se décline bien en termes de nouvelles modalités de régulation fondées sur des objectifs de performance.

En ce sens, l'exposé des motifs du projet de la loi MAPTAM souligne dès l'abord combien la finalité de ce texte a pour objet de « renforcer l'efficacité de la puissance publique »[18]. Les « capacités d'actions urbaines des métropoles » y sont clairement définies comme « les authentiques

---

[12] *Rapport général de la Commission du Vème plan relative à l'équipement urbain*, La documentation française, p. 13.

[13] F. d'Arcy, *Structures administratives et urbanisation : La société centrale pour l'équipement du territoire*, Berger-Levrault, coll. « L'administration nouvelle », 1968, p. 21.

[14] Étude d'impact, *Projet de loi de modernisation de l'action publique et d'affirmation des métropoles*, 9 avril 2103, p. 27.

[15] J.-F. Brisson, « La métropole, une chimère ? », *op. cit.*, p. 24.

[16] D. Perben, *Rapport Imaginer les métropoles d'avenir*, *op. cit.*, p. 21.

[17] A. Supiot, *Homo juridicus : essai sur la fonction anthropologique du droit,* Éd. du Seuil, coll. « Points Essais », 2009.

[18] Exposé des motifs, projet de loi n°495 relatif à la modernisation de l'action publique territoriale et d'affirmation des métropoles, enregistré à la présidence du Sénat le 10 avril 2013, présenté au nom de J.-M. Ayrault par M. Lebranchu, p. 3.

moteurs de la croissance » et selon une approche libérale classique, que d'aucuns pourraient qualifier de logique de « ruissellement », c'est cette dynamique métropolitaine qui doit permettre de « faire bénéficier à tous de leur compétitivité ».

Ce renforcement urbain est expressément défini comme revenant « tout simplement à actionner les leviers de croissance collectifs au bénéfice du pays tout entier »[19]. Il apparaît ainsi que la création des métropoles ne saurait être comprise comme un simple outillage juridique complémentaire superposé à l'existant, mais que la loi tente bien d'intégrer le phénomène de métropolisation dans ses dimensions intrinsèquement économiques et managériales.

Pourtant, dans le cas français, cette création est inséparable d'un projet de réforme plus large, non réductible à l'inscription du phénomène de métropolisation dans des dispositifs juridiques adaptés : elle constitue l'élément central d'une recomposition territoriale, conférant enfin un statut spécifique aux grandes agglomérations urbaines.

II. La création des métropoles comme modalité de recomposition territoriale au profit des grandes agglomérations urbaines

L'ambivalence de la création des métropoles visant, d'une part, à fournir une réponse juridique au phénomène de métropolisation, mais, d'autre part, à bâtir conjointement un nouveau cadre institutionnel aux agglomérations urbaines comme pivot d'une recomposition territoriale globale, permet de comprendre comment ce second volet est venu contrarier la portée du premier (A), tout en restant en deçà de ses potentialités de novation juridique (B).

A. Une opportunité de remise en cause du modèle traditionnel de l'organisation territoriale

Le rapport sénatorial précédant l'édiction de la loi de 2010 créant les métropoles ne manquait pas de souligner : « il convient toutefois d'être clair : la France ne saurait se couvrir de métropoles, ce statut devant être réservé à un nombre extrêmement restreint de grands pôles urbains susceptibles de se mesurer à armes égales à leurs homologues européens »[20].

Or ce nombre supposé extrêmement restreint a été logiquement dépassé dès lors qu'au-delà de la stricte problématique de métropolisation, l'objet du

---

[19] O. Landel, « Réforme territoriale : compétitivité, solidarité, interterritorialité : le mode urbain face à ses responsabilités », *AJCT* 2015, n°4, p. 186.

[20] Y. Krattinger, J. Gourault, Rapport d'information n°264, fait au nom de la mission temporaire sur l'organisation et l'évolution des collectivités territoriales *présentant ses premières orientations sur la réorganisation territoriale*, Sénat, 11 mars 2009, p. 101.

législateur était bien, par ailleurs, de définir – enfin – un statut spécifique de l'ordre urbain, longtemps interdit par la sacralisation du statut uniforme des communes, et que cette novation participait elle-même d'une recomposition territoriale générique concernant dans le même mouvement les autres niveaux territoriaux : intercommunal, régional et départemental.

Il se confirme ainsi, d'abord, que les métropoles ne correspondent pas à la seule traduction juridique de la métropolisation, mais constituent le premier volet d'une réforme plus large de recomposition des territoires. Celle-ci a donné lieu aux explicitations politiques, en particulier du Président de la République de l'époque, par exemple en juin 2014, en filiation avec l'affirmation des métropoles : « il s'agit de transformer pour plusieurs décennies l'architecture territoriale de la République », car il s'agit de « réformer les territoires pour transformer la France »[21]. L'ensemble de la recomposition territoriale est alors conçu dans la foulée des métropoles, en termes de redéfinition de l'intercommunalité substituée aux communes comme échelon de proximité, de fusion des régions et de projet de suppression des départements à l'échéance 2020, par l'entremise d'une révision constitutionnelle.

Si la création des métropoles, ainsi conçue comme pièce maîtresse de la recomposition territoriale, outrepasse la seule problématique de la métropolisation, il apparaît, ensuite, que cette création s'est vue également réorientée vers un autre objet : l'octroi, enfin, d'un statut juridique spécifique pour les villes, pour les agglomérations urbaines, en les émancipant du statut d'uniformité des communes.

Il en résulte, *in fine*, que les conditions initialement déterminées pour la création des métropoles en nombre extrêmement restreint, pour les seuls grands pôles urbains ont été sensiblement débordées, avec des dérogations prévues dans la loi MAPTAM quant à la détermination de seuils de population, mais encore avec l'édiction de la loi du 28 février 2017 relative au statut de Paris et à l'aménagement urbain, ajoutant 7 métropoles pour atteindre le chiffre de 22, en forme de banalisation d'une telle qualification s'écartant des traits ayant défini la métropolisation sur les terrains démographique urbanistique et de dynamique économique.

Sans stigmatiser l'une quelconque d'entre-elles, il ne paraît pas certain que de Brest à Dijon en passant par Clermont-Ferrand, se manifestent clairement les signes de ladite métropolisation.

Dans ce cas, l'attribution du label métropolitain répond davantage à l'attente, souvent relayée dans la doctrine du droit, d'un statut distinctif pour l'ordre urbain à la manière, par exemple, du professeur J.-B. Auby militant dans plusieurs de ses publications pour que celui-ci obtienne enfin la consécration juridique qui lui avait fait toujours défaut, considérant même

[21] F. Hollande, « Tribune dans la presse quotidienne régionale du 3 juin 2014 sur la réforme territoriale », intitulée "Réformer les territoires pour réformer la France" » disponible à l'adresse suivante : http://discours.vie-publique.fr/notices/147001226.html.

qu'elle était de nature à pouvoir constituer « une nouvelle frontière du droit administratif »[22].

La reconnaissance de la montée en puissance des villes globalement considérée par opposition à la désertification rurale paraît alors bien avoir emprunté, sinon détourné, la voie de la création des métropoles, hors des prérequis de la métropolisation.

Cette situation de décalage entre métropoles et métropolisation paraît, par ailleurs, se retrouver sur le terrain des qualifications et statuts juridiques adoptés pour cette nouvelle institution.

B. Un statut intercommunal inadapté à l'identité métropolitaine

Les constats qui précèdent paraissent bien illustrer ce que le professeur Jacques Caillosse analyse en termes de « résilience des machineries administratives »[23] propre à chaque modèle national et des « invariances » qui en découlent. Ces formes de résilience expliquent vraisemblablement les contradictions, les incohérences, les incomplétudes, les retours en arrière, perçus et stigmatisés en doctrine. Cette aporie frappe le choix des structures juridiques adoptées pour les métropoles.

Le législateur du 27 janvier 2014 a attribué à l'une d'entre elles – celle de Lyon – le statut de collectivité territoriale à statut particulier et aux autres le statut de simple EPCI à fiscalité propre sans qu'aucun trait distinctif déterminant ne le justifie. La seule réelle distinction tient à l'absorption d'une partie du département – du Rhône – par la métropole-collectivité territoriale qui ne saurait, à elle seule, constituer un critère de distinction en termes de catégories juridiques.

Cet aléa de qualification juridique s'inscrit certes lui-même dans un contexte général de dynamique constitutionnelle et législative ayant abouti à dissoudre l'intelligibilité de la dichotomie entre collectivités territoriales privées de la clause générale de compétences et EPCI émancipés des limites du principe de spécialité[24].

Mais précisément, sur le terrain symbolique de la prévalence des enjeux de la métropolisation précédemment évoqués, les métropoles devraient logiquement se voir attribuer le statut et la qualification juridique de collectivités territoriales. Leur régime juridique requiert une telle reconnaissance et une métropolisation mieux assumée devrait, *a minima*, dépasser le cadre de la problématique trop classique de l'intercommunalité.

---

[22] J.-B. Auby, « La ville, nouvelle frontière du droit administratif », *AJDA* 2017, n°16, p. 853. *Cf.* aussi J.-B. Auby, *Droit de la ville. Du fonctionnement juridique des villes au droit de la ville*, Lexisnexis, 2e éd., 2016.

[23] J. Caillosse, « Les mutations du modèle français d'administration territoriale », disponible à l'adresse suivante : http://www.ifsa.fr/colloques/2010/actualité/les-mutations-du-modèle-français-d'administration-territoriale.

[24] C. Regourd, *Les métropoles au prisme du modèle territorial français*, Dalloz, 2020, pp. 339-388.

Dans la doctrine du droit, depuis longtemps a été dressé le constat de la diversité, et des contradictions recouvertes sous la dénomination de l'établissement public, ayant par exemple fait émerger sous la plume du professeur Roland Drago le concept d'établissement public corporatif[25]. Les métropoles, selon les fondements issus de la métropolisation factuelle, doivent bénéficier d'une identité spécifique, les faisant échapper à l'identification fondative traditionnelle des établissements publics.

Elles postulent une substance politique et sociologique instituée indépendamment de la volonté fondatrice des communes membres et ayant permis leur création d'office par le législateur, conformément à la création des différentes catégories de collectivités territoriales. Leur désignation même comme métropole, à connotation unitaire, paraît correspondre à une réalité démographique et géographique univoque précédant leur consécration juridique.

L'évolution du statut des métropoles paraît devoir être conçue sur le modèle de l'évolution des régions ayant acquis leur reconnaissance comme collectivités territoriales. Le passage des régions au statut de collectivité territoriale s'est concrétisé, logiquement, sur le double terrain des compétences, en termes de dévolution de la clause générale de compétences, constituant alors le critère des collectivités territoriales, et en termes de statut électif de ses représentants avec le recours au suffrage universel direct. Or, d'une part, les régions ont, depuis lors, perdu le bénéfice de la clause générale de compétences, les ramenant à une définition identique à celles des métropoles et, d'autre part, ces dernières ont accédé à des modalités d'élection empruntant au suffrage universel direct. En termes de syllogisme juridique, comment refuser aux unes ce que l'on accorde aux autres ?

La singularité des métropoles est de constituer des collectivités territoriales fédératives dont on n'aperçoit pas davantage comment la nature de collectivité leur est refusée alors qu'elle caractérise celles de ses composantes. Ces collectivités fédératives pourraient, sans difficulté juridique, être elles-mêmes accueillies dans la catégorie constitutionnelle des « collectivités à statut particulier », d'autant que cette dernière abrite aujourd'hui des réalités très différentes entre elles, de la Corse à Paris en passant précisément par la métropole de Lyon. Les traits juridiques de celle-ci sont en réalité beaucoup plus proches de ceux des autres métropoles qualifiées d'EPCI, et plus particulièrement de celles du Grand Paris et d'Aix-Marseille, déjà dotées d'un statut particulier.

[25] R. Drago, *Les crises de la notion d'établissement public*, Éd. Pedone, 1950.

APPROCHES COMPARATIVES

La métropolisation en Angleterre

Philip Booth

Anciennement Reader in Town & Regional Planning
University of Sheffield

L'objet de ce papier est d'offrir une perspective sur la question de la métropolisation au Royaume-Uni, par la voie de la création des *city regions*. Toutefois, au préalable, il convient de noter quelques spécificités du Royaume-Uni qui ont conduit à réduire le sujet à l'Angleterre.

Tout d'abord il faut observer que les quatre pays constitutifs du Royaume-Uni ont chacun leur statut propre et connaissent une décentralisation de certains pouvoirs législatifs qui assure des différences importantes en matière d'administration locale.

Dans le contexte de la métropolisation, une deuxième différence entre les quatre pays constitutifs du Royaume-Uni est plus importante encore. La population du Royaume-Uni est en 2021 très approximativement la même que la France métropolitaine, mais sur moins de la moitié du territoire, à savoir 67 000 000 d'habitants sur 242 500 km^2. Or, parmi cette population, plus de 56 000 000 de personnes habitent l'Angleterre, sur une moitié du territoire britannique. L'Angleterre est donc un pays fortement urbanisé ; en revanche, les populations de l'Écosse, du Pays des Galles et de l'Irlande du Nord restent faibles, et leurs territoires sont pour la plupart ruraux (il y a toutefois des exceptions importantes).

Il convient de noter que l'urbanisation du pays est arrivée tôt dans l'histoire de l'industrialisation de l'Europe. Bien avant la fin du 19e siècle, des villes industrielles se sont progressivement unies pour créer les agglomérations multipolaires où les centres urbains étaient de plus en plus liés en matière de production, de lieux de travail et de prestations de services, parfois avec l'absence d'une unique ville-centre dominante. Le grand théoricien et praticien de l'urbanisme du début du 20e siècle, Patrick Geddes, a d'ailleurs inventé le mot *conurbation* pour décrire ce phénomène qu'il a constaté non seulement au Royaume-Uni, mais également en Europe continentale, notamment en Allemagne et aux Pays-Bas.

L'administration locale instituée au cours du 19e siècle était singulièrement inadaptée à cette réalité. L'Angleterre s'est vue cependant dotée d'une administration locale démocratique efficace par une série de petites réformes au cours du siècle.

Le premier pas résidera dans la loi des *Municipal Corporations* de 1835 qui a permis aux villes de se constituer en *boroughs* avec un conseil d'élus et des services municipaux professionnels. À ces *municipal boroughs,* le Parlement a confié par des étapes successives des pouvoirs, surtout en matière de voirie, d'assainissement et de logement. Le reste du pays conservera une administration plutôt médiévale, une structure dominée par les anciennes paroisses qui, au moins en principe, conservaient une fonction à la fois civile et religieuse.

Ce n'est qu'à la fin du 19e siècle qu'apparaît une structure universelle de collectivités locales, avec des conseils d'élus censés fournir la population locale en services nécessaires à la vie.

Les réformes sont intervenues en deux temps.

Depuis l'ère des Saxons, l'Angleterre était divisée en comtés, une structure confirmée par les rois normands et angevins comme le moyen d'assurer un contrôle central sur le royaume. En 1888, le *Local Government Act* a élevé les comtés en collectivités locales « modernes » avec des conseils d'élus dotés de pouvoirs pour la plupart transférés d'autres instances de gouvernement. Les frontières des comtés médiévaux restaient en grande majorité inchangées avec deux exceptions importantes.

La première a résidé dans la création d'un comté de Londres. Jusque-là, l'administration de Londres était divisée entre la *City* sur une aire très restreinte qui détenait des pouvoirs historiques (et souvent seulement cérémoniaux) au-delà de laquelle s'est développée une agglomération énorme divisée dans une multiplicité de paroisses, souvent sur des territoires qui ne correspondaient pas aux réalités urbaines, et qui s'étendaient sur cinq comtés. La création du *London County Council* a constitué une étape importante dans la volonté d'assurer un contrôle stratégique sur une agglomération entière, et le *London County Council* a pour la plupart assumé ses responsabilités avec élan.

La deuxième exception concernait les *municipal boroughs.* Fiers de leur indépendance et des pouvoirs qui leur étaient confiés depuis 1835, ils étaient très peu enclins à voir une partie de leurs pouvoirs transférés aux nouveaux *administrative counties.* La solution adoptée pour faire face à cette réticence de la part des *boroughs* a été de les doter des pouvoirs des comtés en même temps qu'ils conservaient leurs pouvoirs existants et de les intituler *county boroughs* (ils n'étaient pas soumis à un contrôle hiérarchique).

Si la création du *London County Council* a conduit pour la première fois à la possibilité d'une gouvernance vraiment stratégique pour une agglomération entière, la création des *county boroughs* a soustrait un certain nombre des villes - les plus importantes – des grandes agglomérations industrielles du nord et du centre de l'Angleterre et, ce faisant, a réduit toute possibilité d'un contrôle stratégique pour l'agglomération dont elles faisaient partie.

À la suite du *Local Government Act* de 1888 est intervenue une deuxième loi en 1894 qui a regroupé les paroisses en *districts*, pour la plupart dans les parties rurales de l'Angleterre. Cette évolution avait été annoncée par le regroupement des paroisses pour administrer les *Poor Laws* censées alléger les effets de la pauvreté à partir de 1834, mais la loi de 1894 a mis en place des conseils d'élus détenant des pouvoirs supplémentaires ainsi que les moyens de les mettre en œuvre. De même, elle a conduit à une séparation formelle entre la paroisse religieuse et l'administration civile, le dernier vestige du monde médiéval, même si les nouvelles *civil parishes*, qui conservaient les anciennes frontières, détenaient très peu de pouvoirs.

Une autre spécificité de ce système est à noter. Les lois ont exigé la création des conseils d'élus par la voie d'un suffrage progressivement étendu au fil des ans, mais sans proposer un système dans lequel les maires étaient directement élus par les habitants. Dans les *boroughs* dont les origines étaient médiévales, il y avait certes des maires, mais dont le rôle était devenu presque entièrement cérémonial, élus par les conseillers souvent pour une année. La seule fonction que les maires ont conservée est de présider les séances des conseils municipaux.

Tel est le système qui existait jusqu'aux années 1970.

Toutefois, déjà, chacun était conscient de l'incapacité de cette organisation à répondre aux exigences de l'urbanisation rapide de la période de l'après-guerre et des problèmes urbains multiples qui se faisaient sentir à l'époque.

Une série de rapports a donc abouti au *Local Government Act* de 1974 qui a réformé la structuration préexistante pour mieux prendre en charge le besoin d'administrer un pays largement urbanisé. Cette réforme ne constituera cependant pas une révolution. Les districts de la fin du 19e siècle seront agrandis, mais beaucoup de comtés vont conserver leurs anciennes frontières, même si certains des plus petits vont disparaître. Il n'en reste pas moins qu'une innovation importante qui concerne les grandes agglomérations de province est introduite. Les *county boroughs*, ces collectivités unitaires, sont abolis.

Il convient de rappeler qu'à Londres, une réforme a déjà été mise en place dix ans auparavant. L'ancien comté de Londres (*London County Council*) était responsable d'un territoire qui ne correspondait plus aux réalités de l'expansion de l'agglomération au cours du 20e siècle. Par conséquent, le comté a été élargi pour recouvrir un territoire cinq fois plus grand que l'ancien *London County Council*, divisé en 32 bourgs qui partageaient des pouvoirs avec le conseil du Grand Londres (*Greater London Council*). Ce modèle d'un comté qui recouvrait une agglomération entière divisée en bourgs, qui détenaient des pouvoirs importants dans la prestation des services locaux, a été alors appliqué aux six des plus grandes agglomérations provinciales, à savoir, Tyneside, West Yorkshire, South Yorkshire, Greater Manchester, Merseyside et les West Midlands où ont été mis en place des comtés métropolitains (*metropolitan counties*) ayant une vocation stratégique pour l'agglomération. Ces comtés étaient divisés en bourgs dont la vocation était la prestation des services locaux. L'on observera cependant des grands oubliés dans la réforme, relevés par certaines critiques : des agglomérations multipolaires, telles que celles de Bristol dans le sud-ouest ou Derby/Leicester/Nottingham dans le centre du pays pour qui l'ancienne structuration en comtés et districts était considérée comme suffisante.

Cette réforme fut loin d'être une réussite complète. Les problèmes qui en résultaient étaient triples. Il y avait d'abord une tension entre les comtés métropolitains et leurs bourgs. Dans le South Yorkshire par exemple, les quatre bourgs constituants avaient chacun leurs propres traditions de gouvernance liées aux conditions très différentes et n'avaient pas la volonté de travailler ensemble. De plus, et même pire, tous les quatre, fiers de leur indépendance municipale d'auparavant, craignaient d'être soumis à un contrôle hiérarchique imposé par le comté métropolitain. Le deuxième problème concernait les rapports entre les comtés métropolitains et le gouvernement central, qui sont devenus plus tendus lorsque les conservateurs ont repris le pouvoir à Westminster en 1979. Cette tension est devenue de plus en plus aigüe du fait que les six comtés métropolitains ainsi que le Grand Londres étaient gérés par les travaillistes en opposition à la politique nationale. Enfin, le troisième problème provenait de ce que les conservateurs se méfiaient de tout pouvoir stratégique qui ressemblait de trop près au socialisme qu'ils craignaient.

Dès lors, en 1986, le gouvernement conservateur a légiféré en faveur de la suppression des six comtés métropolitains et du conseil de Grand Londres, confiant aux bourgs la plupart des pouvoirs en matière de gestion des services locaux. Ainsi, à partir du milieu des années 1980 jusqu'au début de ce siècle, il n'existait aucune instance sous contrôle local en capacité de définir une vision stratégique pour les aires urbaines. Cela ne veut pas dire pour autant que n'existait pas la capacité de préparer des stratégies urbaines : à partir de 1994, une délocalisation importante de ministères de l'État vers les régions a été instituée pour assurer cette capacité stratégique, mais au moyen d'une mesure qui paradoxalement représentait une centralisation du pouvoir. Pendant 17 ans, ces *Government Offices of the Regions* ont joué un rôle important.

Le retour au pouvoir des travaillistes en 1997 a conduit à d'autres manières de penser la gouvernance locale. En vue des difficultés déjà éprouvées, il n'y avait aucune volonté de la part du gouvernement de Tony Blair de ressusciter les anciens comtés métropolitains. La solution retenue a consisté à chercher la démocratisation des régions avec des assemblées d'élus secondées par des services professionnels. Mais la difficulté provenait de ce que, si les populations locales s'identifiaient facilement aux comtés dont l'existence remontait au Moyen Âge, les régions constituaient une création récente qui n'inspirait pas la même loyauté. Pour tester la volonté de voir la mise en place d'un système d'administration régionale, un référendum a été organisé au nord-est de l'Angleterre, là où on a considéré que l'identité régionale était la plus forte. Ce référendum, tenu en 2004, a été cependant un échec cuisant. La participation de l'électorat a été relativement faible et la très grande majorité a voté contre la création d'une instance régionale.

Cet échec a conduit à la recherche d'autres moyens de décentraliser le pouvoir et de permettre le développement économique surtout du nord du pays qui s'avérait de plus en plus pressant.

Au début du 21e siècle, de nouvelles préoccupations ont alors contribué à rechercher de nouvelles façons de penser les solutions possibles aux problèmes constatés.

La préoccupation première était (et reste toujours) l'écart grandissant entre le sud-est du pays avec une économie performante et le nord où l'économie stagnait et les problèmes de pauvreté s'accumulaient. Si cette distinction est plutôt caricaturale – quelques quartiers les plus pauvres d'Angleterre se trouvent à Londres et certaines parties du nord sont loin d'être démunies – il est néanmoins vrai que des disparités importantes existent et des indices importants en sont témoins. Il est aussi avéré que le nord du pays est bénéficiaire de beaucoup moins d'investissements dans les équipements et les services publics que Londres et le sud-est du pays.

Si les problèmes étaient connus, la difficulté était de savoir comment les solutionner. La première question concernait le territoire approprié pour les interventions nécessaires : s'il ne pouvait s'agir des régions ni des comtés métropolitains, alors quel territoire choisir ? L'impulsion de la politique européenne, ainsi que les commentaires offerts par certains universitaires et praticiens, ont conduit à un examen du fonctionnement des grandes agglomérations et des liens qui existaient entre les villes qui les composaient. Cette réflexion a donné lieu au concept du *city region*. Pour le parti travailliste, au pouvoir jusqu'à 2010, la solution retenue a alors été d'encourager la coopération entre collectivités locales existantes. Vers la fin de son mandat, le gouvernement travailliste a adopté le *Local democracy, Economic Development and Construction Act* en 2009, loi qui contenait plusieurs volets dont la plupart avaient été supprimés par la coalition qui a repris le contrôle du gouvernement en 2010. Il en restait les articles prévoyant la coopération entre collectivités locales et la création d'une instance ayant une personnalité morale selon la volonté des collectivités locales concernées. Ces instances seront intitulées *combined authorities*.

La deuxième préoccupation du début du 21e siècle était la qualité de la direction municipale. Nous avons déjà noté l'absence de maires élus dans le système d'administration locale traditionnelle au Royaume-Uni, ce à quoi s'est ajoutée une critique du *leadership*. L'architecte et urbaniste Richard Rogers était parmi ceux qui prônaient la mise en place de maires élus, des personnalités fortes qui pouvaient prendre le relais du développement des grandes villes. Pour lui, l'exemple des métropoles européennes offrait un modèle ; le cas particulier de Barcelone était présenté comme l'idéal de la bonne gouvernance reposant sur un maire élu qui a dynamisé la ville. Pour Rogers, le critère de réussite du modèle barcelonais reposait surtout sur la qualité de ses espaces publics et de leur architecture, et globalement, sur le fait que la ville était « habitable ». Le fait que le taux de pollution aérienne était élevé ne comptait pas dans cette conception de la « ville habitable »...

Tony Blair, Premier ministre jusqu'en 2009, était convaincu que la gouvernance des collectivités locales avait besoin d'être réformée. La réforme mise en place en 2000 avec le nouveau *Local Government Act* a proposé deux possibilités pour la structure des conseils des collectivités locales, à savoir, soit un leader élu des rangs des conseillers, soit un maire directement élu, mais dans chacun des cas le leader ou le maire devait être secondé par un cabinet de conseillers exécutifs. Puisque le pouvoir d'élire le maire était discrétionnaire, et non obligatoire, seule une minorité de collectivités locales a opté pour cette solution. Mais l'exemple du Grand Londres, dont le conseil (*Greater London Authority*) était réincarné en 2000 par le gouvernement travailliste, avec un maire élu, a offert un exemple important au reste du pays. Les trois maires successifs du *Greater London* à partir de 2000 ont eu chacun un profil d'envergure nationale et une présence importante dans les médias.

Ainsi, en 2010, le nouveau gouvernement de coalition s'est trouvé en situation de pouvoir négocier la création de nouvelles instances qui prendraient le relais de l'administration des grandes agglomérations. Il faut souligner que les nouvelles *combined authorities* ont été proposées à partir de la volonté des collectivités locales concernées, tandis que l'incitation reposait sur la possibilité d'une part, de récupérer des pouvoirs et, d'autre part, de débloquer des fonds pour répondre aux exigences de l'agglomération. La politique était liée dans un premier temps à la volonté de décentraliser les pouvoirs et, ce faisant, d'assurer un contrôle au niveau local. Plus récemment les *combined* authorities se sont vues fixer comme objectif la réalisation d'une priorité politique de *level up* (niveler par le haut) pour les régions peu performantes. En 2016, la loi a été de nouveau modifiée dans le *Cities and Devolution Act* qui a proposé aux *combined authorities* la possibilité d'élire un maire.

La description officielle des *combined authorities* est désormais la suivante : « *A combined authority is a legal structure that may be established, via an Order made by the Secretary of State, at the request of two or more local authorities. The combined authority's executive consists either of one representative of each member authority; or one representative of each member authority plus a directly-elected mayor (a 'mayoral combined authority')* »[1].

---

[1] UK Parliament House of Commons Research Briefing Paper *Combined Authorities* http://researchbriefings.files.parliament.uk/documents/SN06649/SN06649.pdf 2019
Une *combined authority* est une instance ayant une personnalité morale, établie par décret du Secrétaire de l'État à la suite d'une demande d'au moins deux collectivités locales. Le pouvoir

Jusqu'en 2021, il y avait dix *combined authorities* dont neuf avec un maire élu. Une onzième proposition de décentralisation est en train d'être négociée avec la Cornouaille. Dans les cas de Merseyside (Liverpool), le Grand Manchester, West Yorkshire et South Yorkshire et les West Midlands (Birmingham), les anciennes frontières des comtés métropolitains ont été retenues. Dans le nord-est, l'ancien comté métropolitain a été élargi pour permettre l'inclusion de tout le comté de Northumbria, qui reste pour la plupart rural au-delà de l'agglomération de Newcastle. Un nouveau *mayoral combined authority* a vu le jour juste au sud, autour des villes de Middlesbrough et Darlington. Ailleurs, dans le sud-ouest, l'agglomération de Bristol s'est dotée d'une telle structure (et d'un maire). Plus surprenante est la création d'une *combined authority* dans l'est du pays pour combiner les villes de Cambridge et Peterborough. Dans ces territoires, aucun des problèmes classiques du nord de l'Angleterre n'existe ; la région est plutôt l'une des plus performantes du pays, avec un secteur de haute technologie, de recherche et de développement scientifique lié à l'université à Cambridge, auquel s'ajoute le secteur de génie mécanique haut de gamme situé à Peterborough. L'arrière-pays des deux villes reste largement rural et agricole, avec une agriculture intense.

Il convient de noter que les *combined authorities* ne sont pas des collectivités locales à plein titre. Les maires sont élus directement, mais les conseils sont composés de représentants des collectivités locales qui peuvent éventuellement s'opposer aux décisions des maires. De plus, les pouvoirs des maires sont relativement limités.

Globalement, les pouvoirs décentralisés peuvent comprendre : l'aménagement du territoire, les transports régionaux, l'enseignement technique, l'aide aux entreprises et le développement économique. Mais, la composition des pouvoirs des *combined authorities* n'est pas la même selon l'institution concernée : elle est taillée sur mesure selon les négociations menées avec l'État. La composition des pouvoirs est, en outre, liée à une négociation qui porte sur la dotation des fonds dont chacune de ces *combined authorities* pourra être bénéficiaire. Il en résulte que ni les pouvoirs ni les budgets ne sont les mêmes. Les *combined authorities* peuvent également percevoir un impôt pour la réalisation des projets.

La plupart de ces pouvoirs ne peuvent être exercés qu'avec l'approbation des collectivités locales constituantes. Les décisions du maire peuvent être annulées à la suite d'un vote des deux tiers des voix du conseil ; dans le cas de l'aménagement du territoire, la décision doit être unanime. Un plan d'aménagement stratégique pour *Greater Manchester* a d'ailleurs dû être révisé à la suite de l'opposition d'un seul des dix districts dont il est composé.

---

exécutif du *combined authority* se compose d'un représentant de chaque collectivité locale ou d'un représentant de chaque collectivité locale avec un maire élu.

Si la création des *combined authorities* a commencé avant la promulgation de la loi sur l'élection des maires, dès le début il avait été supposé que les *combined authorities* auraient un maire élu une fois que la loi le permettrait. La première de ces nouvelles instances fut *Greater Manchester* en 2011 dont la négociation était achevée avant l'élection du maire. La plus récente a été l'agglomération de Newcastle, intitulée *North of the Tyne*, en 2018. Une série d'autres propositions pour l'instant n'ont pas vu le jour, mais on peut supposer que d'autres *combined authorities* seront créées dans les années à venir. Cela supposera toutefois que le contrôle local soit réel, que les fonds offerts pour la réalisation des projets soient suffisants et que la volonté de coopérer soit avérée, afin que les craintes locales soient surmontées.

Pour l'instant, il est difficile d'évaluer les effets de cette restructuration administrative des *city regions.* Toutefois, il y a plusieurs éléments de bilan qu'il est possible de relever.

Tout d'abord, on peut constater que l'élection des maires a agi dans le même sens que pour le *Greater London.* Si tous les maires n'ont pas le même poids, certains, tels que les maires du *West Midlands* et du *Greater Manchester*, ont réussi à s'imposer au niveau national comme interlocuteur privilégié de leur *city region.* Ainsi, le phénomène constaté à Londres, où les maires successifs ont acquis une visibilité médiatique importante et jouent un rôle dans la politique nationale, est également vrai pour les grandes agglomérations de province.

La deuxième remarque à faire tient à ce que les pouvoirs formels accordés aux *city regions* et exercés par les maires sont relativement limités. De plus, puisque la création des *mayoral combined authorities* résulte d'une négociation sur mesure entre l'État et les collectivités locales concernées, la distribution des pouvoirs – et peut-être plus important encore – des financements, ne sont pas égales. Il est évident par exemple que le *Greater Manchester* est arrivé à un accord plus avantageux que celui de *South Yorkshire* tant dans les pouvoirs dont il est bénéficiaire qu'en ce qui concerne les subventions de l'État. Or, là où les pouvoirs et les financements sont les plus avantageux, la politique menée par le maire est la plus ambitieuse.

Autre remarque, la politique des transports en commun constitue une question qui implique la plupart des *mayoral combined authorities.* Au *Greater Manchester,* le maire a proposé de récupérer le contrôle public des lignes d'autobus, actuellement dispersées entre un nombre important d'entreprises privées, pour 2025. Il compte de plus contrôler les services ferroviaires sur le réseau urbain vers la fin de la décennie pour assurer une offre en transports en commun qui soit bien intégrée et qui corresponde aux besoins des habitants de la métropole. Dans le *South Yorkshire*, le maire a pour objectif la mise en place de l'infrastructure et des équipements pour développer un réseau qui dans son état actuel est relativement faible. Puisque de tels projets relèvent des pouvoirs inscrits dans la loi elle-même, ils se trouvent également dans d'autres *metropolitan combined authorities*. Mais les modalités en sont très variables.

À côté des pouvoirs formels spécifiques, les maires disposent d'un « pouvoir de compétence générale » que certains maires ont utilisé pour prendre des initiatives dans des domaines qui ne relèvent pas de leurs attributions formelles. Notoire à cet égard est la politique du maire de *Greater Manchester* en ce qui concerne l'hébergement des sans-abris, problème devenu d'autant plus grave à cause de la pandémie. De telles initiatives reposent au moins autant sur une puissance douce que sur un pouvoir formel, et la possibilité que le maire détient d'inciter d'autres acteurs publics et de coordonner les efforts des collectivités locales.

Un dernier point concerne la direction politique des grandes agglomérations. Il convient de noter que, des neufs *mayoral combined authorities*, sept sont gérées par des maires travaillistes, ce qui veut dire qu'ils se trouvent en opposition au gouvernement au pouvoir à Westminster. L'opposition s'est manifestée lors du confinement et principalement dans le manque d'appui financier suffisant pendant la pandémie.

En conclusion, il est difficile de dire si la création des *combined authorities* contribuera à solutionner à long terme les problèmes de gouvernance des métropoles anglaises ou si elle constituera une expérience provisoire. Le point fort de ces nouvelles instances est la mise en place d'interlocuteurs qui peuvent agir pour le compte des habitants et négocier les pouvoirs et les financements nécessaires à la vie quotidienne de l'agglomération. De même, le retour du contrôle aux acteurs locaux est à souligner. Mais il reste au cœur de la politique nationale de décentralisation une dichotomie. Si le Premier ministre David Cameron, au début de son mandat en 2010, a prôné les vertus de l'autonomisation (*empowerment*) des populations locales, plus récemment, ce discours d'*empowerment* a disparu. On peut se demander si la volonté de décentraliser les pouvoirs ne poursuit pas l'objectif, non pas d'autonomie des populations, mais de réduction des responsabilités de l'État.

Les doutes persistent pour plusieurs raisons. D'abord, il n'est pas évident de vérifier si l'établissement des *combined authorities* est entré dans l'esprit des habitants. Là où il y a un vrai sentiment de coopération, comme par exemple *Greater Manchester* ou les *West Midlands*, ce sentiment existait déjà, même si l'existence d'un personnage fort incarné par le maire a donné un coup de pouce à cette coopération. Ensuite, pour le gouvernement central, perdure un danger dans la création de pôles d'opposition, dont les anciens *metropolitan counties* des années 70 constituent le témoignage.

D'autres indices défavorables concernent les pouvoirs et les financements limités des *combined authorities* ainsi que leur répartition inégale. Sans nul doute, ces nouvelles instances doivent être dotées des subventions suffisantes pour réaliser un contrôle local efficace. Mais précisément, pour ces différentes raisons, l'avenir de la gouvernance des grandes agglomérations est loin d'être certain.

Mayoral Combined Authorities	**Date de création**	**Population 2021**
Greater Manchester	2011	2.848.300
Liverpool	2014	1.564.100
South Yorkshire	2014	1.415.000
West Yorkshire	2014	2.345.200
Tees Valley	2016	667.200
West Midlands	2016	2.939.900
Cambridgeshire & Peterborough	2017	859.800
West of England	2017	950.000
North of the Tyne	2018	839.500
Non-mayoral Combined Authority		
North-East	2014	1.164.100

Sources : Office for National Statistics 2021;
Local Government Association www.local.gov.uk/topics/devolution/devolution-online-hub/devolution-explained/combined-authorities
Institute for Government 2021 www.instituteforgovernment.org.uk/explainers/metro-mayors

Les villes métropolitaines en Italie

Giuseppe Franco Ferrari

Senior Professor of Constitutional Law
Department of Legal Studies
Bocconi University

I. Le gouvernement de vastes régions depuis l'unification de l'Italie jusqu'à la fin du 20e siècle

1.1. En Italie, le rapport difficile entre le centre et les périphéries, entre le niveau central et le niveau local du gouvernement, remonte historiquement à la phase post-unification, lorsque les lois d'unification nationale de 1865, et en particulier la loi pour l'unification administrative du Royaume d'Italie (loi n° 2248 du 20 mars 1865), ont esquissé un système hiérarchiquement centralisé. La structure du système piémontais, à son tour empruntée au système français, a été étendue au contexte national. Les autorités locales n'étaient rien de plus que des branches bureaucratiques du gouvernement central, soumises au contrôle de leurs organes et de leurs actes. Même la réforme proposée par le ministre du Conseil de l'époque, Francesco Crispi (loi n° 5865 du 30 décembre 1888), connue sous le nom de « deuxième unification administrative », n'a pas été en mesure d'introduire des espaces concrets d'autonomie pour les collectivités locales[1], malgré l'introduction de l'élection du maire (par le conseil municipal) et de la députation provinciale.

Le centralisme de l'État se radicalise sous le régime fasciste qui, avec l'approbation du texte consolidé de la loi municipale et provinciale (*regio decreto* n° 383 du 3 mars 1934), élimine complètement toute forme d'autonomie au niveau local. Dans un contexte fortement centralisé, le débat

---

[1] Et ce, malgré les idéaux fortement novateurs de Crispi lui-même : « L'autorité suprême de la nation ne doit que diriger : après avoir fait les lois, il faudrait laisser leur exécution à l'individu et au corps moral auquel elles se rapportent et encore à l'un et à l'autre la responsabilité de leurs propres actions. En éloignant les communes de leur propre administration, ou en les affaiblissant dans les différents actes de celle-ci, vous éteignez la force morale de toutes ces personnalités collectives et par conséquent de l'État, qui est le tout », cité dans A.G. Ricci, L. Montevecchio. Ricci, L. Montevecchi (eds.), *Francesco Crispi. Costruire lo Stato per dare forma alla Nazione*, Pubblicazione degli Archivi di Stato, Rome 2009.

sur la structure des autonomies locales ne pouvait porter (du moins jusqu'à l'avènement du fascisme, qui a effectivement empêché l'exercice de toute forme de pensée indépendante) que sur la nature même des organes périphériques et sur l'extension ou non de leurs pouvoirs, fonctions et compétences. Ce n'est pas une coïncidence si, en Italie, le débat sur les aires métropolitaines et sur la mise à disposition des organismes de vastes zones s'est développé, tant au niveau doctrinal[2] que politique[3], seulement pendant la période constitutionnelle, lorsqu'a été conçu un système décentralisé complètement nouveau, qui a vu la République nouvellement établie reconnaître et promouvoir l'autonomie locale (art. 5 de la Constitution). L'objectif était alors de concevoir le système régional et autonome, qui ne serait mis en œuvre que plus tard par le droit commun. D'une part, de nouvelles normes auraient dû être introduites pour structurer les Régions ; d'autre part, les réglementations actuelles sur les collectivités locales auraient dû être revues et adaptées aux schémas constitutionnels et aux principes d'autonomie consacrés par le titre V de la Constitution et en particulier l'article 128. Cependant, le débat a été absorbé presque entièrement par le thème de la régionalisation, tandis que les questions liées à la gouvernance des autonomies locales n'ont commencé que plus tard, parallèlement au développement socio-économique du pays et à l'évolution du phénomène de conurbation et d'abandon des campagnes.

1.2. Les forces centralisatrices qui caractérisaient la politique des années 50 et 60 et qui, de surcroît, entravaient la mise en œuvre rapide du système régional, n'ont pas empêché les activités de planification qui, toutefois, peuvent être considérées comme marginales par rapport à celles qui se sont développées par la suite et qui se limitaient le plus souvent à des problèmes spécifiques et souvent sectoriels[4], qui prenaient la forme d'ajustements réglementaires limités aux lois de l'époque fasciste et antérieure[5]. La première tentative d'établir un système spécifique de gouvernement pour les zones métropolitaines remonte aux années 1950, lorsque l'approbation de plans territoriaux intercommunaux a été envisagée, afin de résoudre, au niveau du gouvernement territorial, les problèmes liés au phénomène de conurbation qui caractérisait les deux principales villes italiennes, Milan et

---

[2] Voir à cet égard, G. Pastori, *Problemi inerenti il governo delle aree metropolitane*, in *La riforma dell'amministrazione locale*, Fondazione Giovanni Agnelli, Turin 1978 ; B. Dente, *La riforma degli enti locali: repertorio delle proposte negli anni 1961-1972*, Regione Lombardia. Giunta Regionale, Milan 1975 ; L. Vandelli, *Città Metropolitane*, in *Enciclopedia del Diritto, Annali IX*, Giuffrè, Milan 2016.

[3] Une analyse intéressante du débat parlementaire est proposée par F. Tufarelli, *L'istituzione delle aree metropolitane nel dibattito parlamentare*, in V. Artipaldi (ed.), *Il Governo Metropolitano – aspetti di una politica delle istituzioni*, Edizioni Scientifiche Italiane, Naples, 1993.

[4] L. Vandelli, *I progetti di riforma dell'ordinamento delle autonomie locali,* Regione e Governo Locale, 1990, n° 3.

[5] Il s'agit du décret royal 148/1915 et du décret royal 383/1934, tous deux intitulés « Testo unico della legge comunale e provinciale ».

Turin. Cependant, les vétos croisés exprimés par les municipalités ont fait échouer cette première tentative de planification supra-municipale, bien que sectorielle.

Dans les années 1960, les besoins à l'origine des initiatives de la décennie précédente sont devenus encore plus pressants et ont fait l'objet d'un débat politique animé qui a débouché sur le « Projet 80 », grâce auquel, à la fin des années 1980, le thème des « aires métropolitaines » est devenu évident pour la première fois[6]. Elles devaient constituer la base de la planification économique et infrastructurelle de l'Italie dans les années 1970, dans la conscience que le développement urbain serait la caractéristique dominante des changements du pays dans les années à venir et que, par conséquent, il était nécessaire de garantir « une disposition métropolitaine ordonnée pour le développement des grandes villes ». Cependant, même le Projet 80 – qui se proposait de produire des politiques de régulation du territoire, des infrastructures et des transports à travers la construction d'un « système de villes » qui aurait dû couvrir l'ensemble du territoire national et qui voyait dans les Régions la réponse institutionnelle aux processus de conurbation [7] – est resté lettre morte et, avec l'institution des Régions, la nécessité d'identifier une forme de gouvernement intermédiaire capable de gérer efficacement les réalités d'urbanisation rapide et dense est restée insatisfaite, surtout en raison de l'incapacité des nouveaux organismes à jouer le rôle de porte-parole[8].

1.3. La mise en œuvre du titre V de la Constitution et l'activation du système régional, avec la première élection des conseils régionaux en 1970, ont conduit à une refonte complète de la structure des autonomies locales, tant au niveau organisationnel que fonctionnel et territorial. La perception était que la dimension municipale n'était pas en mesure de faire face aux problèmes émergents liés au développement démographique et urbain, aux besoins de mobilité et aux changements dans la société et les modes de consommation ; il était nécessaire d'étendre la sphère circonscrite à un niveau supra-municipal. En même temps, la province n'était pas considérée comme l'organisme approprié pour s'occuper des intérêts supra-municipaux. En l'absence d'un organe de deuxième niveau et d'un organe de base, la solution aux problèmes de l'administration des collectivités locales aurait dû passer par une refonte de la taille des provinces et des municipalités existantes[9].

---

[6] L. Barca, G. Ruffolo, *Progetto 80 : rapporto preliminare al programma economico nazionale 1971-1975*, Sansoni, Florence, 1970, p. 46. Citons également, pour un aperçu des premières réflexions sur les villes métropolitaines, G.F. Ferrari, *Ciudad Metropolitana: la experiencia italiana*, Rivista Digital de Derecho Administrativo, 2013, n° 10.

[7] M. Alulli, *La riforma metropolitana e i suoi dilemmi*, in www.anci.it, 2010, p. 24.

[8] E. Rotelli, *Le aree metropolitane in Italia, una questione istituzionale insoluta,* in G. Martinotti, (ed.) *La dimensione metropolitana,* Il Mulino, Bologna, 1999, p. 299 et suiv.

[9] G. Pastori, *Problemi inerenti il governo delle aree metropolitane*, in *La riforma dell'amministrazione locale*, Fondazione Giovanni Agnelli, Turin 1978.

C'est ainsi qu'est apparu le concept de district, un agrégat de corps voisins, unis par l'homogénéité socio-territoriale, correspondant à la taille nécessaire pour remplir efficacement les fonctions de gouvernement d'une vaste zone et lié aux municipalités incluses dans le corps du district. Il s'agissait d'un organisme de deuxième niveau, dont les fonctions lui permettaient de faire face aux problèmes découlant des processus de développement économique et social et de l'agrégation de conglomérats urbains polycentriques de plus en plus interconnectés. L'expérience du district s'est développée non seulement dans le débat doctrinal, mais aussi dans la réalité concrète, à travers la prolifération de formes agrégées sectorielles avec lesquelles les municipalités ont délégué des fonctions vers le haut, allant jusqu'à créer de véritables « zones de services »[10] ; des expériences diversement définies, presque limitées à certains services et/ou bureaux, qui pour cette raison même n'ont jamais pu se hisser au rang de pivot de la coordination et de la planification des politiques locales d'un vaste territoire. En outre, la structure décrite a produit des effets perturbateurs sur la participation démocratique et a favorisé la constitution d'organes distincts, détachés des structures administratives locales[11].

Toujours à la suite de l'approbation des règles d'organisation régionale (loi 281/1970, décret présidentiel 8/1972, décret présidentiel 616/1977), le débat et les activités de planification se sont orientés vers une approche différente, qui supposait la nécessité de redéfinir de manière organique la réglementation des autonomies locales dans le cadre constitutionnel. Dans ce contexte, le projet élaboré en 1977 par un important groupe de chercheurs basés à l'Université de Pavie, dirigé par Umberto Pototschnig, a eu une influence considérable, également au niveau politique, et n'a pas simplement proposé une révision du Texte consolidé des lois municipales et provinciales, mais un véritable texte unique des autonomies, appelé Projet Pavie et publié en 1977[12]. La réflexion exprimée par le groupe partait du constat de l'inadéquation du système existant pour offrir des solutions efficaces et efficientes aux problèmes des collectivités locales ; de la nécessité de répondre à la demande politique des autorités locales, qui a profondément changé et n'est plus en phase avec le système actuel de gouvernance locale ; du cadre modifié des relations entre l'État et les régions ; et de la grave situation financière des municipalités, également liée à l'organisation institutionnelle du système. Le projet a rejeté l'idée de redessiner la carte des

[10] G. Pastori, *op. cit.*

[11] F. Roversi Monaco, *La provincia e l'ente intermedio*, in *La riforma dell'amministrazione locale*, Fondazione Giovanni Agnelli, Turin 1978. Du même auteur, voir : *La delegazione amministrativa nel quadro dell'ordinamento regionale*, Giuffrè, Milan 1970 et *Profili giuridici del decentramento nell'organizzazione amministrativa*, Cedam, Padoue 1970. Voir également, à cet égard, A. Barbera, *Deleghe, minideleghe e pseudodeleghe nelle leggi regionali in materia di sanità: un concreto avvio alla riforma sanitaria ed al riassetto dei poteri locali*, Riv. trim. dir. pubb., 1974, n. 3.

[12] U. Pototschnig, *Legge generale sull'amministrazione locale*, CEDAM, Padova 1977.

municipalités italiennes en fusionnant des entités plus petites et a opté pour la création de provinces métropolitaines dans les principales zones urbaines du pays, c'est-à-dire des provinces dotées d'un régime spécial qui seraient chargées à la fois des fonctions attribuées aux provinces et de certaines de celles généralement incombées aux municipalités, comme la gouvernance territoriale et la gestion des services publics locaux. Il s'agissait d'un développement du modèle existant qui fusionnait le niveau du district, c'est-à-dire celui attribué aux provinces, et le niveau de la zone, qui relevait des municipalités, et qui réglementait les relations entre les deux niveaux afin de garantir l'unité d'un modèle articulé. Le schéma de gouvernance des organismes représentant les intérêts métropolitains concentrait les responsabilités dans l'organisme le plus important en raison de la nature intégrée des problèmes des grands conglomérats urbains et de la nécessité de coordonner les services essentiels. Toutefois, le projet envisageait la possibilité de doser la répartition des responsabilités par les régions et les autorités locales concernées, de manière à permettre la flexibilité nécessaire pour adapter la gouvernance à la spécificité des réalités urbaines[13].

Bien que le projet ait suscité le débat et influencé les élaborations ultérieures, il n'a pas eu le succès escompté, principalement en raison de l'absence de réglementation adéquate et précise sur les points essentiels du nouveau système, du mode d'élection des organes de gouvernement, de la nature du nouveau sujet métropolitain, de la définition des fonctions à attribuer à l'autorité métropolitaine de la délimitation même de la zone[14]. La nécessité d'intervenir dans le système des autonomies locales afin de donner une consistance juridique à une réalité désormais indéniable restait cependant fortement ressentie.

1.4. Au niveau politique, cependant, la vision dominante à la fin des années 1970 était une vision fonctionnelle, développée par le ministre de l'administration publique de l'époque, Massimo Saverio Giannini, qui avait adopté l'approche de l'exercice conjoint des fonctions par le biais d'associations entre municipalités. Cependant, le projet Giannini de 1980 ne verra jamais le jour en raison de la crise gouvernementale[15] et de son exclusion du poste ministériel[16]. Au cours des années 80, les propositions

---

[13] C. Pastori, *op. cit.*; F. Roversi Monaco, *La provincia e l'ente intermedio*, in *La riforma dell'amministrazione locale*, Fondazione Giovanni Agnelli, Turin 1978.

[14] M. Alulli, in *op. cit.*, p. 25.

[15] Il s'agit du deuxième gouvernement Cossiga, en fonction jusqu'au 18 octobre 1980.

[16] Sur ce point, voir le rapport de Guido Melis lors de la conférence de Turin du 24 octobre 2011, à l'occasion des célébrations du 150e anniversaire de l'unification de l'Italie : "La lettre confidentielle que Giannini a écrite à Bettino Craxi, le chef du Parti socialiste dans la délégation duquel Giannini en tant que ministre avait été inclus (et dont il a ensuite été exclu en faveur du démocrate-chrétien Darida) est un document extraordinaire du rapport problématique entre les élites éclairées des réformateurs et la surdité pérenne des politiciens. Je lis le texte, écrit dans le style polémique typique de Giannini : "Cher Craxi, depuis hier je suis revenu à mon otia et negotia, dont tu es l'auteur. J'ai deux questions à te poser. Tout d'abord, dans les pays civilisés, lorsqu'on veut démissionner une personne, il est d'usage de

d'interventions radicales, qui préconisaient une réforme institutionnelle avec l'identification de deux niveaux de gouvernement, à l'intérieur desquels les larges espaces d'autonomie de gestion reconnus aux municipalités métropolitaines auraient dû correspondre à un niveau supérieur assigné à des fonctions stratégiques et destiné à agir comme catalyseur de conflits[17], ont été opposées à des visions fonctionnelles, attachées aux institutions existantes, à doter de nouveaux instruments et fonctions pour un gouvernement efficace du vaste territoire[18]. Cependant, la tension entre les visions opposées du nouveau gouvernement métropolitain n'a pas abouti à des résultats concrets capables de donner vie à cette entité institutionnelle[19].

En 1988, la Commission des affaires constitutionnelles de la Chambre des députés a approuvé son propre texte sur la réforme des autonomies locales, qui ne faisait aucune référence aux villes métropolitaines en raison des positions très différentes adoptées sur la question par les différentes forces politiques. Il s'agissait principalement d'un texte qui rationalisait la structure existante, avec quelques interventions limitées pour résoudre des problèmes fonctionnels fondés sur l'expérience. L'idée d'une autorité métropolitaine a toutefois été reproduite dans le projet élaboré par l'Institut pour la science de l'administration publique en 1989 (communément appelé projet ISAP 1989[20]), qui en a repris la vision structurelle et, sur la base de ce qui avait été élaboré par l'Université de Pavie, a attribué les fonctions de provinces métropolitaines aux provinces de Rome, Gênes, Milan, Naples et Turin, qui ont ensuite été divisées en municipalités métropolitaines. Le nouvel organisme, investi des fonctions des provinces, devait également

---

l'informer en temps utile, ne serait-ce que pour assurer la continuité des services. Deuxièmement, daignerais-tu m'expliquer pourquoi tu as renoncé à la fonction publique, qui t'était proposée par les chrétiens-démocrates [...], au profit de quatre ministères périphériques [...]. Que s'est-il passé ? Une erreur de perspective ? Ou un nouvel épisode de la longue carence du socialisme italien face aux problèmes concrets de la puissance publique ? Ou peut-être une machination obscure de ta part ?". Questions sans réponse ». Le texte est publié sur https://www.eticapa.it/eticapa/pubblica-amministrazione-una-riforma-mancata/.

[17] F. Merloni, *Il rebus metropolitano. Le soluzioni istituzionali per il governo delle grandi aree urbane : nove esperienze straniere a confronto*, IRESM, Roma, 1985, p. 189 ss.

[18] P. Urbani, *Gouvernement métropolitain et intérêts nationaux*, CEDAM, Padoue, 1988, p. 174 et suivantes.

[19] Après la transmission aux Chambres du rapport du ministre Giannini sur les principaux problèmes de l'administration de l'État, le document est approuvé par le Sénat le 10 juillet 1980, avant d'être mis au placard en raison des vicissitudes politiques qui ont conduit à la chute du gouvernement (il s'agissait du deuxième gouvernement Cossiga). Le débat sur la réforme de l'autonomie locale a été repris au Sénat en 1983, aboutissant en mars 1985 à l'approbation du premier texte sur la réforme de l'autonomie locale par une commission parlementaire. Le texte a suscité de nombreuses critiques, notamment de la part de l'UPI et de l'ANCI, qui ont formulé une série importante de propositions d'amendements, ce qui a conduit le Sénat à renvoyer le texte du projet de loi en commission. Le processus de révision du texte a été achevé en mars 1987, mais son approbation finale a été bloquée au cours de la procédure parlementaire, la convergence politique sur le modèle de réforme proposé n'étant pas atteinte.

[20] Le texte du projet a été publié dans la revue Amministrare, 1989, nos. 1-2.

exercer des pouvoirs et des fonctions dans le domaine de l'aménagement du territoire et des transports publics[21]. Les travaux de la Chambre des députés ont été nécessairement confrontés à la nouvelle proposition de l'ISAP, à laquelle s'est ajoutée celle formulée par un groupe de chercheurs coordonné par l'ancien ministre Giannini et qui a abouti, en 1990, à l'approbation de la nouvelle réglementation des autonomies locales, entrée en vigueur peu avant les élections administratives de la même année.

1.5. La loi n° 142 du 8 juin 1990, publiée au Journal officiel n° 135 du 12 juin 1990, a été la première loi à contenir une référence expresse aux zones métropolitaines, caractérisées par la présence de grandes villes et de municipalités fortement intégrées à celles-ci à de nombreux égards (économiques, sociaux, culturels, urbains et territoriaux). La gouvernance de ces entités territoriales s'articulait sur deux niveaux : les villes métropolitaines et les municipalités. Les villes métropolitaines étaient dotées de caractéristiques distinctives qui les faisaient apparaître comme un *tertium genus* par rapport aux provinces et aux municipalités. La loi a adopté l'approche structurelle et, dans le but de garantir une certaine flexibilité au nouveau modèle, afin de le rendre plus adaptable aux neuf zones métropolitaines de référence (Turin, Milan, Venise, Gênes, Bologne, Florence, Rome, Bari et Naples[22]), a impliqué directement les Régions dans l'identification des fonctions auxquelles les nouveaux organismes ont droit. C'est la Région qui devait procéder à la délimitation territoriale de chaque région métropolitaine. Une loi régionale devait déterminer les fonctions de la ville métropolitaine, y compris celles normalement attribuées à la province, ainsi que celles des communes « lorsqu'elles sont de nature supra-municipale ou doivent, pour des raisons d'économie et d'efficacité, être exercées de manière coordonnée dans la zone métropolitaine, dans les domaines suivants" : a) l'aménagement du territoire de la zone métropolitaine ; b) les routes, la circulation et les transports ; c) la protection et la valorisation du patrimoine culturel et de l'environnement ; d) la protection des sols, la protection hydrogéologique, la protection et la valorisation des ressources hydriques, l'élimination des déchets ; e) la collecte et la distribution de l'eau et des sources d'énergie ; f) les services de développement économique et de grande distribution commerciale ; g) les services de grande envergure dans les domaines de la santé, de la formation scolaire et professionnelle et les autres services urbains de niveau

[21] Pour un résumé, voir W.E. Crivellin, *La Provincia di Torino (1859-2009)*, Franco Angeli, Milan 2009.

[22] À ces zones métropolitaines s'ajoutent celles identifiées par un certain nombre de Régions à statut spécial : Palerme, Catane et Messine (identifiées par la loi régionale Sicile n° 6/1989) ; Trieste (identifiée par la loi régionale Frioul-Vénétie-Julienne n° 10/1988). L'article 17, paragraphe 5, de la loi n° 142 du 8 juin 1990 a conféré à la région de Sardaigne le pouvoir de « délimiter » l'aire métropolitaine de Cagliari.

métropolitain »[23]. Les autres fonctions sont attribuées aux municipalités comprises dans la zone métropolitaine.

La région devait également être l'architecte de la réorganisation des districts, avec le pouvoir de créer de nouvelles municipalités en séparant ou en fusionnant des zones d'urbanisation intense. Les municipalités des zones métropolitaines ont été reléguées à un simple rôle consultatif. Les provinces n'ont même pas été impliquées dans le processus. Selon les intentions du législateur, le processus de définition des circonscriptions territoriales des villes métropolitaines aurait dû être conclu par l'identification et la constitution des villes métropolitaines avant décembre 1991, tandis qu'avant la fin du mois de juin de l'année suivante, le gouvernement aurait dû prendre des décrets législatifs *ad hoc* pour la constitution, sur proposition des régions, des autorités métropolitaines. La loi a également établi un mécanisme pour surmonter toute inertie régionale, qui a attribué au gouvernement des pouvoirs de substitution (qui n'ont jamais été réellement activés). D'un point de vue institutionnel, l'article 18 de la loi, à titre transitoire et jusqu'à l'adoption d'une nouvelle réglementation en la matière, appliquait aux villes métropolitaines la discipline des Provinces et identifiait le Conseil, la *Giunta* (assemblée) et le Maire métropolitains comme les organes de l'autorité. L'approche était manifestement descendante, avec l'attribution des fonctions du haut vers le bas et le rôle prééminent de l'État dans la définition objective des fonctions pouvant être dévolues[24]. La principale faiblesse du mécanisme de mise en place de la nouvelle entité institutionnelle, qui a sans doute été la cause de l'échec de la réforme articulée par la législature de 1990, était précisément cette approche, qui attribuait aux régions un rôle prédominant dans la mise en œuvre de la structure innovante. Un autre facteur décisif a été l'intérêt des Régions à maintenir un rôle prédominant dans le contexte territorial de référence, qui aurait sans doute été réduit avec la création des villes métropolitaines, véritable cœur battant, en termes socio-économiques, des Régions elles-mêmes, ainsi que de la nation entière[25].

Le fait que la loi n° 436 du 2 novembre 1993 ait rendu obligatoire *de facto* la création de villes métropolitaines, auparavant soumises à l'initiative obligatoire de la région, n'a pas contribué à leur création. Concrètement, le processus de délimitation du périmètre des aires métropolitaines a été achevé en Ligurie (Loi Régionale de Ligurie n° 12/1991 et 7/1997 – Gênes), en Vénétie (L.R. Vénétie n° 36/1993 – Venise), en Émilie-Romagne (L.R. Émilie-Romagne n° 33/1995 et 20/2000 – Bologne), en Toscane

[23] Art. 19, loi 142/1990, dans la version de la première publication.

[24] G. Meloni, *Il governo metropolitano in Italia: realtà dei fenomeni e uncerti processi istituzionali*, in G.-F. Ferrari, P. Galeone (eds.), *Città a confronto – Le istituzioni metropolitane nei paesi occidentali*, il Mulino, Bologna 2010. A. Brancasi, P. Caretti, *Il sistema dell'autonomia locale tra esigenze di riforma e spinte conservatrici: il caso della Città metropolitana*, Le Regioni, 2010, no. 4.

[25] F. Spalla, R. Lanza, *Area Metropolitana: esperienze italiane*, Amministrare, 2008, n. 1-2.

(Délibération du Conseil Régional, Toscane n° 130/2000 – Florence) et en Sicile (Décret du Parlement de Sicile du 10 août 1995 – Palerme, Catane, Messine). Les difficultés objectives que posent les relations institutionnelles complexes entre les organismes chargés de la création des villes métropolitaines ont ensuite conduit le législateur à réviser intégralement la réglementation en la matière. L'article 16 de la loi n° 265 du 3 août 1999 a réécrit complètement le chapitre VI de la loi n° 142 du 8 juin 1990, consacré aux villes métropolitaines. Toutefois, une fois de plus, la création de ces nouveaux organes n'était que facultative. La loi a modifié la propriété subjective de l'initiative, qui n'était plus réservée aux régions, mais aux municipalités impliquées dans l'opération de réorganisation. Elle a également introduit une forme d'implication participative des citoyens par le biais d'un *référendum*, qui doit être organisé après la proposition de statut de la ville métropolitaine (qui doit indiquer son territoire, son organisation, son organisation interne et ses fonctions), décidée par les maires des collectivités locales concernées sur la base d'une résolution des conseils municipaux. La nouvelle structure était centrée sur le statut de la nouvelle entité et permettait donc des régimes très différenciés ; de plus, le rôle des Régions était retiré du centre. La réorganisation des districts municipaux est également devenue une simple option. Le cas des districts provinciaux est différent : si la ville métropolitaine ne coïncide pas avec le territoire d'une province, il faut définir un nouveau district et créer une nouvelle province. Il faut également noter que la loi de 1999 ne manquait certainement pas de réalisme, étant donné que, outre le modèle structurel de la ville métropolitaine, elle envisageait l'hypothèse d'agrégations fonctionnelles, basées sur des accords inter-administratifs de mémoire territoriale visant à établir des ambiances territoriales optimales pour la gestion de certains services, qui auraient dû pourvoir, bien qu'à un niveau sectoriel, aux besoins de gouvernement de la vaste zone en attendant l'achèvement de la réforme institutionnelle. Les règlements de 1999, qui ont été intégrés sans changements majeurs dans la loi consolidée sur les autorités locales (décret législatif 267 du 18 août 2000), n'ont pas été en mesure de redéfinir la structure institutionnelle du gouvernement local dans la région métropolitaine en raison de l'incapacité substantielle des autorités locales à exprimer des positions communes, ce qui a inexorablement conduit à des désaccords qui ont abouti à des veto croisés. Comme indiqué, entre 1993 et 2000, il y a eu une expérience d'actes relatifs au périmètre des zones métropolitaines, mais ceux-ci n'ont pas été suivis par la création effective de villes métropolitaines. Néanmoins, la nécessité de moderniser le système des autonomies locales, liée aux besoins économiques et sociaux du pays, a conduit à la constitutionnalisation d'organes supra-municipaux.

II. La constitutionnalisation de la ville métropolitaine

2.1. Un événement décisif dans l'histoire institutionnelle de la ville métropolitaine est représenté par l'entrée en vigueur de la loi constitutionnelle n° 3 du 18 octobre 2001 par laquelle, à travers une intervention de grande envergure sur le thème des Régions et des collectivités locales, le titre V de la partie II de la Constitution a été remanié. Avec la réforme en question, qui a fait l'objet d'une discussion ininterrompue dans le débat public et scientifique italien, les villes métropolitaines ont pris place dans une position d'une importance particulière, étant parmi les organes constitutifs de la République italienne. En effet, l'article 114 de la Constitution prévoit désormais, au paragraphe 1, que « la République est constituée par les communes, les provinces, les villes métropolitaines, les régions et l'État » et, au paragraphe 2, qu'à l'instar des communes, des provinces et des régions, les villes métropolitaines « sont des organismes autonomes dotés de statuts, de pouvoirs et de fonctions propres selon les principes établis par la Constitution ».

Ces dispositions, qui n'ont évidemment pas rendu immédiatement d'actualité l'existence des villes métropolitaines, les placent dans une position de première importance, comme le démontre la qualification reconnue dans l'interprétation donnée par la Cour constitutionnelle : il s'agit, en effet, d'organismes à « caractère constitutionnellement nécessaire »[26]. Comme dans le cas des Régions à statut ordinaire, on constate cependant que la disposition constitutionnelle seule est restée longtemps lettre morte (avec des effets évidemment moins importants que l'absence d'institution de l'organisme régional, en dehors des cas des Régions à statut spécial, jusqu'aux années 1970), devant attendre plus d'une décennie pour sa mise en œuvre concrète.

2.2. En tout état de cause, la réforme du titre V ne se limite pas à la seule énumération des villes métropolitaines parmi les corps constitués de la République. Comme pour les municipalités et les provinces, les villes métropolitaines se voient attribuer des pouvoirs réglementaires pour « réglementer l'organisation et l'exercice des fonctions qui leur sont attribuées » (article 117, paragraphe 6). Les villes et les provinces métropolitaines, ainsi que les provinces, sont les destinataires des fonctions administratives non attribuées aux communes sur la base des principes de subsidiarité, de différenciation et d'adéquation (art. 118, par. 1), à moins que, toujours sur la base des mêmes principes, le niveau territorial auquel les fonctions sont exercées ne soit identifié dans les régions ou dans l'État. Le principe de la réserve de la loi – étatique ou régionale – comme règle pour définir la propriété de leurs propres fonctions administratives s'applique également aux villes métropolitaines (art. 118, par. 2).

---

[26] Arrêt n° 50/2015.

Tout aussi importantes sont les diverses dispositions que la Constitution consacre depuis 2001 aux aspects financiers des villes métropolitaines, avec des dispositions qui – du moins sur le papier – marquent un rôle central pour l'autonomie financière des autorités locales. Tout d'abord, l'article 119, paragraphe 1, affirme « l'autonomie financière des recettes et des dépenses » des villes métropolitaines (avec les municipalités, les provinces et les régions). En outre, la Constitution attribue à ces mêmes collectivités l'existence de « ressources autonomes », avec la possibilité d'établir et d'appliquer « des impôts et des recettes propres » ainsi que de bénéficier d'une « coparticipation au produit des impôts d'État relatifs à leur territoire » (art. 119, par. 2). En outre, il est également établi que, grâce aux ressources trouvées par les sources susmentionnées, les villes métropolitaines peuvent « financer intégralement les fonctions publiques qui leur sont assignées » (art. 119, par. 3), avec la possibilité pour l'État de fournir des « ressources supplémentaires » à des fins de solidarité.

III. TENTATIVES DE MISE EN ŒUVRE

3.1. Comme il a été dit plus haut, la discipline constitutionnelle a nécessité – pour l'adaptation concrète des institutions italiennes aux changements induits par la réforme du titre V – une vaste quantité de normes législatives et secondaires. Une première tentative, concernant également les villes métropolitaines, a été faite avec la loi n° 131 du 5 juin 2003, qui a délégué des pouvoirs au gouvernement pour l'introduction de dispositions en matière de collectivités locales. Cette délégation visait, par exemple, à renforcer les pouvoirs réglementaires et statutaires des villes métropolitaines, à identifier leurs fonctions de base et à les mettre en place, avec des règlements sur leurs organes de direction (sur lesquels la Constitution, pour sa part, ne prévoyait rien de précis). Toutefois, cette délégation n'a pas été mise en œuvre.

3.2. L'étape suivante se trouve dans la loi n° 42 du 5 mai 2009, avec une nouvelle délégation de pouvoirs du Parlement au Gouvernement concernant ce qu'on appelle le fédéralisme fiscal, en vue d'une mise en œuvre concrète de l'autonomie financière prévue par l'article 119 de la Constitution. Il n'est pas possible ici d'examiner les nombreux aspects de la délégation en question, qui a été partiellement mise en œuvre et partiellement épuisée par rapport à son potentiel, également en raison de l'impact de la crise économique de 2007 et des années suivantes sur les finances publiques. L'article 23 de la loi déléguée, dans sa version entrée en vigueur, prévoyait une série de règles transitoires concernant la première institution, très complexe sur le plan procédural, des villes métropolitaines « jusqu'à la date d'entrée en vigueur de la discipline ordinaire concernant les fonctions fondamentales, les organes et le système électoral des villes métropolitaines » (paragraphe 1)[27]. Ces règles avaient ensuite été partiellement révisées à l'occasion de la prolongation des termes de la loi d'habilitation en matière fiscale (loi n° 85 du 8 juin 2011), pour être ensuite abrogées par le décret-loi n° 95 du 6 juillet 2012 (converti en loi n° 135 du 7 août 2012). Ce décret abolit les provinces correspondantes et institue des villes métropolitaines à compter du 1er janvier 2014 pour les centres urbains suivants : Rome, Turin, Milan, Venise, Gênes, Bologne, Florence, Bari, Naples et Reggio de Calabre. Toutefois, cette intervention réglementaire a été clairement censurée par la Cour constitutionnelle, qui, par son propre arrêt[28], a exclu la possibilité d'intervenir dans le cadre d'une réforme organique et systémique des collectivités locales par le biais d'un décret-loi et non d'une intervention ordinaire.

Ayant échoué dans cette tentative, il faudra attendre 2014 pour que le législateur revienne sur la question, toujours dans un contexte particulier.

IV. MISE EN ŒUVRE EFFECTIVE DE LA LOI DITE DELRIO ET ABSENCE DE RÉFORME CONSTITUTIONNELLE

4.1. Par la loi n° 56 du 7 avril 2014, le Parlement italien a enfin introduit, dans une phase historique marquée par la « législation de crise »[29], un cadre réglementaire effectivement capable de permettre l'établissement concret de villes métropolitaines. En guise de remarque préliminaire, il convient de mentionner deux caractéristiques particulières de la loi en question. La première concerne la technique de réglementation : il s'agit en fait d'une loi composée d'un seul article avec 151 paragraphes (concernant non seulement les Villes Métropolitaines, mais aussi une réforme des Provinces, des unions et des fusions de Communes), ainsi formulée pour réduire la charge de discussion dans le processus parlementaire. La deuxième particularité de la loi en question concerne son statut apparemment transitoire. En effet, le paragraphe 5 indique expressément que la nouvelle discipline des villes métropolitaines est envisagée « en attendant la réforme du titre V de la deuxième partie de la Constitution et les règles d'application correspondantes ». Comme on le sait, grâce à une initiative fortement encouragée par le gouvernement en place à l'époque, une vaste réforme constitutionnelle relative à la deuxième partie de la Constitution a été approuvée par le Parlement en 2016. Cependant, à la suite de l'organisation

---

[27] Sur la discipline en question, voir A. Brancasi et P. Caretti, *Il sistema dell'autonomia locale tra esigenze di riforma e spinte conservatrici: il caso della Città metropolitana*, in *Le Regioni*, fascicolo n. 4, 2010, p. 727 et suiv.
[28] Arrêt n° 220/2013.
[29] Voir pour le commentaire C. Tubertini, *Il punto sullo stato di attuazione delle Città metropolitane*, in *Giornale di Diritto Amministrativo*, no. 1/2019, p. 44 et suiv.

du *référendum* constitutionnel fin 2016, la proposition a été rejetée, faisant ainsi échouer – au moins de manière abstraite – l'une des conditions préalables de la loi n° 56/2014. Néanmoins, la loi en question est restée en vigueur, même si la question a été débattue en doctrine pendant un certain temps[30], et c'est aux dispositions qu'elle contient qu'il faut se référer pour esquisser la conformation actuelle des villes métropolitaines.

4.2. Comme il n'est pas possible de procéder ici à un examen exhaustif de la question, les caractéristiques essentielles des règles régissant le nouvel organe seront indiquées[31]. Tout d'abord, il est intéressant de noter que c'est le législateur lui-même qui a défini la liste des villes métropolitaines, du moins en ce qui concerne les Régions à statut ordinaire (nous reviendrons plus tard sur celles à statut spécial). Il s'agit, en effet, des villes de Turin, Milan, Venise, Gênes, Bologne, Florence, Bari, Naples et Reggio de Calabre, dont le périmètre du territoire correspond à celui occupé par les Provinces, entité appelée à disparaître dans les territoires métropolitains à partir du 1er janvier 2015. En ce qui concerne la zone métropolitaine de Rome, elle devait également être dotée d'une ville métropolitaine propre, mais avec des règles partiellement particulières en raison de son statut de capitale (paragraphes 101-103). Il s'agit d'un groupe de zones, dont les caractéristiques ne sont pas toujours homogènes, allant des 527 000 habitants de la ville métropolitaine de Reggio Calabria aux 4,2 millions de la ville métropolitaine de Rome.

4.3. Définies comme des « entités territoriales d'une vaste étendue » (paragraphe 2), les villes métropolitaines ont tout d'abord été dotées par le législateur d'une série d'objectifs institutionnels généraux :

- le développement stratégique de la zone métropolitaine ;
- la promotion et la gestion intégrée des services, des infrastructures et des réseaux de communication présentant un intérêt pour la ville ;
- les relations institutionnelles à son niveau.

La même loi réglemente également la forme standard de gouvernement de la ville métropolitaine, qui doit être précisée dans chaque statut (qui doit établir les « règles fondamentales de l'organisation de l'organisme, y compris les pouvoirs des organes ainsi que l'articulation de leurs compétences », paragraphe 10). Il existe notamment trois organes

[30] Sur les implications du rejet du référendum, voir V. Casamassima, *Le Province nel flusso delle riforme degli Enti locali. Questions ouvertes et perspectives d'avenir après le résultat du référendum constitutionnel de 2016*, in *Rivista AIC*, n° 4/2018.

[31] Pour une présentation générale, voir, parmi beaucoup d'autres, L. Vandelli, Città *metropolitane*, cit. ; F. Fabrizzi et G.M. Salerno (eds.), La *riforma delle autonomie locali nella legge Delrio*, Jovene, Naples, 2014 ; F. Pizzetti, *La riforma degli enti territoriali. Città metropolitane, nuove Province e unioni di Comuni. Legge 7 aprile 2014, n. 56 (legge "Delrio")*, Giuffré, Milan, 2015.

principaux : le Maire métropolitain, le Conseil métropolitain et la Conférence métropolitaine[32].

Le Maire métropolitain, qui dans le modèle envisagé par le législateur (auquel il peut être dérogé selon une série de mécanismes assez articulés, sur lesquels nous reviendrons) coïncide avec le Maire de la Commune principale, se voit attribuer la représentation de l'autorité, la convocation et la présidence du Conseil et de la Conférence, ainsi que la supervision du fonctionnement des services et des bureaux d'exécution des actes. La loi renvoie aux dispositions des statuts individuels pour les autres compétences.

Le Conseil, élu par les Maires et Conseillers des communes de la zone métropolitaine et sur la base d'un mécanisme de vote pondéré en fonction de la population représentée, se voit ensuite attribuer la prérogative d'adopter les schémas budgétaires (à soumettre toutefois à l'avis de la Conférence) et de procéder à leur approbation finale.

Enfin, la Conférence, qui est composée du Maire métropolitain et des Maires de toutes les municipalités appartenant à la ville métropolitaine, est chargée de tâches exclusivement de proposition et consultatives, à l'exception de l'adoption et de la modification du statut, proposées par le Conseil, mais adoptées directement par la Conférence avec des voix représentant au moins 2/3 des municipalités contenues dans le territoire métropolitain et la majorité de la population résidente totale.

Par rapport au modèle classique des collectivités locales italiennes, il n'existe pas du tout d'organe collégial chargé d'exercer les fonctions exécutives, comme les conseils municipaux ou régionaux ou, jusqu'à la réforme de la loi n° 56/2014, les conseils provinciaux. La possibilité pour les maires de déléguer des pouvoirs aux conseillers métropolitains se rapproche de cette hypothèse, sans toutefois constituer un organe collégial (point 40). Dans l'ensemble, le système constitue un nouveau type d'organe, caractérisé notamment par le fait que le conseil et l'organe supérieur sont devenus des organes électifs de second rang, sans qu'aucune compensation ne soit versée aux titulaires des organes (comme cela s'est produit, dans le même temps, également pour les provinces, auparavant gouvernées par un maire et un conseil élus directement par le peuple).

4.4. Du point de vue des fonctions des villes métropolitaines[33], il faut distinguer plusieurs niveaux. Il existe un certain nombre de fonctions qui distinguent la ville métropolitaine des provinces. Il y a ensuite une deuxième série de fonctions qui sont celles des provinces elles-mêmes. Ces deux premiers groupes sont directement prévus par la loi n° 56/2014. Enfin, la

---

[32] Pour la forme métropolitaine de gouvernement, voir G. Tarli Barbieri, *Le città metropolitane: il quadro generale e la forma di governo*, in G.-F. Ferrari (éd.), *Nuove province e città metropolitane: atti del Convegno dell'Associazione di diritto pubblico comparato ed europeo*, Giappichelli, Turin, 2016, p. 31 et s.

[33] Pour une introduction au thème des fonctions des villes métropolitaines, voir F. Furlan, *Le funzioni delle Città metropolitane, tra Statuti e leggi regionali attuative della riforma Delrio*, in G.-F. Ferrari (sous la direction de), *Nuove province e città metropolitane*, cit. p. 75 et suiv.

législation prévoit la possibilité d'une troisième catégorie de fonctions qui peuvent être exercées sur la base de réglementations étatiques et régionales dans les domaines de leur propre compétence.

En ce qui concerne, pour ainsi dire, les fonctions qui les caractérisent, celles-ci sont (par. 44) :

- l'adoption et la mise à jour du plan stratégique triennal de la zone métropolitaine (acte d'orientation pour l'autorité et pour l'exercice des fonctions des communes incluses) ;
- l'aménagement général du territoire, y compris les structures de communication, relatif au réseau de services et d'infrastructures dont l'aire métropolitaine est responsable ;
- la structuration de systèmes de gestion coordonnée des services publics et l'organisation de ces services au sein de la ville métropolitaine (avec un soutien éventuel aux municipalités pour les procédures d'appel d'offres) ;
- la mobilité et le réseau routier dans la région métropolitaine ;
- la promotion et la coordination du développement économique et social de la région métropolitaine ;
- la promotion et la coordination des systèmes d'informatisation et de numérisation dans un même domaine.

À ces fonctions, mentionnées plus haut, s'ajoutent celles de toutes les provinces, à savoir :

- la planification de la coordination territoriale, ainsi que la protection et la mise en valeur de l'environnement (dans les limites de ses compétences) ;
- la planification des services de transport sur son territoire et le contrôle du transport privé, ainsi que la construction et la gestion des routes métropolitaines ;
- la planification du réseau scolaire ;
- la collecte et le traitement des données et l'assistance technico-administrative aux autorités locales ;
- la gestion des bâtiments scolaires ;
- la lutte contre les phénomènes discriminatoires dans l'emploi et la promotion de l'égalité des chances.

Il s'agit donc d'un ensemble hétérogène de fonctions allant de tâches de coordination ou de planification à des prérogatives administratives ou de gestion purement pratiques, sans qu'aucune ne prévale sur les autres.

4.5. Il a été dit que le Maire métropolitain est un organe monocratique non électif, puisqu'il est nommé *ex lege* par le Maire de la Commune principale de la nouvelle entité. Les deux fonctions dépendent donc de la même personne, ce qui crée en général un lien très fort entre les organes de la ville métropolitaine et ceux de la ville capitale et, de fait, renforce le vote des citoyens de la ville capitale dans le choix de leur maire[34]. Cette affirmation doit maintenant être précisée dans la mesure où la loi n° 56/2014 prévoit un modèle alternatif d'élection directe, soumis à un certain nombre de conditions (paragraphe 22).

Il est prévu que les statuts métropolitains peuvent opter pour l'élection directe du maire et du conseil si la ville métropolitaine a procédé au préalable à la division de sa capitale en plusieurs communes (selon une procédure qui prévoit les mêmes majorités pour les interventions sur le statut, la soumission au *référendum* populaire, l'approbation par la majorité des participants et la transposition du résultat au moyen d'une loi régionale).

La procédure complexe en question, qui est tout sauf propice à un retour facile aux élections directes, est simplifiée dans le cas des villes métropolitaines de plus de 3 millions d'habitants (Rome, Milan et Naples) : celles-ci sont autorisées à choisir les élections directes sans avoir préalablement divisé la capitale, mais en prévoyant des « zones homogènes » dans leurs statuts et la division de la capitale en « zones d'autonomie administrative ».

C'est précisément le statut d'une des plus importantes villes métropolitaines, comme Milan, qui prévoit l'élection directe du maire et du conseil[35]. Toutefois, ce mécanisme est pour l'instant totalement inefficace, étant donné l'absence de la future loi étatique nécessaire pour réglementer le système électoral applicable.

V. Statuts des villes métropolitaines et lois régionales : éléments de différenciation

5.1. Profitant des marges d'intervention accordées par la loi n° 56/2014, une série de statuts ont été adoptés par les villes métropolitaines concernées. Il va sans dire qu'il n'est pas possible de les examiner tous ici. Dans tous les cas, une série de réflexions peuvent être faites sur les espaces de diversification exploités par les différentes entités[36] en profitant des

---

[34] Il faut noter, en effet, qu'en cas de renouvellement du conseil de la capitale, *"il est procédé à de nouvelles élections du conseil métropolitain"* (paragraphe 21). Pour une interprétation critique de la question, voir A.-G. Lanzafame, *L'autonomia metropolitana. Ragioni di differenziazione e questioni di uguaglianza,* Gruppo di Pisa, 2020, pp. 230 et suiv.

[35] Art. 20 : « Le maire métropolitain est élu au suffrage universel » ; Art. 24 : « Le conseil métropolitain est élu au suffrage universel et direct par les citoyens inscrits sur les listes électorales des communes formant le territoire métropolitain ».

[36] Toutes les villes métropolitaines des régions ordinaires ont actuellement leurs propres statuts. Pour les Régions spéciales, cependant, la situation est différente. Deux villes métropolitaines siciliennes – Palerme et Messine – ont leur propre projet de statut, qui n'a pas encore été approuvé par la Conférence métropolitaine des maires. La ville métropolitaine de Catane, en revanche, ne dispose pas encore de son propre projet de statut. Par conséquent, le

dispositions prévues par la loi[37]. En effet, en plus de régler l'organisation de l'organisme et les compétences des différents organes, le statut est également chargé d'une série de tâches décisives (paragraphe 11) :

- réglementer les modalités et les instruments de coordination de l'action globale du gouvernement métropolitain ;
- réglementer les relations entre les municipalités et les villes en ce qui concerne l'organisation et l'exercice des fonctions métropolitaines et municipales (avec la possibilité pour les municipalités d'utiliser les structures des villes par le biais d'accords) ;
- créer des « zones homogènes » pour l'exercice de fonctions spécifiques (toujours en accord avec la Région, à moins qu'une décision de la Conférence à la majorité qualifiée ne s'y substitue) ;
- réglementer les modalités selon lesquelles les municipalités hors du territoire métropolitain peuvent s'entendre avec l'Entité.

L'analyse documentaire des différents statuts adoptés par les villes métropolitaines, de longueur très variable et d'inspirations fondatrices différentes, a permis d'identifier un certain nombre de différences entre les choix opérés par les représentants des territoires concernés[38]. En particulier, un certain nombre d'éléments ont été mis en évidence, à propos desquels les statuts ont adopté des disciplines sensiblement différentes. Rappelons tout d'abord les statuts contenant les principes généraux d'orientation des villes métropolitaines (interprétés dans certains cas comme des « manifestes ») et les différentes règles adoptées quant aux fonctions exercées par les nouvelles entités, en commençant par celles fondamentales, assumées ou non par les provinces précédentes (avec une extension plus ou moins étendue, par exemple, du Plan stratégique ou des caractéristiques de la planification territoriale), pour passer à celles qui ne sont pas fondamentales. En second lieu, un domaine où la variété des choix possibles pourrait s'exprimer, dans le périmètre de la loi de l'État, est celui de la forme de gouvernement, où il y a en effet – à partir de l'option déjà mentionnée de l'élection directe (non exerçable pour le moment) des maires et des conseils de Milan, Rome et Naples – un certain degré d'initiative de la part de certaines villes métropolitaines, par exemple en attribuant un rôle pertinent à la conférence métropolitaine. D'autres éléments qui font l'objet de diverses dispositions statutaires, également de propos différent, sont ceux relatifs aux institutions

statut des provinces régionales préexistantes s'applique. La seule ville métropolitaine sarde, Cagliari, possède son propre statut.

[37] A ce sujet, voir, en général. L. Vandelli, *L'esperienza degli Statuti delle Città metropolitane*, in G.F. Ferrari (sous la direction de), *Nuove province e città metropolitane,* cit. p. 89 et suivantes.

[38] Cf. A. Lucarelli, F. Fabrizzi et D. Mone (éd.), *Gli Statuti delle Città metropolitane,* Naples, Jovene, 2015 ; A. Simoncini, G. Mobilio, *L'identità delle Città metropolitane attraverso i loro Statuti: sintomi di una sindrome bipolare?,* dans *Le Regioni,* numéro 4, 2016, p. 679 et suivantes.

de participation, aux zones homogènes et aux relations avec les autres collectivités locales.

Jusqu'à présent, cependant, il n'y a pas eu d'examen scientifique et rigoureux des modalités concrètes de fonctionnement des statuts et des règlements correspondants, par exemple en ce qui concerne l'équilibre réel entre les organes de gouvernement, peut-être aussi en raison de la courte distance qui nous sépare de la création des villes métropolitaines, qui n'ont pas encore atteint leur dixième anniversaire.

5.2. Un autre moment de différenciation territoriale est né de la disposition contenue dans la loi n° 56/2014 qui sanctionne l'obligation pour les Régions d' « adapter leur législation aux dispositions de la présente loi dans un délai de douze mois à compter de la date de son entrée en vigueur » (paragraphe 144)[39], ainsi que la faculté pour les législateurs étatiques et régionaux d' « attribuer d'autres fonctions aux villes métropolitaines » en application du principe de subsidiarité de l'article 118 de la Constitution. Toutes les Régions concernées l'ont fait, avec des approches différentes, également à la suite d'un accord, stipulé lors de la Conférence unifiée État-Régions-Pouvoirs locaux[40], dans lequel elles se sont engagées à réorganiser les fonctions non fondamentales des villes métropolitaines avec celles des Provinces. Certaines Régions, par exemple, ont attribué à leurs villes métropolitaines des fonctions qui appartenaient auparavant à la Province correspondante sans que, dans le même temps, les autres Provinces puissent prétendre au même type de traitement. C'est le cas, par exemple, au Piémont[41], en Lombardie[42], en Ligurie[43], en Émilie-Romagne[44] et en Toscane[45]. Pour les autres Régions, à l'exception des interventions micro-sectorielles, les analyses de la législation régionale n'ont pas révélé de différences substantielles entre les Provinces et les Villes Métropolitaines. Toutefois, il faut considérer que, dans l'ensemble, de nombreuses fonctions qui étaient auparavant provinciales ont été réattribuées au niveau régional, même pour les villes métropolitaines. À titre d'exemple, il suffit de voir le nombre de fonctions qui appartenaient auparavant à la Province de Milan et qui n'ont pas été transférées à la ville métropolitaine de Milan, mais directement à la Région Lombardie : 47 fonctions relatives à la chasse et à la pêche, 66 fonctions relatives à l'agriculture et à la sylviculture, 4 fonctions

---

[39] Pour une vue d'ensemble, voir le rapport ISSIRFA, *Gli Enti Locali dopo la "Legge Delrio" e le leggi regionali di attuazione*, janvier 2018. Voir également A. Gentilini, *Le funzioni non fondamentali degli enti locali: fu vero "riordino"?* dans les *Italian Papers on Federalism*, n. 1/2020.

[40] Il s'agit plus précisément de l'accord du 11 septembre 2014 pour l'identification des fonctions non essentielles soumises à la réorganisation prévue par la loi 56/2014.

[41] Loi régionale n° 23 du 29 octobre 2015.

[42] Lois régionales n° 6 du 1er avril 2015, n° 32 du 12 octobre 2015.

[43] Loi régionale n° 15 du 10 avril 2015.

[44] Loi régionale n° 13 du 30 juillet 2015.

[45] Loi régionale n° 22 du 3 mars 2015.

relatives à l'environnement et à l'énergie, et 9 fonctions relatives aux politiques culturelles.

VI. Les interventions les plus significatives de la Cour constitutionnelle

6.1. L'histoire mouvementée des villes métropolitaines a été définie et clarifiée à plusieurs reprises devant la cour constitutionnelle italienne. En particulier, deux arrêts majeurs se distinguent, le premier sur les règlements des villes métropolitaines pour les régions à statut ordinaire et le second sur les marges d'intervention des régions à statut spécial.

6.2. La première affaire concerne un arrêt de 2015, le n° 50, par lequel la légitimité constitutionnelle présumée de la loi n° 56/2014 a été examinée à la suite de la contestation d'un nombre considérable de Régions italiennes. Il s'agit d'un arrêt très débattu[46], dans lequel la question a été jugée non fondée. Les Régions avaient contesté, en particulier, l'absence d'un titre de compétence de l'État pour l'institution et la discipline des villes métropolitaines, la violation de la procédure prévue par l'article 133 de la Constitution pour le périmètre des villes métropolitaines et l'utilisation d'un modèle de gouvernement avec élection indirecte.

Face à ces objections, la Cour constitutionnelle, afin de simplifier une phrase qui prête à interprétations, a affirmé que la discipline des villes métropolitaines relève de la compétence exclusive de l'État (art. 117, al. 2, lettre *p),* et qu'elles ne peuvent pas être réglementées avec des « méthodes de discipline et de structure qui diffèrent d'une région à l'autre ». En même temps, en ce qui concerne l'autre question très débattue, celle du modèle de gouvernement de second degré, la Cour a estimé que les élections indirectes étaient pleinement compatibles « avec les principes de la démocratie et de l'autonomie », étant donné que les procédures électorales se déroulent avec la participation de personnes qui sont à leur tour élues directement par le vote populaire, en soulignant incidemment que les élections indirectes sont même prévues pour la plus haute fonction de l'État, celle du Président de la République. Cet arrêt a été un coup dur pour les Régions qui pensaient qu'il était possible de renforcer leur rôle dans les affaires du nouvel organisme.

6.3. Comme mentionné ci-dessus, la loi n° 56/2014 ne réglementait directement aucune ville métropolitaine incluse dans les territoires des Régions à statut spécial, même si elle précisait qu'elle devait être considérée comme porteuse de « principes de réforme économique et sociale majeure » (paragraphe 5) pour la réglementation des villes et des zones métropolitaines

---

[46] Voir, par exemple, L. Vandelli, *La legge "Delrio" all'esame della Corte: ma non meritava una motivazione più accurata?*, in *Quaderni costituzionali,*, 2015, n° 2, p. 393 et s. ; A. Spadaro, *La sentenza cost. n. 50/2015. Una novità rilevante: talvolta la democrazia è un "optional"*, in *Rivista AIC*, 2015, n° 2.

de Sardaigne, de Sicile et de Frioul-Vénétie Julienne. La Vallée d'Aoste (où il n'existait déjà aucun niveau intermédiaire de gouvernement entre les communes et la région) et le Trentin-Haut-Adige (où il existait déjà deux provinces autonomes dotées de prérogatives fonctionnelles et réglementaires certainement plus importantes que celles des villes métropolitaines) ont été exclus.

Certaines des questions relatives à la création de villes métropolitaines au sein de territoires à statut spécial ont été examinées par la Cour constitutionnelle dans l'arrêt n° 168 de 2018, rendu à la suite d'un recours de l'État contre la loi sicilienne réglementant ses villes métropolitaines. La loi en question prévoyait notamment : l'élection populaire directe du maire de la ville métropolitaine et de son conseil, un nombre de membres des conseils des entités territoriales plus élevé que celui contenu dans la loi n° 56/2014, et le versement d'une indemnité pour le maire[47]. Face à une telle structure, la Cour constitutionnelle a censuré la réforme sicilienne dans son ensemble, en s'appuyant sur la qualification des principes contenus dans la loi 56/2014 comme principes de grande réforme économique et sociale qui devaient être imposés également aux Régions à statut spécial, en soulignant toutefois – avec un argument "économique" souvent utilisé par la jurisprudence de la Cour constitutionnelle après 2007/2008 – que les formes d'élection indirecte sont « fonctionnelles par rapport à l'objectif poursuivi de simplification du système des collectivités locales, dans le cadre de la géographie institutionnelle redessinée » et répondent à un « but d'économie des coûts liés à l'élection directe », avec une considération également valable pour les Régions à statut ordinaire.

L'affaire sicilienne n'a cependant pas encore trouvé sa conclusion. Outre le fait que les statuts métropolitains n'ont pas encore été approuvés, la loi sicilienne et la loi nationale n° 56/2014, en fait, ont été de nouveau soumises à l'examen de la Cour constitutionnelle, à travers un jugement incident soulevé par la Cour d'appel de Catane en mai 2020, concernant l'identification entre le maire de la capitale et le maire métropolitain[48]. La Cour constitutionnelle aura donc une nouvelle occasion de revenir sur cette question.

---

[47] Voir à ce sujet, avant l'intervention de la Cour, R. Di Maria, *La Città metropolitana nelle leggi siciliane 15/2015 e 5/2016, e nella legge statale 56/2014: un breve excursus fra attuali esigenze di uniformità ordinamentale e persistenti rivendicazioni di autonomia speciale*, in *Le Regioni*, fascicolo 2, 2016, pp. 307 et ss.

[48] n° 30/2021 du registre des ordonnances de la Cour constitutionnelle. A ce jour (9 novembre 2021), la question n'a pas encore été tranchée.

VII. Perspectives actuelles, problèmes les plus discutés et hypothèses d'action parlementaires

7.1. Le cadre décrit ci-dessus considère principalement les villes métropolitaines d'un point de vue institutionnel. Une analyse complète de la question, cependant, devrait inévitablement conduire à examiner d'autres aspects. Même en restant au simple niveau réglementaire, sans donc considérer la pratique réelle des villes métropolitaines un peu plus de cinq ans après leur première création, il convient de noter au moins deux autres questions importantes, qu'il n'est toutefois pas possible d'aborder complètement ici. La première concerne le personnel des villes métropolitaines, qui est soumis à des règles dérivées de celles des provinces et objet d'une série considérable de mesures visant à réduire les charges correspondantes, établies avant même que les fonctions des villes métropolitaines aient été définies. Le second concerne la fiscalité des villes métropolitaines et l'assujettissement de ces dernières, ainsi que des provinces, à une série de mesures de finances publiques adoptées par l'État dans le but de resserrer les objectifs budgétaires et de réduire les ressources globales dont disposent les collectivités locales. Cette tendance semble s'être atténuée ces dernières années, comme le montre également une série de mesures de soutien par le biais de ressources financières (mais pas de nature structurelle) en faveur des villes et des provinces métropolitaines[49]. Ce type de question, ainsi que le débat sans fin sur l'élection indirecte du maire et du conseil métropolitain, a fait l'objet de diverses discussions non seulement dans la sphère publique, mais aussi dans le contexte général. Nous verrons, à la fin de ce document, le contenu de certaines des propositions de réforme générale ou partielle des villes métropolitaines, qui abordent de diverses manières plusieurs des questions en jeu. Avant de passer à ces remarques finales, il semble toutefois utile de mentionner quelques événements récents, concernant, d'une part, les dépenses des villes métropolitaines et, d'autre part, leur rôle dans la mise en œuvre italienne du fonds de relance européen.

7.2. Au-delà des dispositions réglementaires régissant les villes métropolitaines, dont un aperçu a été donné dans les paragraphes précédents, une série d'éléments d'analyse importants sur l'activité réelle de ces entités est contenue dans les rapports périodiques que le juge des comptes italien, la Cour des comptes, élabore en matière de coordination des finances publiques. Dans son dernier rapport[50], la Cour des comptes souligne que les paiements d'investissement des villes métropolitaines augmentent, mais dans une moindre mesure que ceux des provinces (les autres entités à grande

---

[49] Voir l'examen contenu dans le dossier « Città metropolitane e province » préparé par le Service d'études de la Chambre des Députés et publié le 19 avril 2021. Voir également C. Tubertini, *Il punto sullo stato di attuazione delle Città metropolitane*, pour la doctrine qui a constaté la nouvelle orientation.

[50] Corte dei conti – Sezioni riunite in sede di controllo, « Rapporto 2021 sul coordinamento della finanza pubblica » (sur la base des données disponibles au 15 mai 2021).

superficie) entre 2017 et 2020, principalement pour les bâtiments scolaires et les infrastructures routières. Si les dépenses d'investissement en 2017 étaient de 325 millions d'euros pour les villes métropolitaines, elles passent à 389 millions d'euros en 2020 ; de même, les investissements fixes bruts passent de 262 à 313 millions d'euros sur la même période. Toujours parmi les observations produites par la Cour des comptes, il convient également de noter quelques résultats intéressants contenus dans le dernier Rapport sur la gestion financière des collectivités locales (relatif aux exercices 2019-2020)[51]. Il est noté, par exemple, qu'en ce qui concerne les budgets des villes métropolitaines, diverses mesures législatives de l'État « semblent [...] avoir eu un impact positif sur la situation financière des provinces et des villes métropolitaines, appelant à une reprise des dépenses et des investissements axés sur les secteurs des transports, de l'éducation et, dans une moindre mesure, de la protection de l'environnement et du territoire ».

D'autres sources de données, telles que celles élaborées par l'Institut italien de statistique, ne font pas de distinction entre les provinces et les villes métropolitaines (considérant que, d'un point de vue statistique, il s'agit d'entités homogènes, puisqu'il n'y a pas de chevauchement). Ainsi, même les derniers tableaux de données sur les finances locales, qui prennent en compte des indicateurs très importants tels que le degré d'autonomie fiscale, d'autonomie financière et de dépendance vis-à-vis du gouvernement central et des collectivités locales, ne permettent pas de dresser un tableau spécifique pour les seules villes métropolitaines[52].

7.3. Même dans le contexte récent des mesures programmées par l'Italie dans le cadre des politiques européennes du fonds de relance, les villes métropolitaines peinent à émerger comme une entité différenciée de grande superficie par rapport aux provinces. Nous pouvons toutefois noter qu'il existe certaines interventions spécifiques contenues dans le plan national italien de redressement et de résilience (PNRR) consacré expressément aux villes métropolitaines. En particulier, l'un des investissements (d'un montant de 0,33 milliard d'euros) prévus dans le cadre des mesures de sauvegarde de la qualité de l'air et de la biodiversité territoriale concerne des actions visant spécifiquement les villes métropolitaines, avec le développement des forêts urbaines et périurbaines (par la plantation d'au moins 6,6 millions d'arbres)[53]. Un autre exemple est un investissement supplémentaire (pour

---

[51] Corte dei conti – Sezione delle Autonomie, « Relazione sulla gestione finanziaria degli Enti locali – Comuni, Province e Città metropolitane – Esercizi 2019-2020 », délibération n° 11/SEZAUT/2021/FRG.

[52] Istituto Nazionale di Statistica, « Finanza locale : entrate e spese dei bilanci consuntivi (Comuni, Province e Città metropolitane »), 14 octobre 2021 (sur la base des données contenues dans les certificats du compte de bilan transmis par les entités au ministère de l'Économie et des Finances pour 2019).

[53] Investissement 3.1 « Protection et valorisation des espaces verts urbains et périurbains » au sein de M2C4.3 « Préserver la qualité de l'air et la biodiversité du territoire par la protection des espaces verts, des sols et des zones marines ».

2,45 milliards d'euros) destiné exclusivement aux banlieues des villes métropolitaines, à travers l'instrument des « plans urbains intégrés », des formes de planification territoriale impliquant à la fois la capitale et les municipalités voisines pour la connexion du tissu urbain et suburbain[54].

7.4. Enfin, si la question des métropoles n'est certainement pas, du moins pour l'instant, au centre du débat politique, y compris du débat institutionnel, il faut noter que – au niveau parlementaire – la question fait encore l'objet d'un intérêt certain. C'est évidemment un signal important qui montre l'intérêt – à travers les forces politiques actuellement représentées au Parlement italien – qui existe encore à l'égard d'un niveau de gouvernement qui n'a pas encore pris une forme complète et stable.

En consultant les bases de données parlementaires, il ressort qu'au cours de la présente législature (fin octobre 2021), la 18e, douze projets de loi ont été déposés au Sénat et six à la Chambre des députés. Il s'agit d'un nombre notable de propositions de différents types qui proposent des réformes plus ou moins importantes de la structure actuelle des villes métropolitaines. En laissant de côté le cas le plus extrême qui, par le biais d'une loi constitutionnelle, vise à supprimer toute référence aux villes métropolitaines du texte constitutionnel (Projet de Loi du Sénat n° 731 de 2018[55]), de nombreuses propositions présentées, dont beaucoup ont déjà été attribuées aux commissions parlementaires compétentes, interviennent sur la structure et les organes des villes métropolitaines, dans une tentative de porter atteinte à certains des principes-clés de la loi Delrio. Il convient de mentionner, à cet égard, la proposition de réintroduire – sur le modèle préexistant des Provinces – la figure des conseillers soutenant le maire métropolitain (P.L.S. n° 2427 de 2021[56]). Il existe également diverses initiatives concernant l'élection directe des organes politiques des villes métropolitaines, ce qui reflète la nature critique de la question. Dans certains cas, l'élection directe tant du maire que du conseil métropolitain est envisagée (P.L.S. n° 276 de 2018[57], proposition de Loi Constitutionelle n° 2071 de 2019[58]), avec détermination des indemnités correspondantes (P.L.S. n° 294 de 2018[59],

[54] Investissement 2.2 « Plans urbains intégrés » sous M5C2.2 « Régénération urbaine et logement social ».

[55] « Abolition des villes métropolitaines ».

[56] « Réintroduction des conseillers métropolitains et provinciaux ».

[57] « Règles pour l'élection directe au suffrage universel du maire et du conseil de la ville métropolitaine ».

[58] « Modifications de la loi n° 56 du 7 avril 2014 et autres dispositions relatives à l'élection directe des présidents de province, des maires métropolitains et des membres des conseils provinciaux et métropolitains ».

[59] « Dispositions visant à réintroduire le système d'élection au suffrage universel des provinces et des villes métropolitaines et délégation au gouvernement sur la réorganisation des fonctions et des compétences des bureaux périphériques de l'État et des préfectures – bureaux territoriaux du gouvernement ».

P.L.S. n° 665 de 2018[60], P.L.S. n° 915 de 2019[61], prop.de loi c. n° 1434 de 2018[62]). D'autres propositions, au contenu similaire, demandent des mesures qui, au lieu de toujours établir l'élection directe, faciliteraient son introduction par les statuts, laissant ainsi la décision sur ce point aux villes métropolitaines elles-mêmes (P.L.S. n° 1596 de 2020[63]). Le point relatif à l'indemnité des maires métropolitains fait ensuite l'objet d'autres propositions législatives, qui l'assimilent à l'indemnité parlementaire (P.L.S. n° 2266 de 2021[64]) ou au traitement économique global des présidents des conseils régionaux (P.L.S. n° 2310 de 2021 [65], prop. de loi c. n° 3225 de 2021 [66]). En outre, il convient de noter que l'article 146 du projet de loi budgétaire approuvé par le Conseil des ministres pour 2022 prévoit des mesures concernant l'indemnité des maires métropolitains, qui est proportionnelle à l'indemnité prévue pour les présidents des régions (sans toutefois intervenir dans les aspects concernant l'élection des organes des villes métropolitaines).

Il existe également d'autres projets de nature plus ciblée, comme celui qui, en considération de la compression objective des ressources allouées aux villes métropolitaines, vise à assurer des recettes supplémentaires à ces entités par le biais d'une taxe supplémentaire sur les frais d'embarquement des passagers des avions au départ des aéroports du territoire métropolitain (projet de loi n° 239 de 2018[67]). Enfin, dans un domaine encore plus limité, il y a une autre proposition pour l'abolition de la ville métropolitaine de Rome Capitale et la dévolution partielle des compétences correspondantes aux organes de l'entité Rome Capitale (avec la reconstitution de la province de Rome, P.L.S. n° 2122 de 2021[68]) ainsi qu'un projet de loi pour l'élection directe du maire et du conseil de Rome Capitale, la ville métropolitaine

---

60 « Dispositions pour le rétablissement du système d'élection au suffrage universel et direct des provinces et l'introduction du système d'élection au suffrage universel et direct des villes métropolitaines ».

61 « Règles relatives à l'élection des organes des provinces et des villes métropolitaines, visant à réintroduire le système d'élection au suffrage universel ».

62 « Modifications de la loi n° 56 du 7 avril 2014 et d'autres dispositions relatives à l'élection directe et aux indemnités des présidents de province, des maires métropolitains et des membres des conseils provinciaux et métropolitains ».

63 « Modifications de l'article 1er, paragraphe 22, de la loi n° 56 du 7 avril 2014 relative à l'élection directe du maire et du conseil métropolitain ».

64 « Dispositions relatives à la péréquation des indemnités de fonction des maires des villes métropolitaines avec celles prévues pour les parlementaires et à l'augmentation des indemnités des maires des communes ».

65 « Règlement sur les indemnités de fonction des maires métropolitains et des maires ».

66 « Modifications de l'article 82 du texte consolidé des lois sur l'organisation des collectivités locales, visé par le décret législatif n° 267 du 18 août 2000, concernant l'indemnité de fonction des maires métropolitains et des maires ».

67 « Création de la surtaxe provinciale et métropolitaine sur le trafic de passagers dans les ports et les aéroports et modification de l'article 2 de la loi n° 350 du 24 décembre 2003 sur la répartition de la surtaxe municipale sur les frais d'embarquement dans les aéroports ».

68 « Dispositions relatives à l'organisation de la ville métropolitaine de Rome capitale ».

prenant le relais de la municipalité de Rome Capitale et le remplacement des municipalités actuellement existantes par un système de nouvelles municipalités (prop. de loi c. n° 2893 de 2021[69])[70].

Le thème général est donc susceptible de connaître de nouveaux développements qui ne présagent pas d'une stabilisation à long terme du système des villes métropolitaines (et, plus généralement, des autonomies locales). En conclusion, rien n'exclut la possibilité que le cadre décrit ici doive être révisé, même à court ou moyen terme. D'autres questions abstraitement importantes, telles que les limites des territoires des villes métropolitaines, qui sont supposées *par la loi* coïncider avec celles des provinces, mais ne correspondent pas nécessairement à celles des zones métropolitaines réelles d'un point de vue économique et social, ne semblent pas faire l'objet d'un nouvel examen à court terme, mais il n'est pas exclu que la question se pose à nouveau à l'avenir.

---

[69] « Modifications de la loi n° 56 du 7 avril 2014, concernant l'organisation de la ville métropolitaine de Rome, capitale de la République ».

[70] Il convient de noter que pour certaines des propositions les plus récentes, les articles ne sont pas encore disponibles, et le titre est dans certains cas trop général pour permettre d'en saisir la portée (projet de loi n° 2399 de 2021, « Modifications de la loi n° 56 du 7 avril 2014, contenant des dispositions sur les villes métropolitaines, les provinces, les syndicats et les fusions de communes »). Un discours similaire, à l'exception du contenu, s'applique au projet de loi de la Chambre n° 2385 de 2020 (« Règles pour l'élection directe au suffrage universel du maire et du conseil des villes métropolitaines ») et n° 3339 de 2021 (« Modifications de la loi n° 56 du 7 avril 2014, pour la création du conseil métropolitain et au sujet des indemnités de fonction pour l'exercice de la fonction de maire métropolitain »).

La métropolisation en Allemagne

Reine Wakote

Maîtresse de conférences en Droit public
Université de Lorraine
Laboratoire de l'IRENEE

Traiter de la métropole ou de la métropolisation en l'Allemagne appelle au préalable quelques précisions par rapport au droit français.

En premier lieu, la Loi fondamentale *(Grundgesetz)* ne reconnaît que deux entités au niveau de l'organisation de l'État fédéral allemand : la Fédération et le *Land*. Mais, si l'article 30 de la Loi fondamentale attribue aux seize *Länder* « l'exercice des compétences étatiques et l'accomplissement des tâches étatiques », et si l'article 70 I prévoit que « les Länder ont le droit de légiférer dans les cas où la présente Loi fondamentale ne confère pas à la Fédération des pouvoirs de légiférer », il résulte de la répartition des compétences, effectuée par référence aux compétences exclusives (art. 71 et 73) et aux compétences concurrentes (art. 72 et 74), que la compétence législative échoit principalement à la Fédération.

En deuxième lieu, les *Länder* ne peuvent pas être assimilés aux régions françaises. Car, d'une part, la détermination de leurs compétences relève du pouvoir constituant et non du pouvoir législatif et, d'autre part, une compétence législative leur est constitutionnellement reconnue pour l'exercice, aux côtés de la Fédération, des compétences étatiques et l'accomplissement des tâches étatiques.

En troisième lieu, l'organisation au sein des *Länder* relève de leur compétence. Ceux-ci recourent, généralement, à trois échelons, lesquels peuvent incarner, à la fois, des échelons administratifs (circonscriptions administratives) et des échelons territoriaux (circonscriptions territoriales). Les institutions situées au niveau des deux premiers échelons demeurent souvent dépourvues de la personnalité morale et incarnent, des circonscriptions administratives[1]. Au niveau du troisième échelon[2], se situent

[1] Au niveau de ces deux premiers échelons, souvent purement administratifs, se situent les « Administrations de niveau supérieur *(Oberstufe Verwaltungsbehörden)* » et les « Administrations de niveau intermédiaire *(Mittelstufe Verwaltungsbehörden)* ». L'autorité de tutelle est alors dotée de la personnalité morale de droit public.

les communes et leurs groupements. À ce niveau, les *Länder* peuvent aussi instituer des arrondissements *(Kreis ou Landkreis)*, lesquels bien que considérés comme des circonscriptions administratives peuvent être, néanmoins, dotés de la personnalité morale, contrairement aux échelons précédents. Enfin, l'aménagement de la compétence des communes relève du ressort des *Länder* ; elles sont considérées comme de véritables circonscriptions territoriales dotées de la personnalité morale et bénéficient, à ce titre, de la libre administration garantie à l'article 28 II de la Loi fondamentale. Il revient ainsi aux *Länder* d'aménager les modalités de leur regroupement et de leur coopération, lesquelles peuvent donc être variables d'un *Land* à un autre. Cela a incité le ministre fédéral de l'intérieur[3] à proposer, en 1995, lors de la Conférence ministérielle pour l'aménagement du territoire *(Ministerkonferenz für Raumordnung – MKRO)*[4], la création de « régions-métropoles *(Metropolregionen)* »[5], afin de répondre à l'impératif de préparer au mieux l'Allemagne aux défis du XXIe siècle et à la mondialisation.

Mais le caractère variable de l'organisation territoriale des différents *Länder* et des mécanismes de coopération qui en découlaient invita au plus grand pragmatisme quant aux fondements juridiques de ces « régions-métropoles ». L'État ne détenant aucune compétence pour créer les « régions-métropoles », une telle création relevait de la compétence des *Länder*. Par voie de conséquence, la création des « régions-métropoles » ne s'est pas inscrite dans une logique institutionnelle.

Il n'en demeure pas moins que sous l'impulsion du gouvernement fédéral, six régions métropolitaines *(Annexes 1 et 3)* furent alors créées en 1995 par les *Länder*, principalement avec pour centre de gravité ou noyaux urbains *(Kernstädte)*, les villes les plus dynamiques d'Allemagne.

Pour un aperçu de l'organisation territoriale au sein des *Länder*, Reine Wakote. « Autonomie locale et QPC – l'Allemagne », Colloque « Autonomie locale et QPC », 31 janvier 2019, Centre de Droit public comparé (Université Panthéon-Assas), Paris, janv. 2019, sur < https://hal.archives-ouvertes.fr/hal-03578914 > (20.06.22).

[2] Les « Administrations de niveau inférieur *(Unterstufe Verwaltungsbehörden)* » incarnent cet échelon.

[3] L'Allemagne ne connaît pas de ministre chargé des collectivités territoriales/locales, puisque les deux niveaux d'organisation sont la Fédération et les *Länder*, mais plutôt un ministre de l'Intérieur, chargé de l'aménagement du territoire.

[4] Cette Conférence incarne un organe de concertation réunissant le ministre fédéral de l'intérieur, lequel est chargé de l'aménagement du territoire au niveau fédéral ainsi que les ministres concernés au niveau des différents *Länder*, afin de définir les orientations majeures d'aménagement du territoire allemand.

[5] Voir le document valant *Cadre d'action de la politique d'aménagement du territoire, Conférence ministérielle pour l'aménagement du territoire – Déclaration adoptée dans le cadre de la 24e réunion du 8 mars 1995 à Düsserdorf* (*Raumordnungspolitische Handlungsrahmen Ministerkonferenz für Raumordnung – Beschluss auf der 24. Sitzung am 8. März 1995 in Düsserdorf).*

L'instauration de quatre nouvelles régions métropolitaines *(Annexes 2 et 3)*, en 2005, prenait largement appui sur la Stratégie de Lisbonne[6]. Le gouvernement allemand était ainsi persuadé par l'idée que la structuration de régions-métropoles serait un atout pour la concrétisation de cette Stratégie en Allemagne et contribuerait à la renforcer face à la concurrence internationale. Dans son discours, en 2006, à la Conférence ministérielle sur l'aménagement du territoire, le ministre de l'Intérieur décrivait ainsi les régions-métropoles comme « moteurs du développement social, économique, social et culturel, ils doivent assurer la performance et la compétitivité de l'Allemagne et de l'Europe »[7]. Cette ambition a été ardemment portée par le Cercle d'Initiative des Régions européennes métropolitaines d'Allemagne (*Initiativkreis Europäische Metropolregionen in Deutschland – IKM)*, créé en 2001, et qui réunit l'ensemble des régions-métropoles[8].

L'engouement né de la Stratégie de Lisbonne a naturellement incité à qualifier ces structures de « Régions métropolitaines européennes d'Allemagne *(Europäische Metropolregionen Deutschlands* – EMR) ». On adapta alors quelque peu l'ambition initiale qui fut, désormais, de faire de ces régions métropolitaines des entités visibles non seulement dans le cadre international, mais aussi, et avant tout, au sein de l'Union européenne, eu égard à leur développement et leur dynamisme économiques.

Près de vingt-cinq ans après la mise en place des régions-métropoles, en Allemagne, la question se pose de savoir si ces nouvelles structures ont effectivement atteint les objectifs esquissés.

Incontestablement, les « régions-métropoles » ou régions métropolitaines allemandes ont d'abord été conçues comme des structures de projets (1) pour

---

[6] Voir notamment les *Conclusions de la Présidence* formulées à l'issue du Conseil européen de Lisbonne les 23 et 24 mars 2000, l'Union européenne s'était fixée comme *Ligne d'action* de « *devenir l'économie de la connaissance la plus compétitive et la plus dynamique du monde...* ». En réalité, la Stratégie de Lisbonne ne faisait que reprendre les préconisations du Schéma de développement de l'espace communautaire (SDEC), adopté au sommet européen de Potsdam, en 1999, dans la perspective de l'élargissement aux États de l'Europe de l'Est. Document d'orientation non-contraignant, ce Schéma définissait un cadre européen d'action en matière d'aménagement du territoire. Frédéric Santamaria, « Le Schéma de développement de l'espace communautaire (SDEC) : application défaillante ou élaboration problématique ? », *Cybergeo: European Journal of Geography* – Space, Society, Territory, document 458, p.2. Voir aussi Tobias Chilla, *« L'Union européenne a-t-elle une politique de développement des métropoles ? »*, Bulletin de l'Association de géographes français, 2012, p.358. Karsten M. Rusche, Christian A. Oberst, « Europäische Metropolregionen in Deutschland – eine regionalökonomische Evaluation », Raumforschung Raumordnung, 2010, n°68, p. 243.

[7] Ministère fédéral des Transports, de la construction et du développement urbain (Bundesministerium für Verkehr, Bau und Stadtentwicklung – BMVBS), *Ministerkonferenz für Raumordnung (2006): Leitbilder und Handlungsstrategien für die Raumentwicklung in Deutschland*, Berlin, 2006, p. 14.

[8] Voir notamment « Kooperation bildet die Basis unserer Zusammenarbeit », sur <https://deutsche-metropolregionen.org/ueber-ikm/> (20.06.22)

promouvoir le développement économique. Mais les résultats demeurent décevants face aux ambitions annoncées (II).

I. LA « RÉGION-MÉTROPOLE » ALLEMANDE : UNE STRUCTURE DE PROJETS

La région-métropole allemande a d'abord été appréhendée comme une structure de partenariat permettant de relier la ville et l'espace rural autour de projets délimités. Mais ce partenariat ne s'inscrit pas dans un cadre institutionnel d'organisation territoriale classique, permettant ainsi de recourir à diverses formes juridiques (A) et de concrétiser des projets métropolitains ciblés (B).

A. Le recours à deux principales formes juridiques

La région-métropole doit servir à dépasser les frontières administratives pour servir d'outil susceptible de favoriser la réalisation des projets territoriaux. Elle incarne un projet territorial, puisqu'elle est construite en lien avec la puissance économique ou marchande d'une ville-centre ou de noyaux urbains, situés au cœur des échanges. Néanmoins, de tels projets ne devaient pas isoler l'espace rural, face à la mondialisation qui s'amplifiait, mais, bien au contraire, à l'aune de la théorie du ruissellement, lui permettre de bénéficier de la dynamique ainsi créée.

La logique institutionnelle n'est pas recherchée, car dans un État fédéral où les *Länder* disposent de larges compétences pour l'organisation territoriale infrarégionale, la région métropolitaine doit servir, prioritairement, à dépasser les frontières administratives pour porter des projets valorisant pour le territoire en cause, intégrant tout autant ses acteurs économiques que sa population. Sous cet aspect, la région-métropole serait ainsi comparable, en France, aux « pays » auxquels ont succédé les « Pôles d'équilibre territoriaux et ruraux »[9]... si ce n'est que ces deux formes de coopération concernaient, essentiellement, les territoires ruraux en France et étaient dotées de la personnalité morale de droit public. D'autant plus qu'il n'était pas exigé que le territoire de la région métropolitaine soit inscrit dans un périmètre géographique d'un seul tenant, ou encore soit cohérent ; des enclaves étant ainsi admises, la condition de contiguïté ne s'applique pas. Cette approche pragmatique a privilégié la plus grande souplesse et deux formes originales sont majoritairement retenues pour la création des « régions-métropoles » : la forme associative (1) et la forme commerciale (2).

[9] Benjamin Tendron, *Les pôles d'équilibre territoriaux et ruraux et la « politique de pays »*, Mémoire, Nicolas Kada dir., L'Harmattan, Collect. Droit des collectivités territoriales, Travaux de l'AFDCL, Paris, 2022, 184 p.

1° La forme associative de région métropolitaine

La région-métropole de Hambourg, située au nord de l'Allemagne, illustre cette forme associative. En réalité, cette association avait été mise en place depuis 1991, autour de la ville-État de Hambourg et était constituée des douze arrondissements des deux *Länder* voisins que sont le Schleswig-Holstein et la Basse-Saxe d'une part, et des deux arrondissements partenaires situés dans le *Land* de Mecklembourg-Poméranie[10]. Cette association devait ainsi renforcer les synergies des villes et communes situées autour de Hambourg dans une perspective de développement économique.

En 2005, l'association s'inscrivit dans le cadre des régions-métropoles et eut pour fondement juridique une Convention de coopération *(Kooperationvertrag)* entre la ville et *Land* hanséatique de Hambourg, le *Land* de Basse-Saxe et celui du Schleswig-Holstein et, désormais, la partie occidentale du *Land* de Mecklembourg-Poméranie. Le territoire des sociétaires constitue, bien entendu, le périmètre territorial de coopération.

Ce sont donc les *Länder*, entités fédérées qui étaient, initialement, les signataires de ce contrat d'association instituant la région-métropole. Néanmoins, sur cette base, les communes et les arrondissements intéressés pouvaient, ultérieurement, librement adhérer à l'association ainsi créée, un cadre juridique leur étant ainsi offert.

La particularité de cette Convention de partenariat consistait en ce que seules les personnes publiques pouvaient en être signataires. Les entités relevant du secteur privé n'étaient alors accueillies, ponctuellement, qu'au regard des projets précis à réaliser.

Une nouvelle Convention de coopération[11] a été adoptée en 2017. De nouveaux signataires ont été intégrés, notamment les chambres d'industrie et de commerce des principales villes de la métropole-région[12]. De même, les entreprises sont signataires de la Convention à travers l'Association des fédérations d'entreprises de Hambourg et du Schleswig-Holstein *(Vereinigung der Unternehmensverbände in Hamburg und in Schleswig-Holstein e.V)* ainsi que les syndicats avec le District Nord de la Confédération des syndicats allemands *(Bezirk Nord des Deutschen Gewerkschaftsbundes)*. La dimension facultative de la participation à la coopération au sein de la région métropolitaine est expressément mentionnée à l'article 2 de la Convention[13].

L'objet social de l'association consiste en la réalisation d'objectifs de coopération métropolitaine orientés vers l'augmentation de la compétitivité

[10] Michel Weinachter, « Hambourg : région métropolitaine et site portuaire international », in *Allemagne : compétitivité et dynamique territoriales*, CIRAC, collect. Travaux et documents du CIRAC, Cergy-Pontoise, 2007, p. 109-117, §2.

[11] Convention de coopération *(Kooperationsvertrag)*, entrée en vigueur le 1er mars 2017, consultable sur <https://metropolregion.hamburg.de/grundlagen/> (20.06.22)

[12] Notamment les villes de Lübeck et de Lunebourg, les villes de Kiel et de Flensbourg à la frontière avec le Danemark, et celle de Schwerin en Mecklembourg-Poméranie occidentale.

[13] Article 2-1 §3 de la Convention de coopération de la région métropolitaine de Hambourg : « La coopération repose sur un engagement volontaire ».

nationale et internationale de la région métropole de Hambourg (article 2-1 §1). L'article 2-1 §2 confirme la structure de projets qu'incarne la région métropolitaine de Hambourg, en disposant que la coopération a pour but « d'intensifier la coopération thématique et de projet par la promotion et le lancement de mesures et d'activités. En outre, elle vise à poursuivre la mise en réseau et l'interaction entre la politique, l'administration, l'économie, les entreprises, la science et les partenaires sociaux dans la région métropolitaine de Hambourg ». Les objectifs concrets devant être adoptés, par les organes respectifs de la région métropolitaine (article 2-2).

L'association de la région métropolitaine de Hambourg dispose de plusieurs instances.

Tout d'abord, le Conseil de la région *(Regionsrat)*, la plus haute instance de décision, se réunit, en principe, deux fois par an, et accueille un représentant de chaque entité membre (*Land*, arrondissement ou commune ainsi que les partenaires économiques et sociaux). Chaque représentant disposant d'une voix délibérative, bien que le principe du consensus soit privilégié avec la possibilité de s'abstenir (article 4-2 §2). Le Conseil de la région est chargé du pilotage stratégique de la région métropolitaine de Hambourg (article 4-1). Il prend les décisions sur des questions nécessitant une concertation au plus haut niveau. Il décide de l'orientation stratégique fondamentale, contrôle la réalisation (article 4-1) des objectifs et donne des impulsions pour le développement du contenu et des structures de coopération. Enfin, il peut instituer, modifier ou dissoudre les conseils consultatifs. Un Conseil communal consultatif *(Kommunalbeirat)* et un Conseil consultatif des entreprises *(Unternehmensbeirat)*, aménagés aux articles 7 et 8, accompagnent et conseillent le Conseil de la région dans l'accomplissement de ses tâches.

Ensuite, dirigée par le président du Conseil de la région, l'assemblée des associés *(Trägerversammlung)*, dont la composition (article 3-2), quasi-identique à celle du Conseil de la région, sans pour autant intégrer un représentant pour chaque commune, dispose de la compétence (article 3-1), pour adopter les décisions sur les questions d'importance fondamentale pour la région métropolitaine ou, à la demande d'un des associés, relatives notamment à la modification du territoire, à l'organe responsable, à la structure organisationnelle de la région métropolitaine de Hambourg, ou encore aux ressources humaines et financières.

Par ailleurs, un Comité de pilotage *(Lenkungsausschuss)* définit, sur la base des résolutions du Conseil de la région, les objectifs et les mesures opérationnelles, en surveille la mise en œuvre et évalue les résultats (art. 5). Dans ce but, il met en place des groupes de travail spécialisés *(Facharbeitsgruppen)*[14] pour l'assister (article 6).

---

[14] Les groupes de travail spécialisés en place à ce jour se rapportent aux domaines suivants : économie, tourisme, formation, développement de l'habitat, nature et environnement, transport, énergie et climat, géolocalisation, femmes dans la région métropolitaine.

Sur le plan financier, la Convention de coopération est accompagnée d'une Convention de financement de la coopération et de fonds de soutien de la région métropolitaine de Hambourg *(Staatsvertrag über die Finanzierung der Zusammenarbeit und der Förderfonds in der Metropolregion Hamburg)*[15], lequel répartit la participation financière des quatre Länder membres.

Concrètement, une fois les projets adoptés, un ou plusieurs chefs de file *(Federführung)* sont désignés pour mener leur réalisation. L'État fédéral ou encore des entreprises privées peuvent alors apporter leur contribution ponctuelle, qu'elle soit financière, technique ou matérielle.

La forme commerciale, à travers la société à responsabilité limitée (SARL), constitue l'autre forme juridique privilégiée pour la création des régions métropolitaines allemandes.

2° La forme commerciale de région métropolitaine (société à responsabilité limitée)

La forme juridique commerciale adoptée par les régions métropolitaines implique l'exercice d'une activité commerciale. L'utilisation de cette forme juridique, dans une perspective du développement territorial, peut surprendre au regard de l'approche française. Mais elle répond à la volonté de privilégier le plus grand pragmatisme dans la création des régions-métropoles, outils de concrétisation de projets territoriaux. Instituée sous la forme de société à responsabilité limitée (*Gesellschaft mit beschränkter Haftung – GmbH*), la région métropolitaine de Hanovre *(Metropolregion « Hannover Braunschweig Göttingen Wolsburg »)* illustre ce cadre juridique.

Fondée sous cette forme en 2009, cette région métropolitaine s'étend sur un territoire d'environ 3,8 millions d'habitants. Elle est constituée :

- des 4 communes éponymes (Hanovre, Braunschweig, Göttingen et Wolfsburg) ;
- de 53 collectivités (communes et arrondissements), lesquelles disposent d'une Association des communes *(Verein Kommunen)* au sein de la région-métropole. Toutefois, là aussi, la possibilité est laissée aux collectivités qui ne sont pas sociétaires, de participer ponctuellement à un projet sans obligatoirement adhérer ;
- d'entreprises, de fondations privées et d'associations à but lucratif ;
- d'universités et d'établissements publics ou privés d'enseignement supérieur (17 au total), représentant 430 instituts de recherches et facultés ;
- et du *Land* de Basse-Saxe.

[15] Convention sur le financement de la coopération et des fonds de soutien dans la région métropolitaine de Hambourg, en date du 1er décembre 2005, modifiée le 20 septembre 2016 et entrée en vigueur le 1er mars 2017, sur <https://metropolregion.hamburg.de/grundlagen/> (20.06.22).

Le capital de la SARL est réparti comme suit :

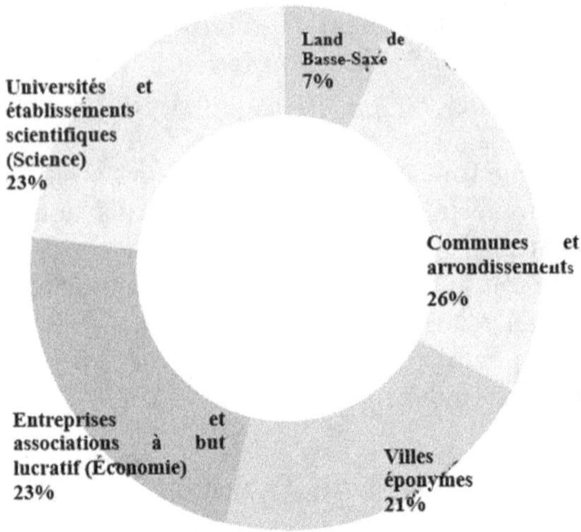

Au niveau de la gouvernance, la présidence du Conseil d'administration est assurée, par alternance bisannuelle, par les maires des deux plus grandes villes de la région métropolitaine (Hanovre et Braunschweig). Le Conseil de surveillance *(Aufsichtsrat)* est composé de dix-huit membres :

- les quatre villes fondatrices et éponymes détiennent chacune un siège,
- le *Land* de Basse-Saxe détient un siège,
- les associations représentant les communes, les entreprises et le secteur de l'économie ainsi que les établissements d'enseignement supérieur détiennent, chacune, quatre représentants,
- enfin, les chambres de commerce et d'industrie de Hanovre, du Braunschweig et de Göttingen-Wolfsburg détiennent communément un représentant.

En revanche, l'assemblée générale des sociétaires regroupe seulement quarante-deux membres. Cela suppose que chaque commune ne dispose pas toujours d'un représentant ! Toutefois, cette situation est compensée par l'association des communes qui regroupe l'ensemble des communes sociétaires. Au surplus, certaines communes s'accordent pour désigner un représentant commun.

Enfin, la région métropolitaine est aussi dotée d'un Conseil parlementaire *(parlamentarischer Beirat)* consultatif, lequel est censé apporter un regard extérieur sur les projets de développements.

B. Les projets métropolitains privilégiés

En premier lieu, dans le cadre associatif, le plus souvent, les projets privilégiés par les régions métropolitaines se greffent sur l'existant. Cette approche promeut souvent des projets « vitrine », servant à revaloriser l'existant, déjà perceptible par la population.

Ainsi, la région-métropole de Hambourg a privilégié le développement des aspects maritimes et portuaires pour faire face à la concurrence des autres ports européens (Rotterdam et Anvers) et renforcer la visibilité du port de Hambourg au niveau international. L'association de la région métropolitaine a porté la réalisation du grand projet d'urbanisme et de réaménagement *HafenCity* (Cité portuaire) de la partie ancienne du port de Hambourg. Ce projet[16] a permis la construction de quartiers écologiques dotés d'infrastructures culturelles et de loisirs. Dans sa quête de visibilité à l'international, la région métropolitaine s'est associée avec la commune de Rostock, dont le port d'envergure localisé dans la partie orientale du *Land* du Mecklembourg-Poméranie, ne relève pourtant pas de la région- métropole.

Par ailleurs, l'association métropolitaine a porté la construction du musée maritime international de Hambourg et de la philharmonie de l'Elbe dont l'inauguration a eu lieu en 2017. La région métropolitaine a aussi soutenu financièrement le développement des PME situées sur son territoire d'intervention[17].

Pour la période 2017-2022, quatre cadres d'actions stratégiques ont été retenus, à savoir : innovation et croissance internationales, vie et attractivité régionale, efficacité et dynamisme des réseaux, coopération citoyenne.

En second lieu, dans le cadre de la structure commerciale de SARL retenue par la région métropolitaine de Hanovre-Braunschweig-Göttingen-Wolfsbourg, l'association représentant les communes s'est particulièrement engagée dans le projet *Amt Electric*. Celui-ci promouvait la mobilité électrique au sein de la métropole. Ce projet a accueilli ponctuellement des communes extérieures à l'Association des communes et n'ayant pas souscrit au capital de la région métropolitaine.

Concernant les universités et établissements d'enseignement scientifique, la région métropolitaine a élaboré une plate-forme de coordination pour des projets d'envergure. Dans son résultat, cette plate-forme a soutenu les mouvements de fusion entre établissements. Cette démarche poursuivait un premier objectif de mutualisation des moyens pour l'enseignement et la recherche et de rationalisation des catalogues des formations proposées sur un même territoire. Le second objectif consistant à doter les établissements de taille suffisante pour concourir dans la course aux financements européens.

---

[16] Michèle Weinachter, « Hambourg et son port, emblèmes d'une Allemagne mondialisée », Association pour la connaissance de l'Allemagne d'aujourd'hui éd., 2020, n° 231, p. 48 (49-50).

[17] Michel Weinachter, « Hambourg : région métropolitaine et site portuaire international », in, Allemagne : compétitivité et dynamique territoriales (Isabelle Bourgeois, dir.), CIRAC, collect. Travaux et documents du CIRAC, Cergy-Pontoise, 2007, p. 109-117, §22.

Au niveau des entreprises, l'accent a été mis sur la promotion de la santé numérique (e-santé), à travers les technologies de l'information et de la communication (télésanté et télémédecine). La région-métropole offre ainsi aux acteurs concernés un cadre d'échanges et de suivi des évolutions en la matière.

Mais les projets concrétisés apparaissent bien faibles par rapport aux ambitions initiales, de sorte à considérer les résultats comme décevants.

II. Les résultats décevants de la métropolisation en Allemagne

Faire fi du cadre institutionnel ou de la logique institutionnelle, lors de l'institution des région-métropoles, ne fait pas obstacle à ce que ce cadre impacte, *a minima*, les ambitions à travers un syndrome de confusion territoriale « à l'allemande » (A). Par ailleurs, les régions-métropoles échouent à surmonter des intérêts parfois contradictoires (B).

A. Un syndrome de confusion territoriale « à l'allemande »

Le phénomène des métropoles en Allemagne suscite plusieurs interrogations.

En premier lieu, il convient de s'interroger sur les phénomènes de concurrence latente.

Tout d'abord, une telle concurrence peut exister entre les régions-métropoles et les *Länder* membres, dès lors que certaines métropoles sont formées de plusieurs *Länder* ou de parties de plusieurs *Länder*. La métropole peut alors se révéler être un lieu où des *Länder* se rallient pour imposer certaines orientations aux communes, malgré la libre administration dont elles disposent. Une illustration peut en être donnée avec le partenariat entre le port de Hambourg et celui de Rostock, où en définitive, la commune de Rostock s'est comportée en collectivité suiviste, bien plus qu'en collectivité entièrement décisionnaire du réaménagement de son port.

Ensuite, certaines communes ont demandé à bénéficier de statut de « région-ville ou ville-région (*Stadtregion*) »[18] pour peser davantage dans les métropoles instituées. Ainsi, la ville de Hanovre, capitale du *Land* de Basse-Saxe, est devenue une « ville-région »[19]. Grande innovation institutionnelle,

---

[18] Ces « région-ville ou ville-région (*Stadtregion*) » ne doivent pas être confondues avec les « villes-Etats (*Stadtstaaten*) ». Ces dernières désignent les trois uniques villes, lesquelles sont aussi des *Länder* (régions) : Berlin, Brême et Hambourg.

[19] Loi relative à la Région Hanovre *(Gesetz über die Region Hannover)* du 05 juin 2001, entrée en vigueur le 1er novembre 2001, Nds. GVBl. (*Niedersächsisches Gesetz- und Verordnungsblatt*-J.O du *Land* de Basse-Saxe), p. 348. La dernière modification de la loi a été opérée par celle du 17 décembre 2010, GVBl. p.576. Carl-Hans Hauptmeyer, Martin Stöber, « Zurück zu den ''Wurzeln'' – Eine Einführung in Landeskunde und Geschichte der Region

la ville-région ainsi créée a succédé, juridiquement, à l'ancien arrondissement de Hanovre *(Landkreis Hannover – LKH)* et au groupement de communes de l'agglomération de Hanovre *(Kommunalverband Großraum Hannover – KGH)*. La ville-région s'est vu reconnaître des compétences appartenant antérieurement à la commune de Hanovre en tant que capitale du *Land* de Basse-Saxe et au district de Hanovre[20]. Elle bénéficie d'un statut *sui generis* qui la place, certes, au rang des arrondissements *(Landkreis)*, mais dotée de la personnalité morale, elle dispose de compétences bien plus élargies.

Cette innovation institutionnelle, mettant en place un statut quelque peu hybride, visait à prendre le contre-pied de l'opposition habituellement constatée, au sein des régions métropolitaines, entre les communes principales et les communes modestes environnantes, en intégrant les intenses interdépendances fonctionnelles et en aménageant un partage des avantages et des charges[21].

La ville de Hanovre est donc présente à double titre dans la région métropolitaine Hanovre-Braunschweig-Göttingen-Wolfsbourg : en tant que commune et en tant que ville-région. La question demeure alors de savoir si la distinction peut toujours être opérée, lorsqu'elle intervient à titre de commune ou de ville-région dans les délibérations et discussions au sein de la région métropolitaine. Au surplus, un déséquilibre transparaît avec les autres grandes villes éponymes de la métropole.

En deuxième lieu, la métropolisation impacterait la libre administration reconnue aux communes. Ainsi, le *Land* du Mecklembourg-Poméranie avait procédé à des redécoupages de son territoire, notamment au niveau des arrondissements, lesquels incarnent des regroupements de communes *(Kreis/Landkreis)*. Ce redécoupage territorial pensé, initialement, pour rendre plus visible la métropole auprès de la population a été censuré par la Cour constitutionnelle régionale *(Landesverfassungsgericht – LVerfG)* du *Land* de Mecklenbourg-Poméranie. Sans critiquer l'économie de la réforme, par décision du 26 juillet 2007, le juge constitutionnel régional[22] a, néanmoins, souligné que l'efficacité et la rationalité dans la réalisation des tâches communales devaient être prises en considération. Or, il était d'avis que cette réforme structurelle et fonctionnelle visant à créer des « ''grands'' arrondissements *(''Groß''-Kreise)* » performants, lesquels auraient pu exercer, à la fois, certaines compétences relevant du *Land* et les compétences susceptibles d'être reconnues aux arrondissements, atrophiait la libre

---

Hannover », in *Die Region Hannover – Eine erste Bilanz*, Niedersächsischen Landeszentrale für politische Bildung éd., Hanovre, 2003, pp. 9-35.

[20] Michael Arndt, « Die politische Konzeption und Struktur der Region Balance zwischen Landeshauptstadt und Umland », préc., pp. 36.

[21] *Idem.*

[22] Joachim Jens Hesse, « Die Kreisneuordnung in Mecklenburg-Vorpommern: Ergebnisse der Beobachtungspflicht », Zeitschrift für Staats- und Europawissenschaften (ZSE) / Journal for Comparative Government and European Policy, 2015, n°4, p. 542.

administration constitutionnellement reconnue aux communes. En effet, le *Land* étant compétent pour aménager l'étendue de la libre administration des collectivités infrarégionales (communes et arrondissements), il pouvait limiter l'étendue de celle reconnue aux communes au profit de celle reconnue aux arrondissements. Or la libre administration est garantie par la Loi fondamentale aux communes et non aux arrondissements, bien qu'au niveau des *Länder,* cette reconnaissance puisse être admise. En définitive, pour la Cour constitutionnelle du Mecklembourg-Poméranie l'approche des « ''grands''-arrondissements » était incompatible avec la libre administration ainsi reconnue aux communes. Finalement, la métropolisation impacterait bien l'organisation territoriale.

En dernier lieu, la métropolisation, en Allemagne, est critiquée en ce que, loin de parvenir à concrétiser le sentiment d'appartenance au territoire métropolitain, elle ne promeut pas non plus la participation des populations aux débats relatifs à ces institutions. D'aucuns ont affirmé, au sujet du projet *HafenCity* mené à Hambourg, que « la dimension participative [a été] absente pour ne pas entraver les objectifs du marketing urbain »[23].

B. Des intérêts contradictoires ou pas toujours convergents

Le phénomène de métropolisation suscite aussi des critiques en Allemagne. Des voix s'élèvent ainsi, relativement à la région-métropole de Hambourg, notamment dans le *Land* du Mecklembourg-Poméranie où est situé le port de Rostock, pour souligner que ce *Land* concentre trop d'effort et de moyens autour de ce port, tout en négligeant le reste du territoire, alors que seule la partie occidentale de son territoire est intégrée à la région métropolitaine de Hambourg.

Il est vrai que la région-métropole n'a pas réussi à faire évoluer la situation économique de ce *Land* qui présente, encore aujourd'hui, le plus faible taux d'industrialisation de toute l'Allemagne, l'un des plus forts taux de chômage *(Annexe 4)* et, à ce jour, figure parmi les *Länder* le plus pauvres d'Allemagne. Les priorités seraient ailleurs.

Même au sein des établissements d'enseignement supérieur et des universités, une sélection implicite se dessine, à travers la coopération, amenant à désigner des établissements phares, à côté d'autres qui ne seraient que des faire-valoir pour les premières.

En réalité, le phénomène des régions métropolitaines atteint les objectifs poursuivis… mais principalement dans les *Länder* déjà puissants économiquement[24] : en Bade-Wurtemberg, avec la région-métropole construite autour de Stuttgart, en Bavière, avec la région-métropole de

---

[23] Marcus Zepf, « La métropolisation en Allemagne : un rééquilibrage territorial fragile? », in *L'Europe – Aménager les territoires*, Armand Colin, Collect. U, Paris, 2009, p. 212 (224)

[24] Karsten M. Rusche, Christian A. Oberst, « Europäische Metropolregionen in Deutschland – eine regionalökonomische Evaluation… », préc., pp. 248-253.

Munich et en Hesse, *Land* qui accueille la région-métropole construite autour de Francfort-sur-le-Main, en tant que ville-centre. Il s'agit des territoires dont le développement économique bénéficiait déjà d'un dynamisme fort et éprouvé.

Mais, le phénomène des « régions-métropoles » conserve un intérêt sous deux aspects.

Sous le premier aspect, le phénomène sert de vitrine à l'international pour certaines villes qui en sont membres. La région-métropole offre ainsi une certaine visibilité, mais elle ne constitue pas le catalyseur incontestable de la concrétisation des projets territoriaux.

Sous le second aspect, le phénomène semble prospérer principalement en matière d'aménagement du territoire et en matière urbanistique. Il n'est donc pas étonnant que les juristes allemands s'en soient détournés, le délaissant aux urbanistes, sociologues, géographes et économistes. Cela est aussi dû à ce que la région métropolitaine, en Allemagne, n'incarne pas un outil d'organisation territoriale qui, par sa logique institutionnelle, pourrait intéresser les juristes.

En définitive, la métropole allemande ne peut pas être comparée aux métropoles françaises, à plusieurs titres.

Tout d'abord, le cadre juridique de la région métropolitaine allemande n'accueille pas exclusivement des entités dotées de la personnalité morale de droit public. Cela permet de recourir à des formes institutionnelles, associative ou commerciale, relevant du droit privé.

Ensuite, contrairement à la France, la distinction entre les compétences facultatives et les compétences obligatoires ou exercées de plein droit par les métropoles n'est pas opérée, les compétences exercées par les régions métropolitaines allemandes étant librement déterminées par leurs membres. Il en découle que les notions de transfert ou de délégation de compétence, entre collectivités territoriales/locales, si prégnantes, en droit français, ne peuvent pas être projetées en droit allemand[25]. Au surplus, la répartition des compétences au sein des entités infrarégionales relève de la seule compétence du *Land*, lequel dans le cadre de la libre administration que la Loi fondamentale reconnaît exclusivement aux communes, dispose de toute latitude. D'ailleurs, le critère de « métropolité »[26] des régions métropolitaines allemandes s'articule, fréquemment, autour de quatre groupes de fonction : 1) fonction de décision et de contrôle (*Entscheidungs- und Kontrollfunktion*), 2) fonction d'innovation et de compétition (*Innovations- und Wettbewerbsfunktion*), 3) fonction de « gateway » ou fonction passerelle (*Gatewayfunktion*) et, enfin, 4) fonction symbolique

[25] Christian Schulz, « La politique des ''Metropolregionen'' en Allemagne », in Bulletin de l'Association de géographes français, 2012, n°4, pp. 512 (521).
[26] *Idem.*, p. 521.

(*Symbolfunktion*)[27]. Les trois premières étant privilégiées, car elles permettent indirectement de satisfaire la fonction symbolique.

C'est pourquoi, si la métropole allemande offre, principalement, un lieu d'échanges entre les différents acteurs et un moyen pour mener des projets phares sur un territoire donné[28], elle n'incarne, certainement, pas un cadre institutionnel dont l'étude pourrait intéresser l'organisation territoriale de l'Allemagne… de sorte que, sous cet aspect, elle demeure une chimère pour le juriste français.

---

[27] Hans Heinrich Blotevogel, « Raumordnung und Metropolregionen », Geographische Rundschau, 2010, p.4. Christian Schulz, « La politique des ''Metropolregionen'' en Allemagne », Bulletin de l'Association de géographes français, 2012, n°4, pp. 512 (517). Rainer Danielzyk, Hans Heinrich Blotevogel, « Leistungen und Funktionen von Metropolregionen », in *Metropolregionen und Raumentwicklung*, Akademie für Raumforschung und Landesplanung éd., Hannover, 2009, pp. 22 et s.

[28] Cela traduit l'un des principaux motifs de revendication de ce cadre par les territoires transfrontaliers allemands, lesquels mettant en avant l'idée d'une métropolité transfrontalière. Voir le rapport publié par le Ministère fédéral des Transports, de la construction et du développement urbain, *Überregionale Partnerschaften in grenzüberschreitenden Verflechtungsräumen*, Berlin, 2010, pp. 5-7. Andrea Hartz, « Das Konzept der Metropolitanen Grenzregionen : Entwicklung, Strategien und Neuausrichtung », in *Border Futures - Zukunft Grenze – Avenir Frontière : Zukunftsfähigkeit grenzüberschreitender Zusammenarbeit*, Akademie für Raumforschung und Landesplanung éd., Hannover, p. 88 (100-102 et 110).

ANNEXES

Annexe 1 : Tableau des régions-métropoles créées en 1995

	Régions-métropoles / Superficie	**Noyaux urbains *(Kernstädte)***	**Population**	**Dates de créations**
1	Berlin-Brandenbourg 30 545,5 km²	**1.** Berlin **2.** Potsdam	**a)** 5 954 168 (2008) **b)** 6 195 159 (2020)	1995
2	Francfort-Rhin-Main 14 753 km²	**1.** Francfort **2.** Wiesbaden **3.** Mayence **4.** Darmstadt **5.** Offenbach	**a)** 5 521 908 (2008) **b)** 5 800 000 (2020)	1995
3	Hambourg 28 500 km²	Hambourg (*Land* et ville hanséatique) ainsi que les *Länder* de **1.** Basse-Saxe **2.** Schleswig **3.** Holstein, **4.** Mecklenburg-Poméranie	**a)** 4 286 123 (2008) **b)** 5 300 000 (2017)	1995
4	Munich 25 544, 35 km²	**1.** Munich **2.** Kaufbeuren **3.** Rosenheim **4.** Augsburg **5.** Ingolstadt **6.** Landshut	**a)** 5 601 830 (2008) **b)** 6 150 000 (2019)	1995
5	Rhin-Ruhr[29] Composée de la : *1. Région-métropole de Rhénanie-Palatinat :* *12 278 km²* **2.** *Région-métropole de la Rhur :* *4 438,7 km²*	*Région-métropole de Rhénanie-Palatinat* **1.** Cologne, **2.** Essen **3.** Dusseldorf **4.** Wuppertal **5.** Bonn **6.** Mönchengladbach *Région-métropole de la Rhur :* **1.** Duisbourg **2.** Dortmund **3.** Bochum **4.** Gelsenkirchen	**a)** 11 693 041 (2008) **b)** 14.000 000 (2019) dont 8 720 000 dans la région-métropole de Rhénanie-Palatinat	1995 (statuts modifiés en 2017)
6	Stuttgart 15 425 km²	**1.** Stuttgart **2.** Reutlingen **3.** Esslingen am Neckar **4.** Heilbronn	a) 5 291 507 (2008) b) 5 400 000 (2018)	1995

[29] En 2017, les statuts de la région métropole Rhin-Ruhr ont été modifiés pour accueillir désormais deux métropoles : d'une part la région métropole de Rhénanie-Palatinat *(Rheinland)* et la région-métropole de la Ruhr.

Annexe 2 : Tableau des régions-métropoles créées en 1997 et 2005

	Métropoles-régions – Superficie	**Noyaux urbains (Kernstädte)**	**Habitants**	**Dates de créations**
1	Allemagne centrale (Mitteldeutschland) 55 000 km^2	**1.** Leipzig **2.** Dresde **3.** Chemnitz **4.** Halle **5.** Zwickau	**a)** 6 901 813 (2008) **b)** 8 400 000 (2019)	1997
2	Nuremberg 21 800 km^2	**1.** Nuremberg **2.** Fürth **3.** Erlangen	**a)** 3 598 323 (2008) **b)** 3 600 000 (2020)	2005
3	Nordwest (ou Brême-Oldenburg) 13 771 km^2	**1.** Brême **2.** Oldenbourg **3.** Bremerhaven **4.** Basse-Saxe	**a)** 2 726 186 (2008) 2 790 000 **b)** (2019)	2005
4	Hanovre-Braunschweig-Göttingen-Wolfsbourg 19 000 km^2	**1.** Hanovre **2.** Braunschweig **3.** Göttigen **4.** Wolfsbourg **5.** Salzgitter **6.** Hildesheim	**a)** 2 361 435 (2008) 3 900 000 **b)** (2019)	2005

Annexe 3 : Carte globale des onze régions-métropoles sur le territoire Allemand depuis 2005

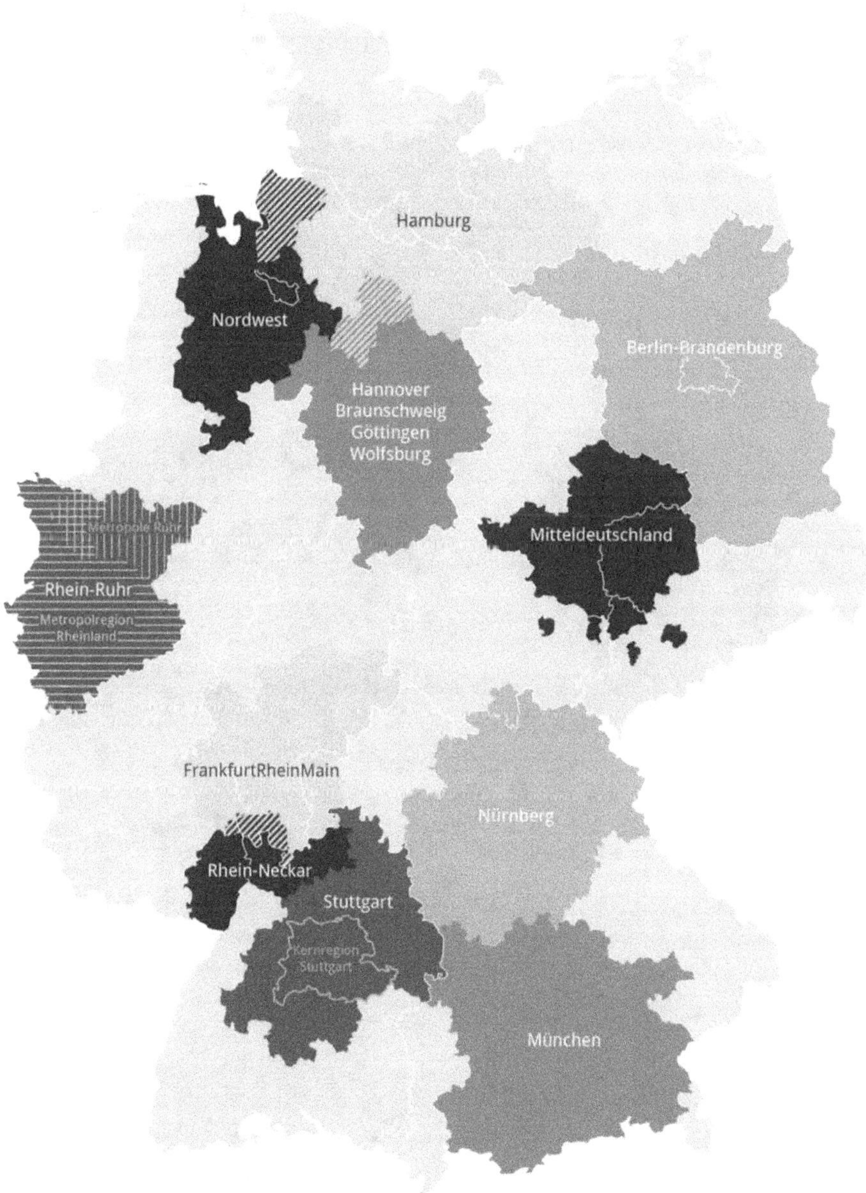

Initiativkreis Europäische Metropolregionen in Deutschland (IKM), sur <https://deutsche-metropolregionen.org/#top> (20.06.22)

Annexe 4 : Taux de chômage en Allemagne (mai 2022)

Taux de chômage rapporté à l'ensemble de la population active civile en % (valeurs de l'année précédente entre parenthèses)

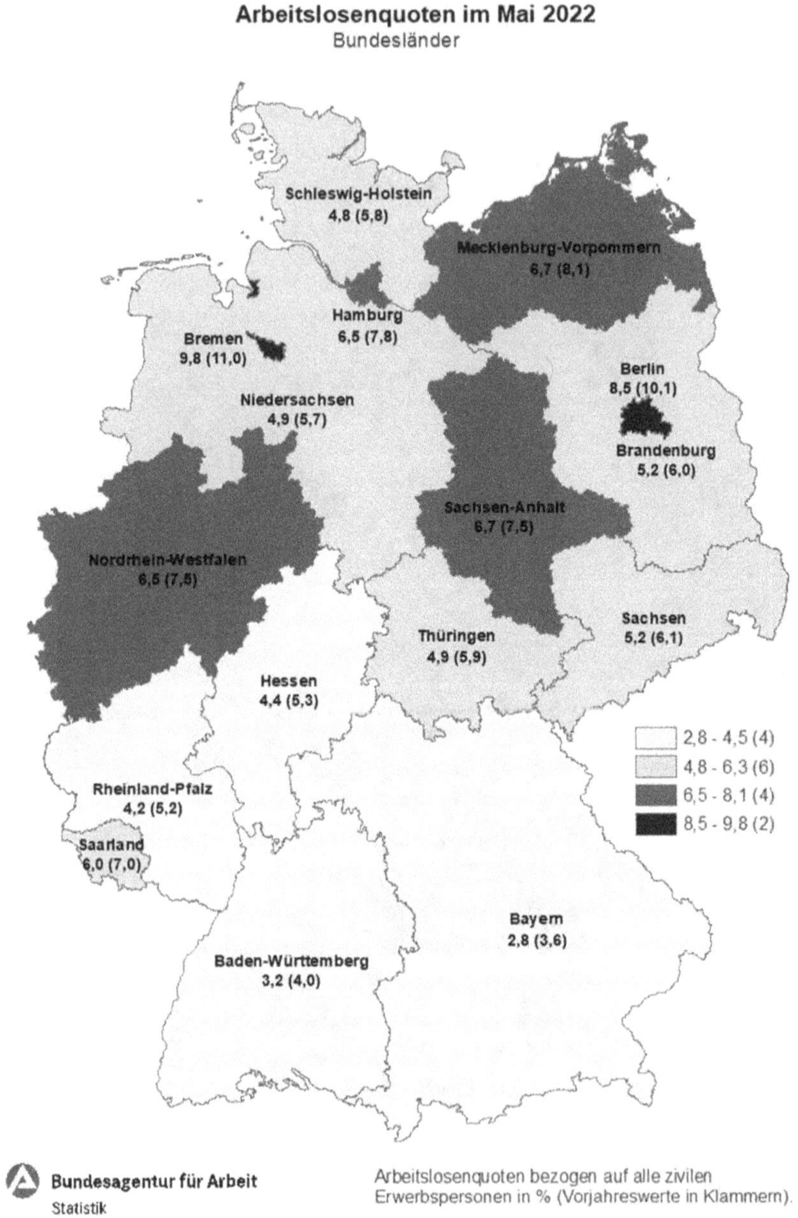

Agence fédérale de l'Emploi (*Bubndesagentur für Arbeit* - 2022)

Le développement paradoxal des aires métropolitaines en Amérique latine

Alexis Le Quinio

Professeur de droit public
à l'Université de Limoges (OMIJ)

D'après la Commission économique pour l'Amérique latine et les Caraïbes, cette région est la plus urbanisée du monde en développement : plus de 80 % de la population vit dans des zones urbaines[1]. L'émergence de villes de plus d'un million d'habitants s'est accélérée au cours des dernières décennies, posant de nombreux défis dans le domaine du développement urbain et métropolitain.

L'organisation communale est, en Amérique latine, foisonnante et en plein développement ; les municipalités, dont le nombre a sensiblement augmenté dans la période récente, y connaissent une réelle hétérogénéité. La décentralisation est une constante de la région[2] et elle a toujours été conçue comme le principal moyen de démocratisation et de lutte contre les inégalités alors même que le développement métropolitain semble être à l'origine d'un accroissement des inégalités.

Si la division territoriale se concrétise en Amérique latine principalement autour du niveau régional et du niveau municipal, c'est ce dernier qui sert de point d'ancrage essentiel pour les citoyens. Au-delà de l'identification à l'échelon qui apparaît le plus proche, les municipalités servent de vecteur au processus de décentralisation largement appelé de ses vœux dans les États de la zone. En effet, si l'on excepte une minorité d'États, où les exécutifs régionaux sont élus[3], les régions s'apparentent davantage à des entités déconcentrées. La décentralisation est donc essentiellement focalisée sur les

[1] La proportion d'urbains dans la population est passée de 41,3% en 1950 à 81,2% en 2020 (source : CEPALSTAT Statistical Databases and Publications).

[2] A. Le Quinio, « Le droit constitutionnel des collectivités territoriales dans les États unitaires d'Amérique latine », in G. Guglielmi, J. Martin, (dir.), *Le droit constitutionnel des collectivités territoriales, Aspects de droit public comparé, Berger-Levrault*, coll. Au fil du débat, 2015, pp. 41-54.

[3] En Bolivie, en Colombie et au Pérou.

communes du fait que la région est encore considérée comme un trait d'union, un relai, avec le niveau national.

Le maillage territorial est tout à fait différent de celui que nous connaissons en France. À la fin du siècle dernier, le nombre de communes était inférieur pour l'ensemble du continent à la moitié de celui de l'Hexagone avec, à titre d'exemple, seulement 1017 communes de moins de 1000 habitants[4]. La population du continent est essentiellement urbaine et majoritairement concentrée dans des villes de taille significative. On estime aujourd'hui que plus de 80 métropoles du continent dépassant le million d'habitants[5]. La multiplication des villes présentant des caractéristiques métropolitaines est une tendance lourde du développement urbain récent du continent.

Si ces métropoles sont nombreuses, elles présentent des différences d'échelle significatives. Ainsi, la ville autonome de Buenos Aires compte 3 millions d'habitants et fait partie de la région métropolitaine avec 40 autres municipalités. Ensemble, elles concentrent plus de 15 millions d'habitants, soit un tiers de la population du pays, et produisent plus de 40 % du PIB. La région métropolitaine de São Paulo est composée de 39 villes, qui concentrent plus de 23 millions d'habitants, soit un peu plus de 10 % de la population brésilienne. Avec les zones métropolitaines environnantes, elle forme une mégapole de 33 millions d'habitants, soit environ 75 % de la population de l'État de São Paulo.

La métropolisation est la conséquence, non seulement d'une crise rurale, mais également d'une forte croissance démographique, qui a entraîné une transformation radicale et particulièrement rapide durant la deuxième moitié du siècle dernier. En Amérique latine, le phénomène a connu une vigoureuse accélération en à peine quelques décennies[6]. Ce processus entraîne des mutations qui dépassent la seule perspective démographique et urbanistique en affectant tous les pans de la société. Les conséquences sont sociales, économiques, politiques, culturelles et évidemment spatiales, l'apparition de la métropole s'imposant à la structure traditionnelle de la ville.

Il ne faut pas non plus négliger le fait que la majorité des pays d'Amérique latine ont connu des systèmes gouvernementaux très centralisés. Cette centralisation a évidemment renforcé le rôle de la capitale dans chacun de ses États, expliquant la familiarité avec le concept de ville principale inhérent à l'idée même d'aire métropolitaine.

L'importance économique de ces aires particulières interroge, tant du point de vue de leur gouvernance que des problèmes d'égalité auxquels

---

[4] J. E. Sierra, *Información Municipal : Datos Estadísicos, Problemas y Desafíos*, 1997, cité *in* C. Victory, « Gobiernos municipales y desarollo local en Iberoamérica, Afers Internacionals, n° 47, 1999, pp. 15-49.

[5] Voir https://citypopulation.de/

[6] Le phénomène de métropolisation a d'ailleurs été identifié dès le début de son développement, voir M. Villa, « Consideraciones en torno al proceso de metropolización en América Latina », *Notas de Población*, n° 24, 1980, pp. 57-105.

peuvent être confrontés de telles structures. Ces tensions peuvent apparaître entre les différentes communes de la métropole, mais également entre la commune principale – qui est souvent accusée de capter l'essentiel des ressources étatiques – et les autres échelons de collectivités, voire avec l'État central, suscitant des réticences de la part des communes de taille plus réduite.

Ces tensions font partie des plus régulièrement évoquées dans les études relatives aux difficultés rencontrées au sein des aires métropolitaines avec celles liées à la multiplication des échelons administratifs et de la bureaucratie, au déficit démocratique, à la conciliation délicate des intérêts divergents des nombreux acteurs participants ou encore à l'insuffisance et la répartition inégale des ressources financières[7]. Les défis auxquels sont confrontés les aires métropolitaines sont nombreux et interrogent sur la prise en compte et les actions menées par les États latino-américains, notamment dans l'organisation, la gestion et la détermination des missions de ces aires.

En effet, si l'aménagement du territoire en Amérique latine relève aujourd'hui très largement de la métropolisation[8] (I), paradoxalement, les modalités de gouvernance des aires métropolitaines restent encore largement à préciser (II).

I. La métropolisation en Amérique latine : une tendance marquée aux conséquences fortes

La dynamique de développement des métropoles a – et le phénomène est particulièrement criant en Amérique latine – dépassé les cadres politico-administratifs existants et a favorisé, *a priori*, la mise en œuvre d'instruments de gestion plus larges pour tenter de répondre aux demandes des citoyens. En outre, si le développement urbain et métropolitain est une constante de la région, il apparaît particulièrement hétérogène. Ainsi, il apparaît aussi délicat d'identifier la « métropole latino-américaine » que la « ville latino-américaine »[9].

Ce phénomène de métropolisation au sein des grands ensembles urbains d'Amérique latine a connu une accélération sous l'influence de la globalisation de l'économie. En effet, si les différentes catégories de collectivités territoriales sont affectées par la mondialisation[10], les échelons

---

[7] Pour une présentation de ces problématiques, voir J. Borja, M. Castells, « VIII. El gobierno de la ciudad metropolitana », in J. Borja, M. Castells, *Local y global. La gestión de las ciudades en la era de la información*, Taurus, 2006, pp. 283-315.

[8] Par exemple, les métropoles de Buenos Aires en Argentine ou de Santiago au Chili regroupent plus de 30% de la population du pays.

[9] A. Gorelik, « La production de la "ville latino-américaine" », *Problèmes d'Amérique latine*, n° 110, 2018/3, pp. 17-37.

[10] B. Lapointe, *La mondialisation et les collectivités territoriales. Une relation étroite*, Berger-Levrault, coll. « Au fil du débat », 2017, 322 p.

régionaux et métropolitains paraissent les plus concernés. Indépendamment de leur taille, le rôle qu'ils peuvent jouer dans la vie économique leur permet même d'apparaître à la fois comme des acteurs majeurs et des destinataires privilégiés de cette globalisation[11].

La centralisation politique et territoriale est historiquement très forte dans les pays de la zone dans lesquels le développement de la capitale s'est souvent fait au détriment des autres villes du pays. La concentration des principales directions administratives, politiques et économiques au sein d'une même collectivité est à l'origine de ce phénomène. Les pouvoirs publics sont conscients de ce dernier depuis longtemps, comme en atteste, au Brésil, la décision en 1956, par le Président Kubitschek, de placer la capitale fédérale et les principales institutions étatiques dans la ville nouvelle de Brasilia afin d'envisager un meilleur aménagement du territoire, en développant l'intérieur du pays indépendamment des deux métropoles côtières de Rio de Janeiro et Sao Paulo qui phagocytaient l'activité et les richesses du Brésil.

Cette centralisation justifie que plusieurs des capitales présentant une dimension métropolitaine bénéficient d'un statut spécifique, parfois reconnu au sein même de la Constitution, à l'image de l'article 198 de la Constitution du Pérou de 1993 qui dispose que la capitale bénéficie d'un « régime spécial »[12].

Les problèmes de gouvernance des aires métropolitaines sont encore nombreux et découlent, pour partie, de l'histoire fortement centralisée de ces territoires. Les structures politiques et juridiques, lorsqu'elles existent, sont généralement imposées aux autorités locales et, lorsque des accords surviennent dans l'organisation de ces aires, ils ne sont généralement pas exempts d'ambiguïté. L'administration urbaine est trop souvent dépendante de la force politique des municipalités, particulièrement la municipalité chef de fil. Ce constat souligne le manque de légitimité politique de l'échelon métropolitain. La carence en matière de démocratie locale à l'échelon métropolitain participe également de ce sentiment qui ne permet pas aux habitants de la zone de s'approprier l'identité métropolitaine.

La dimension politique ne doit pas non plus être négligée, bien au contraire. Comme l'explique le professeur Arturo Orellana, en s'appuyant sur l'exemple de la métropole de Santiago du Chili qui regroupe plus de 40% de la population de l'État, cette dernière constitue « un très gros butin politique, ce qui va à l'encontre de toute tentative de générer une autorité

[11] P. M. Martínez Toro, « La producción del espacio en la ciudad latinoamericana : El modelo del impacto del capitalismo global en la metropolización », *Hallazgos*, vol. 12, n° 23, 2015, pp. 211-229.

[12] Art. 198 C [1993] Pérou : « la capitale de la République n'intègre aucune région. Elle bénéficie d'un régime spécial dans les lois de décentralisation et dans la loi organique sur les municipalités. La municipalité métropolitaine de Lima exerce ses compétences dans le cadre de la province de Lima ». Ce statut spécial a été conforté dans le titre XIII de la loi organique sur les municipalités n° 27972.

métropolitaine ; elle est considérée comme un tremplin pour la présidence de la République »[13].

Les tensions entre les différents niveaux de gouvernement et la réticence à céder l'autonomie ont constitué le principal obstacle à la constitution de gouvernements métropolitains. Ces tensions ne sont néanmoins pas propres au phénomène de métropolisation, mais affectent l'ensemble du processus de décentralisation à l'œuvre sur le continent.

La principale difficulté à laquelle sont confrontés les États latino-américains en la matière concerne les modalités de gouvernement des aires métropolitaines[14]. Au-delà des difficultés que connaissent de manière générale ces États dans l'organisation et la gestion de leurs territoires, il est toujours délicat de saisir par le droit certains phénomènes urbains, l'idée même de gouvernement des phénomènes urbains par le droit méritant d'être interrogée[15].

De manière peut-être encore plus prononcée qu'aux autres échelons infranationaux, la gestion décentralisée des affaires publiques est confrontée à un défi complexe dans ces zones métropolitaines. À la tâche ardue de la dévolution des fonctions et des ressources à des institutions généralement faibles s'ajoutent les problèmes liés à la coordination interinstitutionnelle dans la prestation des services et la gestion du développement de ces conglomérats urbains.

Gabriel Lanfranchi et Mercedes Bidart ont, dans une étude publiée en 2016[16], fait un « tour d'horizon » de l'organisation métropolitaine en Amérique latine. Cette étude, menée dans 21 pays d'Amérique latine et des Caraïbes[17] souligne bien la diversité dans l'organisation et la structuration de ces ensembles. En effet, les auteurs ont montré que la moitié de ces métropoles ne disposaient pas d'un organe métropolitain général et que lorsqu'il existait, ses membres n'étaient élus que dans 27% des cas. La majorité de ces organes se rencontrent au Brésil et en Colombie du fait de l'existence d'un cadre légal spécifique dans ces pays. Dans la majorité des cas (59%), ces organes sont organisés et composés d'un commun accord entre les municipalités membres de l'aire alors qu'ils bénéficient d'une organisation *ad hoc* dans les autres cas.

[13] http://ieu.unal.edu.co/medios/noticias-del-ieu/item/metropolizacion-en-america-latina-desigualdad-territorial-y-tensiones-entre-niveles-de-gobierno

[14] M. A. Costa, L. Lui, S. Tavares Rebello (dir.), *Governança Metropolitana na América Latina : um panorama das experiências contemporâneas sob uma mirada comparativa*, Cepal, Ipea, 2021, 332 p. ; E. Rojas, J. R. Cuadrado-Roura, J. M. Fernández Güell (éd.), *Gobernar las metropolis*, Banco Interamericano de desarollo, 2005, 555 p.

[15] G. Marcou, « Gouverner les villes par le droit », in *La Gouvernabilité*, CURAPP, PUF, 1996, pp. 174-205.

[16] G. Lanfranchi, M. Bidart, *Gobernanza metropolitana en América Latina y el Caribe*, Documento de trabajo n° 151, Cippec, politicas públicas, 2016, 92 p.

[17] Elle porte plus précisément sur 64 agglomérations – comportant d'une à plus de 70 municipalités – de plus d'un million d'habitants.

Un nombre encore significatif de ces aires métropolitaines ne bénéficie que d'un encadrement législatif limité, voire inexistant puisqu'il n'existe ni de plan ni de schéma stratégique ou territorial à l'échelle de l'aire dans 35% des agglomérations et que dans 23% des cas, il n'existe même pas de normes métropolitaines spécifiques.

Du fait de ces carences importantes, rapportées aux enjeux économiques, sociaux et humains, les aires métropolitaines sont devenues, en Amérique latine, des lieux de lutte pour la défense des droits fondamentaux, notamment du « droit à la ville »[18] appelé de ses vœux en lien avec le nouveau municipalisme[19]. Cette formulation, directement reprise du célèbre ouvrage d'Henri Lefebvre[20], renvoie à l'idée d'un droit générateur d'autres droits qui permettrait une coexistence sociale au sein de nouveaux espaces urbains avec l'objectif d'atteindre de bonnes conditions de vie, la justice sociale, l'égalité, la démocratie et la durabilité, indépendamment des seules conditions économiques à l'origine du phénomène urbain.

Ainsi, au Brésil, la loi n° 10.257 du juillet 2001[21] consacre dans son article 2-I – en tant que directive générale de la politique urbaine – le droit à la ville durable qu'elle définit comme un « droit à la terre urbaine, à l'habitation, à l'assainissement, à l'infrastructure urbaine, aux transports et aux services publics, au travail et aux loisirs, pour les générations présentes et futures ». Notons d'ailleurs que ce droit à la ville a été explicitement mentionné dans les objectifs du Nouvel Agenda Urbain Habitat III adopté lors de la Conférence des Nations Unies sur le logement et le développement urbain durable qui s'est justement déroulée sur le continent latino-américain, à Quito du 17 au 20 octobre 2016[22].

Au regard de l'importance du développement des aires métropolitaines en Amérique latine, il est possible de se demander si le droit à la ville ne devrait pas également être un droit à la ville métropolitaine[23] qui justifierait la consécration d'un cadre juridique spécifique. La protection des droits urbains découlant du droit à la ville nécessiterait la mise en place, à travers

---

[18] M. J. Pamplona Sierra, P. Piedrahita Bustamante, « El derecho a la ciudad en las aglomeraciones : miradas desde América Latina », *Bitácora Urbano Territorial*, vol. 31, n° II, 2021, pp. 73-85.

[19] I. Blanco, R. Gomà Carmona, J. Subirats, « El nuevo municipalismo: derecho a la ciudad y comunes urbanos », *Gestión y Análisis de Políticas Públicas,* n° 10, vol. 20, 2018, pp. 14-28 ; F. Carrión Mena, « El Oleaje del Municipalismo en América Latina : Cambio y Continuidad », *Medio Ambiente y Urbanización*, vol. 91, IIED, 2019, pp. 239-270.

[20] H. Lefebvre, *Le droit à la ville*, *Anthropos*, 1968, 164 p.

[21] Loi n° 10.257 du 10 juillet 2001 relative au *statut de la ville.*

[22] Si ces initiatives internationales sont louables, elles font l'objet de critiques sérieuses, notamment du fait que les collectivités qu'elles visent y sont encore trop peu associées. Voir, A. Revi, « Re-imagining the United Nations response to a twenty-first-century urban world », *Urbanisation,* vol. 2, n° 2, 2017, pp. x-xiv.

[23] M. Tomàs Fornés, « Por un derecho a la ciudad metropolitana : un análisis institucional », *Revista CIDOB d'Afers Internacionals*, n° 123, 2019, pp. 69-91.

des mécanismes de coopération, d'un « véritable gouvernement métropolitain démocratique »[24].

Les difficultés pour appréhender juridiquement le phénomène métropolitain rappellent celles déjà rencontrées pour la ville. Jacques Caillosse avait ainsi pu évoquer le « déficit urbain du droit » et le « déficit juridique de la ville »[25]. Si les deux cas de figure diffèrent dans le rapport au droit – le décalage entre le fait urbain et la qualification juridique est plus fort pour le terme « ville » qui n'apparait guère dans les textes juridiques – ils convergent dans l'embarras des juristes pour se saisir des phénomènes urbains. En outre, là où « la ville n'existe que par la commune » [26], la métropole n'existe le plus souvent que par la capitale.

Plusieurs pays latino-américains ont élaboré des législations spécifiques relatives à l'aménagement du territoire ou au développement urbain, mais peu d'entre eux, au-delà de la simple reconnaissance du phénomène – ou de la consécration d'un statut particulier pour la capitale de l'État – ont défini un cadre juridique spécifique aux aires métropolitaines, si l'on excepte les expériences brésilienne et colombienne.

II. La métropole en Amérique latine : un encadrement institutionnel encore embryonnaire

De manière générale, sur le continent latino-américain, le développement de la législation accompagnant la métropolisation est sans commune mesure avec l'intensité du phénomène. Si certaines aires métropolitaines bénéficient d'un statut particulier, à l'image de Buenos Aires ou de Lima, ce dernier est généralement *ad hoc* et n'est pas conçu comme un cadre juridique spécifique à une catégorie, mais bien à un cas particulier, généralement, celui de la capitale.

L'article 247 de la Constitution de l'Équateur de 2008 évoque bien la possibilité de créer un district métropolitain sur la base de critères liés à la population et à l'existence d'une continuité géographique[27], mais il n'existe pas de régime juridique spécifique pour ces districts, le même article de la Constitution prévoyant l'application de la procédure utilisée pour la création des régions, avec un statut soumis aux mêmes conditions. Le seul district métropolitain reconnu est celui de Quito, dont le régime juridique a été

[24] M. J. Pamplona Sierra, P. Piedrahita Bustamante, préc., p. 85.
[25] J. Caillosse, « la ville, le droit et la redistribution des territoires administratifs », *Politique et Management Public*, vol. 13, n° 3, 1995, pp. 83-119.
[26] G. Marcou, préc., p. 178.
[27] Art. 247 C. [2008] Équateur : « Le canton ou le groupe de cantons contigus dans lequel se trouvent des agglomérations dont le nombre d'habitants est supérieur à sept pour cent de la population nationale peut constituer un district métropolitain ».

précisé par une loi organique[28] qui est venue compléter celle relative au régime des municipalités[29].

Au Brésil, deux textes intéressent cette problématique, la loi sur le statut de la ville de 2001[30] et la loi fédérale n° 13089 relative au statut de la métropole de 2015[31].

Cette dernière, conformément à la lettre de son article premier, prévoit les orientations générales relatives à la gestion, la planification et la gouvernance des aires métropolitaines.

Ce texte consacre le concept de « gouvernance interfédérale »[32] qui implique un partage des responsabilités et des actions entre les différentes entités de la Fédération en termes d'organisation, de planification et de mise en œuvre d'un développement urbain intégré ainsi que des politiques sectorielles liées à des fonctions d'intérêt commun. Cette action, qui repose sur le principe de primauté de l'intérêt commun sur l'intérêt local, ne doit se faire que dans le respect des particularités locales et de l'autonomie des entités de la métropole. Cette loi pose ainsi les lignes directrices du fonctionnement institutionnel des régions métropolitaines qui doivent comprendre un organe exécutif, un organe délibérant composé notamment de représentants de la société civile et un organe public fournissant un soutien technique ; ce triangle institutionnel étant encadré par un système d'allocation des ressources et des responsabilités[33].

Ce statut prévoit l'obligation pour ces ensembles d'élaborer un « plan de développement urbain intégré » dans un délai de trois ans après l'entrée en vigueur de la loi[34]. Sachant que ce plan s'impose aux municipalités membres de la région métropolitaine.

Cette loi constitue un tournant dans la conception même des zones métropolitaines au Brésil en les présentant comme des solutions institutionnelles permettant, par un effort collectif, avec des moyens mutualisés, de réaliser des objectifs d'intérêt commun. Si elle est riche de potentialités, elle constitue « un énorme défi, tant pour les États que pour les municipalités »[35].

L'un des seuls pays à s'être vraiment saisi du phénomène métropolitain et à proposer un cadre juridique spécifique est la Colombie[36] qui, avec la loi

---

[28] Loi organique n° 46 du 27 décembre 1993, relative au *régime du district métropolitain de Quito*.

[29] Loi organique n° 4.109 du 15 juin 1989, relative au *régime municipal*.

[30] Loi dite relative au *statut de la ville* n° 10.257 du 10 juillet 2001, préc.

[31] Loi n° 13.089 du 12 janvier 2015 relative au *statut de la Métropole*.

[32] *Id.*, art. 6 & 7.

[33] *Id.* art. 8.

[34] *Id.* art. 10 et s.

[35] M. de Sá, R. Amorim et al., « Estatuto da Metrópole : a governança interfederativa », *Urbe. Revista Brasileira de Gestão Urbana* [en ligne], vol. 9, n° 2, 2017, p. 215.

[36] La première zone métropolitaine de Colombie a été imposée par la dictature en 1954 et s'appelait le district spécial. Il s'agit de l'union de 7 municipalités, dont Bogotá.

1625 de 2013[37] abrogeant la loi 128 de 1994[38], a établi un véritable régime juridique, politique, administratif et fiscal de gestion des aires métropolitaines. Cette loi a été adoptée conformément à l'article 319 de la Constitution colombienne de 1991[39] qui définit les conditions de création d'une aire métropolitaine et renvoie à une loi d'organisation territoriale l'établissement desdites modalités de création.

Ces ensembles métropolitains ont vu leur « régime administratif et fiscal de nature spéciale » établi par la loi organique sur l'aménagement du territoire de 2011[40] puis complété par la loi n° 1625 de 2013[41] qui définit et encadre les mécanismes de constitution, d'organisation, les compétences et les instruments de planification et d'allocation des ressources de ces aires.

Dès son article 2, la loi n° 1625 propose une définition juridique des aires métropolitaines qui sont « des entités administratives de droit public, formées par un groupe d'au moins deux municipalités intégrées autour d'une municipalité centrale, liées par des dynamiques et des interrelations territoriales, environnementales, économiques, sociales, démographiques, culturelles et technologiques, qui nécessitent une administration coordonnée pour la programmation et la coordination de leur développement durable, humain, de l'aménagement de leur territoire et de la fourniture rationnelle de services publics ».

Pour créer une aire métropolitaine, l'article 8 de la loi impose la détermination d'une commune centrale – choix qui doit être justifié – et que l'initiative soit portée par les maires des communes ciblées pour intégrer l'ensemble, l'accord d'au moins un tiers des conseils municipaux et de 5 % des citoyens ainsi que celui des gouverneurs des départements auxquels appartiennent les communes ciblées. Une des nouveautés de la loi de 2013 est la possibilité de créer des aires métropolitaines avec des communes de

[37] Loi n° 1625 du 29 avril 2013 relative au *régime des aires métropolitaines*.

[38] Loi organique n° 123 du 23 février 1994 relative aux *aires métropolitaines*.

[39] Art. 319 C [1991] Colombie : « lorsque deux ou plusieurs communes entretiennent des relations économiques, sociales, physiques dont l'ensemble est caractéristique d'une aire métropolitaine, elles peuvent s'organiser en une entité administrative chargée de programmer et coordonner le développement harmonieux et intégré du territoire placé sous leur autorité, rationaliser les services publics dont elles sont responsables et, le cas échéant, en assurer certains conjointement et réaliser des travaux d'intérêt métropolitain. La loi d'organisation territoriale adopte un régime administratif et fiscal spécial pour les zones métropolitaines ; elle garantit une participation adéquate des autorités municipales respectives dans leurs organes administratifs ; et elle indique la manière de convoquer et de réaliser les consultations populaires pour décider du rattachement des municipalités. Une fois la consultation populaire terminée, les maires et conseils municipaux respectifs officialiseront la création de la zone et définiront ses attributions, son financement et ses autorités, conformément à la loi ».

[40] Loi n° 1454 du 28 juin 2011.

[41] Loi n° 1625 du 29 avril 2013 par laquelle la loi organique 128 de 1994 est abrogée et le régime des zones métropolitaines est promulgué.

départements différents[42], permettant de privilégier la logique spatiale à la logique administrative.

Cette loi a consacré plusieurs obligations pour la zone métropolitaine. Elle doit notamment adopter une pluralité de plans de gestion et d'organisation à l'échelle métropolitaine. C'est le cas du plan intégral de développement métropolitain global[43], dont le champ d'action est très large pour la métropole et les communes membres et qui s'impose aux plans d'organisation territoriale (consacrés par la loi n° 388 de 1997) et aux plans municipaux.

L'article 22 de la loi n° 1625 dispose que les plans stratégiques métropolitains d'aménagement du territoire[44] doivent, *a minima*, prévoir les modalités de gestion de la ressource en eau, de la circulation, des transports publics, des équipements et de la gestion foncière. C'est également au niveau des métropoles que doivent être mis en œuvre les politiques pour le développement du programme de logement métropolitain en assurant la coordination du système national de logement social[45].

Ces aires bénéficient d'un certain nombre de compétences et d'attributions spécifiques. Les aires métropolitaines sont compétentes pour le développement de projets d'intérêt social, en matière de protection de l'environnement et de transport (art. 7), ce qui entraîne corrélativement la réduction des compétences communales[46]. Dans la même perspective, la métropole se voit reconnaître une compétence en matière de rationalisation dans la gestion des services publics[47].

L'article 7 de la loi prévoit également que les aires métropolitaines bénéficient d'attributions spéciales en matière de sécurité, d'intégration dans l'utilisation des sols et dans les transports pour améliorer l'harmonie et l'efficacité de la gestion des communes. Elles bénéficient également de la possibilité de créer des sociétés foncières afin d'assurer la gestion des terrains dans les communes membres de la métropole.

Un aspect intéressant consiste dans l'attribution à la métropole d'une compétence dans la gestion des « faits métropolitains ». Ces derniers sont définis comme l'ensemble des « phénomènes économiques, sociaux, technologiques, culturels, territoriaux, politiques ou administratifs qui

---

[42] Art. 4 de la loi n° 1625 de 2013 : « Les aires métropolitaines peuvent être constituées de communes d'un même département ou de communes appartenant à plusieurs départements, autour d'une commune définie comme centrale ».

[43] *Id.*, art. 7-b & chap. IV.

[44] *Id.* Art. 7-c & 22.

[45] *Id.* Art. 7 -d.

[46] En revanche, les compétences reconnues aux aires métropolitaines en matière d'aménagement du territoire ne viennent pas limiter significativement les compétences communales. De manière générale, la Cour constitutionnelle a rappelé dans sa décision C-072 du 4 février 2014 que l'autonomie dont bénéficie les aires métropolitaines ne peut justifier d'atteinte à celle dont que les communes membres bénéficient en tant qu'entités politico-administratives.

[47] Loi n° 1625, art. 6-b & 7-f.

affectent au moins deux communes de l'aire métropolitaine »[48]. L'aire métropolitaine est organisée autour d'un conseil d'administration[49] qui en constitue le principal organe administratif. En son sein, un rôle prépondérant est reconnu à la commune centrale, qui est la seule à bénéficier d'un membre permanent au conseil[50]. Le Président du conseil est le seul à bénéficier d'un pouvoir de sanction envers les membres et les accords qu'ils ont conclus. Les différents votes sont effectués à la majorité simple, mais le Président du conseil métropolitain a un droit de « veto » sur le plan intégral de développement métropolitain, les comptes annuels et l'élection du directeur de l'aire métropolitaine.

Le financement[51] des institutions et actions de l'aire métropolitaine – qui s'inscrit dans le cadre de l'article 317 de la Constitution de 1991 et de l'article 25 de la loi n° 1454 – tient principalement de la participation des communes intégrées. Cette participation dépend à la fois des impôts fonciers, dont une partie est prélevée sur l'ensemble du territoire ainsi que d'une taxe supplémentaire (de 0,2/100 sur l'expertise cadastrale).

Dans le cadre de cette institutionnalisation progressive de l'échelon métropolitain, l'une des principales difficultés demeure l'organisation des ressources financières. Le déficit dans l'articulation de la gestion des ressources entre les différents acteurs de la métropole, notamment lié au manque de transparence, ne permet pas de répondre de manière efficace aux besoins sociaux et économiques des populations, qui sont pourtant gigantesques[52].

En Colombie, la dernière réforme en la matière concerne la seule région métropolitaine de Bogota par l'intermédiaire de la loi n° 2199 du 8 février 2022[53]. Cette loi a été adoptée avec l'objectif de mettre en œuvre les dispositions de l'article 325 de la Constitution de 1991[54] et de prévoir la procédure et les conditions d'association des municipalités de l'aire métropolitaine de Bogota, sa structure administrative, ses modes de

---

[48] *Id.* art. 10.

[49] *Id.* art 15 à 21.

[50] L'article 15 prévoit sa composition : il comprend les maires des communes membres, un représentant de la commune centrale et des autres communes, un représentant du gouvernement et les présidents des conseils consultatifs.

[51] *Id.* art. 28.

[52] Ainsi, la question de la pauvreté apparaît comme un élément fondamental de la problématique métropolitaine, voir P. Gross, S. Galilea, R. Jordán, « Metropolización en América Latina y el Caribe : calidad de vida y pobreza urbana », *EURE - Revista de Estudios Urbano Régionales*, vol. 14, n° 43, 1988, pp. 7-51.

[53] Loi organique n° 2199 du 8 février 2022 *Por medio de la cual se desarrolla el artículo 325 de la Constitución política y se expide el régimen especial de la Región metropolitana Bogotá – Cundinamarca.*

[54] Art. 325 C (1991) : « Afin de garantir l'exécution des plans et des programmes de développement intégral et la prestation efficace et de qualité des services dont il a la charge, dans les conditions établies par la Constitution et la loi, le District de la Capitale peut former une zone métropolitaine avec les municipalités voisines et une région avec d'autres entités territoriales de niveau départemental ».

dévolution des compétences, ses modalités de financement et de participation citoyenne.

Il convient de noter que la Cour constitutionnelle de Colombie a confirmé que l'existence d'un statut différencié pour la métropole de Bogota – inscrit dans la Constitution – des autres aires métropolitaines ne constituait pas une atteinte au principe d'égalité consacré à l'article 13 de la Constitution[55].

Si l'existence d'un cadre juridique spécifique doit être soulignée, force est de constater que des problèmes d'asymétrie d'actions doivent être relevés. En effet, si la répartition des ressources est proportionnée entre les différentes communes intégrées, il serait préférable que la commune « noyau », qui bénéficie d'une plus grande capacité technique et administrative de perception des impôts, participe au-delà de la part prévue par les textes. L'intervention au niveau de l'espace métropolitain se justifie dans le traitement des questions environnementales et de la gestion des services publics, mais cette action demeure encore largement inefficace.

En outre, toujours dans un souci d'efficacité, il conviendrait, au regard du retard existant en matière de décentralisation, tant du point de vue culturel que financier, que les gouvernements régionaux ou le gouvernement central participent davantage aux projets de l'aire métropolitaine, soit par une coopération technique ou administrative, soit par un soutien financier.

En Amérique latine, les zones métropolitaines – contrairement aux municipalités qui font l'objet d'une législation détaillée, le plus souvent sous la forme d'un code dédié – présentent encore des déficiences importantes particulièrement au niveau de leur architecture institutionnelle[56]. Les États de la région sont en retard dans l'encadrement de cette réalité spatiale constatée depuis de nombreuses années[57], ce qui est particulièrement visible du point de vue de la démocratie locale. C'est bien le paradoxe du phénomène métropolitain en Amérique latine, alors que le continent vit à l'ère de ces aires, ces dernières sont victimes d'un sous encadrement institutionnel et d'un déficit démocratique chronique. Parmi les nombreux défis auxquels sont confrontés les États de la région, beaucoup s'expriment aujourd'hui à l'échelle métropolitaine, sans toutefois que les États n'envisagent l'adoption de réponses politiques et juridiques à ces enjeux pourtant cruciaux pour ces derniers.

---

[55] Sentencia C-179 du 26 mars 2014. Dans cette décision, qui constitue la décision de principe en matière d'aires métropolitaines, la Cour constitutionnelle rappelle de manière synthétique l'intérêt et les fonctions qui déterminent les raisons de leur création, leurs actions et les procédures à suivre lors du processus de création de ces aires.

[56] Pour Maria José Pamplona Sierra et Pedro Piedrahita Bustamante, c'est là que se situe le cœur du problème. Ils considèrent que les villes latino-américaines répondent à une conception anachronique de la municipalité tandis que les aires métropolitaines constituent des « figures administratives inopérantes », M. J. Pamplona Sierra, P. Piedrahita Bustamante, préc., p. 85.

[57] A. I. Geraiges de Lemos, « Urbanización y metropolitización en Iberoamérica : una realidad a enfrentar en el siglo XXI », *Anales de Geografía de la Universidad Complutense*, n° 16, 1996, pp. 65-79.

LA MÉTROPOLISATION
ET LE DROIT FORMEL
DES COLLECTIVITÉS TERRITORIALES

Les outils de la métropolisation

La métropole, véritable projet de territoire ou objet mercatique ?

Emilie Marcovici

Maître de conférences en Droit public
Université Jean Moulin Lyon 3

Si la métropolisation est longtemps restée approchée dans ses dimensions géographiques, urbanistiques, économiques, sociologiques ou environnementales, le droit s'en est depuis saisi pour donner naissance à une nouvelle institution : la métropole.

C'est dans le cadre de l'acte III de la décentralisation, engagé en 2014 après un acte I entrepris en 1982 puis un acte II débuté en 2003, qu'a été prise la décision d'axer les territoires autour de métropoles et de grandes régions, afin de simplifier et de dynamiser l'organisation territoriale. Mais la création de la métropole est cependant antérieure, résultant de la loi du 16 décembre 2010 de réforme des collectivités territoriales (RCT) instaurant cette nouvelle structure sous la forme d'un établissement public de coopération intercommunale (EPCI) à fiscalité propre, conformément au rapport Balladur de 2009[1]. Cette réforme de 2010 n'ayant pas connu le succès escompté, le législateur est à nouveau intervenu avec la loi du 27 janvier 2014 de modernisation de l'action publique territoriale et d'affirmation des métropoles (MAPTAM), modifiée par la loi du 7 août 2015 portant nouvelle organisation territoriale de la République (NOTRe) puis par la loi du 28 février 2017 relative au statut de Paris et à l'aménagement métropolitain (SPAM).

En raison de leur fort potentiel, notamment économique, en 2014, les pouvoirs publics ont décidé de conférer aux métropoles, au détriment des zones rurales, un rôle central dans l'organisation territoriale. En effet, « 60 % du PIB français provient d'une douzaine d'agglomérations » et la métropole est d'ailleurs définie au sens sociologique comme une « très grande ville, qui s'exprime par la taille de sa population et celle de l'agglomération qu'elle

[1] Comité pour la réforme des collectivités locales, *Il est temps de décider*, Rapport remis au Président de la République, le 5 mars 2009.

animé, par son poids économique, politique, social et culturel, ainsi que par son pouvoir d'attraction et de diffusion »[2].

Les métropoles devaient devenir de véritables capitales régionales capables de contribuer, par le biais de projets d'aménagement de leur territoire, au développement économique des grandes aires urbaines, en faisant bénéficier leur hinterland de leurs richesses. Mais les métropoles françaises se trouvaient confrontées à un autre enjeu, celui de devenir compétitives au plan européen. Dans une France qui a tardé, en raison de son hypercentralisation et de son caractère unitaire, à encourager le développement des grandes aires urbaines, les métropoles françaises restent plus petites et moins dynamiques que leurs homologues européennes et ne peuvent soutenir leur concurrence.

En 2014, le législateur se devait donc de doter la métropole d'un statut adapté à ces enjeux. Mais les dispositions retenues dans le cadre de l'acte III de la décentralisation permettent-elles vraiment à la métropole d'atteindre ces objectifs ? Cette nouvelle institution juridique est-elle à même d'établir et de conduire un véritable projet d'aménagement et de développement de son territoire ?

Il ressort des dispositions de l'acte III de la décentralisation que le législateur a choisi de retenir différents statuts métropolitains afin d'adapter au mieux les métropoles aux spécificités de leur territoire (I). Mais cette différenciation territoriale emporte toutefois le risque de transformer les métropoles en objets mercatiques qui ne renvoient pas à une catégorie juridique déterminée au détriment de leurs finalités (II).

I. LES MÉTROPOLES OU L'AFFIRMATION DE PROJETS DE TERRITOIRE

La métropole a été créée avec pour objectif l'établissement d'un projet de territoire défini à l'article L. 5217-1 du Code général des collectivités territoriales (CGCT), selon lequel la métropole est un regroupement de « plusieurs communes d'un seul tenant et sans enclave au sein d'un espace de solidarité [ayant pour finalité] d'élaborer et conduire ensemble un projet d'aménagement et de développement économique, écologique, éducatif, culturel et social de leur territoire afin d'en améliorer la cohésion et la compétitivité et de concourir à un développement durable et solidaire du territoire régional ».

Afin de garantir le développement des métropoles, désormais placées au centre de l'organisation territoriale, le législateur a opté pour la différenciation statutaire (A), cette « métropolisation à la carte » devant faciliter l'élaboration des projets de territoire (B).

---

[2] M. Roncayolo, « *Métropoles : hier et aujourd'hui* », *Métropoles en déséquilibre*, Economica, 1993.

A. Le choix de la différenciation statutaire au service du développement des métropoles

1° La diversité statutaire

Pour permettre aux métropoles d'élaborer de véritables projets de territoire, le législateur en a diversifié le statut, privilégiant l'adaptation de chacune d'entre elles à son territoire. Les lois MAPTAM, NOTRe et SPAM ont ainsi laissé place à un paysage métropolitain très varié dans lequel coexistent trois métropoles à statut particulier et des métropoles de droit commun.

Les trois métropoles à statut particulier ont été créées d'office par la loi MAPTAM et présentent des régimes distincts. La métropole du Grand Paris (MGP, art. L. 5219-1 et suiv. du CGCT) a été instaurée au 1er janvier 2016 sous la forme d'un EPCI à fiscalité propre à statut particulier, nouvelle catégorie juridique ; si l'on connaissait la notion de collectivité à statut particulier, celle d'EPCI à fiscalité propre à statut particulier n'existait pas. Son organisation a été revue par la loi NOTRe, qui a découpé son territoire en onze établissements publics territoriaux (EPT) d'au moins 300 000 habitants et regroupant l'ensemble des communes membres (à l'exception de Paris). Ces EPT, ayant la personnalité morale, sont soumis au régime des syndicats de communes (avec quelques spécificités).

La métropole de Lyon (art. L. 3641-1 et suiv. du CGCT), créée au 1er janvier 2015, est la seule à bénéficier du statut de collectivité territoriale à statut particulier qui en fait la métropole la plus intégrée. Elle s'est substituée à la communauté urbaine du Grand Lyon, mais aussi, sur l'ensemble de son périmètre, au département du Rhône, il n'y a donc pas d'élections départementales organisées sur ce territoire métropolitain. Véritable innovation juridique, ce statut hybride se situant entre intercommunalité et département, participe à la simplification de l'architecture territoriale par la suppression (sur son périmètre) de la collectivité départementale.

La métropole d'Aix-Marseille-Provence (métropole AMP, art. L. 5218-1 et suiv. du CGCT), EPCI à fiscalité propre créé au 1er janvier 2016, est celle qui se rapproche le plus du droit commun. Elle se caractérise par deux spécificités ; elle a été instaurée d'office par le législateur qui en a déterminé le périmètre et elle est découpée en territoires[3], mais qui, à la différence des EPT de la métropole du Grand Paris, ne sont pas dotés de la personnalité morale.

Hormis ces trois métropoles à statut particulier, les autres métropoles relèvent du régime « de droit commun » dotées du statut d'EPCI à fiscalité propre. Cependant, elles ne constituent pas pour autant une catégorie juridique uniforme. En effet, le régime de plusieurs d'entre elles fait l'objet

---

[3] La loi n°2022-217 du 21 février 2022 relative à la différenciation, la décentralisation, la déconcentration et portant diverses mesures de simplification de l'action publique locale (dite loi 3DS) prévoit la suppression de ces territoires au 1er juillet 2022.

de dérogations ou d'adaptations apportées aux dispositions de droit commun pouvant concerner, par exemple, leurs modalités ou seuils de création (revus par la loi SPAM) ou leurs compétences (avec notamment la création des eurométropoles).

2° Les objectifs et apports de la diversité statutaire

Cette diversité statutaire constitue une rupture avec la loi RCT qui ne prévoyait que le seul statut d'EPCI à fiscalité propre pour les métropoles. Mais suite à l'échec de cette loi n'ayant permis la création que d'une seule métropole sur la 7e aire urbaine française en 2012 (la métropole de Nice Côte d'Azur), le législateur a opté pour l'adaptation statutaire[4].

Pour procéder à cette diversification, le législateur a pu se fonder sur l'article 72 de la Constitution qui, dans sa rédaction issue de la révision de 2003, consacre la notion de collectivité à statut particulier. L'instauration, au 1er janvier 2015, de la métropole de Lyon[5], première collectivité à statut particulier à avoir été créée, est d'ailleurs venue donner à l'article 72 toute son effectivité.

C'est, tout d'abord, pour renforcer le développement des métropoles que le législateur en a diversifié le statut. En prévoyant, avec cette « métropolisation sur mesure » introduite par la loi MAPTAM, leur adaptation aux spécificités locales, il a permis de les mettre en phase avec leur territoire et de les rendre plus attractives. Mais par la suite, le législateur a dû prévoir de nouvelles adaptations (apportées par les lois NOTRe et SPAM), notamment pour garantir la création d'au moins une métropole par région (ce que la loi MAPTAM n'avait pas permis de faire). Cette diversification se retrouve dans l'article L. 5217-1 du CGCT[6], distinguant quatre seuils différents de création volontaire de métropoles.

Mais dans certains cas, c'est le contexte politique local qui est à l'origine de cette diversification. L'attribution d'un statut particulier à la métropole de Lyon, par exemple, résulte d'un accord entre le président de la communauté urbaine et le président du conseil général.

Avec cette « métropolisation à la carte », les lois MAPTAM, NOTRe et SPAM ont introduit une diversité statutaire et donc territoriale qui est actuellement au cœur d'Action publique 2022. Dans le cadre de ce vaste programme de réformes administratives, sont déjà intervenus divers textes

---

[4] Ces métropoles RCT n'ont pas su trouver leur place dans le paysage intercommunal, faisant notamment figure de doublons avec les communautés urbaines dont le seuil de création avait été abaissé à 450 000 habitants par la loi RCT afin de tenir compte du seuil de création des métropoles fixé à 500 000 habitants.

[5] Elle sera suivie par la création de la collectivité de Corse au 1er janvier 2018 et celle de la Ville de Paris au 1er janvier 2019.

[6] Par exemple : Article L. 5217-1 : « 1° Les EPCI à fiscalité propre qui forment, à la date de la création de la métropole, un ensemble de plus de 400 000 habitants ; (…) 3° Les EPCI à fiscalité propre centres d'une zone d'emplois de plus de 400 000 habitants, au sens de l'INSEE, comprenant dans leur périmètre le chef-lieu de région ».

visant à promouvoir la différenciation territoriale, telle la loi organique du 19 avril 2021 qui facilite, pour les développer, les expérimentations mises en œuvre par les collectivités locales sur le fondement du quatrième alinéa de l'article 72 de la Constitution ou la loi 3DS du 21 février 2022 renforçant l'adaptation des collectivités à leur territoire.

B. Le choix de la différenciation statutaire au service des projets de territoire

1° Des statuts permettant le développement des métropoles dans tous les territoires

Les métropoles devant être l'un des pôles de la réorganisation territoriale, par le biais de projets sur leur territoire, le législateur en a garanti l'instauration. Pour rendre effective l'instauration de métropoles, le législateur a eu recours à diverses modalités de création allant de la transformation obligatoire à la transformation volontaire d'EPCI existants en métropoles.

La loi MAPTAM a, tout d'abord, imposé la création de métropoles, en créant d'office les trois métropoles à statut particulier et en rendant obligatoire la transformation, par décret au 1er janvier 2015, des EPCI à fiscalité propre formant un ensemble de plus de 400 000 habitants dans une aire urbaine de plus de 650 000 habitants ; huit nouvelles métropoles ont été créées à ce titre (Bordeaux, Grenoble, Lille, Nantes, Rennes, Rouen, Strasbourg, Toulouse).

L'État s'est ainsi affirmé en tant qu'architecte de la métropolisation pour rompre avec la stratégie de la loi RCT[7] qui, n'ayant prévu que le seul accès volontaire à ce nouveau statut, n'avait permis la création que d'une seule métropole. Bien que contestées, ces créations imposées n'ont pas été considérées comme contraires à la Constitution par le Conseil constitutionnel qui a estimé, dans sa décision n° 2013-687 DC du 23 janvier 2014 loi MAPTAM, que l'objectif du législateur était de « garantir qu'un nombre significatif de communautés urbaines et de communautés d'agglomération deviennent des métropoles ».

Outre ces créations imposées, la loi MAPTAM a prévu la possibilité pour certains EPCI d'accéder volontairement au statut de métropole, trois métropoles ont été créées à ce titre (Brest et Montpellier en 2015, Nancy en 2016). En abaissant le seuil exigé pour ces créations volontaires, la loi SPAM a, ensuite, permis l'instauration sur la base du volontariat de sept nouvelles métropoles (Dijon, Orléans, Tours en 2017 et Clermont-Ferrand, Metz, Saint-Étienne, Toulon en 2018). Cette extension du volontariat dans le

[7] Mais ce n'était toutefois pas la première fois qu'il a imposé la création d'EPCI à fiscalité propre ; la loi n°66-1069 du 31 décembre 1966 avait créé d'office 4 communautés urbaines à Lyon, Lille, Strasbourg et Bordeaux.

cadre de l'acte III de la décentralisation démontre l'attractivité et le succès de ce statut ; depuis le 1er janvier 2018, on compte vingt-deux métropoles.

Ce développement témoigne de la réussite de la politique métropolitaine. Conformément aux objectifs fixés, chaque région comporte maintenant au moins une métropole et l'implantation de métropoles sur l'ensemble du territoire national est assurée. De même, les métropoles ont bien contribué au « choc de simplification » annoncé par le président de la République en 2012, en simplifiant le paysage intercommunal dans les grandes zones urbaines. Chaque création de métropole a, en effet, permis de supprimer des intercommunalités existantes et par ailleurs, contrairement à la loi RCT, pour éviter les risques de doublons entre les intercommunalités existantes et les métropoles, la loi MAPTAM a fortement abaissé le seuil de création des communautés urbaines, le fixant à 250 000 habitants, clarifiant ainsi leur place.

Outre des modalités de création adaptées pour garantir l'instauration effective des métropoles, le législateur a également prévu la mise en place de périmètres adaptés à la mise en œuvre de véritables projets de territoire. Pour ce faire, le législateur a défini les caractéristiques du périmètre des métropoles de droit commun en fixant les conditions de leur création. Si la loi RCT s'était limitée à imposer un seuil démographique de création, la loi MAPTAM puis la loi SPAM sont venues diversifier ces conditions, pour retenir des critères rendant également compte de leur poids économique. À cette fin, l'article L. 5217-1 du CGCT peut soumettre, selon le cas, l'accès au statut de métropole à la taille de la « zone d'emplois » ou à la présence d'un « chef-lieu de région ».

Concernant les métropoles à statut particulier, c'est la loi qui est venue en fixer les limites territoriales ce qui constitue une garantie de leur pérennité, ainsi que cela a pu être constaté, par exemple, dans le cas de la métropole de Lyon. En septembre 2021, les 41 communes qui avaient déclaré leur volonté de ne plus être membres de cette métropole n'ont pu la quitter. Le périmètre métropolitain lyonnais ne peut être, en effet, modifié que par une loi ou par un décret en Conseil d'État (lorsque le conseil de la métropole, les conseils municipaux des communes intéressées et le conseil départemental ont approuvé par délibération les modifications envisagées). Dans ce contexte politique tendu, le statut de collectivité territoriale a protégé la métropole d'un éventuel éclatement.

2° Des statuts en phase avec l'élaboration et la mise en œuvre des projets de territoire

Les métropoles, pôles de compétitivité, doivent disposer de compétences adaptées à l'ampleur des objectifs des projets de territoire qu'elles ont la charge d'établir et de conduire.

C'est en ce sens que les lois MAPTAM et NOTRe ont considérablement renforcé les compétences des métropoles pour les adapter à la gestion et au développement économique des plus grands ensembles urbains. Leur statut d'EPCI à fiscalité propre n'a pas fait obstacle aux transferts par la loi de compétences aux métropoles de droit commun qui bénéficient maintenant d'importantes compétences d'attribution. Ainsi, elles exercent de plein droit en lieu et place de leurs communes membres de nombreuses compétences classées en six groupes par l'article L. 5217-2 du CGCT[8].

Est également imposé par la loi, le transfert par convention aux métropoles de droit commun d'au moins trois groupes de compétences départementales. L'article L. 5217-2 du CGCT précise qu'à « défaut de convention entre le département et la métropole au 1er janvier de la deuxième année qui suit la création de la métropole [pour transférer à la métropole au] moins trois des groupes de compétences [départementales] mentionnés aux 1° à 8° du présent IV, la totalité de ceux-ci, à l'exception de ceux mentionnés au 8°, sont transférés de plein droit à la métropole ». Outre ces transferts obligatoires, le département peut déléguer par convention à la métropole des compétences complémentaires. Les métropoles de droit commun peuvent donc être amenées à intervenir (par transfert ou par délégation) en matière d'aides au titre du fonds de solidarité pour le logement, d'aides aux jeunes en difficulté, d'entretien des collèges, de gestion des routes classées dans le domaine public routier. Ces métropoles peuvent également exercer des compétences qui leur sont transférées par convention par les régions (énoncées à l'article L. 4221-1-1 du CGCT : gestion des lycées, développement économique etc.) ou déléguées par l'État (par exemple, en matière d'aide au logement locatif social). L'exercice de compétences départementales, régionales et de l'État distingue ces métropoles des autres EPCI à fiscalité propre et leur permet d'étendre leur action dans les grandes zones urbaines.

Les métropoles à statut particulier bénéficient, quant à elles, de compétences renforcées. Ainsi la métropole de Lyon, collectivité à statut particulier, exerce six groupes de compétences communales fixées à l'article L. 3641-1 du CGCT[9] et l'ensemble des compétences départementales sur son territoire.

Par leur diversité, ces modalités d'attribution tendent à centraliser au niveau métropolitain les compétences propres aux territoires urbains et à en assurer, par une répartition « à la carte », une gestion plus conforme aux réalités locales et plus rationnelle.

L'établissement et la conduite du projet d'aménagement et de développement du territoire métropolitain reposent sur une indispensable

---

[8] Par exemple : développement et aménagement économique, social et culturel ; aménagement de l'espace métropolitain ; politique locale de l'habitat ; politique de la ville ; gestion des services d'intérêt collectif et protection et mise en valeur de l'environnement et de la politique du cadre de vie.

[9] Cet article renvoie par exemple : au développement et à l'aménagement économique, social et culturel ; à l'aménagement de l'espace métropolitain (SCOT, PLU...).

coopération entre les communes membres, qui suppose des modalités de gouvernance adaptées. Le statut d'EPCI à fiscalité propre, que le législateur a voulu maintenir aux métropoles (à l'exception de celle de Lyon), présente notamment l'avantage de garantir à chaque commune membre d'être représentée au sein du conseil de métropole. De la sorte, les nécessaires liens entre la métropole et ses communes membres sont assurés et les communes disposent d'un droit de regard sur la gestion de la métropole tout en conservant leur place d'échelon de proximité, le plus proche des administrés, ce que ne permet pas le statut de collectivité territoriale.

Enfin, les métropoles disposant d'importantes compétences, elles n'échappent pas au mouvement de démocratisation des EPCI à fiscalité propre. Les membres des conseils de métropole sont désormais, depuis 2014, élus au suffrage universel direct dans le cadre des élections municipales, en vue de rapprocher les citoyens des métropoles pour établir de véritables projets de territoire.

II. Les métropoles ou la remise en cause des projets de territoire par les limites statutaires et les dérives mercatiques

Si les métropoles ont été pensées pour porter de véritables projets devant rééquilibrer l'organisation territoriale, l'on observe qu'en réalité elles ne remplissent pas nécessairement ce rôle. En effet, l'adaptation statutaire s'avère être source de difficultés (A), et cette réforme métropolitaine tend à dériver vers une démarche mercatique (B).

A. Les difficultés induites par la diversité statutaire des métropoles

1° Les limites des statuts consacrés par le législateur

Établis avec la volonté de les adapter aux spécificités territoriales, tout en tenant compte d'un contexte local parfois tendu, les « statuts sur mesure » retenus par le législateur présentent diverses limites.

C'est le cas des métropoles à statut particulier, avec tout d'abord, la Métropole du Grand Paris (MGP) dont le statut d'EPCI à fiscalité propre à statut particulier résulte d'un compromis avec les élus locaux opposés, pour certains, à la création de cette métropole. Compliqués par une trop grande stratification territoriale, en particulier un découpage en établissements publics territoriaux (EPT), l'organisation et le fonctionnement de la MGP sont difficilement compréhensibles. L'existence de ces EPT, relevant du régime des syndicats de communes et perpétuant, de ce fait, les anciennes intercommunalités, rapproche le statut de la MGP de celui du syndicat mixte trop peu intégré pour gérer cette grande aire urbaine.

De même, le statut d'EPCI de la MGP soulève des questions concernant ses relations avec les autres collectivités. Depuis le 1er janvier 2019, la MGP comporte une collectivité à statut particulier ; la Ville de Paris, ce qui tend à la rapprocher du statut de syndicat mixte. Par ailleurs, la situation des départements de la petite couronne (Hauts-de-Seine, la Seine-Saint-Denis et le Val-de-Marne), dont toutes les communes ont été automatiquement intégrées dans la MGP, a fait l'objet d'âpres débats, leur suppression ayant été envisagée en 2018, avant que les pouvoirs publics n'y renoncent sous la pression des élus locaux. Enfin, la MGP se trouve, de fait, placée dans une relation de concurrence avec la région Île-de-France, dépossédée d'une partie de ses compétences notamment en matière économique.

La métropole de Lyon, collectivité à statut particulier, bénéficie, pour sa part, d'un statut a priori porteur de simplification par la suppression de l'échelon départemental. Mais cette configuration tend à concentrer les territoires les plus riches sur le périmètre de la métropole et à ne laisser sur la partie résiduelle du département non intégrée dans la métropole que des territoires ruraux ne disposant souvent que de moindres moyens pour assurer la gestion des compétences sociales. Les élus départementaux ont donc rejeté les projets gouvernementaux de 2018 qui visaient à diffuser ce modèle lyonnais aux métropoles de plus de 500 000 habitants (Lille, Bordeaux, Toulouse, Nantes, Nice Côte d'Azur).

Enfin, la métropole d'Aix-Marseille-Provence présente, quant à elle, une organisation rendue particulièrement complexe par son découpage en territoires qui, à la différence des EPT parisiens, ne sont pas dotés de la personnalité juridique. Cette subdivision, constituant de fait une survivance des EPCI à fiscalité propre préexistants, n'a été consentie que pour répondre aux fortes oppositions locales. C'est la raison pour laquelle, la loi n°2022-217 du 21 février 2022 relative à la différenciation, la décentralisation, la déconcentration et portant diverses mesures de simplification de l'action publique locale prévoit la suppression de ces territoires au 1er juillet 2022.

Les métropoles de droit commun se heurtent, elles aussi, aux limites de leur statut d'EPCI à fiscalité à propre. Trop peu intégré, ce statut s'avère inadapté à leurs missions et ne leur confère pas suffisamment de visibilité pour soutenir la concurrence de leurs homologues européennes. Leurs compétences restent encadrées, soumises au principe de spécialité, et elles ne peuvent s'administrer librement n'ayant pas le statut de collectivité territoriale, à statut particulier, que le Rapport Balladur recommandait de leur affecter. Manquant, de la sorte, d'ambition, elles tendent à apparaître comme une « nouvelle couche » dans un paysage intercommunal déjà surchargé, et venant concurrencer les communautés urbaines qui n'ont pas été supprimées.

2° Les limites de la diversité statutaire

Au regard des différentes phases de l'acte III de la décentralisation, la multiplication des statuts métropolitains peut, aujourd'hui, être considérée davantage comme un « éclatement statutaire » que comme relevant d'une démarche d'adaptation suffisamment maîtrisée. Confrontés à de fortes réticences locales, les pouvoirs publics ont dû progressivement renoncer à nombre de leurs projets initiaux et faire des compromis pour faire accepter les métropoles. S'éloignant d'un schéma global d'organisation des territoires déterminé, le recours à la diversité statutaire a progressivement perdu de sa pertinence et de son efficacité.

Cette diversification, source de complexité peu compatible avec le « choc de simplification » voulu par le président de la République d'alors, n'a pas permis à la métropole de se forger une identité suffisante pour trouver sa place dans le paysage intercommunal.

De la complexité statutaire, résultent également des difficultés d'ordre démocratique. Les métropoles ayant vocation à tenir un rôle central dans l'organisation territoriale avec l'attribution de pouvoirs fiscaux et de nombreuses compétences, il importe que les citoyens, qui sont appelés à en élire les conseillers, puissent appréhender ces institutions. Or, en raison de leur complexité, ils ne les comprennent pas suffisamment pour s'en saisir.

Avec cette diversification, la « métropole » ne constitue pas en droit français une catégorie juridique déterminée qui devait être le statut réservé aux plus grandes aires urbaines. Elle est devenue une « appellation » conférée à des entités recouvrant des réalités différentes, « une marque » dont l'État est le premier promoteur en encourageant les EPCI à accéder à ces formes d'institutions dénommées « métropoles », transformant ainsi la métropole en objet mercatique.

En mettant en avant les métropoles, les pouvoirs publics ont réussi à les rendre attractives, celles-ci devenant synonymes d'un certain dynamisme territorial. Ce marketing métropolitain n'a pas manqué d'influer sur les autres intercommunalités, des communautés s'étant attribué le nom de « métropole » bien que n'en étant pas, telles les communautés d'agglomération Nîmes métropole ou Valenciennes métropole.

B. Une approche mercatique nuisant à la détermination de véritables projets de territoire

1° Des statuts favorisant une hypermétropolisation au détriment de l'institution métropolitaine

Dans le cadre de l'acte III de la décentralisation, le législateur s'est donné pour priorité de garantir le développement des métropoles au risque de remettre en cause leur finalité initiale visant à organiser les plus grandes aires urbaines. Ce déploiement de métropoles, relevant de fait d'une approche mercatique de cette institution, a pu être opéré au mépris de la volonté de certains élus locaux qui s'opposaient à leur création sur leur territoire. Par exemple, la métropole d'Aix-Marseille-Provence a été créée par la loi afin de contourner les fortes contestations locales[10].

De son côté, la métropole de Lyon est souvent présentée comme résultant d'un compromis local entre les présidents de la communauté urbaine et du conseil général, mais cela ne signifie pas pour autant qu'elle a été bien acceptée par tous les élus locaux. En effet, l'aire urbaine lyonnaise se caractérise par sa dimension multipolaire et compte notamment la 20e commune française, Villeurbanne, dont le maire s'était opposé à la création de cette métropole privant sa commune d'un important nombre de ses compétences.

Afin d'éviter l'échec connu par la loi RCT de 2010, le législateur a également facilité la création de métropoles sur la base du volontariat communal, mais a ainsi causé une hypermétropolisation de la France ; si elle était le pays d'Europe comptant le plus de communes, elle est désormais celle totalisant le plus de métropoles au sens juridique du terme. Il n'a pu être recouru à la norme constitutionnelle pour éviter cette métropolisation excessive, car la Constitution ne prévoit pas le régime des EPCI, le texte de 1958 se limitant à faire référence, dans son article 72, aux « groupements » de collectivités.

Mais cette multiplication de métropoles s'explique aussi par les incohérences de la conception du couple région-métropole ; la réforme des métropoles ayant précédé celle des régions. En effet, à la suite de la loi MAPTAM puis de la loi du 16 janvier 2015 qui a réduit le nombre de régions de vingt-deux à douze au 1er janvier 2016, deux régions n'étaient pas dotées de métropoles, leurs chefs-lieux ne remplissant pas les conditions démographiques pour accéder à ce statut ; la Bourgogne-Franche-Comté (Dijon était depuis le 1er janvier 2015 intégré dans une communauté urbaine) et le Centre-Val de Loire (Orléans était membre d'une communauté d'agglomération). Le législateur est donc à nouveau intervenu avec la loi SPAM du 28 février 2017 pour abaisser les seuils de création des métropoles, permettant ainsi à ces chefs-lieux de région d'accéder à ce statut.

Cette hypermétropolisation a pour corollaire un éloignement progressif de la notion de « métropole-très grande ville ». Avec des conditions de création moins exigeantes pour encourager le volontariat, les lois MAPTAM, et plus encore la loi SPAM, ont occasionné l'instauration volontaire de métropoles qui ne présentent pas la taille, le poids économique ou le pouvoir d'attraction et de diffusion suffisants pour leur permettre de devenir des leviers régionaux de développement ou de parvenir à un retentissement au niveau européen. Des métropoles telles que Brest (212 000 habitants), Metz

---

[10] Les oppositions les plus virulentes émanaient principalement de la maire d'Aix-en-Provence qui souhaitait la création d'une 2e métropole, Aix-Arles-Salon.

(230 000 habitants), Dijon (259 087 habitants[11]) ne sauraient faire figure de concurrentes de Milan, Barcelone ou Munich.

Mais en raison de leurs modalités de création, les métropoles créées obligatoirement, bien que de plus grande taille, peuvent, elles aussi, ne pas répondre à certaines des caractéristiques d'une métropole. Dans le cadre de cette démarche forcée, les pouvoirs publics n'ont pu mener à leur terme les réflexions relatives à la détermination imposée de leur périmètre ou ont dû faire des concessions pour faire accepter ces nouvelles institutions.

Ainsi, le territoire de la métropole de Lyon présente la particularité de ne pas être d'un seul tenant et sans enclave, Givors et Grigny n'étant pas contigües aux autres communes membres de la métropole. Alors qu'une métropole est supposée disposer d'infrastructures permettant des liaisons intercontinentales, Lyon n'a pas d'aéroport, l'aéroport de Lyon-Saint Exupéry se trouvant sur le territoire de la communauté de communes de l'Est lyonnais. De plus, le territoire de cette métropole, qui est resté identique à celui de l'ancienne communauté urbaine à laquelle elle s'est substituée, aurait mérité d'être élargi pour englober la totalité de l'aire urbaine lyonnaise (et reste de ce fait en deçà de la barre des deux millions d'habitants). La détermination forcée des périmètres laisse d'ailleurs en suspens nombre de questionnements, tel étant le cas de la métropole d'Aix-Marseille-Provence qui en englobant l'essentiel des communes des Bouches-du-Rhône remet en cause le maintien de ce département[12].

2° Des statuts déconnectés des territoires

L'acte III de la décentralisation est venu bousculer les traditionnels principes propres aux collectivités et aux intercommunalités. En dépit de l'ampleur de leurs nouvelles fonctions, le législateur a maintenu, à l'exception de celle de Lyon, le statut d'EPCI à fiscalité propre attribué aux métropoles en 2010. Elles restent donc soumises au principe de spécialité propre aux EPCI, ne pouvant exercer que les compétences qui leur sont attribuées par la loi. Néanmoins, en raison de l'étendue de leurs compétences, il est permis de s'interroger sur l'effectivité de ce principe de spécialité et, par là même, sur la classique distinction entre les collectivités et les établissements publics, d'autant plus que la loi NOTRe a supprimé la clause de compétence générale du département et de la région qui ne peuvent plus exercer que des compétences attribuées par la loi.

À l'instar de tous les EPCI à fiscalité propre, les organes des métropoles sont élus dans le cadre des élections municipales. Masquée par « l'élection

---

[11] V. également l'exemple de la métropole de Nice Côte d'Azur, dont le territoire est composé à 80% de zones rurales ou montagnardes naturelles (forêts, alpages, haute montagne…).

[12] La loi SPAM du 28 février 2017 prévoyait que le gouvernement devait remettre au Parlement, avant le 1er septembre 2017, un rapport relatif à l'opportunité de fusionner le conseil départemental des Bouches-du-Rhône avec la métropole d'Aix-Marseille-Provence. Ce rapport n'a toutefois jamais été publié et ce projet n'est plus à l'ordre du jour.

phare » municipale, la désignation des conseillers métropolitains apparaît comme accessoire, voire imperceptible par des citoyens qui n'en saisissent pas l'importance. À une certaine imbrication des compétences, s'ajoute une imbrication électorale ne permettant pas d'apporter aux métropoles le caractère démocratique qui leur est pourtant nécessaire, compte tenu de l'ampleur de leurs compétences. Se pose, en conséquence, la question d'organiser un scrutin indépendant propre aux EPCI métropolitains ainsi que cela est déjà le cas pour Lyon, collectivité à statut particulier.

La portée de ces élections doit être analysée en lien avec les modalités de composition des conseils métropolitains, dont les conséquences sont pour le moins paradoxales. En effet, les métropoles ont été créées afin de donner un statut et une visibilité aux communes-centres des grandes aires urbaines ; or à l'issue des scrutins métropolitains, l'on constate que certaines villes-centres sont politiquement minoritaires dans leur propre aire urbaine (par exemple, à l'issue des élections de mars 2020, la Ville de Paris ou la commune de Marseille sont à majorité de gauche dans des métropoles majoritairement à droite).

Mais, la question du mode de désignation des conseillers métropolitains renvoie inévitablement à celle du statut des métropoles. En effet, les établissements publics ne sont pas administrés par des conseils élus ainsi que la Constitution l'impose aux collectivités territoriales dans son article 72. La démocratisation d'un établissement public relève de la fiction juridique et montre ainsi les limites de ce statut métropolitain.

De l'ensemble de ces constats ressort la nécessité de tendre vers plus d'uniformité et de recentrer les métropoles vers leur finalité première, autrement dit des institutions devant porter de véritables projets de territoire, ce qui suppose de leur reconnaître le statut de collectivité territoriale. Cette reconnaissance pourrait être envisagée par l'attribution du statut de « collectivité à statut particulier », créé depuis 2003 par l'article 72 de la Constitution ou encore par leur inscription directe dans la Constitution. Elles bénéficieraient, de la sorte, du principe de libre administration des collectivités territoriales, de plus larges attributions et de la garantie d'une gestion par des conseils élus.

En dépit de son importance, il n'a cependant pas été tenu compte de l'échelon métropolitain dans l'organisation des services déconcentrés. Dans le cadre d'Action publique 2022, les pouvoirs publics ont annoncé leur décision de ne pas s'appuyer sur les métropoles pour l'organisation des services territoriaux et leur volonté de procéder, au contraire, à une « démétropolisation » de ces services. Cette décision se traduit, notamment, par la délocalisation des services implantés dans les communes devenues chef-lieu de métropole pour les déplacer dans des communes de moindre taille (Alençon, Laval, Dax, Tarbes, Macon…). Ce mouvement, entrepris afin de rapprocher l'administration des administrés (mais aussi afin de réaliser des économies), est-il symptomatique de la fin ou du moins d'un ralentissement de la politique de métropolisation qui a sous-tendu l'acte III de la décentralisation ?

Métropolisation et intercommunalisation

Eric Landot

Avocat à la Cour

L'intercommunalité est d'abord une politique. Elle vise à fédérer les territoires, à mettre en commun des compétences, des ressources fiscales, des projets, de manière plus ou moins intégrée.

D'un point de vue plus juridique, l'intercommunalité consiste pour des communes à constituer, ensemble, un établissement public de coopération intercommunale (EPCI, ou « groupement ») qui reçoit, par ses statuts, des compétences qu'il exerce à la place des communes [1], dans les limites du principe de spécialité[2], les EPCI n'ayant pas de clause de compétence générale.

Plus que par la coopération contractuelle[3], c'est à la coopération institutionnelle formalisée, organique, via la création d'établissements

---

[1] L'arrêt de référence, pour tout EPCI ou syndicat mixte, étant sur ce point CE, Ass., 16 oct. 1970, *Cne de Saint Vallier, Rec.* p. 583.

[2] En vertu de ce « principe de spécialité », l'EPCI ne peut pas légalement agir en dehors de son domaine de compétences, lequel est par défaut interprété de manière restrictive par le juge administratif. Bref, « donné c'est donné, mais pas plus que ce qui est donné ». Sources : CE, 23 octobre 1985, *Commune de Blaye-les-Mines, Rec.* p. 297 ; CE, 19 nov. 1975, *Commune de Thaon-les-Vosges, Rec.* p. 577 ; CE, 10 mai 1989, *District de Reims c/ commune de Saint Brice Courcelles, RFDA* 1990, p, 188, concl. B. Stirn ; CE, 13 décembre 1996, *Commune de Chaux-la-Lotière*, req. n° 157090 ; CAA Bordeaux 28 avril 2009, *Communauté d'agglomération BAB*, 08BX0062 ; sur le principe d'une interprétation restrictive du principe de spécialité des établissements publics administratifs : CE, 28 septembre 1984, *Conseil Régional de l'Ordre des Architectes de Bourgogne*, req. n° 36469 ; CAA Paris, 9 août 2000, EPAD, n° 00PA00870, *Dr. adm.* mai 2001, n° 112 ; CAA Marseille, 5 octobre 2004, *SAN Ouest Provence*, n°04MA1508. CAA Douai 4 mars 2001 *Communauté d'agglomération « Amiens métropole » et Commune de Longueau*, n° 02DA00848 ; CAA Paris 23 novembre 2004, *Syndicat intercommunal de la périphérie de Paris pour l'électricité et les réseaux de communication*, n°00PA3920. Sur la possibilité d'avoir des compétences au-delà des minima légaux, voir CE, 22 novembre 2002, *Cnes de Beaulieu-sur-Mer et de Saint-Jean-Cap-Ferrat*, n° 244138 et 244140.

[3] Voir, à propos de celle-ci, l'intervention précédente dans cet ouvrage, p. 131. Voir aussi et surtout la thématique des pôles métropolitains et des GIP utilisés comme étant des outils contractuels ou quasi-contractuels pour porter des coopérations contractuelles au sein de conurbations maillées, comme dans le sillon rhodanien ou dans le monde azuréen.

publics de coopération intercommunale (EPCI), que le législateur a donc principalement in fine confié le soin de faire coïncider les bassins de vie, voire d'emploi, d'une part, avec le niveau réel d'administration, au moins pour celles des compétences qui sont liées à ce qu'est un bassin de vie, ou d'emploi, d'autre part[4].

En peu de mots, donc, il s'est agi de créer un établissement public de coopération intercommunale (EPCI, pour exercer des compétences à une échelle supracommunale), à fiscalité propre (pour mutualiser les ressources et mettre fin aux stériles concurrences entre territoires voisins), avec ce que cela entraîne en termes de mise en commun de compétences, de finances, de matériels, de personnels. Et pendant des décennies, au moins de 1992 à 2012, le débat fut moins sur le principe de ce mouvement (sur lequel les majorités successives se rejoignaient ; lois du 6 février 1992, du 12 juillet 1999, du 13 août 2004, du 16 décembre 2010, du 27 janvier 2014, du 7 août 2015) que sur la place laissée au volontariat en ce domaine (la contrainte réelle n'apparaissant qu'à compter de 2010) et sur la taille suffisante pour ces EPCI.

La métropole elle-même a été créée avec la loi du 16 décembre 2010, amplifiée par les lois précitées de 2014 et de 2015. Mais, hormis les cas des trois plus grandes villes de France, il ne faut pas exagérer la spécificité métropolitaine : en termes de finances, de gouvernance ou de compétences, les originalités de cette forme juridique se limitent à quelques dénominations (pour les trois plus grandes villes françaises, mais aussi pour Lille et pour Strasbourg[5]), à quelques compétences exercées en lieu et place du département et de la région… Et les trois exceptions à ce fade régime métropolitain [6] ne font pas exagérément envie.

Mais ce qui n'est guère contestable, c'est que l'idée était de faire coïncider territoire vécu et territoire d'administration.

Certes la commune reste-t-elle souvent l'échelle de la vie quotidienne, au moins pour les villages et pour les habitants des villes centres. C'est-à-dire pour une minorité de nos concitoyens. Et encore faut-il rappeler que quand la

---

[4] Le bassin de vie constitue le plus petit territoire sur lequel les habitants ont accès aux équipements et services les plus courants. L'INSEE utilise à cet effet une méthode éprouvée (ANABEL). Plus grande est l'échelle des zones d'emploi, elles-mêmes parfois subdivisées en bassin d'emploi (regroupement de communes proches ayant entre elles de fortes relations économiques ou liées par des migrations alternantes domicile - travail importantes).

[5] Dans ces deux derniers cas, à d'infimes détails près, les métropoles ne dérogent au droit commun métropolitain que pour leurs dénominations et quelques spécificités transfrontalières.

[6] Lyon qui est une collectivité en soi exfiltrée de son département avec un régime électoral *ad hoc* ; la Métropole du Grand Paris aux compétences limitées, coincée entre une région surpuissance et des établissements publics territoriaux dotés de fortes attributions, mais engoncés dans un droit antédiluvien ; ne parlons pas de la métropole d'Aix - Marseille - Provence qui traverse une crise délicate que la loi 3DS (n° 2022-217 du 21 février 2022) a tenté de régler péniblement.

Révolution a imposé qu'à chaque paroisse[7] corresponde une commune, cela revenait à fragmenter le territoire administratif à un niveau en général plus petit que la taille des anciennes communautés villageoises (se répartissant souvent impôts et travaux) et que celles des anciennes villes.

Donc, dans l'esprit des législateurs, longtemps, la dialectique entre métropolisation et coopération intercommunale était simple. À une métropolisation de fait, en 1re puis en 2de couronne, devait répondre une adaptation des structures et des compétences. Faute de fusion des communes, il fallait donc que se développe l'intercommunalité, à l'échelle du bassin de vie, puis d'emploi. Et l'ensemble, à terme, devait former un tandem clair avec la région, tel que celui alliant la tête et les jambes (I). Mais sur le terrain cette dialectique claire n'a cessé d'être brouillée et cette logique, qu'on l'apprécie ou non, s'abîme aujourd'hui d'avoir été hétérogène, imposée et, surtout, inachevée (II).

I. UNE LOGIQUE DE MÉTROPOLISATION, EN MIROIR DES RÉGIONS… HÉSITANT ENTRE BASSIN DE VIE ET BASSIN D'EMPLOI

Le mouvement d'intercommunalisation des métropoles s'est opéré en plusieurs étapes. Sur ce point, à quelques exceptions près (portant surtout sur des métropoles issues des communautés urbaines de 1966), la pratique a anticipé le droit. Ou, plus précisément, elle a engendré des situations imposant une réponse juridique.

Nous avons connu, sur notre territoire national, un déplacement des habitants et des entreprises, là où le foncier était abondant et peu cher, à distance raisonnable du centre, à savoir les premières couronnes, entre les années 30 et les années 50, 60. Puis les voiries, les moyens de locomotion et les espaces disponibles ayant évolué, l'essor s'est fait vers les secondes couronnes à partir des années 70 ou 80 et, surtout, dans les trois décennies suivantes . Ce phénomène mondial n'est pas sans entraîner des tensions. Quand j'ai commencé à travailler, il y a 35 ans, première couronne et ville centre s'opposaient à peu près systématiquement, alors que, dans les années 90 à 2000, ces deux types de territoires découvraient que, finalement, ils avaient beaucoup, désormais, en commun (imperméabilisation de leurs sols, homogénéisation de leurs populations, regentrification du centre, vieillissement des populations) avec un concurrent commun : la seconde couronne, dévoreuse à son tour de population, de sols à imperméabiliser, de délocalisations d'entreprises de la première vers la seconde couronne. Ce phénomène se double d'un exode urbain de nouvelle génération dont on parle peu, et qui entraîne des déplacements des villes petites et moyennes vers les grandes villes et, donc, vers les secondes couronnes de celles-ci,

---

[7] Article 7 de la loi du 22 décembre 1789 : « Il y aura une municipalité en chaque ville, bourg, paroisse ou communauté de campagne ».

voire une rurbanisation (transformation en seconde couronne de certaines parties du monde rural certes, mais aussi de petites villes qui cessent d'être des centres pour devenir des pôles d'équilibres, plus peuplés qu'autrefois, de secondes couronnes [8]… Ces oppositions n'étaient pas toujours politiques, mais elles étaient presque toujours urbanistiques et fiscales. Notons qu'il reste trop tôt, statistiquement, pour avoir des données fiables sur quelques paramètres qui pourraient être de nature à faire évoluer ce phénomène[9].

L'idée fut donc, un peu dans les années 50 à 70 avec les districts et les communautés urbaines, voire les villes nouvelles, et surtout dans les années 90 et 2000… de mettre fin à ces concurrences (en matière de taxe professionnelle notamment).

Reste que l'accumulation des lois, si elle fut longtemps concordante dans le sens d'une intercommunalisation, n'a pas supprimé de strate, bien au contraire [10].

---

[8] « Une croissance démographique marquée dans les espaces peu denses », INSEE focus 2019. « Centralités : comment les identifier et quels rôles dans les dynamiques locales et intercommunales », Agence Nationale de la Cohésion des Territoires (ANCT) et INRAE-CESAER Dijon, 2020. « Les emplois se concentrent très progressivement sur le territoire, les déplacements domicile-travail augmentent », INSEE Première 2019. « À la recherche des Territoires d'industrie à effet local dominant », Observatoire des Territoires d'industrie, 2020. « Démographie des EPCI : la croissance se concentre dans et au plus près des métropoles », INSEE Première 2019. Pour une illustration régionale récente, voir « L'influence de l'agglomération parisienne s'étend aux régions voisines », INSEE Première 2019.

[9] 1/ le mouvement post-covidien qui semble conduire à un relatif retour d'habitants vers les villes petites ou moyennes avec une dose importante de télétravail ; 2/ les effets des évolutions des mobilités à l'heure de la hausse des prix des carburants 3/ le frein à la croissance des secondes couronnes après la mise en œuvre du « zéro artificialisation nette » renforcé par la loi climat / résilience (décrets n° 2022-762 et 2022-763 du 29 avril 2022 ; article 194 de la loi climat / résilience n° 2021-1104 du 22 août 2021).

[10] Révolution Française : découpage sous la révolution autour du découpage paroissial (plus petit que les anciennes villes et communautés villageoises, dans un cadre voulu par le législateur d'alors qui regroupait ces communes, mais les municipalités de canton ou districts ne s'implantèrent jamais durablement ensuite) 1890 : création du syndicat intercommunal à vocation unique (SIVU ; refus des SIVOM avant l'après première guerre mondiale car l'État ne voulait pas opposer de grandes contre-pouvoirs aux préfets et sous-préfets). 1955 : création des syndicats mixtes. 1959 : création des districts (lesquels, qualifiés alors « d'urbains » eurent en réalité peu de succès en ville, mais accompagnèrent avec enthousiasme de nombreuses révolutions qui avaient alors lieu dans le monde rural. Le portage réel vint alors des élus de ces campagnes, plus que de l'État, et de loin) et des SIVOM (ces derniers étant devenus possibles en jurisprudence en réalité bien avant…). 1966 : création des communautés urbaines. 1988 : apparition du "syndicat à la carte" (qui souvent permit une montée en puissance des SIVOM qui deviendront dans les années 90 des EPCI à fiscalité propre). 1992 : création des communautés de communes et des communautés de villes (l'État se passionnant alors pour les communautés de villes alors que le terrain, rural comme urbain, se passionnait surtout pour les communautés de communes. Le salarié de l'Association des Maires de France que j'étais alors peut en témoigner). 1999 : lois Chevènement et Voynet. 2002 : loi démocratie de proximité (27 février 2002). 2004 : loi « responsabilités locales ». 2010 : Réforme des collectivités locales (4 textes, avec surtout la loi n°2010-1563 du 16 décembre 2010) 2012 : Loi Pelissard, suivie de la loi Richard. 2013 : Loi Valls. 2014 : Lois MAPTAM & ALUR.

Il en résulte les échelons suivants :

- communes et parfois le quartier (loi de 2002), sans compter parfois les sections de communes, les communes associées…
- l'EPCI à fiscalité propre (mais aussi les autres EP de coopération, dont divers syndicats mixtes)
- le pays, instauré en 1995, développé en 1999, aux ailes rognées en 2003, quasi supprimé pour l'avenir en 2010 puis rétabli sous la forme de PETR
- l'arrondissement (étage purement administratif ; vieux débat du point de savoir si ce serait la bonne échelle d'intercommunalité, ce qui était par exemple la thèse de M. Loeiz Laurent [11])
- le département
- la région (avec des fusions département/région en Corse, en Guyane et en Martinique)

Mais ce qui frappe dans ce régime, ce n'est pas seulement que les communes s'avèrent nombreuses chez nous avec des compétences considérables, ce n'est pas uniquement la multiplicité de ces couches, mais c'est aussi, voire surtout, le fait que lesdits échelons n'ont que peu de coopération verticale entre eux. Le régime des conventions (art. L. 1111-8 ss. du CGCT entre autres) ou des rapports de compatibilité (notamment pour certains schémas régionaux, que sont les SRADDET/SAR/PADDUC ou les SRD2I) entre région et intercommunalité font pâle figure par rapport au régime allemand, par exemple.

Dans ce cadre, la métropole apparue en 2010 n'était guère plus intégrée qu'une communauté urbaine. Nous étions loin des métropoles fortes, intégrant toutes les compétences départementales, voulues par la Commission présidée par M. E. Balladur en 2008 et initialement portées (puis reniées) par l'ancien Premier ministre M. P. Mauroy. Mais cette loi du 16 décembre 2010 portait cette innovation en germe, avec ensuite la création de la métropole niçoise et les projets qui, à Lyon, allaient petit à petit conduire à bâtir cette vraie spécificité.

Le régime des métropoles a été initialement bâti pour les EPCI qui forment un ensemble de 400 000 habitants à la date de création, ainsi que les communautés urbaines créées par la loi de 1966.

La loi du 28 février 2017 relative au statut de Paris et à l'aménagement métropolitain a élargi la possibilité de transformation en métropole à tous les EPCI de plus de 400 000 habitants, à ceux qui sont centres d'une zone d'emplois de plus de 400 000 habitants et ceux de plus de 250 000 habitants

---

2015 : Loi NOTRe du 7 août 2015. Loi engagement et proximité n° 2019-1461 du 27 décembre 2019 et loi 3Ds n° 2022-217 du 21 février 2022.

[11] Voir par exemple « Défense et illustration du pays » par MM. Loeiz Laurent et Thierry Lemaître, Economie et Statistique Année 1979 ; ou encore « 400 UTOPIES ? » par MM. Louis Ergan et Loeiz Laurent, aménagement et nature -numéro 133.

ou comprenant dans leur périmètre, au 31 décembre 2015, le chef-lieu de région, centres d'une zone d'emplois de plus de 500 000 habitants.

Citons l'article L. 5217-1 du CGCT (outre les régimes propres au Grand Paris, à Lyon, à Aix-Marseille-Provence) :

« Au 1er janvier 2015, sont transformés par décret en une métropole les établissements publics de coopération intercommunale à fiscalité propre qui forment, à la date de la création de la métropole, un ensemble de plus de 400 000 habitants dans une aire urbaine, au sens de l'Institut national de la statistique et des études économiques, de plus de 650 000 habitants.

Sous réserve d'un accord exprimé par deux tiers au moins des conseils municipaux des communes intéressées représentant plus de la moitié de la population totale de celles-ci ou par la moitié au moins des conseils municipaux des communes représentant les deux tiers de la population, peuvent obtenir par décret le statut de métropole, à leur demande :

1° Les établissements publics de coopération intercommunale à fiscalité propre qui forment, à la date de la création de la métropole, un ensemble de plus de 400 000 habitants ;

2° Les établissements publics de coopération intercommunale, non mentionnés au deuxième alinéa et au 1° du présent article, centres d'une zone d'emplois de plus de 400 000 habitants, au sens de l'Institut national de la statistique et des études économiques, et qui exercent en lieu et place des communes, conformément au présent code, les compétences énumérées au I de l'article L. 5217-2 à la date de l'entrée en vigueur de la loi n° 2014-57 du 27 janvier 2014 de modernisation de l'action publique territoriale et d'affirmation des métropoles ;

3° Les établissements publics de coopération intercommunale à fiscalité propre centres d'une zone d'emplois de plus de 400 000 habitants, au sens de l'Institut national de la statistique et des études économiques, comprenant dans leur périmètre le chef-lieu de région ;

4° Les établissements publics de coopération intercommunale à fiscalité propre de plus de 250 000 habitants ou comprenant dans leur périmètre, au 31 décembre 2015, le chef-lieu de région, centres d'une zone d'emplois de plus de 500 000 habitants, au sens de l'Institut national de la statistique et des études économiques ».

Reste que la constitution d'un établissement public, enfermé à ce titre dans son principe de spécialité, mais à qui on donne des compétences assez larges en réalité, constitue la base de la structuration métropolitaine. Comme il l'a été dit, seul le Grand Lyon a une qualité de collectivité territoriale spécifique : les autres métropoles sont bien enfermées dans un principe de spécialité que le juge fait appliquer, d'ailleurs, avec une certaine rigueur, atténuée par l'existence de nombreux outils de coopération (conventions de l'article L. 5217-7, mutualisations notamment des articles L. 5211-4-1 et suivants du CGCT…).

Mais ces métropoles avaient tout pour s'imposer comme interlocutrices des régions, comme tout EPCI à fiscalité propre, certes, mais aussi avec pour vocation de récupérer les compétences départementales, sur le modèle bâti à Lyon. Cela a été clair dans les travaux parlementaires conduisant à la loi du 16 décembre 2010 sous la présidence de M. N. Sarkozy, puis dans le projet du Président M. F. Hollande en juin 2014 [12] à rebours de ce qu'avait été son projet en janvier 2014, puis dans l'éphémère projet de regroupement (assez bigarré) évoqué par le Président M. E. Macron lors de la réunion tenue avec les associations d'élus, à l'Elysée, le 1er octobre 2018[13].

II. ENTRE MÉTROPOLISATION ET INTERCOMMUNALISATION, UNE CLASSIQUE CRISE DE COUPLE

Le couple entre métropolisation et intercommunalisation vit une crise d'un classicisme absolu. Au fil de la crise des gilets jaunes, puis du Grand débat national, il ne fut question que :

- des « irritants » de la loi Notre (laquelle en compte en effet beaucoup, ce thème ayant irrigué trois lois [14]),
- de la lutte contre les « doublons » entre État et collectivités [15] (sauf que quand il s'est agi, en préparant la future loi 3DS, force fut de constater que traquer ces doublons ressemblait à la chasse au Dahu).
- et du retour du couple entre communes et départements, avec de forts reculs des compétences et pouvoirs des intercommunalités dans les lois précitées engagement et proximité et 3DS [16].

Pour ses contempteurs, ce couple souffrirait d'être mal marié. Les arguments en ce sens relèvent en général :

- du refus des doublons, des lourdeurs des mutualisations, alors que les défenseurs de l'intercommunalisation voient plutôt dans le maintien — parfois — de grosses administrations communales en dépit du

[12] Tribune de M. François Hollande, Président de la République, dans la presse quotidienne régionale du 3 juin 2014, sur la réforme territoriale, intitulée « Réformer les territoires pour réformer la France » (publiée dans de très nombreux quotidiens régionaux).

[13] Sur ces divers points, nous nous permettrons de renvoyer à la petite dizaine d'ouvrages par nous commis chez divers éditeurs à ces sujets…

[14] Voir, par ordre croissant de date, mais aussi, et de loin, d'importance : loi Fesneau (ou Fesneau Ferrand) n° 2017-1838 du 30 décembre 2017 ; loi Ferrand Fesneau n° 2018-702 du 3 août 2018 ; et surtout loi engagement et proximité n° 2019-1461 du 27 décembre 2019. Le thème de la lutte contre les irritants de la loi Notre y faisait figure de mantra tant cette formule fut alors utilisée.

[15] Florilège : « L'État lance la chasse aux doublons avec les collectivités », Gazette des communes, 21/05/2019 ; voir la proposition 6 de « Régions de France » dans sa Plateforme présidentielle en date du 8 février 2017 ; voir sur ce point le rapport dit « CAP 22 » dont le contenu avait « fuité » le 20 juillet 2018 et voir ensuite les diverses interview de la Ministre Mme J. Gourault en ce sens (par exemple au Monde daté du 22 mars 2019).

[16] Sans que les représentants du couple communes / département aient la moindre diminution de leurs critiques en retour en dépit du fait que le Gouvernement répondait à leurs demandes, et ce pour de nombreuses raisons, les plus politiques étant prépondérantes.

transfert des compétences le fruit d'un inaboutissement de la logique intercommunale qui eût du conduire à vider les effectifs communaux (et c'est ce qui s'est passé dans les territoires bien gérés...)

- de la lourdeur des assemblées intercommunales nées des articles L. 5211-6 et L. 5211-6-1 du CGCT (sauf pour la Métropole de Lyon qui a désormais son propre régime électoral) ou, pire encore, du régime mis en place pour la Métropole du Grand Paris[17] (MGP), les défenseurs de l'intercommunalisation estimant plutôt que l'absence de mode de scrutin ad hoc pour la métropole est l'origine même de ces assemblées qui ne sont gouvernables qu'au prix d'incessantes recherches de consensus, voire de saupoudrage.
- des risques de contradiction en pouvoirs de police dévolus aux maires et compétences intercommunales, là où ce sont les « communalistes » qui ont législativement imposé les étrangetés des articles L. 5211- 9- 1et -2 du CGCT.
- de la grande complexité de ces compétences, là où ce sont les lobbys communalistes, notamment l'Association des Maires de France, relayés au Sénat, qui ont imposé des régimes d'une folle complexité en matière, par exemple, d'intercommunalisation des compétences eau, assainissement, ou tourisme.
- d'être des territoires imposés et, de ce point de vue, force est de donner raison à ceux qui formulent ces critiques. L'auteur de ces lignes a connu nombre de territoires forgés par des générations d'élus et de cadres enthousiastes, cherchant parfois à bâtir des mariages d'argent (optimisation et reversement de la « DGF groupements » d'alors), certes, mais aussi, surtout, bien plus souvent, à construire des territoires durables pour des élus qui, souvent, avaient déjà construit leur territoire (remembrement, nouveautés agricoles dont des coopératives, territoires industriels en reconversion, etc.) à une échelle supracommunale. Or, les lois de 2010, 2014 et 2015 précitées ont conduit à des années de regroupements forcés et de comités de pilotage pour gérer le transfert de telle ou telle compétence. Il est difficile, au lendemain de ces années, pour une métropole ou une communauté, de ne pas apparaître comme un objet technocratique et imposé. Ce qui s'avère d'autant plus regrettable que souvent, tel n'est pas l'ADN initial de ladite métropole ou de ladite communauté.

Ceci posé, ces vices ne sont pas récents. Que l'intercommunalisation et, plus encore nettement, la métropolisation institutionnelle souffrent d'être à mi-gué, d'être critiquées pour leur complexité alors que le législateur n'est pas allé au bout de sa logique, ne saurait être considéré comme nouveau. Le

[17] Avec application du régime de droit commun (art. L. 5219-9 du CGCT), mais avec des désignations pour les membres des comités des EPT (art. 5219-9-1 de ce même code), au nombre des étrangetés de l'édifice baroque qu'est la MGP.

ver était dans le fruit et, déjà en 1999, le législateur fondait un régime qui hésitait déjà, ne tranchant toujours pas en termes de pertinence entre le niveau du bassin de vie et celui du bassin d'emploi, perpétuant l'ambiguïté née des deux lois jumelles, mais sororicides, de 1999 qu'étaient sur ce point les lois Voynet et Chevènement[18].

Ensuite, lors de l'édification des périmètres, il est possible de remarquer que nombre de préfets et de ministres ne sont pas allés au bout des logiques pourtant imposées par la loi, pour des raisons souvent politiques. Agen a dû se battre en justice pour obtenir petit à petit de pouvoir intégrer sa périphérie. L'État a laissé l'agglomération toulousaine rester fragmentée à un niveau infiniment plus petit que sa réalité économique, sociale et humaine d'agglomération. Etc.

La création de pôles métropolitains, de syndicats mixtes (notamment pour exercer des compétences en matière de mobilités, car sur ce point il n'est pas possible de faire totalement fi de la réalité qu'imposent les trajets domicile-travail…) ne sont que des pis-aller de ces périmètres parfois étroits…

Enfin, même quand l'État a fini par accepter de grandes métropoles, il a presque toujours refusé que celles-ci épousent les contours des arrondissements. Alors que la suppression de cet échelon de l'État et son remplacement par des collectivités, à l'heure où les sous- préfectures s'avèrent de toute manière vides, ne manquerait pas de sens[19]. De plus, le fait que les lois successives précitées aient permis à des territoires comme Orléans ou Toulon, d'avoir ce statut juridique, n'est pas choquant en soi, mais cela souligne que cette catégorie est devenue en réalité hétérogène, mariant des métropoles d'échelle européenne [20] et des agglomérations dont le rôle central reste plus régional.

---

[18] Lois qu'il était parfaitement possible, cela dit, de rendre compatibles, soit en créant une grande communauté urbaine ou d'agglomération signataire d'un contrat d'agglomération, soit une communauté d'agglomération à l'échelle du bassin de vie, mais qui portait un pays avec ses voisines à l'échelle du bassin d'emploi (avec plusieurs solutions alors pour porter des contrats locaux d'application des contrats de plan État Région, la plus habile et de loin étant de signer un contrat d'agglomération PUIS un contrat de Pays au sens de la loi du 25 juin 1999…).

[19] Ces réflexions étaient déjà portées par de nombreux auteurs il y a 30 voire 50 ans, dont M. L. Laurent, précité. Presque toujours, de fait, l'arrondissement correspond à un lien fort entre une grande ville d'équilibre et sa périphérie, aux territoires tant économiques que sociaux… La métropolisation s'est (hélas) faite sans aller au bout de cette logique (qui eût notamment conduit à la suppression des sous-préfectures, que l'on a préféré vider sans les fermer. Sur ce dernier point, voir l'édifiant rapport « Les effectifs de l'administration territoriale de l'État – exercices 2010-2021 », Cour des comptes, 14 avril 2022.

[20] Et qui, magie de la politique, sont souvent celles plus étriquées que leur réalité humaine, économique et sociale en termes de périmètre (que l'on pense à Lille ou à Strasbourg, de ce point de vue…).

Ajoutons un autre inaboutissement, moins souvent évoqué : les blocages en matière de communautés urbaines et de métropoles lorsqu'il s'agit d'en envisager outre-mer (avec une dérogation assez récente pour La Réunion)[21].

Au total, donc, le modèle métropolitain a été conçu pour que l'intercommunalité épouse, structure, la métropolisation. Mais ce mouvement s'essouffle, car son modèle est inabouti en compétences et surtout en gouvernance. Surtout cette dialectique simpliste entre métropole en droit et métropolisation économique et sociale en faits cache des réalités variées que les quelques diversités juridiques ne suffisent pas à épouser. Il en résulte une institution qui existe, mais sans boussole (le modèle lyonnais, lourd de doublons non traités, ne fait plus figure d'exemple reproductible, avant-garde de la marche de l'intercommunalité) et sans toujours correspondre géographiquement aux enjeux métropolitains.

Cette crise tend à ce jour à alimenter un discours en faveur, même dans le monde urbain, d'un tandem entre commune et intercommunalité. Un tel discours à rebours fait cependant fi un peu vite de ce que la problématique d'origine est là : les habitants et les entreprises vivent à l'échelle du bassin de vie ou d'emploi, avec des demandes sociales et culturelles de plus en plus homogènes, et avec des problématiques à gérer qui, de loin, dépassent l'échelle communale.

Jeter l'opprobre sur un phénomène juridique en oubliant que celui-ci reflète une réalité sociale, et que la crise qu'il subit vient aussi de ce que le législateur s'est arrêté à mi-gué, n'est ni vertueux ni très pertinent. C'est pourtant ce vers quoi les vents dominants soufflent depuis quelques courtes années. Ce retour de balancier qui sera fructueux s'il aide à corriger le tir, pas s'il rêve de rebâtir la France du XIXe siècle. Tout simplement parce qu'en termes de vie, de trajets, de demandes sociales, ce n'est plus la France où nous vivons.

[21] En effet, contrairement à ce que l'on croit usuellement, non il n'est pas possible de créer une communauté urbaine (CU) ou une métropole outre-mer (art. L. 5821-1 du CGCT)… Cette interdiction a été levée, par lobbying, pour La Réunion, mais elle demeure pour les départements français des Amériques (DFA) que sont La Guadeloupe, la Martinique et La Guyane (cette dernière, pour des raisons démographiques, étant moins concernée). Cette interdiction ne concerne plus que quelques territoires potentiels, en raison des seuils desdites communautés, en encore. Mais il n'en demeure pas moins que cette rupture d'égalité, dénuée de tout fondement aujourd'hui, persiste et choque. Etrangement, un amendement à la loi NOTRe visant à supprimer cet article discriminatoire (et à permettre des communautés urbaines en lieu et place de certaines communautés d'agglomération) avait été balayé sans plus de raison que de ménagement au printemps 2015… Depuis, rien.

La métropolisation par la coopération contractuelle

Julien Martin

Professeur de droit public
Université de Bordeaux

Les métropoles, en tant qu'institutions, ont été créées par la loi du 16 décembre 2010 *de réforme des collectivités territoriales*. Elles prenaient la suite des communautés urbaines mises en place en 1966 pour concrétiser juridiquement la notion de « métropole d'équilibre » apparue dans la politique d'aménagement du territoire afin de contrebalancer la prépondérance de la région parisienne. La loi du 16 décembre 2010 avait initialement prévu que les établissements publics de coopération intercommunale qui formaient, à la date de sa création, un ensemble de plus de 500 000 habitants et les communautés urbaines pouvaient obtenir le statut de métropole[1]. Par la suite, la loi du 27 janvier 2014 *de modernisation de l'action publique territoriale et affirmation des métropoles* (MAPTAM) fit évoluer ces conditions pour distinguer la constitution obligatoire de métropoles, de celle facultative. Ainsi, les établissements publics de coopération intercommunale à fiscalité propre qui forment, à la date de la création de la métropole et à partir du 1er janvier 2015, un ensemble de plus de 400 000 habitants dans une aire urbaine, au sens de l'Institut national de la statistique et des études économiques (INSEE), de plus de 650 000 habitants, sont transformés par décret en une métropole. S'y ajoutent, sur une base volontaire, les établissements publics de coopération intercommunale à fiscalité propre qui forment un ensemble de plus de 400 000 habitants et dans le périmètre desquels se trouve le chef-lieu de région, et les établissements publics de coopération intercommunale centres d'une zone d'emplois de plus de 400 000 habitants, et qui exercent en lieu et place des communes les compétences assignées aux métropoles à la date d'entrée en vigueur de la loi MAPTAM. La loi du 28 février 2017 *relative au statut de Paris et à l'aménagement métropolitain* y ajoutera, enfin, les établissements publics de coopération intercommunale à fiscalité propre de plus de 250 000 habitants ou comprenant dans leur périmètre, au 31

[1] CGCT, article L. 5217-1.

décembre 2015, le chef-lieu de région, centres d'une zone d'emplois de plus de 500 000 habitants, au sens de l'INSEE. Dans la majorité des hypothèses précédentes, la métropole se définit donc par son insertion dans un ensemble de population plus important excédant ses propres limites territoriales.

La métropolisation semble se distinguer, au moins lexicalement, de la métropole. Pour le Conseil économique et social, la métropolisation est un phénomène de polarisation des populations et des richesses par les plus grandes villes, constaté dans nombre de pays, en lien avec la mondialisation de l'économie, sa tertiarisation, sa dématérialisation et la recherche d'innovation. Les métropoles sont de grandes villes qui concentrent populations, emplois et activités liées notamment à des fonctions de création, de commandement et d'innovation. Elles s'inscrivent dans des réseaux de relations et d'échanges notamment avec d'autres grandes villes[2]. Parmi les critères pouvant les distinguer, figurent la présence sur leur territoire d'établissements d'enseignement supérieur, l'importance de la population étudiante et diplômée et l'influence des villes en matière d'emploi sur les territoires proches[3]. Il poursuit en distinguant le fait métropolitain des métropoles au sens juridique. Pour le même Conseil, la notion de métropole est marquée par sa complexité, sa polysémie et la diversité de situations qu'elle recouvre selon qu'il est question du fait métropolitain ou de métropoles au sens institutionnel du terme, apparues en France avec la loi du 16 décembre 2010[4].

Juridiquement, il y a au moins trois manières de comprendre ce phénomène. En premier lieu, la métropolisation peut tout simplement être comprise comme la constitution d'une métropole par voie de contrat, ce qui ne semble pas possible juridiquement. Il peut également s'agir d'une coopération contractuelle entre un ou plusieurs établissements publics de coopération intercommunale et une ou plusieurs communes afin d'exercer les mêmes compétences que celles assignées par la loi à une métropole. Il ne semble toutefois pas exister de telles « métropoles par contrat », mais des coopérations ponctuelles[5]. Le sujet doit donc être compris comme la capacité pour les métropoles nouvellement créées de conclure des accords contractuels avec les communes et autres établissements publics de coopération intercommunaux environnants. La métropolisation est alors

---

[2] *Les métropoles : apports et limites pour les territoires*, Avis du Conseil économique, social et environnemental sur le rapport présenté par M. Yann Lasnier et Mme Dominique Riquier-Sauvage Au nom de la Section de l'aménagement durable des territoires, 2019-24, NOR : CESL1100024X, mercredi 23 octobre 2019, p. 13.

[3] *Ibid*, p. 8.

[4] *Ibid*, p. 63.

[5] CE, 3 février 2012, *Commune de Veyrier-du-Lac et Communauté d'agglomération d'Annecy*, n° 353737, *Lebon* p. 18, concl. B. Dacosta ; *AJDA* 2012, p. 239 et p. 555, note L. Richer, *BJCL* 2012, p. 177, concl. B. Dacosta, note J. Martin, *BJCP* 2012, p. 153, concl. B. Dacosta et obs. R. S., *Contrats-Marchés publ.* 2012, comm. 78, note W. Zimmer.

perçue comme la capacité pour la métropole d'agir au-delà de ses frontières administratives par la voie contractuelle.

Depuis sa création par la loi du 16 décembre 2010, la métropole est un établissement public de coopération intercommunale à fiscalité propre regroupant plusieurs communes d'un seul tenant et sans enclave au sein d'un « espace de solidarité » pour élaborer et conduire ensemble un « projet d'aménagement et de développement économique, écologique, éducatif, culturel et social de leur territoire afin d'en améliorer la cohésion et la compétitivité »[6]. Avec la loi MAPTAM, elles doivent également « concourir à un développement durable et solidaire du territoire régional », et valoriser les fonctions économiques métropolitaines, ses réseaux de transport et ses ressources universitaires, de recherche et d'innovation, « dans un esprit de coopération régionale et interrégionale et avec le souci d'un développement territorial équilibré ». La métropolisation par contrat se niche donc sans doute dans cet espace. Dans leur rapport d'information consacré en 2021 aux « *Métropoles : pour de nouvelles dynamiques territoriales* », les sénateurs qui en ont été les auteurs partaient, justement, de ce constat que la loi MAPTAM a assigné en 2014 aux métropoles un objectif essentiel de concourir à un développement durable et solidaire du territoire régional. « En d'autres termes, la métropole doit contribuer à un développement équilibré, non seulement à l'intérieur de la métropole, mais aussi à l'extérieur, afin que sa réussite profite à l'ensemble du bassin de vie, au-delà des frontières administratives. ». Puis ils soulignaient que c'est le Gouvernement qui a déterminé les moyens propres à les atteindre, et que deux outils ont été créés à cette fin en 2015-2016 : les contrats de réciprocité ville-campagne, lancés à l'occasion du Comité interministériel à la ruralité, tenu à Laon le 13 mars 2015, et les contrats de coopération métropolitaine, institués dans le cadre du Pacte État-métropoles signé le 6 juillet 2016[7]. La métropolisation prise comme relation entre la métropole et son espace proche ou éloigné peut donc passer par contrat. Le phénomène existe donc bien, quasiment depuis la création des métropoles. Il n'en reste pas moins que son utilité interroge sur le plan du droit.

I. L'EXISTENCE

La contractualisation des relations entre la métropole et son environnement existe parce qu'elle a été prévue par un certain nombre d'instruments non normatifs, qui ont été mis en œuvre par les acteurs concernés.

[6] CGCT, article L. 5217-1.

[7] *Métropoles : pour de nouvelles dynamiques territoriales*, Rapport d'information n° 679 (2020-2021) de Mmes F. Gatel, D. Estrosi Sassone, M. Gréaume et S. Robert, fait au nom de la délégation aux collectivités territoriales, déposé le 11 juin 2021, pp. 24-25.

A. Les fondements

Dans leur rapport d'information consacré en 2021 aux « *Métropoles : pour de nouvelles dynamiques territoriales* », les sénateurs qui en ont été les auteurs ont souligné que c'est le Gouvernement qui a déterminé les moyens propres à les atteindre l'objectif essentiel étant de « concourir à un développement durable et solidaire du territoire régional » visé à l'article L. 5217-1. Les choses ne sont toutefois pas aussi explicites. Cet ajout au projet de loi MAPTAM est issu d'un amendement parlementaire, adopté en commission sans aucun véritable débat et motivé par le souhait de : « concilier le développement des fonctions métropolitaines avec l'objectif d'un développement durable et équilibré du territoire régional que le législateur a confié il y a trente ans aux régions. Il s'agit bien de construire une stratégie gagnant-gagnant entre les régions et leurs agglomérations les plus denses. »[8]. Il n'est dès lors pas complètement indiscutable de chercher dans cet article le fondement de la coopération contractuelle entre les métropoles et leurs territoires environnants. Les mêmes sénateurs poursuivaient en relevant que deux outils ont été créés à cette fin en 2015-2016 : les contrats de réciprocité ville-campagne, lancés à l'occasion du Comité interministériel à la ruralité, tenu à Laon le 13 mars 2015, et les contrats de coopération métropolitaine, institués dans le cadre du Pacte État-métropoles signé le 6 juillet 2016[9]. Ainsi et dans l'esprit des auteurs de ce rapport, ces deux instruments sont liés, même s'ils n'ont pas le même objet. Il convient donc d'étudier ces contrats plus avant et successivement.

Les contrats de réciprocité sont évoqués pour la première fois à l'occasion du Comité interministériel aux ruralités du 13 mars 2015. Il s'agissait ainsi de faire la synthèse des travaux et des mesures issus des assises des ruralités organisées à l'automne 2014. Le dossier de presse distribué à l'issue nous apprend que l'expression même est due au député Alain Calmette lors des Assises des ruralités[10]. Il s'agit, en effet, bien de veiller à la réciprocité des échanges, c'est-à-dire en évitant que ces accords ne servent exclusivement les intérêts des centres. Le but était de permettre tout à la fois l'accès aux services publics, et le développement économique des territoires ruraux, dans une logique de coopération et non de concurrence avec les territoires urbains. Les contrats de réciprocité prennent ainsi place dans la « Priorité 3 - Assurer la mise en réseau des territoires ». Ils ne sont donc qu'un des volets, qui passent par la revitalisation des bourgs-centres et des villes moyennes, la production d'un urbanisme spécifique à la ruralité, la réduction des écarts de dotation injustifiés entre les territoires ou la

---

[8] Amendement N°CL381 sur l'article 31 du projet de loi de Modernisation de l'action publique territoriale et affirmation des métropoles - (N° 1120) présenté par M. Molac et M. Coronado adopté le 27 juin 2013 en commission des lois à l'Assemblée Nationale.

[9] *Métropoles : pour de nouvelles dynamiques territoriales*, *préc.*, pp. 24-25.

[10] Comité interministériel aux ruralités du 13 mars 2015. Dossier de presse *Nos ruralités une chance pour la France*, p. 43.

mobilisation des contrats de plan état-région et des fonds européens pour le développement local.

Afin de ne pas concurrencer inutilement les intercommunalités, ils sont conçus comme concernant « des « bassins de vie » regroupant plusieurs établissements publics de coopération intercommunale (échelle d'une aire urbaine par exemple) ou des territoires plus éloignés et non contigus ». Plusieurs relations sont ainsi envisagées à titre d'illustration : espace rural et agglomération de taille moyenne ; espace littoral rural et arrière-pays urbanisé, ou l'inverse ; espace de montagne - villes des vallées et piémonts ; ruralité en périurbain et grande agglomération ou métropole, communes au sein d'un Parc naturel régional et ville porte... D'emblée, il convient donc de noter que ces contrats ne sont pas spécifiquement prévus pour les métropoles, mais pour assurer une coordination entre structures intercommunales. Il est clairement indiqué que : « Le pilotage relève en premier lieu des intercommunalités et de l'État, les régions et les départements étant appelés à accompagner les démarches locales. ».

Puis le dossier de presse nous donne une liste de thèmes qui pourraient, « à titre indicatif », se prêter à une telle démarche en fonction des territoires concernés :

- l'environnement et la transition énergétique : alimentation des populations, gestion des déchets, préservation du foncier agricole et des espaces naturels, reconstitution de ces espaces, utilisation de la biomasse des espaces naturels pour les villes, comme source de création d'emplois en campagne... ;
- le développement économique : promotion du territoire et des stratégies territoriales, politique foncière, accueil d'entreprises par des bourgs-centres avec appui des organismes des agglomérations, développement du télétravail pour faciliter le maintien de populations salariées du secteur privé et des administrations publiques dans des communes éloignées des centres ;
- la qualité de services : l'offre de services de mobilité, l'offre et la pratique culturelle, la promotion des sites touristiques, l'accès aux équipements sportifs, de loisirs, patrimoniaux, l'accès aux services de santé... ;
- l'organisation administrative et l'ingénierie : mobilisation d'agents ayant des compétences particulières en dehors de leur administration/institution pour des missions ou des traitements de dossiers, dans le cadre de projets ou de besoins spécifiques, ou pour un renfort temporaire en cas de suractivité exceptionnelle.

Cette expérimentation sera pilotée par le Commissariat général à l'égalité des territoires avec les territoires suivants, volontaires dans le cadre du volet territorial des contrats de plan État-région, afin que l'État et les conseils régionaux concernés puissent accompagner la démarche :

- Métropole de Lyon et Aurillac ;
- Métropole de Brest et Centre-ouest Bretagne ;

- Métropole de Toulouse et Massif des Pyrénées ;
- Communauté urbaine de Le Creusot – Montceau-les-Mines et PNR du Morvan.

Une extension de ces contrats à d'autres territoires volontaires sera ensuite proposée, dans le cadre de la clause de revoyure des contrats de plan État-région fin 2016.

L'objet du pacte signé entre l'État et les quinze métropoles de France le 6 juillet 2016 à la métropole de Lyon est, lui, bien évidemment plus directement en lien avec ces dernières. Il s'agit dès lors de mettre « en réseau » des métropoles avec leur environnement immédiat : « Il est essentiel de ne plus penser les territoires isolés, séparés voire opposés les uns aux autres », car les relations d'interdépendance qu'elles tissent, notamment avec les espaces périurbains de leurs couronnes périphériques, et au-delà, avec les villes petites et moyennes proches, ne cessent en effet de s'accroître. Le Pacte a ainsi un objet large, puisqu'il « a pour ambition de reconnaître le rôle structurant des métropoles, d'encourager leur rayonnement international, de favoriser leur mise en réseau et de réunir les moyens institutionnels et financiers susceptibles de conforter leur rôle dans le développement équilibré de la France. »[11].

La première partie du pacte concerne la place des métropoles dans le paysage institutionnel, et la seconde les pactes métropolitains d'innovation entre l'État et chaque métropole qui identifient les domaines stratégiques d'innovation que l'État et les métropoles souhaitent investir ensemble. Pour en revenir à la première, elle expose en premier lieu les transferts de compétences des départements aux métropoles, et, en second lieu, promeut les délégations de compétences de l'État à ces dernières. Mais surtout, le pacte évoque le renforcement du couple région-métropole, et, aussi, le développement les outils de coopération métropolitaine. Le mécanisme se situe sans conteste dans le prolongement des éléments précédents. En premier lieu, le pacte évoque lui-même : « l'approfondissement des relations et coopérations déjà existantes », et constate que les métropoles ont déjà pris l'initiative de se doter des instruments nécessaires au développement de leurs écosystèmes territoriaux et à la valorisation des interactions entre leurs diverses composantes, qu'elles soient urbaines, périurbaines ou rurales. En deuxième lieu, la terminologie est la même avec l'évocation d'« une logique de partenariat « gagnant-gagnant » à différentes échelles. », et il est explicitement indiqué qu'un « même objectif est poursuivi par les contrats de réciprocité, nouveaux outils de coopération interterritoriale fondée sur une logique de co-développement territorial. ». Désormais : « Cette logique de coopération doit connaître un nouvel essor à l'échelle resserrée des aires métropolitaines ».

[11] Pacte État-métropoles, L'innovation urbaine au coeur du développement territorial, 6 juillet 2016, pp. 5-6.

L'État et les métropoles s'engagent donc à : identifier les bonnes pratiques de coopération territoriale des territoires, dans un travail coordonné par France urbaine, en partenariat avec l'Assemblée des communautés de France (AdCF) et la Fédération nationale des agences d'urbanisme (Fnau), et, en tenant compte de l'état des coopérations interterritoriales existantes (notamment à travers les pôles métropolitains), chaque métropole établira un ou plusieurs Contrats de coopération territoriale avec les territoires environnants, sur une thématique liée ou non à la thématique de la démarche d'innovation choisie.

À l'issue de la première conférence État-métropoles, qui s'est déroulée mercredi 6 juillet 2016 à Lyon, le Premier ministre, Manuel Valls, a signé le « pacte État-métropoles » avec les représentants de quinze métropoles françaises, réunis au sein de l'association France urbaine. Ce partenariat vise à favoriser le développement de projets structurants et innovants dans les métropoles. Il sera suivi de la signature, en novembre, de quinze « pactes métropolitains d'innovation », pour lesquels l'État devait participer financièrement à hauteur de 150 millions d'euros.

L'association France Urbaine et l'Agence nationale de la cohésion des territoires (ANCT) ont recensé, en mars 2019, 180 coopérations interterritoriales entre les métropoles et leurs territoires voisins. 17 d'entre elles ont pris la dénomination de contrats de réciprocité ainsi ventilés[12] :

- Brest et le PETR Pays du Centre-Ouest Bretagne (2016) ;
- Toulouse et le PETR Pays Portes de Gascogne (2017) ;
- Montpellier et la communauté de communes des Monts de Lacaune et de la Montagne du Haut-Languedoc (2018) ;
- Tours et les intercommunalités d'Indre-et-Loire (10 contrats bilatéraux signés) ;
- Nantes et le PETR Pays de Retz ;
- Clermont-Auvergne et la communauté de communes de Saint-Flour ;
- Strasbourg, la communauté d'agglomération de Saint-Dié et la communauté de communes de la vallée de la Bruche.

En ce domaine comme en d'autres[13], ces contrats n'ont donc pour origine que des instruments juridiques peu contraignants. Ils sont ainsi, d'abord et avant tout, l'expression de la liberté contractuelle des personnes publiques, pour autant que leur objet rentre bien dans les compétences assignées aux métropoles.

---

[12] *Métropoles : pour de nouvelles dynamiques territoriales*, *préc.*, p. 27.

[13] J. Martin et O. Renaudie, « Le contrat de sécurité intégrée : un symbole et des interrogations », *JCP A* n° 46, 16 novembre 2020, comm. 2299.

B. Le contenu

Deux aspects permettent d'identifier ce phénomène de métropolisation par contrat, et amènent à examiner successivement les parties, et le contenu de ces contrats.

Sur les vingt-deux métropoles institutionnelles, la moitié a une population inférieure à l'unité urbaine correspondante qui caractérise la continuité du bâti, la moitié regroupe un nombre de communes inférieur à son unité urbaine et la moitié en a un nombre égal ou supérieur à son unité urbaine, avec un net détachement de Rennes qui agrège quarante-trois communes alors que l'unité urbaine n'en compte que treize. En dehors des seuls cas d'Aix-Marseille-Provence et de Lille qui incluent la totalité ou la quasi-totalité de la population de l'aire urbaine, les autres ne prennent en compte qu'entre 78 % et 54 % de la population de l'aire urbaine. Quant aux communes de l'aire urbaine incluses dans la métropole, elles ne le sont en totalité que dans le cas d'Aix-Marseille-Provence, ce taux pouvant varier de 58 % (Lille) à 7 % ou 8 % (Toulouse, Dijon, Nancy, Paris). On peut enfin relever que, à l'occasion de leur passage en métropole, quatorze entités sur vingt-deux n'ont connu aucun changement par rapport à leur périmètre antérieur de communautés urbaines ou d'agglomération, dont sept sur les quinze premiers regroupements issus de la loi MAPTAM (Bordeaux, Brest, Lyon, Montpellier, Nancy, Nantes, Toulouse). Sur les sept dernières créées, deux seulement ont été élargies (Metz et Saint-Étienne)[14]. En d'autres termes, et dans l'essentiel des cas, la métropole est incluse dans une aire urbaine plus large, apparemment propice à une coopération renforcée.

Les contrats conclus ne concernent pas forcément des zones contigües : le cas échéant, les métropoles concernées ne concluent pas de contrats avec l'ensemble des regroupements les entourant. Brest Métropole et le PETR Pays du Centre Ouest Bretagne ne sont pas contigües, et sont séparés, eu minimum, par la Communauté d'agglomération du pays de Landerneau-Daoulas - communauté de communes jusqu'en 2022 - regroupant 22 communes et 48 743 habitants[15]. La communauté de communes Monts de Lacaune et Montagne du Haut Languedoc, située à cheval sur les départements de l'Hérault et du Tarn est à plus de 100 kilomètres de Montpellier. Si contrat signé entre Toulouse Métropole et le PETR « Pays Portes de Gascogne » concerne deux zones contigües, une nouvelle fois, des contrats de réciprocité n'ont pas été conclus avec tous les territoires jouxtant la métropole. Il en va de même du contrat signé entre Nantes Métropole et le Pays de Retz limitrophe[16]. D'une manière générale, toutes les intercommunalités environnant les métropoles ne coopèrent pas aujourd'hui

---

[14] G. Doré, « Quelles coopérations entre les métropoles et les territoires ruraux en France ? Les pactes État-métropoles et l'expérimentation des contrats de réciprocité », *Information géographique* n°4 – 2019, p. 59

[15] Contrat signé le 4 novembre 2016.

[16] Contrat signé le 10 avril 2019.

avec la métropole proche. Plusieurs freins à la coopération auraient été identifiés par les territoires environnants : l'absence de sollicitation de la part de la métropole, l'éloignement géographique ou psychologique des territoires, le caractère informel des projets de coopération qui peut les fragiliser, comme l'existence de concurrences entre les territoires (par exemple entre zones d'activité économique)[17]. L'originalité de Tours est de contractualiser avec toutes les intercommunalités du département (à l'exception d'une communauté de communes en raison d'un différend sur un projet local)[18]. En ce qui concerne les cocontractants des métropoles, il est apparu que ces coopérations se font principalement avec des EPCI à fiscalité propre et en particulier avec des communautés de communes[19]. Si l'on se concentre sur les seuls contrats de réciprocité, trois contrats sont signés avec des PETR (Pôle d'équilibre territorial et rural) et trois avec des EPCI à fiscalité propre (communautés de communes). Les contrats ont été préparés en général et négociés entre les deux partenaires publics[20].

Le profond volontarisme de ce mécanisme, qui n'a été prévu que par des documents sans portée, se retrouve une nouvelle fois dans le choix des partenaires. La cohérence d'ensemble échappe dès lors que la métropole ne collabore pas avec l'ensemble des territoires l'environnant et ce alors même qu'ils correspondent à la même aire urbaine. Dans son avis publié en octobre 2019, le CESE recommandait d'ailleurs de créer les conditions d'une meilleure coopération entre les métropoles et leurs territoires voisins en rendant obligatoire dans la loi la conclusion de contrats de réciprocité[21].

L'enquête du Commissariat général à l'égalité des territoires, de France urbaine, et de l'Assemblée des communautés de France, de mars 2019, a, ainsi, recensé 173 coopérations entre 21 métropoles et des territoires environnants. Elles sont en majorité pluri-thématiques (elles concernent à 38% 3 thématiques et plus, à 19% 2 thématiques, à 43% une seule thématique), en très grande majorité conventionnelles (contrat de réciprocité ou autre contrat ou convention) et s'appuient à 80% sur une instance de suivi. Parmi ces coopérations, 76% sont actives et 24% en projet. Ces coopérations concernent principalement trois thématiques : la mobilité et les transports, le tourisme, le développement économique. L'environnement, la culture, l'eau/ l'assainissement/ la GEMAPI sont également trois thématiques fréquentes parmi les coopérations recensées[22].

Examinant les six contrats signés par les métropoles à la mi 2019, un auteur remarquait que ces contrats comprennent toujours un programme

[17] Commissariat général à l'égalité des territoires, France urbaine, Assemblée des communautés de France, Les coopérations interterritoriales, *Zoom sur les coopérations entre métropoles et territoires environnants*, mars 2019, p. 8.
[18] Contrats signés en janvier 2019.
[19] *Zoom sur les coopérations entre métropoles et territoires environnants*, *préc.*, p. 6.
[20] G. Doré, *préc.*, p. 69
[21] *Les métropoles : apports et limites pour les territoires*, *préc.*, p. 8.
[22] *Ibid.*, p. 6.

pluri-thématique de coopération, au contraire de plusieurs pactes État-métropoles mono-thématiques[23]. Il ressort de l'examen de ces six contrats huit thèmes majeurs de coopération :

- le tourisme (constitution d'une offre complémentaire) et l'action économique (filières, implantation d'entreprises) présents dans tous les contrats,
- l'alimentation (circuits courts) dans cinq contrats,
- la mobilité (co-voiturage) dans quatre contrats,
- l'approvisionnement énergétique de la métropole et la préservation de l'environnement et le traitement des déchets dans trois contrats (la transition énergétique et écologique est mentionnée également à Clermont, mais sans précision),
- l'emploi (développement du co-working et du télétravail) dans deux contrats,
- et la santé dans deux contrats.
- et la culture dans un seul.

Quelques-uns d'entre-eux peuvent être étudiés plus avant pour présenter le type d'objets traités dans ces contrats.

Le premier contrat signé le 4 novembre 2016 entre Brest Métropole et le PETR Pays du Centre Ouest Bretagne avait identifié trois thèmes de coopération : « l'économie et l'insertion », « la santé, la culture et les services », « l'énergie et l'environnement ». Dans le domaine économique, il s'agit de développer l'export de la production agro-alimentaire du Pays grâce aux infrastructures de transport portuaire brestoises, de promouvoir conjointement les destinations touristiques et les grandes manifestations culturelles, de valoriser des filières alimentaires de proximité, et d'organiser des échanges de pratiques autour des dispositifs de soutien à l'entreprenariat, des dispositifs d'insertion et des dispositifs d'accompagnement des usages du numérique. Sur le terrain de la santé, il s'agit essentiellement de prévoir des mesures incitatives ou indirectes, par le recours à la télémédecine, l'incitation à l'installation de professionnels, notamment d'interne, et l'ouverture d'un site de la faculté de médecine. En matière d'énergie et l'environnement, enfin, il est prévu d'organiser un débouché sur le territoire de Brest métropole pour la filière bois-énergie en cours de structuration dans le pays du Centre ouest Bretagne, et de partager avec le pays du Centre ouest Bretagne l'ingénierie déployée par Brest métropole et Energence dans les domaines de la performance énergétique de l'éclairage public et de la plate-forme d'accompagnement à la rénovation énergétique du bâti. Les modalités d'exercice de la compétence eau et assainissement par les EPCI sont également identifiées comme un sujet potentiel d'échanges.

Le contrat signé entre Toulouse Métropole et le PETR « Pays Portes de Gascogne » en juillet 2017 déclinait ainsi sept thèmes : le développement

[23] G. Doré, *préc.*, p. 66.

économique, l'agriculture, le tourisme, le développement culturel, la culture scientifique et technique et la formation, la mobilité, et la transition écologique, déclinées en dix actions. En dehors du développement économique, et de l'agriculture, s'ordonnant chacun autour de trois axes, l'ensemble des autres thèmes ne devaient contenir qu'une seule action. Ainsi, le développement économique passe par le « développement de la filière aéronautique », une « dynamique de la création d'entreprises et de l'innovation », ou le « développement du télétravail », et l'agriculture, par un « projet alimentaire territorial », un « maintien des terres cultivées et développement des productions de la filière PAAM », ou l'« optimisation de l'offre touristique et [le soutien du] tourisme de proximité ». Pour le reste, le contrat devait permettre de : « favoriser une offre culturelle métissant urbain et rural », d'assurer « la médiation scientifique à la sensibilisation aux métiers de l'aéronautique », d'améliorer « les migrations pendulaires entre la Métropole et le Pays des Portes de Gascogne », et de « construire ensemble un territoire durable et résilient ». Ne nous y trompons également pas, même si ce point sera développé dans la subdivision suivante, les actions envisagées portent essentiellement sur de la communication, de la coordination, ou de la collecte d'information. Ainsi, le prometteur « développement de la filière aéronautique » n'a pour but que de prendre en compte la présence d'entreprises aéronautiques implantées sur le pays des Portes de Gascogne, et le promouvoir pour en attirer d'autres. Il en va exactement de même des autres domaines.

Quant au contrat de réciprocité conclu entre la métropole de Tours et la Communauté de communes de Gâtine et Choisilles - Pays de Racan – un des neuf contrats de réciprocité signés en janvier 2019 entre Tours Métropole Val de Loire et neuf communautés de communes -, les axes de coopération identifiés sont le développement économique, le tourisme, le marketing territorial, le projet alimentaire, la mobilité, l'énergie et les déchets, la prévention des risques d'inondation, la culture, et la couverture 4G. Sont ainsi essentiellement exprimés des souhaits : la conservation de la destination agricole des terres et l'aide à l'implantation des exploitants, ce qui passe par l'accord d'une plus grande place aux produits locaux et biologiques dans la restauration collective, la promotion du territoire, notamment touristique, l'intermodalité, ou la mutualisation d'équipements de tri et d'unité de valorisation des déchets ménagers

L'article L. 5217-2 du CGCT énonce les six blocs de compétences exercées, de plein droit, par la métropole, en lieu et place des communes membres : le développement et l'aménagement économique, social et culturel, l'aménagement de l'espace métropolitain et la voirie, la politique locale de l'habitat, la politique de la ville, la gestion des services d'intérêt collectif, l'environnement et politique de cadre de vie. Ce même article prévoit que l'exercice de certaines compétences obligatoires par la métropole est subordonné à la reconnaissance de leur intérêt métropolitain, et notamment la construction, l'aménagement, l'entretien et le fonctionnement d'équipements culturels, socioculturels, socioéducatifs et sportifs d'intérêt métropolitain. Par voie de conséquence, si l'action économique, le tourisme, la mobilité, la préservation de l'environnement et l'approvisionnement énergétique, voire la culture, relèvent bien de la compétence de la métropole, on peine à trouver à quel titre elle intervient en matière d'alimentation, d'emploi, et de santé.

Les contrats de réciprocité n'unissent donc pas tous les territoires adjacents à la métropole, et concernent finalement peu ou prou toujours les mêmes sujets. Ce constat rejoint celui fait à la subdivision précédente et tiré de leur origine, au terme duquel ces contrats semblent d'abord et avant tout être l'expression d'une liberté contractuelle locale. La manière dont sont d'ailleurs rédigées les clauses de ces derniers laisse à penser qu'ils n'ont, dans le prolongement, que peu de valeur juridique.

II. L'UTILITÉ

Juridiquement, il semble bien que ces contrats n'ont pas été conçus pour être opposables juridiquement. Il en va d'autant plus ainsi que les fins qu'ils poursuivent peuvent être atteintes au moyen d'autres instruments.

A. La force

De tels contrats peuvent avoir une portée juridique, mais il semble que ce ne soit explicitement pas la volonté des parties qui les ont conclus. Ne subsiste alors qu'un simple formalisme procédural contraignant.

La question de la force juridique des conventions conclues entre administrations est connue, et résolue depuis la décision du 21 décembre 2007, *Région du Limousin*[24]. Dans cette affaire, les régions Limousin, Centre et Midi-Pyrénées avaient conclu quatre conventions distinctes en vue de moderniser la liaison ferrée Paris-Orléans-Limoges-Toulouse. Ces trois régions avaient tout d'abord conclu un « protocole d'accord » avec l'État. Puis, elles avaient adopté avec cette fois, l'État, la Société nationale des chemins de fer français et Réseau ferré de France : une convention-cadre ayant pour objet le financement et la réalisation de la modernisation de cette ligne et la mise en service de six rames de TGV, et une convention relative au financement et à la réalisation de l'étude d'avant-projet détaillé. Enfin, elles avaient signé avec l'État une convention relative au financement du contrôle externe. Interrogé sur la portée des quatre conventions de l'espèce, le Conseil d'État va distinguer entre celles-ci. Pour lui, le protocole d'accord ne fixait qu'un objectif, prévoyait sa concrétisation par des conventions ultérieures, et ne constituait de ce fait qu'une simple déclaration commune

[24] CE, 21 décembre 2007, *Région du Limousin*, *BJCP* 2008, p. 138, concl. E. Prada-Bordenave.

d'intention sans portée juridique. Il en allait toutefois tout autrement des trois autres conventions, qui présentaient le caractère de contrats susceptibles de mettre en jeu la responsabilité contractuelle de l'État. De manière novatrice, le fait de reconnaître une portée contractuelle obligatoire à ces engagements va permettre au juge de qualifier la défaillance de l'État de « résiliation », et de rechercher sa responsabilité contractuelle de ce fait.

Tel ne semble pas être le cas des contrats de réciprocité. Le contrat brestois est ainsi très clair d'emblée : « Article 1 Les contrats de réciprocité ville campagne : (…) Le terme « contrat » retenu dans la dénomination de cette expérimentation, fait appel à la notion de convention, d'accord de partenariat et non à une forme juridique formelle. ». Il en va de même des contrats conclus par la métropole de Tours qui stipulent que : « Le terme de contrat retenu par le gouvernement fait davantage appel à la notion d'accord de partenariat qu'à un dispositif juridique formel. À cet égard, les réflexions et actions portées au contrat de réciprocité n'intègrent pas de financements spécifiques. Pour autant les projets qui y sont inscrits doivent pouvoir bénéficier, par leur cohérence territoriale et une visibilité accrue, de soutiens financiers complémentaires à ceux des établissements de coopération intercommunale signataires et notamment au niveau européen, de l'État, de la Région et du Département. ». Ils n'ont donc volontairement et explicitement pas de portée obligatoire.

Il existe pourtant, dans certains de ces contrats, un volet procédural et institutionnel, relatif au suivi de ces contrats. Ainsi, dans le contrat conclu par la métropole de Brest, il est prévu qu'un comité de suivi de la mise en œuvre du contrat sera mis en place, réunissant l'ensemble des cosignataires. Il se réunit une fois par an au minimum, au moins dans une configuration technique, pour assurer le suivi et la bonne mise en œuvre des priorités retenues, et des projets. Et puisque « Tout litige, après tentative de conciliation à l'initiative d'un de ses signataires, sera porté auprès du Tribunal Administratif de Rennes », il ne peut concerner que la procédure, faute pour la convention de comporter d'obligations substantielles. Dans le prolongement les sénateurs auteurs du rapport d'information consacré en 2021 aux « *Métropoles : pour de nouvelles dynamiques territoriales* », proposaient de rendre obligatoire la réalisation par les métropoles, à mi-mandat, d'un schéma de dynamisme territorial et d'une étude d'impact des contrats de réciprocité[25].

Le Commissariat général à l'égalité des territoires, France urbaine, et l'Assemblée des communautés de France, reconnaissent ainsi bien que le niveau d'engagement des partenaires et plus encore l'effectivité des coopérations sont difficiles à apprécier, même si l'existence d'une instance de suivi et de pilotage, la fréquence des réunions de travail, le portage politique, la mobilisation de moyens humains, techniques et financiers et la mise en œuvre d'actions concrètes sont des indicateurs permettant

[25] *Métropoles : pour de nouvelles dynamiques territoriales*, *préc.*p. 6.

d'apprécier le caractère actif/effectif ou non d'une coopération. Ils remarquent que la voie conventionnelle semble présenter l'avantage d'officialiser la volonté, partagée par les co-contractants, de coopérer. Elle fixe également les modalités de suivi de la coopération au moyen de plans d'actions ou d'un programme de travail, annuel ou pluriannuel. Ils sont pourtant bien obligés de reconnaître qu'elle ne garantit pas l'effectivité de la coopération, ni que celle-ci portera des fruits. La souplesse est d'ailleurs souvent recherchée et certains territoires préfèrent ne pas figer ni encadrer excessivement les démarches de coopération. L'absence de formalisation semble permettre davantage la discussion, l'exploration et l'émergence de sujets à travailler en commun. Néanmoins, nombreux sont les territoires qui ont choisi de mettre en place une structure dédiée au portage des coopérations, afin de disposer d'un acteur tiers, moins dépendant du climat des relations politiques entre les territoires, de bénéficier de moyens humains, en ingénierie notamment, et d'officialiser la ou les coopérations. Les pôles métropolitains et les syndicats mixtes, mais aussi les agences d'urbanisme, sont cités parmi les structures dédiées au portage des coopérations entre métropoles et territoires environnants[26].

B. La concurrence

La concurrence est multiple, mais deux types de rapports de coordination de l'action des collectivités publiques entre elles vient immédiatement à l'esprit : une structure organique, avec le pôle métropolitain, et un acte de planification, le schéma régional d'aménagement et de développement durable du territoire.

Même si on peut se demander si le pôle métropolitain a bien pour fonction d'assurer un phénomène de métropolisation à partir d'une métropole au sens strict, pôles métropolitains et contrats de réciprocité cohabitent tout de même autour de certaines métropoles.

Au terme de la loi du 16 décembre 2010, le statut de métropole pouvait être accordé aux établissements publics de coopération intercommunale qui formaient, à la date de sa création, un ensemble de plus de 500 000 habitants et les communautés urbaines instituées par loi du 31 décembre 1966 *relative aux communautés urbaines*[27]. Dans le même temps, était créé le pôle métropolitain afin de réunir plusieurs établissements publics de coopération intercommunale à fiscalité propre, en vue d'actions d'intérêt métropolitain[28]. Le pôle métropolitain regroupe des établissements publics de coopération intercommunale à fiscalité propre formant un ensemble de plus de 300 000 habitants. L'un d'entre eux doit compter plus de 150 000 habitants[29]. Par

[26] *Zoom sur les coopérations entre métropoles et territoires environnants*, *préc.*, p. 9.
[27] CGCT, article L. 5217-1.
[28] CGCT, article L5731-1.
[29] CGCT, article L5731-2.

dérogation, le pôle métropolitain peut regrouper, sur un territoire d'un seul tenant et sans enclave, des établissements publics de coopération intercommunale à fiscalité propre formant un ensemble de plus de 300 000 habitants et comprenant au moins un établissement public de coopération intercommunale de plus de 50 000 habitants limitrophe d'un État étranger. Il se distingue des syndicats mixtes ouverts déjà prévus dans le code en raison de sa composition, avec la présence exclusive d'établissements publics de coopération intercommunale à fiscalité propre, des critères démographiques et de son objet, précisément défini[30].

Juridiquement, une métropole peut donc former un pôle métropolitain avec d'autres établissements publics de coopération intercommunale puisqu'elle remplit à elle-seule les critères pour constituer un pôle métropolitain. Lors de l'examen du projet de loi de réforme des collectivités territoriales, le rapporteur de celui-ci au Sénat considérait que le rapport sur l'organisation et l'évolution des collectivités territoriales réalisé par M. Yves Krattinger et Mme Jacqueline Gourault, en 2009, concevait le pole métropolitain au service et à partir d'une métropole pour en conforter le développement[31]. Dans celui-ci, ses auteurs remarquaient en effet que l « agglomération-phare » doit pouvoir initier l'organisation de la mise en réseau « des espaces urbains périmétropolitains », et que la loi doit faciliter et promouvoir « les coopérations spécifiques de la métropole avec les pôles situés non seulement à l'extérieur de son périmètre, mais également au-delà de son département, voire de sa région d'implantation »[32]. M. Yves Krattinger et Mme Jacqueline Gourault reconnaissaient d'ailleurs bien eux-mêmes que le code général des collectivités territoriales offre déjà des outils permettant aux collectivités de s'associer « en vue d'œuvres ou de services présentant une utilité pour chacune de ces personnes morales », la formule la plus souple et la plus opérationnelle résidant dans le syndicat mixte qui peut être constitué entre des régions, des départements, des communes, leurs groupements, avec un certain nombre d'établissements publics[33]. Lors de l'examen du projet de loi de réforme des collectivités territoriales, le rapporteur de celui-ci au Sénat avait également auditionné le délégué interministériel à l'aménagement et à la compétitivité de territoire, le préfet Pierre Dartout, qui, lui, n'envisageait pas la possibilité pour une métropole de constituer un pôle métropolitain. Selon lui, le projet de loi l'étendait aux agglomérations moins peuplées pour leur permettre d'irriguer leur périmètre

---

[30] Étude d'impact, pp. 43-44.

[31] Rapport n° 169 fait au nom de la commission des lois constitutionnelles, de législation, du suffrage universel, du Règlement et d'administration générale *sur le projet de loi de réforme des collectivités territoriales*, Par M. Jean-Patrick Courtois, enregistré à la Présidence du Sénat le 16 décembre 2009, p. 82.

[32] Rapport d'information N° 471 fait au nom de la mission temporaire sur *l'organisation et l'évolution des collectivités territoriales*, par M. Y. Krattinger et Mme J. Gourault, Sénat, 17 juin 2009, p. 33.

[33] *Ibid.*, p. 34.

de rayonnement et peut-être de décupler les atouts locaux. Dans le même sens, on peut remarquer que les seuils évoqués précédemment laissent plutôt à penser que le pôle métropolitain a été créé à d'autres fins, pour permettre le regroupement de plusieurs établissements publics de coopération intercommunale confrontés à l'impossibilité de constituer une métropole.

Pourtant, plusieurs métropoles appartiennent bien à des pôles métropolitains. Depuis 2012, un pôle métropolitain regroupe cinq intercommunalités : Nantes Métropole, la CARENE (communauté d'agglomération de la région nazairienne et de l'estuaire) et les communautés de communes Erdre et Gesvres, Estuaire et Sillon, et Pays de Blain. Le territoire du pôle rassemble 61 communes et plus de 865 000 habitants. À l'échelle du bassin de vie, Nantes Métropole a signé en 2019 un contrat de réciprocité avec le pôle d'équilibre territorial et rural du Pays de Retz qui regroupe les 4 intercommunalités du Pays de Retz (Sud Estuaire, Pornic Agglo Pays de Retz, Sud Retz Atlantique, Grand-Lieu) et 68 communes. L'addition de l'ensemble de ces territoires forme un espace complémentaire autour de la métropole de Nantes, sans pour autant l'enserrer en totalité, notamment au sud. Créé en 2012 par transformation du syndicat mixte des communautés du Pays de Brest, le pôle métropolitain du Pays de Brest regroupe Brest métropole et les communautés de communes du Pays d'Iroise, Pays des Abers, Lesneven-Côte des légendes, Pays de Landerneau-Daoulas, Presqu'île de Crozon-Aulne maritime et Pleyben-Châteaulin-Porzay. Il porte le SCoT et développe des services et des actions au bénéfice du bassin de vie comme par exemple le contrat local de santé, le contrat de partenariat avec la Région, le contrat de transition écologique, le système d'information géographique et l'ingénierie d'accompagnement du déploiement du très haut débit. Le pôle métropolitain Loire-Bretagne réunit depuis 2012 Brest métropole, Nantes Métropole, Angers Loire Métropole, Rennes Métropole et Saint-Nazaire agglomération qui travaillent dans ce cadre au rayonnement du grand Ouest. Les pôles métropolitains ne concurrencent donc pas les contrats de réciprocité : les seconds complètent les premiers, en réalité.

La fonction de coordination des actions de la métropole et des structures environnantes peut par ailleurs être assurée par la région et ses documents de planification.

Comme le rappelle bien l'étude d'impact du projet de loi MAPTAM, c'est aux collectivités territoriales de rang supérieur, départementale et régionale, d'assurer la liaison de l'action des métropoles avec leur environnement. Pour ses auteurs, les solidarités entre la métropole et les territoires qui l'environnent sont maintenues et le département en reste le garant dans le cadre d'une répartition des compétences que les élus pourront adapter aux spécificités de chaque métropole et de chaque département. La métropole établira, après consultation de la région, sa stratégie de développement économique, qui sera intégrée au schéma régional de développement économique. La métropole sera associée aux schémas qui concernent l'aménagement, les transports et l'environnement et au contrat de projet État-région qui comportera un volet spécifique à son territoire. Cette articulation a pour but de concilier deux impératifs : d'une part, permettre à la métropole de conduire les actions qui conditionnent le développement économique de son territoire, d'autre part, maintenir la métropole dans l'ensemble régional et garantir la cohérence de la démarche de développement économique et d'aménagement du territoire à l'échelle de la région, démarche dont la région est et demeure responsable[34].

L'exemple de la mobilité illustre bien cet aspect. Avec la loi du 7 août 2015 portant nouvelle organisation territoriale de la République, l'ensemble des régions va être doté d'un document prescriptif à l'échelle régionale : le Schéma régional d'aménagement et de développement durable et d'égalité des territoires (SRADDET). Le nouvel article L. 4251-1 alinéa 2 prévoit, dans le prolongement, que ce schéma fixe les objectifs de moyen et long termes sur le territoire de la région en matière : d'équilibre et d'égalité des territoires, d'implantation des différentes infrastructures d'intérêt régional, de désenclavement des territoires ruraux, d'habitat, de gestion économe de l'espace, d'intermodalité et de développement des transports, de maîtrise et de valorisation de l'énergie, de lutte contre le changement climatique, de pollution de l'air, de protection et de restauration de la biodiversité, et de prévention et de gestion des déchets. La planification régionale de l'intermodalité et du développement des transports détermine en particulier les mesures de nature à favoriser la cohérence des services de transport public et de mobilité et la cohérence infrarégionale des plans de déplacements urbains limitrophes[35], et le SRADDET met en œuvre la coordination prévue par la planification régionale de l'intermodalité[36]. Ainsi, le SRADDET détermine les infrastructures nouvelles relevant de la compétence de la région, et les mesures de nature à favoriser la cohérence des services de transport public et de mobilité et la cohérence infrarégionale des plans de déplacements urbains limitrophes, en matière d'infrastructures de transport, d'intermodalité et de développement des transports, sont déterminées[37]. Dans le cadre du contrat de réciprocité conclu entre la métropole de Tours et la Communauté de communes de Gâtine et Choisilles - Pays de Racan, il était ainsi prévu de mettre en place une politique intermodale et multimodale efficace avec une coordination des autorités organisatrices de transport, par la création de parkings relais, d'aires de covoiturage (y compris solidaires), d'une billettique unique (bus, train, tramway), et grâce à l'amélioration des transports collectifs directs vers les

---

[34] Projet de loi de modernisation de l'action publique territoriale et d'affirmation des métropoles, étude d'impact, p. 56.
[35] C. transp., art. R. 1213-3.
[36] CGCT, art. L. 1213-3-1.
[37] CGCT, art. R. 4251-9.

gares et l'aéroport, entre autres choses. Dans ce cas, le contrat de réciprocité apparaît comme la convention de mise en œuvre du SRADDET.

Les contrats formalisant la coopération entre une métropole et un ou plusieurs de ces territoires environnants existent donc bel et bien. Ils n'unissent pas tous les territoires adjacents à une métropole, et ne semblent avoir, volontairement, pas de portée juridique. Ils sont, apparemment, conçus comme un espace d'échange, ces derniers étant, eux, d'ailleurs procéduralement très encadrés dans ces contrats. Ils prennent par ailleurs place au sein d'un ensemble complexe de structures et de relations issues de la coopération intercommunale ou de la planification régionale, qui tendent, tous, à assurer la coordination de l'action locale associant une métropole. Si la métropolisation peut donc se réaliser par « contrat » - pour autant qu'on ne lui donne pas de signification juridique stricte – il ne s'agit que d'un instrument parmi d'autres. En ce domaine, volonté et volontarisme restent le principal moteur de l'action publique locale.

La métropolisation ne semble toutefois pas avoir les effets attendus, avec ou sans contrat. Selon le CGET, des métropoles comme Lyon, Nantes, Aix-Marseille, Rennes ou Bordeaux, partageraient leurs dynamiques de croissance avec des zones d'emploi contigües, mais pas celles de Lille et Toulouse ou Montpellier. D'autres encore, telles Nice et Rouen ou Strasbourg et Grenoble, auraient des dynamiques d'emploi faibles, peu favorables par rapport aux territoires environnants[38]. Toutefois, le Conseil économique et social nuance ceci en relevant que les effets induits des métropoles sur les territoires alentours, complexes et différenciés, ne se réduisent pas à des analyses binaires en termes d'effets d'entraînement ou de ruissellement sur leur environnement, ni à l'inverse de captation du développement par les métropoles[39].

---

[38] Audition d'Hugo Bevort, du CGET, devant la section et étude Dynamiques de l'emploi dans les métropoles et les territoires environnants réalisée par Cécile Altaber et Boris Le Hir (2017).

[39] *Les métropoles : apports et limites pour les territoires*, préc., p. 148.

Les pôles : des outils pour une métropolisation rayonnante. Variations autour de l'interterritorialité institutionnelle

Patricia Demaye-Simoni

Maître de conférences en droit public
Université d'Artois, UR 2471
Centre droit, éthique et procédures (CEDP)

30 ans déjà que la mondialisation, la globalisation et la métropolisation mettent à dure épreuve l'opérationnalité de la territorialisation de l'action publique[1] au travers des territoires institutionnels constitués sous forme d'établissements publics de coopération intercommunale à fiscalité propre (EPCI-FP). Ainsi, en 1995 avec la LOADT[2], le fossé entre la logique solidaire de projet portée par la loi ATR du 6 février 1992[3] et la réalité d'une géographie intercommunale cantonale aux mains des « seigneurs » locaux (les conseillers généraux ou départementaux) acculait le législateur à dépasser les structurations dominantes de repli sur soi pour tendre vers une action publique de projet véritablement mutualisée, partagée et de solidarité au sein des « pays »[4], soit des territoires de projet fédérateurs façonnés sur des bassins de vie ou d'emploi.

Face aux mobilités pendulaires des habitants des territoires et à l'organisation en réseaux des entreprises, en dépit de l'extension des périmètres des territoires des EPCI-FP intervenue au gré des réformes territoriales, souvent l'intercommunalité à fiscalité propre ne peut à elle seule rendre compte de la complexité d'un système territorial happé par le tourbillon de la métropolisation. L'évolution de la société et les déplacements de population se jouent de l'enfermement dans les catégories

---

[1] J.-M. Pontier, « Territorialisation et déterritorialisation de l'action publique », *AJDA* 1997, p. 723.

[2] Loi n° 95-115 du 4 février 1995 d'orientation pour l'aménagement et le développement du territoire (LOADT), *JO* 5 février 1995, p. 1973.

[3] Loi n° 92-125 du 6 février 1992 relative à l'administration territoriale de la République (ATR), *JO* 8 février 1992, p. 2084.

[4] Art. 22 de la LOADT abrogé par l'article 51 de la loi n° 2010-1563 du 16 décembre 2010 de réforme des collectivités territoriales (RCT), *JO* 17 décembre 2010, p. 44.

juridiques intercommunales communautaires ou métropolitaines pour envisager une mise en réseau de l'action publique atomisée et plurielle autour d'enjeux et d'ambitions partageables[5]. À cet égard, la métropolisation emporte des bouleversements profonds sur le système territorial, tant et si bien que « le réseau l'a emporté sur la pyramide [...] de l'organisation administrative »[6].

C'est un lieu commun que de le rappeler. Les aires urbaines de 500 000 habitants regroupent 43 % de la population et représentent 46 % des emplois. La métropolisation concentre les richesses essentiellement sur les grandes villes : les fonctions économiques, les capitaux et les emplois notamment dans les secteurs à haute valeur ajoutée ainsi que les fonctions universitaires, de recherche et de l'innovation se polarisent sur des sites d'ancrage d'une économie globalisée (les métropoles) dont le rayonnement et l'attractivité doivent dynamiser la région et l'État pour mieux s'inscrire dans la compétition internationale. Seulement, elle rend les fractures territoriales plus saillantes[7] et les inégalités moins acceptables dès lors qu'il est admis que cette richesse métropolitaine ne percole pas nécessairement sur les territoires environnants (échec du pari du *trickle down*)[8]. Corrélativement, dans l'imaginaire métropolitain français[9], la métropole est représentée comme une entité juridico-politique polarisant le développement économique et asphyxiant les autres territoires. Evidemment, cette vision réductrice est tempérée selon les métropoles concernées et au sein même des métropoles qui sont des « terres de contrastes »[10].

Dès lors, comment dépasser l'approche hexagonale figurée par certaines oppositions dominantes binaires (centre *versus* périphérie, métropoles *versus* territoires délaissés, territoires gagnants *versus* territoires perdants) ? La réponse repose sur un changement radical de paradigme de l'action publique pour raisonner en termes de connexions et de complémentarités coopératives (interrelations *versus* compétition).

La littérature universitaire, les documents d'expertise tout comme les discours politiques fourmillent désormais de références à la responsabilité majeure des métropoles dans la coopération interterritoriale et l'alliance des

---

[5] J.-F. Brisson, « La territorialisation des politiques publiques. A propos de quelques malentendus... », *RFFP* 2015, n°129, p. 30.

[6] J.-M. Pontier, « La vogue irréfrénable du contrat entre les personnes publiques », *BJCL*, n° 9/2021, septembre 2021, p. 586.

[7] P. Demaye-Simoni, « Introduction », in *La cohésion des territoires. De nouveaux mots pour panser les maux*, Berger-Levrault, coll. Au fil du débat, 2022, p. 15.

[8] H. Maurey et L.-J. de Nicolaÿ, Rapport d'information sur l'aménagement du territoire, doc Sénat n°565, 31 mai 2017, p. 15-24 ; G.-F. Dumont, « La dynamique des territoires. Radiale ou réticulaire ? », *Analyses de population & Avenir*, 2019/1, p. 4 s., https://cairn.info

[9] C. Ghorra-Gobin, « Concevoir un imaginaire métropolitain autre pour penser la coopération territoriale », *Métropolitiques*, 3 mai 2021, https://metropolitiques.eu

[10] A. Viala, Rapport d'information sur la réparation d'une nouvelle étape de la décentralisation en faveur du développement des territoires, doc. Ass. nat. n°1015, 31 mai 2018, p. 18.

territoires. Confrontée à des systèmes territoriaux multi-échelles nés du processus de métropolisation, la coopération interterritoriale peut être la solution idoine pour contrer les trajectoires socio-économiques inégales et les cassures territoriales fragilisant l'unité nationale : la connexion entre les territoires dépasse les frontières administratives pour suivre les déplacements des populations et des entreprises[11].

En conséquence, explorer la métropolisation rayonnante à l'aune des pôles invite à creuser l'interterritorialité[12]. Avec l'institutionnalisation de la coopération entre les intercommunalités, il s'agit de transcender les cloisonnements institutionnels classiques de forme communautaire ou métropolitaine pour enclencher une nouvelle matrice de l'aménagement du territoire étayée par la recherche de la cohésion des territoires dans le respect des différences entre les territoires intercommunaux[13]. Déclinée sur un mode juridique informel (ententes), institutionnel et/ou contractuel, l'interterritorialité mise sur l'intelligence territoriale, la solidarité et la complémentarité dans la définition et la mise en œuvre de l'action publique. « Théorie de l'entre-deux »[14], l'interterritorialité combine l'interaction et la connexion entre les territoires urbains et/ou ruraux, aujourd'hui engoncés dans leurs limites administratives, pour mieux révéler leur potentiel et leurs atouts dans une dynamique fédérative de projet. Du point de vue institutionnel, cette jonction peut être propulsée par les pôles métropolitains et les pôles d'équilibre territoriaux et ruraux respectivement créés par la loi RCT n°2010-1563 du 16 décembre 2010 et la loi MAPTAM[15] n°2014-58 du 27 janvier 2014. Marqueurs juridiques de la résilience territoriale face à la métropolisation (I), les pôles sont hétéroclites. Reflet du changement sociétal, cette diversité est une richesse dans la lutte contre les fractures territoriales pour envisager une métropolisation rayonnante, à condition que les pôles ne soient pas enveloppes vides (II).

---

[11] M. Vanier, *Le pouvoir des territoires-Essai sur l'interterritorialité*, Economica, 2008, 186 p.

[12] R. Degron, « L'inter-territorialité au service de la confiance en les pouvoirs publics », *Pouvoirs locaux*, n° 114, II/2019, p. 42.

[13] P. Demaye-Simoni, « De l'aménagement à la cohésion des territoires en France : une évolution de l'action publique ? » in P. Demaye-Simoni (dir.), *La cohésion des territoires. De nouveaux mots pour panser les maux*, *op. cit*, p. 32.

[14] M. Vanier, « L'interterritorialité : des pistes pour hâter l'émancipation spatiale », in B. Antheaume et F. Giraut, *Le territoire est mort, vive les territoires*, IRD Editions, 2005, p. 336.

[15] Modernisation de l'action publique et d'affirmation des métropoles.

I. Les pôles : des marqueurs de la résilience territoriale face à la métropolisation

Suppléant les limites et les défauts des EPCI-FP, le droit de l'interterritorialité est un droit souple et modulable appuyé sur la complémentarité territoriale.

A. L'interterritorialité institutionnelle au secours de l'intercommunalité à fiscalité propre

Les pôles métropolitains (PM) tout comme les pôles d'équilibre territoriaux ruraux (PETR) illustrent l'inadéquation entre les espaces de vie[16] et les territoires administratifs pour mieux objectiver le « dépassement des territoires circonscrits, quelle que soit l'ampleur de leur périmètre »[17]. Certes, la loi NOTRE[18] n°2015-991 du 7 août 2015 a provoqué une diminution d'environ 39 % du nombre d'EPCI-FP par un vaste mouvement de fusions d'intercommunalités, ce qui a donné naissance à des communautés mixtes associant communes urbaines, périurbaines et communes rurales. Malgré tout, le périmètre des intercommunalités (EPCI-FP) ne correspond pas aux territoires vécus des habitants, en ce sens où nombre d'entre elles n'en épousent pas les contours réels ou chevauchent plusieurs aires urbaines. Ensuite, sur les dix-sept aires urbaines de plus de 500 000 habitants, toutes ne sont pas dotées du statut de métropole (Douai-Lens ou Avignon). Sans oublier que le périmètre des métropoles (au statut d'EPCI-FP, à l'exception de Lyon) - inchangé en 2015 lorsque les dispositions de la loi MAPTAM n°2014-58 du 27 janvier 2014 sont entrées en vigueur - est le fruit d'accords locaux passés bien plus que le produit de l'application de critères quantifiés résultant d'une conjonction entre le bâti, les habitants et les emplois. Certaines métropoles institutionnelles peuvent être comprises dans un pôle urbain ou épouser les contours des pôles urbains tandis que d'autres s'appuient sur les aires métropolitaines[19]. Les configurations locales sont hétérogènes, oscillant entre le partage du dynamisme métropolitain avec les territoires environnants, le développement en isolat ou encore une vitalité moins marquée que pour celle des territoires environnants[20]. Le rayonnement des métropoles sur leur hinterland

---

[16] Entendus au sens large (à distinguer de la notion de bassin de vie, c'est-à-dire du « plus petit territoire sur lequel les habitants ont accès aux équipements et services les plus courants », https:// www.insee.fr).

[17] C. Regourd, *Les métropoles au prisme du modèle territorial français*, Dalloz, Bibliothèque parlementaire et constitutionnelle, 2019, p. 60.

[18] Nouvelle organisation territoriale de la République.

[19] France Stratégie, « Dynamique de l'emploi dans les métropoles et les territoires avoisinants », La note d'analyse, novembre 2017 n°64, p. 4.

[20] *Ibid.*, pp. 8-10. V. Mission Flash de l'Assemblée nationale sur l'équilibre entre les territoires urbains et ruraux, communication du 3 avril 2019, p. 12.

(territoires environnants) est si incertain que l'alliance des territoires devient, pour reprendre l'expression du général De Gaulle, une « ardente obligation ».

Sans nul doute, la consécration par le législateur des PM et PETR est une réponse à la nécessité de tisser des liens de solidarité horizontale entre les intercommunalités (EPCI-FP) pour promouvoir la croissance dans l'ensemble du territoire des régions françaises. Or, sur les douze dernières années, les grands textes législatifs relatifs aux coopérations locales et à la décentralisation ont placé la focale sur la mise en cohérence et l'élargissement du périmètre de l'intercommunalité à fiscalité propre, délaissant la question de l'aménagement des territoires ruraux ou périurbains de leurs préoccupations majeures[21]. Ce n'est pas que l'interterritorialité soit ignorée et encore moins catégoriquement repoussée de l'œuvre du législateur ou des considérations gouvernementales, mais elle est reléguée au second plan des priorités, les pouvoirs publics concentrant leurs efforts pour offrir un cadre juridique mettant en valeur les grandes métropoles et donner une taille critique aux communautés intercommunales dans cette quête utopique - stigmatisée par une partie des élus - de l'optimum dimensionnel au soutien de l'essor de l'intercommunalité à fiscalité propre.

Pourtant, fondamentale, la question de l'inscription des territoires français dans les bouleversements sociétaux réticulaires découlant d'une économie des flux est annoncée par le président de la République Nicolas Sarkozy dès 2009 : à côté des métropoles institutionnalisées[22] sous la forme d'EPCI-FP, la législation française admettra les « métropoles dites multipolaires » ou encore « la métropole en réseau »[23]. « Carte joker »[24] de la loi RCT n°2010-1563 du 16 décembre 2010, le pôle métropolitain est une sous-catégorie de syndicat mixte, codifiée aux articles L. 5731-1 à L. 5731-3 du code général des collectivités territoriales (CGCT), affiliée à la politique d'aménagement du territoire (ou des territoires). En substance, ces établissements publics se situent dans le sillage des réseaux de villes activés par des circulaires du 17 avril 1991 et du 5 juin 2000 ou dans celui de la stratégie nationale de renforcement de l'offre métropolitaine de la France en Europe retenue lors du CIAT du 18 décembre 2003 (relayée par l'appel à coopération métropolitaine lancé par la DATAR en 2004). Ces syndicats mixtes urbains répondent à une approche de coopération en réseaux portée par le Conseil économique et social dans son rapport « Métropoles et structuration du territoire »[25] ou encore à une approche multipolaire[26].

---

[21] J.-F. Brisson, « La métropole, une chimère ? », in F. Lerique (dir.), *A l'heure de la métropolisation. Quels contours juridiques ?*, L'Harmattan, 2012, p. 23-38.

[22] J. Caillosse, « La "métropole" impossible », *Pouvoirs locaux*, n°86 III/2010, p. 41 s.

[23] N. Sarkozy, Président de la République, Discours de Saint-Dizier, 20 octobre 2009.

[24] D. Béhar, Ph. Estèbe, M. Vanier, « Pôles métropolitains : du "faire territoire" au "faire politique", ou la nouvelle bataille de l'interterritorialité », *Métropolitiques*, 18 mai 2011, https://metropolitiques.eu

[25] J.-C. Bury, Métropoles et structuration du territoire, Rapport et avis du CES, 2003, p. 32.

[26] Avis du CES sur le rapport du comité pour la réforme des collectivités locales, 2009, p. 29.

Parallèlement, l'attention retenue par le fait métropolitain dans sa dimension urbaine et la perspective d'une restructuration généralisée, ordonnée et simplifiée de l'organisation territoriale française dans des intercommunalités de projet de type communautaire, débouche sur la suppression des « pays », souvent implantés en milieu rural, au motif avancé que les objectifs de préfiguration des groupements intercommunaux auraient été remplis[27]. Aussi, en dépit de leur succès incontestable, tout en maintenant les « pays » existants, l'article 51 de la loi RCT de 2010 abroge l'article 22 de la LOADT du 4 février 1995. Laissés pour compte de la métropolisation saisie par le droit des collectivités territoriales, le monde rural et les zones interstitielles ont cependant pu de nouveau s'inscrire dans ce processus en 2014 avec la création des PETR qui leur offre l'opportunité de discuter avec les métropoles (CGCT, art. L. 5741-1 à L. 5741-5).

À l'évidence, l'atout majeur des pôles, gage de leur succès, réside dans leur armature juridique faiblement contraignante et dans leur plasticité.

B. Un droit de l'interterritorialité institutionnelle flexible

Parmi les « ressorts institutionnels de la coopération entre territoires voisins »[28], les pôles institutionnels figurent en bonne place. Dès leur création législative, les pôles métropolitains se positionnent dans une logique fédérative dessinant « l'inter-intercommunalité »[29] ou la « supra-intercommunalité à la carte »[30]. Territoires fonctionnels, particulièrement utiles pour combler les lacunes d'une intercommunalité urbaine disséminée, éclatée et concurrentielle, ils peuvent offrir une réponse appropriée à la métropolisation en œuvre, d'autant qu'en distinguant les métropoles des pôles métropolitains, « le droit s'aligne sur la distinction géographique entre métropole et aire métropolitaine »[31] (ensemble constitué d'une très grande ville ou de plusieurs villes polycentriques et leur zone d'influence).

Structurant « la métropolisation polycentrique »[32], les métropoles multipolaires ou en réseau, à visage protéiforme (aréolaires ou réticulaires),

[27] Proposition n°6 du rapport Balladur « Il est temps de décider » du 5 mars 2009, p. 81 et p. 83 ; M. Verpeaux, « Le rapport Balladur sur la réforme des collectivités locales, des raisons et des solutions », *RFDA* 2009, p. 407 s.

[28] J.-F. Brisson, « Les métropoles et le[ur]s territoires périphériques : l'impensé de la réforme territoriale », in N. Kada (dir.), *Les discontinuités et le droit public*, Dalloz, 2020, p. 78.

[29] N. Dantonel-Cor, « Les pôles métropolitains, métropole du pauvre ou monstres tentaculaires » in M.-C. Steckel-Assouère, *Regards croisés sur les mutations de l'intercommunalité*, L'Harmattan, 2014, p. 70.

[30] S. Joubert, « L'émiettement intercommunal, du supra-communal au supra-intercommunal » in M.-C. Steckel-Assouère, *préc.*, p. 181.

[31] E. Deschamps, « Métropole et pôle métropolitain dans la loi du 16 décembre 2010 de réforme des collectivités territoriales », *AJDA*, 2011, p. 1129.

[32] S. Joubert, « Le processus de métropolisation à l'aune de la loi du 16 décembre 2010 » *in* P.-Y. Monjal et V. Aubelle, *La France intercommunale. Regards sur la loi de réforme des collectivités territoriales du 16 décembre 2010*, L'Harmattan, 2013, p. 337.

les PM sont des « chewing-gums territoriaux »[33] utilisés pour donner de la souplesse à l'action publique territoriale. Désormais accessibles aux ensembles comportant un EPCI-FP de plus 100 000 habitants, en 2010, les PM avaient été ouverts aux EPCI-FP formant un ensemble de plus de 300 000 habitants dont l'un d'entre eux comptait plus de 150 000 habitants (entre autres, pour permettre la transformation du pays d'Angers). D'emblée, en 2010, leur seuil de création est rectifié pour répondre aux exigences de la coopération en zone transfrontalière avec un seuil démographique de 50 000 habitants posé au profit de l'agglomération franco-genevoise qui n'atteignait pas le seuil fatidique des 150 000 habitants fixé initialement en 2010 (CGCT, art. L. 5731-2). Créé par arrêté préfectoral à la seule initiative des intercommunalités intéressées et avec leur accord afin de promouvoir un modèle d'aménagement, de développement durable et de solidarité territoriale, depuis 2014, le PM peut être un syndicat mixte fermé ou un syndicat mixte ouvert lorsqu'un département, une région ou la métropole de Lyon en sont membres[34]. À la différence des PETR créés par la loi MAPTAM de 2014 dans un contexte polémique du tout (ou trop) métropolitain[35] pour lesquels il existe « une clause légale d'exclusivité »[36], les textes n'interdisent pas à un EPCI-FP d'adhérer à plusieurs PM sur des projets différents (cas du Grand Nancy ou de Brest Métropole). Concernant les PETR (CGCT, art. L. 5741-1 et s.), dans le droit fil des « pays »[37] pourtant critiqués avant l'adoption de la loi RCT de 2010[38], leur création a été proposée par amendement de la commission de développement durable du Sénat pour envoyer un « signal fort en direction des territoires ruraux »[39]. Ces PETR réunissent les EPCI-FP, quel que soit leur seuil démographique. Ils doivent impulser une dynamique de projet dans les territoires ruraux (voire d'autres territoires). Présentés « comme le pendant des métropoles »[40], les PETR laissent renaître de leurs cendres les « pays »[41] : ce sont des syndicats mixtes fermés constitués par accord des EPCI-FP (et

---

[33] N. Dantonel-Cor, *op. cit.*, p. 79.

[34] CGCT, art. L.5731-1 et L. 5731-3.

[35] J-J. Filleul, débats du Sénat du 6 juin 2013.

[36] E. Derdaele, « Les PETR : cuisine et dépendances d'une réforme territoriale méconnue », *Civitas europa*, 2015/2 n°35, p. 157. L'article L. 5741-1 du CGCT interdit la pluri-appartenance d'un EPCI-FP à plusieurs PETR.

[37] P. Demaye-Simoni, « Ordre et désordres territoriaux : de nouvelles voies de gouvernance pour des intercommunalités rurales renouvelées » in L. Malikova, F. Delaneuville, M. Giba et S. Guérard, *Métropolisation, régionalisation et intercommunalité rurale. Quel impact sur les autorités locales, régionales et centrales en Europe ?*, Institut Universitaire Varenne, 2018, p. 674.

[38] A. Taillefait, « Les pôles métropolitains et les pôles d'équilibre territoriaux et ruraux », *AJDA* 2014, p. 628.

[39] Avis, J-J. Filleul, doc. du Sénat, n°601, 22 mai 2003, p. 18.

[40] Rapport de la commission des lois du Sénat, doc. n°859, 19 septembre 2013, p. 174.

[41] H. Pauliat, « Le pays est mort… vive le pôle d'équilibre territorial et rural ! », *JCP A*, 2014, étude, n°2051.

éventuellement d'une commune nouvelle) au sein d'un périmètre continu et sans enclave (CGCT, art. L. 5741-1). Leur objet est d'élaborer un projet de territoire « pour le compte et en partenariat » avec les EPCI-FP qui les composent, le cas échéant en association avec le département et la région, après avis de la conférence des maires et du conseil de développement territorial représentant la société civile. S'il est regrettable que les forces vives de la Nation ne soient pas systématiquement associées à la co-construction des projets de territoire[42], les projets des PETR donnent sens à l'action publique. Outils de mutualisation de l'action publique (ayant la possibilité de créer des services unifiés avec les EPCI-FP membres), en principe, les PETR portent des projets mis en œuvre par le biais d'une convention territoriale précisant les missions déléguées à leur profit par les EPCI-FP, voire les départements et les régions, pour être exercées en leur nom[43].

Qu'il s'agisse du PM ou du PETR, ces variantes syndicales très souples œuvrent au rapprochement des intercommunalités, à leur complémentarité et à une gouvernance interterritoriale de projet apaisée. Ce faisant, on comprend que l'approfondissement de la coopération au sein de ces pôles ait constitué une orientation - au demeurant non suffisamment mise en avant - des schémas départementaux de coopération intercommunale adoptés pour rationaliser le périmètre des EPCI (CGCT, art. L. 5210-1-1). Au sein des pôles, la liberté des EPCI-FP est préservée. Au principe de volontariat présidant à leur création (même si le préfet dispose d'un pouvoir discrétionnaire pour leur donner naissance par arrêté), s'ajoutent l'absence de pouvoir fiscal et des domaines de compétences librement définis[44]. Des garanties de représentation sont également inscrites dans les textes : le législateur a prévu que la répartition des sièges dans le comité syndical tient compte du poids démographique de chacun des EPCI-FP membres avec l'assurance pour tous de disposer d'au moins un siège et qu'aucun d'entre eux n'occupe plus de la moitié des sièges (CGCT, art. L. 5731-3 et L. 5741-1). Au surplus, une très grande latitude est laissée aux pôles quant à leurs modalités d'organisation et de fonctionnement (surtout aux PM prenant la forme de syndicats mixtes ouverts[45]) ou quant aux choix des compétences exercées, voire pour la définition de l'intérêt métropolitain des PM. En effet, les dispositions législatives n'imposent aucune compétence aux pôles : ni la prise en charge de la compétence Schéma de cohérence territoriale (SCOT)

---

[42] J-M. Bockel et Charles Guené, Rapport d'information sur les pôles d'équilibre territoriaux et ruraux et les pôles métropolitains comme nouveaux territoires de projet, doc. Sénat n°588, 2017, p. 37.

[43] CGCT, art. L. 5741-2-II et III.

[44] La loi MAPTAM a supprimé la liste des matières d'intérêt métropolitain dans lesquelles un pôle métropolitain peut intervenir (CGCT, art. L. 5731-1).

[45] CGCT, art. L. 5721-2.

(ou la définition d'un inter-SCOT)[46] ni celle d'autorité organisatrice de la mobilité (AOM) ouverte tardivement aux PM par le texte de loi n°2022-17 du 21 février 2022 dite « 3 DS »[47] (pour le pôle genevois), compétences pourtant décisives pour la définition de projets de territoire transversaux et cohérents.

Leviers de coopération enserrés dans des contraintes juridiques faibles, les pôles se démultiplient sur le territoire national sans pour autant se ressembler (26 PM et 124 PETR selon les chiffres 2021). De cette manière, « chaque pôle métropolitain est un prototype dont les ambitions, l'organisation et les missions dépendent du contexte territorial qu'il participe à organiser »[48]. L'éclectisme du récit polaire invite l'observateur à s'interroger sur le rôle réel qu'ils jouent dans le processus de métropolisation.

II. L'ÉCLECTISME DES PÔLES : UN DESCRIPTEUR DE CHANGEMENT SOCIÉTAL TOURNÉ VERS UNE MÉTROPOLISATION RAYONNANTE

Institutions composites, stratégiques et agiles, parfois critiquées, les pôles symbolisent la nécessaire dynamique collaborative entre les territoires intercommunaux.

A. Des institutions composites stratégiques

Le caractère protéiforme des pôles affermit leur vocation comme leur agilité à déborder les logiques administratives d'intégration territoriale observées dans le cadre des lois de réforme des collectivités territoriales. Concrètement, des PETR peuvent être des pôles urbains locaux ouverts à la périrubanité tandis que des pôles métropolitains peuvent couvrir une large zone rurale. Suivant que son territoire repose sur un périmètre restreint ou étendu, continu ou discontinu, et selon les configurations politiques locales, le PM peut servir d'« antichambre de métropole »[49], de conglomérat substitutif au pays urbain ou de « consortium pour compter dans les appels à projets ou peser sur la carte européenne du marketing et de la compétition métropolitaine »[50]. Entre le gouvernement fédéral adossé à une présidence tournante et le gouvernement métropolitain stable sur la durée du mandat[51],

---

[46] J.-F. Brisson insiste sur l'importance du SCOT et de l'inter-SCOT en tant que socles fondateurs des pôles et du projet de territoire, *cf.* « Les métropoles et le[ur]s territoires périphériques : l'impensé de la réforme territoriale », *op. cit.*, p. 78 et s. et p. 82 et s.

[47] C. des transports, art. L. 1231-1.

[48] FNAU, *Les pôles métropolitains, accélérateurs de coopérations territoriales*, points FNAU, 2017, p.7.

[49] E. Négrier, « Métropolisation et réforme territoriale », *RFAP* 2012/1, n°141, p. 83.

[50] *Ibid.*, p. 85.

[51] FNAU, *op. cit.* p. 154.

les PM testent différentes voies de gouvernance. Aux horizons singuliers, les logiques présidant à la création d'un PM sont contrastées, mais elles relèvent toutes d'un projet commun à leurs membres. En dehors des thématiques partagées par les pôles (mobilités, développement économique, aménagement du territoire, tourisme et attractivité...), les domaines de l'inter-SCOT, de la transition énergétique et de la coopération transfrontalière l'emportent dans les pôles aréolaires ou continus tandis que les pôles en réseaux ou réticulaires priorisent un positionnement stratégique régional, national, voire international, en misant sur la French Tech, le très haut débit et l'accessibilité[52]. Ceci dit, dans une minorité de cas, les pôles disposent de compétences propres. Lorsqu'elles leur sont transférées, ces compétences propres convergent autour d'une visée planificatrice (SCOT, inter-SCOT, PCAET[53]). Même s'ils ont fait l'objet de critiques par la Cour des comptes en 2022, du côté des PETR, dans la ligne suggérée par le législateur, qu'ils résultent ou non de la transformation des « pays » préexistants[54], nombre d'entre eux portent un SCOT à leur échelle[55]. En application de la loi LOM n°2019-1428 du 24 décembre 2019 (Code des transports, art. L.1231-1), ils peuvent aussi être AOM pour appuyer une stratégie cohérente de la planification urbanistique relative à l'organisation spatiale et aux grandes orientations de développement d'un territoire (SCOT, dans l'idéal inter-SCOT) avec la recherche d'un usage raisonné de la voiture par de nouvelles mobilités (mobilités solidaires telles que l'autopartage ou le covoiturage) et le transport public régulier ou à la demande. À la suite de la crise des Gilets jaunes, faciliter la mobilité dans les zones peu denses du territoire relève d'une refondation sociétale qui nécessite une connaissance fine des services proposés, des emplois et de la mobilité sur le territoire[56]. Incontestablement, la coopération interterritoriale au niveau des pôles, quelle que soit leur forme juridique, est une opportunité pour assurer la transition écologique et la cohésion territoriale[57]. Tel est le cas du projet porté par le pôle transfrontalier Genevois dont le territoire est confronté à la dégradation de la qualité de l'air et à la congestion des axes routiers[58].

Véritables arcs-en-ciel, les pôles sont des instruments d'ajustement des politiques publiques stratégiques avantageux pour se démarquer et dialoguer au niveau régional. Ils peuvent appuyer les pôles de compétitivité (PM de

[52] FNAU, *op. cit.*, p. 36.

[53] Plan climat-air-énergie territorial.

[54] Cette transformation est facilitée la loi MAPTAM (CGCT, art. L. 5741-4). Parmi les 268 territoires de projets recensés par l'ANPP en 2021, 51 % prennent la forme juridique d'un PETR et 32 % celle d'un syndicat mixte, https://www.appp.fr.

[55] CGCT, art. L. 5741-3.

[56] France Stratégie, « Mobilité dans les espaces périphériques et peu denses : pour un territoire plus accessible ? », doc. n° 2021-02, avril 2021, https://www.strategie.gouv.fr

[57] France Stratégie, « Les solidarités entre territoires : un levier pour la transition écologique », note de synthèse, août 2020, https:// www.strategie.gouv.fr

[58] Ce PM a été créé pour porter la parole des territoires français dans le Grand Genève.

l'Artois), tout comme ils s'inscrivent parfois dans les programmes européens Leader (PETR du pays de Retz) quand d'autres ont pu s'engager dans la labellisation des pôles d'excellence rurale (PETR du pays d'Epinal). Mieux encore, lorsqu'ils réunissent des agglomérations moyennes, ils offrent l'opportunité de peser sur les choix régionaux : ils ont pu être associés à la réalisation des documents de planification régionaux que sont le SRESI (schéma régional de l'enseignement supérieur, de la recherche et de l'innovation)[59], le SRDEII (schéma régional de développement économique, d'innovation et d'internationalisation)[60] ou le SRADDET (schéma régional d'aménagement, de développement et d'égalité des territoires)[61]. Enfin, ils constituent un cadre privilégié de la contractualisation « molle » entre personnes publiques pour s'insérer positivement dans la métropolisation [contrats de réciprocité entre un PETR et une métropole (Toulouse Métropole et Pays de Gascogne) ou contrats de relance et de transition écologique (CRTE) (pôle métropolitain du Grand Amiénois)].

Ceci étant, la diversité du récit polaire magnifié que l'on voudrait porteur de projets de développement adaptés aux particularismes de chaque territoire peut se heurter à de réels écueils dans la concrétisation même de ces projets.

De cette façon, la Cour des comptes a souligné que la création d'un pôle, même ancienne, ne garantit pas une mise en œuvre du projet territorial dans des délais « raisonnables ». Par exemple, alors que le PM Lyon Métropole, Saint-Étienne Métropole a été constitué avec d'autres EPCI en 2012, les axes de partenariat du projet territorial de Plaine Saint-Exupéry avec la région n'étaient toujours pas délimités en 2020[62]. De même, l'accessibilité par le ferroviaire pour faire rayonner le Grand Ouest, souhaitée par le PM de Bretagne-Pays de la Loire mis en place en 2012 sur l'espace métropolitain Loire-Bretagne, peine à se déployer, car la réalisation du projet doit être co-portée par l'État, la SNCF et RFF. Quant à l'ingénierie, elle est souvent insuffisante ou limitée dès lors que certains pôles ne disposent que de quelques emplois à temps plein pour porter les projets et les concrétiser.

S'il est vrai que les pôles peuvent rencontrer des difficultés dans le déploiement de leurs projets, ils véhiculent néanmoins l'image d'une dynamique coopérative pour inscrire les territoires dans la métropolisation.

B. Instiller une dynamique coopérative par les pôles

Le discours sur la diabolisation de ces monstres juridiques que sont les métropoles édifiées sous forme d'EPCI-FP ne facilite pas la bascule vers une interterritorialité rayonnante associant les métropoles aux autres territoires dans un esprit collaboratif et coopératif. « Tout l'enjeu est de faire en sorte

---

[59] C. de l'éducation, art. L. 214-2.

[60] CGCT, art. L. 4251-13.

[61] CGCT, art. L. 4251-4.

[62] Cour des comptes, rapport public de 2020 sur les finances publiques locales (fasc. 3 : La mise en place des métropoles : un premier bilan), p. 64.

que les territoires [...] ne soient pas les "vassaux" des métropoles » pour reconsidérer « les conditions de développement de ces territoires dans un nouvel univers urbain diffus »[63]. Sur ce point particulier, la crainte d'une domination sans partage des métropoles s'est soldée par une suggestion discutable tendant à supprimer les PM et revisiter les PETR en créant des pôles territoriaux avec, semble-t-il, interdiction pour ces pôles de comporter une métropole[64]. Sous cette lecture, le raisonnement des parlementaires formulant cette proposition ne convainc pas l'observateur. Parce qu'elles concourent au développement durable et solidaire du territoire régional (art. L. 5217- 1, CGCT), les métropoles ne peuvent être évincées des pôles au motif allégué d'une satellisation rampante des villes moyennes et d'un jacobinisme régional organisé autour des métropoles[65]. La priorité est ailleurs pour les territoires[66] : il s'agit de bâtir des projets de territoires - qui peuvent être construits dans un cadre institutionnel impliquant ou pas les métropoles - dans un contexte où 30 ans après la loi ATR n°92- 125 du 6 février 1992 un tiers des intercommunalités dites de projet (les communautés) n'en sont toujours pas dotées ! L'histoire des progrès de l'intercommunalité communautaire édifiée, selon les cas, autour de compétences techniques, en fonction du territoire d'élection d'un élu influent ou de manière défensive, n'est pas indifférente à cette absence de définition de projet collectif intercommunal. Ce n'est assurément pas le fruit du hasard si une méthodologie a été établie au niveau central pour faciliter la définition des projets de territoire au fondement des CRTE portés à une large majorité par les intercommunalités dites de projet (EPCI-FP) et pour une minorité par des syndicats (polaires ou non).

Repenser l'aménagement du territoire sous le prisme de la cohésion des territoires invite à raisonner en termes de réseaux et de solidarités auxquels participent les métropoles. La lutte contre les fractures territoriales ne peut aboutir qu'au travers d'une dynamique d'ensemble pacifiée, faisant fi de la concurrence territoriale trop longtemps privilégiée, soit une coopération tissée entre les métropoles et les intercommunalités réunies au sein de pôles (dans lesquels les métropoles peuvent s'inscrire) et/ou, selon les cas, arrimée au contrat. Indéniablement, cette dernière approche est encouragée par les

[63] H. Maurey et L.-J. de Nicolaÿ, Rapport d'information sur l'aménagement du territoire, *op. cit.*, p. 34.

[64] Avis des rapporteurs J.-F. Cesarini et G. Vuilletet, Rapport d'information sur la préparation d'une nouvelle étape de la décentralisation en faveur du développement des territoires, *op. cit.*, p.38.

[65] Rapport n°1015, *ibid.*, p. 37. Le rapport évoque la création d'un pôle unique accessible à tous les territoires (hors métropoles constituées).

[66] Rapport B. Delcros et al. sur « Les collectivités territoriales, leviers de développement des territoires ruraux », doc. Sénat n°251, 16 janvier 2020, p. 87.

contrats de réciprocité[67] ou les contrats de plan État-Région 2021-2027 pour lesquels il a été préconisé d'ouvrir un volet coopération interterritoriale.

Concrètement, un agencement des stratégies territoriales articulé en bonne intelligence peut passer par la médiation des régions dont le rôle en matière de planification a été centralisé à leur profit par la loi NOTRE de 2015 avec le SRADDET ou encore le SRDEII[68] (même si certaines métropoles se sont dotées de leur propre schéma). Les politiques régionales (et même départementales) œuvrent déjà à l'établissement de cette solidarité interterritoriale nécessaire à l'inscription positive des territoires dans le processus de métropolisation. Si d'aucuns peuvent dénoncer une tentative de vassalisation des territoires de projet à l'égard des régions, il faut se défaire des affres d'une tutelle de fait exercée par les régions pour admettre que sans éléments catalyseurs (même financiers) et sans politique régionale facilitant une prise de conscience d'entrer dans le dialogue entre les territoires, l'inscription de l'ensemble des territoires français dans une dynamique métropolitaine rayonnante peut être compromise. À cet égard, la politique d'aménagement et d'équilibre du territoire des Hauts-de-France est tout à la fois originale et exemplaire. En parallèle de l'élaboration du SRADDET, délimitant des espaces infrarégionaux de dialogue, la région des Hauts-de-France a mis en place un fonds d'appui aux dynamiques métropolitaines ouvert aux pôles métropolitains (et aux grands espaces en Picardie rurale) pour soutenir les projets porteurs d'une fonction métropolitaine majeure par leur « dimension ou rayonnement interagglomération et en direction de territoires périphériques, bénéficiant à un territoire plus large que celui où se situe le projet »[69]. Cette politique multipolaire tend à favoriser un développement régional équilibré : elle a propulsé la création de nombreux PM dans la région qui peut s'enorgueillir de comptabiliser 8 des 26 PM reconnus au niveau national. Au risque de créer par endroits des interfaces coopératives artificielles motivées par les subventions régionales, cette politique a cependant participé à la structuration institutionnelle de la région dans de grands ensembles associant les intercommunalités. Et cette recherche d'interterritorialité se prolonge aujourd'hui dans le CPER 2021-2027, lequel encourage les démarches interterritoriales entre la métropole de Lille et ses territoires avoisinants (accords de coopération) ou autour d'Amiens.

Pour conclure, il est possible de résumer le défi du nouveau quinquennat présidentiel (2022-2027) en quelques mots : alliances des territoires *versus* compétition entre les territoires. Dans un monde en perpétuel mouvement, établir des stratégies coopératives et collaboratives par la combinaison des

---

[67] Le rapport sénatorial d'information de la délégation aux collectivités territoriales de juin 2021, intitulé « Métropoles : pour de nouvelles dynamiques territoriales », recommande de rendre obligatoires les contrats de réciprocité, p. 30.

[68] J-M. Bockel et Charles Guené, Rapport n°588, 2017, *op. cit.*, p. 37.

[69] Conseil régional des Hauts-de-France, délibération n°20160871 du 8 juillet 2016.

moyens et des compétences et, bien évidemment, d'entraide mutuelle entre les territoires marginalise l'égoïsme des intérêts individuels au profit d'une démarche de projets. Le changement de paradigme de l'action publique convoqué par les gouvernants doit assurer l'alliance des territoires dans des réseaux de coopération entre tous les espaces (métropolitains, urbains, périurbains, ruraux) saisissant la diversité des flux et entremêlant les écosystèmes locaux et globaux[70]. L'appel à un changement de paradigme signale-t-il les prémices d'une métropolisation gagnante pour l'ensemble des territoires ou relève-t-il d'un pari optimiste ? La question reste ouverte.

[70]L. Eloi, « La métropole coopérative », conférence POPSU 2021, 35 p., http://ww.urbanisme-puca.gouv.fr

Les effets de la métropolisation. La métropolisation et les catégories de collectivités territoriales

La commune résiduelle, collectivité territoriale de moindre exercice ?

Jean-François Brisson

Professeur de Droit public
Université de Bordeaux

S'intéresser au sort réservé aux communes dans un colloque consacré à la métropolisation et aux grands ensembles urbains, c'est au mieux emprunter un chemin de traverse qui ne permettra pas a priori d'embrasser ce qui fait l'essentiel du sujet. La doctrine universitaire s'est ainsi jusqu'à présent, et sans doute à raison, plutôt peu intéressé à cette dimension. C'est au pire privilégier une approche nostalgique de nos institutions locales en rupture avec les nouveaux paradigmes du new public management et de la compétitivité des territoires.

Au vu de leur nombre[1], des dynamiques qui les animent, de la liste impressionnante des compétences qu'elles exercent ou qu'elles sont susceptibles d'exercer[2], au vu aussi de leur autonomie financière fondée sur une fiscalité propre sur laquelle les communes n'ont plus de prise directe, ou encore des larges possibilités de mutualisation offertes par la loi[3], les métropoles ont tout d'un rouleau compresseur. La question est dès lors de savoir si la promotion institutionnelle des métropoles par les lois du 27 janvier 2014 et du 5 août 2015 a eu pour conséquence d'écraser le fait communal et dans le même mouvement d'anéantir les institutions communales héritées de la Révolution et de l'Empire.

On se souvient que sous la III° République, le droit d'outre-mer avait aménagé le statut de « *commune de plein exercice* » afin de donner corps à l'idée d'émancipation des populations locales maintenues jusqu'alors sous le joug de l'administration coloniale[4]. Sans assimiler évidemment les relations des communes aux métropoles aux rapports de domination propres au droit

[1] Au 1er janvier 2022, il existe 22 métropoles dont dix-neuf de droit commun, trois métropoles à statut particulier dont l'une (Lyon) est une collectivité territoriale.

[2] S'agissant des métropoles de droit commun, la loi leur ouvre ainsi 51 titres de compétences (CGCT, art. L 5217-2).

[3] CGCT, art. L.5211-31 -1.

[4] Sous la IVe République, la loi du 18 novembre 1955 avait ainsi créé quarante-quatre communes de plein exercice réparties sur l'ensemble de l'empire colonial français.

colonial, il est tentant à l'inverse de voir dans les communes inclues dans le périmètre d'une métropole des « *collectivités territoriales de moindre exercice* ».

D'emblée, le sujet proposé a de quoi plonger les juristes dans l'embarras.

La situation des communes incluses dans le périmètre d'une métropole appelle une réponse qui ne pourra pas être strictement juridique. Il faudrait pouvoir prendre en compte la diversité des situations locales. L'exercice dépasse l'objet de cette communication. Les travaux menés par les juridictions financières et coordonnés par la Cour des comptes offrent toutefois de précieux matériaux d'analyse auxquels nous nous permettrons de renvoyer le lecteur [5].

L'embarras des juristes s'accroit face à la multiplication des statuts dans la loi, laquelle ne facilite pas l'appréhension du fait métropolitain par le droit[6].

L'embarras se prolonge dès lors qu'il apparait assez vite que le discours porté sur les métropoles, auxquelles on associe volontiers les qualités d'attractivité et de performance, échappe à toute rationalité juridique. L'engouement pour les métropoles relève pour une part de la pensée magique. Pensée magique d'abord pour le législateur de 2014 qui en a fait au nom de la thèse du ruissèlement la clef d'entrée de la réforme territoriale au point d'ignorer les difficultés d'organisation des territoires non urbains[7], ce que tendra à réparer plus tard la loi du 27 décembre 2019 Engagement et proximité[8]. Pensée magique, ensuite, pour les élus des grandes villes si l'on en juge par la banalisation du statut de métropole[9] pour lequel ont opté -loin des recommandations du comité Balladur[10]- une dizaine d'agglomérations qui pour la plupart ne répondent pas aux critères socio-économiques de la métropole réelle[11]. Le régime des métropoles a par ailleurs été offert par la loi n°2017-277 du 28 février 2017 à certaines agglomérations urbaines afin de compenser la perte pour la ville-centre du statut de chef-lieu de région. Certaines communautés d'agglomération usant par ailleurs pour les besoins de leur politique de communication de l'appellation officieuse de métropoles.

Dans ces conditions, et pour continuer sur le registre de la pensée magique et de la littérature fantastique, on pourrait être tenté de voir dans les

---

[5] Cour des comptes, *Les finances publiques locales*, fascicule 3, 15 décembre 2020.

[6] N. Kada, « Métropoles : vers un droit [peu] commun ? », *AJDA* 2014, p. 619.

[7] B. Faure, « Les métropoles "et le désert français" ? », *AJDA* 2019, p. 2430.

[8] J-F. Brisson, « Le bloc communal, recoller les morceaux et préserver l'essentiel », *RFDA* 2020, p. 214.

[9] B. Faure, « La banalisation du statut de métropole », *RFDA* 2017, p. 637.

[10] E. Balladur, Comité pour la réforme des collectivités territoriales, Il est temps de décider, Rapport au président de la République, Fayard, La Doc. fr., 2009.

[11] Sur la distinction entre métropole institutionnelle et métropole réelle, voir par exemple Pascal Le Merrer, « Les métropoles : quel impact sur les territoires ? », *Idées économiques et sociales* 2016/2, n° 184, pages 35 à 42.

communes *métropolisées* des sortes de morts-vivants, des institutions vampirisées par l'échelon métropolitain, des corps institutionnels vides ayant perdu sinon leur personnalité juridique du moins leur âme dès lors que la métropole exerce sur le territoire de l'agglomération en leur lieu et place l'essentiel des services attendus par la population. La figure du zombie s'impose dès lors qu'à terme le processus métropolisation juridique pourrait, selon l'exemple lyonnais, aboutir à la transformation des métropoles en collectivités territoriales, et donc finir par emprunter aux communes leurs traits caractéristiques ; voire à une échéance plus lointaine, conduire à la dissolution de la commune historique dans l'espace métropolitain.

Ce scenario, digne des pires films d'anticipation, mais largement démenti dans les faits, n'aura pas notre préférence.

D'abord si la métropole, cumulant les compétences des communes et d'autres niveaux d'administration territoriale, est un mutant juridique, ses promoteurs hésitent sur la nature des mutations. Les débats parlementaires tant en 2010 qu'en 2014 ont unanimement repoussé le statut de collectivité territoriale proposé par le rapport Balladur redoutant sinon la disparation à tout le moins « la vassalisation » des communes-membres. Ensuite, en 2014, l'institution de la métropole de Lyon sous la forme d'une collectivité territoriale n'a pas ainsi entraîné la suppression de l'échelon communal[12]. Enfin, à l'approche des élections municipales de mars 2020, la loi du 27 décembre 2019 *Engagement et Proximité* a reporté sine die l'élection au suffrage universel direct des conseillers métropolitains pourtant prévue par la loi MAPTAM.

Ensuite parce que la Commune résiste. Loin d'être un mort-vivant, la place des communes au sein des métropoles fait plutôt penser à l'image du spectre, du fantôme, dont l'esprit continuerait d'habiter les institutions métropolitaines construites sur les ruines de l'administration communale. En effet, loin d'être une institution du passé, une institution dépassée, la Commune survit en deçà de l'échelon métropolitain dans une fonction d'administration de proximité conforme à sa vocation historique. Mieux, la Commune confère au gouvernement métropolitain, en quelque sorte en surbrillance, à la manière d'un halo lumineux, la légitimité démocratique qui lui manque ; une légitimité de substitution qui n'est pas sans influencer le contenu des politiques métropolitaines rendant les métropoles largement invisibles[13].

---

[12] L. Havard, « La métropole, collectivité territoriale de Lyon, évolution ou révolution », *AJDA* 2017, p. 241.

[13] J.-M. Offner, « Métropoles invisibles, Les métropoles au défi de la métropolisation », (format pdf - 544.7 ko - 13/12/2018), Collection Les Conférences POPSU, 2018, 44 p., disponible sur http://www.urbanisme-puca.gouv.fr

I. Survivance, la commune en dehors du gouvernement métropolitain

Affirmation n'est pas *Révolution*, la loi du 27 janvier 2014 n'a pas cherché à inventer une nouvelle carte communale. Procédant par superposition plutôt que par substitution, le législateur, restant au milieu du gué, n'a pas fait disparaitre les communes dont la place au sein du système administratif métropolitain est préservée.

Plus exactement, le maintien de la place de la commune à l'intérieur des métropoles tient à deux phénomènes distincts : à la permanence du cadre communal traditionnel dans la loi, d'abord ; à la résistance du fait communal lors de la mise en place des métropoles, ensuite. Mais, comme on va le voir, c'est pour l'essentiel à travers la fonction du maire que les institutions communales survivent.

A. Permanence du cadre communal dans la loi

La promotion des métropoles n'a pas remis en cause ce qui fait l'essence du statut communal depuis 1790. La commune dans la métropole conserve son rôle d'échelon de proximité que cela soit en tant que circonscription administrative de l'État qu'en tant que collectivité territoriale.

1° La permanence de la relation privilégiée des communes avec l'État

Ce n'est pas le lieu, ici, d'insister sur les responsabilités de l'échelon communal dans les matières régaliennes et en particulier sur le rôle du maire, agent de l'État, officier d'État civil, mais également autorité de police judiciaire. Tout juste, relèvera-t-on que le président de l'exécutif métropolitain, y compris à Lyon, n'a pas accès à ce statut dédoublé. Dans tous les cas, les attributions étatiques du maire impliquent l'organisation de services communaux de proximité dédiés, non remis en cause par la métropolisation et non exercés à l'échelon de la métropole. Ces missions régaliennes sont parfois même élargies comme en matière de délivrance de passeport et de carte nationale d'identité pour lesquelles l'État peut sous-traiter aux commune certaines opérations matérielles.

Au titre des liens de la commune –collectivité territoriale- avec les compétences étatiques, il faut évidemment citer les affaires scolaires. Si le service public est national, la construction et l'entretien des écoles est à la charge des communes. Cette compétence scolaire a été historiquement le prétexte à l'extension des compétences communales sur les activités péri-scolaires, culturelles ou sportives qui demeurent une responsabilité éminente des communes non revendiquée par les métropoles. La construction des équipements scolaires pourra cependant relever des métropoles au titre des opérations d'aménagement d'intérêt métropolitain,[14] mais alors le montage

[14] Voir plus loin.

juridique prévoit le plus souvent, c'est le cas à Bordeaux, la restitution aux communes à l'expiration d'un délai de 10 ans (délai de la garantie constructeur) des équipements scolaires.

2° La permanence d'un socle de compétences communales

L'adoption du statut de métropole n'a pas entraîné la modification du statut des communes y compris dans l'agglomération de Lyon. À ce titre, l'ensemble des communes compris dans le périmètre d'une métropole ont conservé le bénéfice de la clause générale de compétences, ce qui leur offre des possibilités d'intervention illimitées dans les champs non couverts par la Métropole, quitte à instituer dans l'agglomération de Lyon une concurrence entre deux pouvoirs dotés d'une compétence générale. Les communes « *métropolisées* » constituent ainsi paradoxalement des collectivités territoriales à part entière à la différence des régions et départements, collectivités territoriales incomplètes depuis la suppression à leur égard de la clause générale.

Du reste, dans nombre de cas, l'institution des métropoles n'a eu qu'un effet limité sur la répartition des compétences au sein du bloc communal. C'est particulièrement, le cas pour les métropoles qui résultent de la transformation de communautés urbaines. Si l'on excepte le tourisme et le soutien à l'enseignement supérieur, la liste des compétences exercées à l'échelon supra-communal est ainsi sensiblement la même avant comme après la loi de 2014. Les métropoles n'ont pas même obtenu des compétences prioritaires en matière économique, le chef de filât ayant été institué dans tous les cas au profit des régions. Cette stabilité des compétences communales ne doit pas véritablement surprendre : dans l'esprit du législateur de 2014, la différence statutaire essentielle est ailleurs : elle tient à la possibilité pour les métropoles d'exercer des compétences déléguées de l'État ou transférés par les départements et régions[15].

Les logiques intercommunales dont continuent de relever le bloc métropolitain se caractérisent aussi par le partage des compétences entre les deux niveaux d'administration locale. Ainsi en matière de police, si l'exécutif métropolitain s'est vu reconnaître certaines compétences, il ne s'agit que de pouvoirs de polices spéciales, le maire conservant d'une part le pouvoir de police générale[16] et pouvant d'autre part s'opposer au transfert prévu par la loi[17]. Ce qui donne lieu sur la voie publique avec le transfert de

---

[15] Sur le refus d'étendre le modèle lyonnais à d'autres agglomérations, voir N. Ferreira, « Départements et métropoles : les départements ne veulent pas disparaître », *AJCT* 2019, p. 318.

[16] M. Quesnel, « Le transfert de pouvoirs de police du maire au président d'EPCI, symbole des nouveaux enjeux de l'intercommunalité », *Dr. adm.* 2015, Etude, n°7.

[17] Pour un exemple récent du pouvoir d'opposition reconnu au maire, voir les dispositions de la loi du 22 août 2021 portant sur la nouvelle police de l'affichage, J-P. Strebler « Le grand

la voirie à la métropole à de subtiles distinctions entre gestion domaniale et pouvoir de police générale. L'urbanisme donne également un bon exemple du partage du pouvoir au sein des agglomérations. Si la métropole a la maîtrise des documents de planification, les autorisations d'urbanisme, même instruites par les services de la métropole, reste de la compétence formelle des maires tandis que les services de la commune continuent de jouer un rôle de guichet de proximité quant à l'enregistrement des pétitionnaires. Ces répartitions n'obéissent *a priori* à aucune rationalité, mais essentiellement à des considérations politiques destinées à maintenir à la Commune sa fonction d'échelon de proximité : aux maires les questions sensibles, les plus immédiatement et électoralement porteuses, celles qui supposent un rapport direct presque charnel avec l'électeur (la tranquillité publique, le droit de construire ou encore la propreté) ; à la métropole les sujets plus techniques (l'assainissement, le transport) ainsi que les actions de programmation à long et moyen termes[18]. Aux métropoles, le plan de déplacement urbain, aux maires la décision de limiter la circulation à 30 km/h ou d'instituer des sens uniques de circulation[19].

L'emboitement des niveaux communal et métropolitain trouve à s'illustrer d'autres manières qui ouvrent alors aux communes la possibilité de s'opposer à une intégration trop poussée.

B. Résistance : le fait communal contre l'intégration métropolitaine

La période qui a suivi l'entrée en vigueur de la loi MAPTAM été moins favorable à l'institution des métropoles. Analyses sociologiques et travaux de géographes ont souligné les impensés de la réforme territoriale à l'égard des territoires de la « France périphérique » tenus à l'écart de la métropolisation. On a même vu se constituer à l'occasion des élections municipales de 2020 des listes municipalistes ouvertement hostiles aux conséquences de la loi MAPTAM. L'installation des métropoles n'a pas échappé à ce mauvais climat. D'abord parce que les textes applicables aux métropoles offrent aux communes la possibilité sinon d'empêcher du moins de limiter ou de retarder les effets attendus de la métropolisation. Sur ces leviers juridiques sont venues se greffer des pratiques destinées à préserver la place des communes au sein de l'organisation métropolitaine.

---

chamboule-tout des compétences de police administrative de l'affichage », *AJDA* 2021, p. 2205.

[18] La distinction du technique et du politique est cependant plus qu'aléatoire : l'exemple de la circulation dans l'agglomération bordelaise ou des déchets à Marseille montre qu'il n'existe pas de question technique qui n'ait vocation à force d'incurie des dirigeants locaux à devenir un problème politique.

[19] Sud-ouest, 24 novembre 2021, « Bordeaux : le spectre d'un passage à sens unique, route de Toulouse, agite les esprits ».

1° Des leviers juridiques

Le premier de ces leviers tient à la possibilité de subordonner certains transferts de compétences communales à l'appréciation de leur intérêt métropolitain (CGCT, art. L. 5217-2).

Cette notion est la projection d'une technique habituelle du droit de l'intercommunalité[20]. Comme auparavant, elle traduit le refus du législateur d'opérer une séparation rigide entre ce qui relève de l'EPCI et des communes-membres. À l'image de l'intérêt communautaire, l'intérêt métropolitain ne reçoit pas définition précise dans la loi ; le législateur laissant dès lors son identification à l'entière appréciation des conseils métropolitains[21]. Son contenu est ainsi susceptible de varier en fonction des contingences locales, des rapports de force politique et du volontarisme des exécutifs en place. Selon les cas, l'intérêt métropolitain sera l'instrument d'une intégration institutionnelle ambitieuse ou au contraire l'outil offert à la résistance des tenants du fait communal. Pareille réversibilité fait qu'en pratique la répartition des compétences est fonction des rapports de pouvoirs existants au sein de l'assemblée métropolitaine et qu'apprécié à l'aune des seuls besoins et revendications des communes membres, l'intérêt métropolitain n'est souvent que le reflet inversé de l'intérêt communal.

La loi MAPTAM, consciente de l'effet potentiellement désintégrateur de la notion d'intérêt métropolitain, a tenté d'en limiter la portée. Elle l'a d'abord écarté, s'agissant de la métropole de Lyon, dès lors qu'elle l'a jugé incompatible avec le statut de collectivité territoriale à part entière qu'elle entendait conférer à la métropole lyonnaise (CGCT, art. L3641-1). Elle a ensuite, s'agissant des métropoles de droit commun, limité à seulement trois domaines de l'action locale (les équipements sportifs, culturels et socioculturels, les cimetières et les opérations d'aménagement). Cette approche est cependant loin d'être admise par tous les acteurs locaux. Dans un rapport publié en juin 2021, la délégation aux collectivités territoriales du Sénat plaide au contraire, au nom de la subsidiarité et de la multiplicité des situations locales, pour un élargissement de l'intérêt métropolitain[22]

[20] H. Groud, « L'intérêt communautaire au lendemain de la loi Chevènement », *AJDA* 2000, p. 967.

[21] Du moins, observera-t-on que la définition de l'intérêt communautaire n'a pas à figurer dans les statuts de l'EPCI. En ce sens, elle n'a pas à être approuvée par les communes membres. La définition de l'intérêt communautaire relève donc de la compétence exclusive du conseil métropolitain.

[22] Sénat, Délégation aux collectivités territoriales, Métropoles : pour de nouvelles dynamiques territoriales, 11 juin 2021, Rapport d'information n°679 (2020-2021). Exprimant une opinion répandue qui refuse de dissocier la situation des métropoles des autres intercommunalités, les auteurs du rapport écrivent : « Le principe de subsidiarité implique ainsi d'organiser les politiques publiques à l'échelon le plus proche des citoyens, au plus près des territoires. Ainsi, la commune doit, en principe, être préférée à l'intercommunalité sauf s'il est établi que l'action de cette dernière est plus efficace. Dans ce cadre, l'intérêt métropolitain n'est jamais présumé, de sorte que la plus-value apportée devrait être démontrée. Une métropole, comme tout EPCI, doit être considérée comme un outil de coopération permettant aux communes de

permettant à chaque métropole de dessiner par elle-même le découpage des compétences locales.

Dans ces conditions, on comprend mieux la tonalité du rapport de la Cour des comptes sur les finances locales pour 2020. Au vu des pratiques mises en œuvre, la Cour des comptes regrette la généralisation des logiques du cas par cas et pointe l'absence d'une véritable stratégie métropolitaine dans la plupart des agglomérations quant à l'identification des équipements d'intérêt métropolitain. Elle relève notamment qu'en matière d'équipement culturel ou sportif, citant l'exemple de Bordeaux, les équipements symboliquement les plus emblématiques, à l'intérêt métropolitain pourtant incontestable, ne sont pas généralement transférés.

En outre, contrairement à plusieurs propositions parlementaires toujours repoussées, c'est toujours à une majorité qualifiée des deux tiers (confirmé par la loi du 27 décembre 2019, art. 21) et non à une majorité simple que se prononce l'assemblée délibérante pour décider des actions ou des équipements d'intérêt métropolitain. Cette règle de majorité renforcée laisse aux communes des possibilités significatives de s'y opposer et limite la force intégratrice des institutions métropolitaines[23]. La loi incite toutefois les communes à ne pas différer trop longtemps la question : à défaut de définition de l'intérêt métropolitain dans le délai de deux ans suivant la création de la métropole, la compétence visée est intégralement transférée.

Le second levier utilisé pour résister à la métropolisation des compétences consiste dans la conclusion entre la métropole et les communes-membres de convention de gestion provisoire sur le fondement de l'article L. 5215-27 du CGCT. Ce dispositif en principe à vocation transitoire permet de différer dans le temps les transferts d'équipements ou de services liés à des compétences attribuées par la loi à la métropole. Comme le constate la Cour des comptes, citant l'exemple de la métropole de Saint-Étienne, des pans entiers de compétences peuvent être ainsi neutralisés tels que la voirie, l'eau, l'assainissement ou l'urbanisme.

Des stratégies d'évitement ou de retardement sont ainsi à l'œuvre dans la plupart des agglomérations. Les compétences pourront être transférées de manière incomplète ou se heurter au refus des élus locaux comme à propos des offices de tourisme. Le transfert de compétence acté, il est encore possible pour les métropoles d'en re-déléguer une partie aux communes. Ainsi la métropole de Bordeaux a-t-elle choisi de déléguer aux maires la maîtrise d'ouvrage des équipements métropolitains situés sur le territoire de leurs communes pour tout ce qui concerne la gestion et le fonctionnement courant. Loin d'être un dévoiement de l'esprit de la loi, cette méthode est

---

réaliser ce qu'aucune d'elles, y compris la ville-centre, ne serait capable de faire seule efficacement ».

[23] La loi du 27 décembre 2019 revient sur l'exigence d'une majorité qualifiée des deux tiers de l'effectif total de l'assemblée délibérante (au lieu des deux tiers des suffrages exprimés) : TA Lille, 16 décembre 2004, n°0306080.

admise par le législateur qui prévoit que de telles délégations aux communes pourront être prévues à Lyon dans le pacte de cohérence métropolitaine (CCGT, art. L. 3633-3) ou pour les autres métropoles et EPCI à fiscalité propre dans le pacte de gouvernance (CGCT, art. L5211-11-2). Des subterfuges financiers ont pu également contribuer au succès de ces stratégies : soit que les EPCI anticipant leur disparition ont modifié de manière substantielle les reversements au profit des communes (Métropole d'Aix Marseille Provence), soit que les commissions d'évaluation des charges des compétences transférées rendent des arbitrages systématiquement favorables aux communes.

2° L'organisation interne des services

De prime abord, l'organisation interne des services au sein de l'appareil métropolitain paraît susceptible d'affaiblir l'institution communale dès lors que la loi offre des possibilités poussées de mutualisations de services et en particulier de mutualisations ascendantes. Dans un premier temps, la loi avait rendu obligatoire l'élaboration d'un schéma de mutualisation (CGCT, art. L52111-39-1). Ce n'est plus le cas aujourd'hui : les éléments du schéma sont désormais intégrés par la loi du 27 décembre 2019 au pacte de gouvernance adopté après chaque renouvellement (CGCT, art. L.5211-11-2).

En fait, les choses vont s'avérer en pratique plus contrastées. D'abord, le nombre des mutualisations n'a pas significativement augmenté avec l'installation des métropoles. Ensuite, la taille des services communs a conduit les acteurs locaux à prendre des mesures de déconcentration permettant aux maires de retrouver des marges d'influence.

L'examen des situations locales amène à distinguer trois situations : les métropoles qui n'ont pas mis en place de services communs (Lyon, Lille et Marseille), celles où les mutualisations ne concernent que la ville-centre (Toulouse, Nantes), et enfin l'hypothèse pour l'instant propre à l'agglomération bordelaise où les services communs concernent un nombre significatif de communes entraînant des transferts importants de personnels. L'organigramme de la métropole de Bordeaux est des plus complexes : il est révélateur des lourdeurs auxquelles expose la mutualisation des services au niveau central. La nécessité de conserver un minimum d'agilité à la structure bureaucratique invite à concevoir une organisation plus déconcentrée. C'est le rôle des pôles territoriaux qui sont appelés à jouer le rôle de services de proximité avec les maires ou les DGS des communes-membres comme principaux interlocuteurs. La mise en œuvre des compétences métropolitaines se fait ainsi dans un cadre territorialisé au moyen des contrats d'engagement signés avec chacune des communes qui détaillent les actions métropolitaines menées à l'échelle du pôle territorial. La répartition des crédits y dépend beaucoup des besoins exprimés par les maires. Ainsi, à Bordeaux, en matière de voirie, les budgets territorialisés sont très largement supérieurs aux lignes budgétaires gérées au niveau de la Métropole.

Un même souci de proximité conduit les métropoles à placer certains équipements métropolitains sous l'autorité fonctionnelle des maires du lieu où est installé l'équipement[24]. Fruit de la pratique des métropoles, ce type d'organisation managériale a été conforté par la loi du 27 décembre 2019 qui en étend la solution à l'ensemble des EPCI aboutissant à un renforcement paradoxal du pouvoir des maires au sein des intercommunalités.

Ces différentes pratiques favorables pour l'essentiel au fait communal s'expliquent par la place que continuent d'occuper les institutions communales dans le gouvernement métropolitain.

II. Surbrillance, la place de la commune dans la gouvernance métropolitaine

L'importance des compétences exercées et des budgets mobilisés met cependant en évidence le déficit de légitimité démocratique des institutions métropolitaines. Le constat est établi depuis longtemps sans que la question de l'élection au suffrage universel direct des conseillers métropolitains n'advienne à dépasser les résistances communalistes. En attendant cette échéance, toujours repoussée[25], le déficit démocratique du gouvernement métropolitain est en quelque sorte compensé par l'omniprésence des communes dans la gouvernance métropolitaine[26].

Cette omniprésence des institutions communales et plus particulièrement des maires se manifeste de plusieurs façons : d'abord dans les instances métropolitaines ; ensuite, et par voie de conséquence, dans la conception des politiques métropolitaines.

A. Omniprésence des maires dans les institutions métropolitaines

La gouvernance métropolitaine est très largement affectée par la désignation au suffrage universel des élus métropolitains dans le cadre du système de fléchage[27] mis en œuvre à l'occasion des élections municipales[28]. Le mandat des élus métropolitains reste ainsi intégralement lié à celui des conseillers municipaux dans sa durée, mais aussi dans son régime. En ce sens, la situation actuelle contraste assez peu avec la pratique ancienne qui voyait les élus intercommunaux désignés par les conseils municipaux. La

---

[24] Voir cet ouvrage, la contribution de Sarah Massé.

[25] Voir D. Akpatcha, « L'échec de la réforme du mode de scrutin des métropoles, Requiem pour l'article 54 de la loi MAPTAM », *AJDA* 2020, p. 33.

[26] Pour une solution alternative à l'élection des conseillers au suffrage universel direct, voir la proposition de loi déposée à l'Assemblée nationale (octobre 2021) visant à instaurer l'élection au suffrage universel direct des présidents des établissements publics de coopération intercommunale à fiscalité propre.

[27] C. élect., art. L. 273-9.

[28] N. Wolff, « L'élection au suffrage universel direct des représentants des EPCI », *AJDA* 2011, p. 1120.

solution n'a d'ailleurs rien de spécifique aux métropoles et vaut pour tous les EPCI à fiscalité propre. Elle n'a pas ainsi permis le saut qualitatif espéré par ces promoteurs. C'est un pis-aller, un « faute de mieux », un « attendant mieux »... La doctrine a ainsi eu l'occasion de souligner que ce mode de scrutin n'était pas adapté aux enjeux métropolitains[29]. Manquant d'autonomie par rapport au scrutin municipal auquel elle n'est au mieux qu'un accessoire, la technique du fléchage ne permet pas de faire émerger durant la campagne électorale des problématiques vraiment métropolitaines. Surtout, elle n'est pas de nature à construire des majorités politiques claires au sein des conseils métropolitains : la prime majoritaire propre au scrutin municipal jouant exclusivement dans le cadre communal.

Dans ce cadre, la représentation des communes dans les conseils métropolitains est affaire de proportion[30]. À ce titre, le poids de la Ville-Centre n'est pas comparable à celui des communes de la périphérie ; a fortiori si la Ville-centre est majoritaire. Toute la difficulté est alors de trouver un juste équilibre entre la représentation égalitaire des communes en fonction de leur population et la libre administration des communes minoritaires[31]. À cet égard, on relèvera que les maires ne maîtrisent plus totalement les rapports de force au sein des structures intercommunales. Le Conseil constitutionnel a mis fin à la pratique de l'accord local et fait prévaloir pour les EPCI, traités dès lors à la manière des collectivités territoriales, des exigences de participation sur des bases essentiellement démocratiques (n°20156517 DC du 6 aout 2015 Loi NOTRe à propos du conseil du Grand Paris)[32]. Ce qui n'interdit pas au législateur, le conseil n'exerçant qu'un contrôle de l'erreur manifeste d'appréciation, d'y déroger pour remédier à la sous-représentation des communes les plus peuplés (cas de l'amendement Gaudin/ CC n°2015-521/528 QPC du 19 février 2016).

Dans tous les cas, le mode de scrutin ne permet pas de distinguer la gouvernance politique des métropoles des autres EPCI où l'influence des maires reste prédominante. L'influence des communes sur le gouvernement métropolitain est telle qu'au sein des métropoles les logiques intercommunales paraissent devoir prévaloir pour longtemps encore sur l'approche supra-communale ; d'autant que, comme le montre par ailleurs

---

[29] M. Verpeaux, « Election des conseillers métropolitains en 2020 : le gouvernement réfléchit à un nouveau mode de scrutin », *JCP A* 2017, n°16.

[30] M. Verpeaux, « La représentation des communes au sein des conseils des communautés : tout est affaire de proportion », *JCP A* 2015, n°18, p. 28.

[31] E. Marcovici, « La représentation au sein des métropoles entre disparités et paradoxes », in *L'assemblée délibérante, avenir de la démocratie locale ?*, Journées de l'AFDCL, L'Harmattan, 2016, p. 67.

[32] Cons. const., 5 mars 2015, n° 2015-711 DC, *AJDA* 2015, p. 479 ; *AJCT* 2015, p. 214, obs. P. Levavasseur ; Cons. const., 6 août 2015, n° 2015-717 DC, Loi portant nouvelle organisation territoriale de la République, *AJDA* 2015, p. 1566 ; *LPA* 23 juin 2015, n° 124, 4-7, note J.-P. Grandemange.

Mickaël Baubonne, la réforme des métropoles constitue pour l'essentiel un phénomène centrifuge[33].

Tout d'abord, chaque élu métropolitain est issu d'une liste municipale et doit son élection à sa position sur la liste et donc pour l'essentiel au choix des maires pour lesquels les conseillers métropolitains constituent des obligés. Ces élus métropolitains qui cumulent les fonctions d'adjoints aux maires disposent d'un avantage compétitif indéniable par rapport aux autres élus municipaux qui sont les grands perdants de la métropolisation et par extension des réformes intercommunales[34].

Ensuite, l'association des maires à la prise de décision est garantie par plusieurs moyens. Rares sont d'abord les métropoles qui n'ont pas repris à leur compte après 2015 les pratiques fondées sur la recherche avant toute décision sur le consensus des communes membres et parfois scellées dans des accords de cogestion[35]. Dans ce cadre, les vice- présidences sont ainsi réparties entre les maires sur des critères d'appartenance communale et non politique. Il n'est pas exclu que les maires - vice-présidents disposent en bureau d'un droit de véto. Il en résulte un phénomène de dépolitisation des instances métropolitaines qui en conforte la dimension technocratique et l'éloigne davantage des électeurs qui ont voté au niveau communal sur d'autres bases. Pendant quelques mois, la métropole de Bordeaux a ainsi offert un rare exemple d'un exécutif métropolitain fondé sur un accord politique entre partis -PS/EELV- rompant avec la politique de cogestion inaugurée en 1968 dès l'installation de la Communauté urbaine. La question du financement du Grand projet ferroviaire du Sud-Ouest a eu raison de cet accord de gouvernement : l'exécutif socialiste appelant à la rescousse la droite locale pour surmonter l'opposition de ses alliés verts sur le projet. En compensation, les maires des communes de droite ont obtenu la possibilité de siéger à nouveau au bureau de la métropole. Au-delà du financement de la LGV vers Toulouse et l'Espagne, le Président Alain Anziani a justifié « ce retour à la normale » par l'essence intercommunale de l'institution métropolitaine : « la métropole reste une intercommunalité, tous les maires doivent se retrouver autour de la table » [36].

Par ailleurs, l'article L. 5211-10 du CGCT limitant à 20 le nombre de vice-présidents, les métropoles ont été conduites à trouver des formules de substitution pour convoquer en dehors du bureau des instances regroupant l'ensemble des maires. C'est le rôle de la conférence des maires autrement appelée dans certaines agglomérations « conférence des exécutifs ». La fonction consultative attribuée à cette structure ne doit pas tromper quant au

---

[33] Voir cet ouvrage, *infra* p. 209.

[34] Bien que louables, les nouvelles obligations d'information imposées par la loi du 27 décembre 2019 ne sont pas de nature à inverser la tendance.

[35] F. Desage et D. Guéranger, *La politique confisquée, sociologie des réformes et institutions intercommunales*, Editions du Croquant, 2011.

[36] Sud-Ouest, 25 novembre 2021, p. 20-21, « Crise politique à Bordeaux Métropole, Le président Anziani remet la droite en selle ».

rôle majeur qu'elle joue au sein du gouvernement métropolitain : c'est le lieu des arbitrages politiques. Le législateur y attache la plus grande importance : dès 2014, il a institué à Lyon de manière obligatoire une conférence métropolitaine qui comprend l'ensemble des maires de la métropole lyonnaise et, en 2019, a élargi la liste des sujets où sa consultation est rendue obligatoire (CGCT, art. L. 3633-3). À Lyon, l'institution de la conférence métropolitaine des maires se justifie dans la mesure où toutes les communes ne disposent pas d'un représentant au sein de l'assemblée métropolitaine. Elle y a plus particulièrement pour fonction d'élaborer le pacte de cohérence territoriale qui, devenu en dehors de Lyon « *pacte de gouvernance* », a été étendu toujours par la loi de du 27 décembre 2019 à l'ensemble des EPCI et donc aux métropoles qui pour la plupart le pratiquaient en vérité déjà. C'est dans ce type d'instances qu'ont lieu généralement l'essentiel des débats, on y élabore des consensus, c'est la pratique du troc, en fonction des intérêts des communes tels que défendus par chacun des maires[37], puis entérinés par l'assemblée métropolitain, devenue pour l'occasion simple chambre d'enregistrement[38].

Les maires peuvent aussi participer à des conférences spécialisées ou territoriales désormais prévues par le pacte de gouvernance. Concernant l'agglomération de Lyon, la loi a ainsi institué, suivant une pratique déjà établie, des conférences territoriales des maires dont les périmètres respectifs sont arrêtés par délibération du conseil métropolitain (CGCT, art. L.3633-1).

B. Omniprésence des enjeux communaux dans la définition des politiques métropolitaines

Depuis la mise en place des institutions intercommunales intégrées, qu'il s'agisse des premières communautés urbaines des années 1960 ou des intercommunalités issues des lois Joxe et Chevènement, les consensus politiques arrêtés à l'échelon intercommunal traduisent moins un accord sur les objectifs à atteindre que sur la manière d'éviter l'autonomisation de ces nouvelles structures par rapport aux intérêts des communes[39].

L'installation des métropoles n'a pas fondamentalement modifié les données du problème. La Cour des comptes relève que les différentes métropoles peinent à dégager un véritable projet métropolitain. Au mieux, les études menées par les juridictions financières permettent de mettre en avant depuis 2014 l'élaboration de diagnostics territoriaux plus aboutis et mieux partagés. Pour le reste, la stratégie des maires visant à dépolitiser l'échelon métropolitain en y cantonnant les débats aux aspects jugées les

---

[37] F. Desage, *Le consensus communautaire contre l'intégration intercommunale, séquences et dynamiques d'institutionnalisation de la Communauté urbaine de Lille*, Thèse, Science politique, Université de Lille 2.
[38] J.-F. Brisson (dir.), *L'Assemblée délibérante, avenir de la démocratie locale ?*, Journées de l'AFDCL, éd. L'Harmattan, 2016.
[39] F. Desage, D. Guéranger, *La politique confisquée*, préc., p. 147 et s.

plus techniques n'a pas totalement disparu. La difficulté tient toujours à pouvoir corriger les déséquilibres territoriaux existant au sein de l'agglomération en concevant des politiques de planification ou de redistribution conformément aux compétences précisément transférées aux métropoles. À défaut, les consensus obtenus ont d'abord pour objet pour chaque commune d'obtenir le maximum de ressources de la part de la Métropole ; permettant ainsi à chacun des maires de conforter sa place dans la perspective de sa réélection.

Le projet métropolitain, que l'article L. 5217-1 du CGCT appelle de ses vœux, reste donc dans nombre d'agglomérations encore à concevoir. Au vu des compétences dévolues aux métropoles, la loi invite pourtant les élus à aller plus loin et lui donner corps. Ainsi du pacte de gouvernance qui au début de chaque mandature doit venir préciser le projet de territoire. Cette pratique issue des métropoles les plus dynamiques a été généralisée à l'ensemble des EPCI à fiscalité propre par la loi du 27 décembre 2019 qui comme on le sait ne s'adresse pas directement aux métropoles.

Conformément à la logique traditionnelle de l'intercommunalité, le développement de chacune des communes est dès lors au cœur des programmes de mandature comme le montre la mise en place ou la reprise dans la pratique des métropoles de différents outils destinés au soutien aux intérêts communaux.

On citera à titre d'exemple les contrats de co-développement tels qu'on les rencontre à Bordeaux, Nantes ou encore Lille. Le site web de la métropole européenne de Lille les présente ainsi comme « des outils de convergence de l'action de la Métropole et des communes situées son territoire, destinés à faire émerger une vision partagée sur la base d'engagements réciproques intégrant les dynamiques portés par les communes » ; et de préciser qu'ils « fixent le cadre réaliste et détaillé des actions de la MEL, elles-mêmes priorisées à partir des besoins des communes »[40]. On ne saurait être plus explicite sur la raison d'être de ces engagements…

Les fonds d'intérêt communal ou fonds de concours ont également cet objectif.[41] Ils peuvent porter sur la plupart des compétences communales, correspondre à des opérations ciblées telles des travaux de voirie ou le schéma d'assainissement pluvial comme à Bordeaux ; voire à des actions plus lourdes qu'il s'agisse de la construction d'écoles ou d'équipements culturels ou sportifs ou de l'aide au maintien du commerce de proximité comme à Lille. Ces types de financement par la Métropole des projets communaux contreviennent à l'évidence au principe de spécialité qui régit les EPCI. Ils sont cependant prévus par la loi, en l'occurrence par l'article L. 5217-7 du CGCT, qui renvoie pour les métropoles aux dispositions applicables aux communautés urbaines. Ces possibilités de financement

---

[40] https://www.lillemetropole.fr/mediatheque/media/3942

[41] G. Terrien, « Fonds de concours et intercommunalité », *JCP A* 2008, n°4, p. 20.

restent cependant bornées. L'article L. 5215-26 du CGCT prévoit que le financement alloué ne peut excéder la part du financement assurée par le bénéficiaire du fonds de concours.

La commune n'est pas le passé de la métropole. Bien sûr, il faut distinguer entre les différentes institutions communales. Les services, en partie transférés, et les conseillers municipaux, non élus au conseil métropolitain, paraissent bien réduits à la portion congrue. Rien de tel par contre pour les maires. À l'aune de l'influence des maires, la commune continue de constituer le cadre de référence des politiques métropolitaines. Plutôt que de « *communes résiduelles* » c'est bien davantage de « *communes continuelles* » qu'il conviendrait de parler pour évoquer la place des communes métropolisées.

La métropolisation : un phénomène centrifuge

Mickaël Baubonne

Maître de conférences en Droit public
Université de Haute-Alsace
CERDACC (EA 3992)

Si « la forme d'une ville change, plus vite hélas ! que le cœur d'un mortel »[1], le centre des plus grandes villes françaises est largement préservé. Il s'adapte à de nouvelles exigences bien sûr, il s'embellit sans doute, sa population évolue certes, mais les principaux repères demeurent malgré le temps qui passe. Les transformations sont en revanche bien plus brutales dans les périphéries, rattrapées par la ville[2].

Avant de se présenter comme un mouvement d'expansion spatiale, la métropolisation s'analyse pourtant comme un processus de concentration de populations, d'emplois, d'activités, de richesses, de pouvoirs (politiques[3], religieux[4]...) et de « fonctions métropolitaines ». Celles-ci dessinent aujourd'hui la hiérarchie des aires urbaines[5] dominée par quelques métropoles[6]. La concentration de ces fonctions représente une opportunité de pouvoir mieux répondre aux besoins de la population métropolitaine en proposant des évènements, des services, des équipements et des infrastructures plus importants, mais dont le coût est réparti entre des contribuables et des usagers plus nombreux et plus aisés. Par un effet de

---

[1] Ch. Baudelaire, *Les Fleurs du Mal*, édition de 1861, Gallimard, coll. « Poésie », 2001, p. 125.

[2] Alors que la population de Toulouse a augmenté de 50 % entre 1962 et 2018, celle de Fonsorbes, en périphérie, a bondi de 1 494 % sur la même période. La population de Montpellier a certes cru de 144 % entre1962 et 2018, mais la hausse a été plus importante encore à Mauguio, en périphérie : + 343 % sur la même période.

[3] Voir J.-B. Forray, « Le président des métropoles », *La Gazette des communes*, 6 novembre 2017, p. 3.

[4] Voir « métropole », *in* M. Lachâtre, *Nouveau dictionnaire universel*, t. 2, p. 694, Paris, 1870.

[5] Voir C. Van Puymbroeck, R. Reynard, « Répartition géographique des emplois : les grandes villes concentrent les fonctions intellectuelles, de gestion et de décision », *INSEE Première*, février 2010, n° 1278, 4 p.

[6] Voir C. Rozenblat, P. Cicille, *Les villes européennes : analyse comparative*, La Documentation française, 2003, 96 p.

ruissellement, ce sont les habitants d'un territoire plus large encore qui sont susceptibles de profiter de la métropolisation.

Le phénomène est apparu si positif au législateur qu'il a souhaité l'accompagner en structurant mieux l'espace urbain et en le dotant d'institutions propres. La création des communautés urbaines dès 1966 puis du statut de métropole en 2010 en est l'illustration. Toutefois, ces modèles d'intégration ont longtemps été boudés. À Marseille, il a fallu attendre 1992 pour qu'une simple communauté de communes soit mise en place. Nice quant à elle est restée plusieurs années la seule métropole de France. Finalement, l'importance croissante du marketing territorial, la forte rivalité entre des aires urbaines proches et parfois la perte du statut de chef-lieu de région expliquent l'engouement né après les réformes territoriales de 2014-2015 pour le statut de métropole.

Mais l'âge d'or fut de courte durée. Vers le centre semblent aujourd'hui converger de nombreuses critiques comme la crise des gilets jaunes l'a montré[7]. La métropolisation changerait la ville en un monstre menaçant et vorace, broyant les territoires périphériques. Elle se traduirait par une domination de la ville et de l'intercommunalité centrales, asséchant les territoires périphériques, et nuirait au développement des villes moyennes. Les métropoles sont accusées de reproduire à leur échelle le centralisme parisien[8]. L'État lui-même paraît se détourner des métropoles pour valoriser les villes moyennes, comme s'il fallait absolument choisir entre ces deux types de territoire. Le plan national « Action Cœur de ville » cherche ainsi à mobiliser et coordonner différents acteurs pour lutter contre la désertification commerciale et démographique de 222 communes.

La méfiance que génèrent les métropoles et les plus grands pôles urbains invite à vérifier si la métropolisation assure au centre un réel ascendant sur les territoires périphériques.

En réalité, la métropolisation ne s'opère pas à territoire constant si bien que l'idée même de concentration est interrogée. En effet, les aires urbaines s'étalent et la ville se dilue, en englobant des espaces de moins en moins ruraux sans être véritablement urbains. Ce tiers espace, difficile à qualifier, périurbain ou périrural, conduit à revoir les rapports de force, au détriment d'un centre dont l'influence se réduit au sein des intercommunalités (I) comme au sein des aires urbaines (II).

---

[7] Voir H. Soutra, « Ces villes sous le feu des critiques », *Le Courrier des maires et des élus locaux*, 12 mai 2021, p. 21.

[8] Sur cette question, voir J.-F. Gravier, *Paris et le désert français*, Le portulan, 1947, 414 p.

I. L'EFFACEMENT DE LA VILLE CENTRE AU SEIN DE SON INTERCOMMUNALITÉ

En créant les communautés urbaines en 1966, le législateur a souhaité dépasser l'échelle des communes, définitivement trop étroites pour répondre aux enjeux contemporains. Avec les progrès de l'intercommunalité, plusieurs villes centres ont été marginalisées dans la mesure où leur démographie et leur périmètre ne leur permettaient pas de s'imposer naturellement dans ces nouveaux ensembles (A). Et quand la géographie humaine ne suffit pas à contenir l'influence du centre, le législateur a mis en place des garde-fous artificiels qui consistent à assurer une sur-représentation des plus petites communes dans ces ensembles souvent fragmentés (B).

A. La marginalisation de la commune-centre dans de grands ensembles

La constitution de grands ensembles fragilise la position des communes que la démographie ne suffit pas à imposer dans les premiers rôles. Cela se reflète au sein des deux organes majeurs des intercommunalités : le conseil (1) et le bureau (2).

1° La composition de l'organe délibérant : le reflet fidèle de la démographie défavorable de certaines communes centres

La question des rapports démographiques entre la ville centre et le reste du territoire intercommunal n'est jamais posée par le législateur au moment de la création des établissements publics de coopération intercommunale (EPCI). Le législateur et les élus locaux ont plutôt privilégié la constitution d'EPCI avec une population relativement importante, indépendamment des équilibres démographiques centre / périphérie. Or ces équilibres, et ces déséquilibres, ont un impact ensuite sur la gouvernance, notamment dans les zones urbaines où les disparités sont très importantes. En effet, pour la composition de l'organe délibérant des métropoles et des communautés urbaines, le législateur affirme « garanti[r] une représentation essentiellement démographique »[9]. Sur les vingt-et-une métropoles-EPCI, quatorze sont dominées démographiquement par la périphérie. Par conséquent, dans ces quatorze EPCI, les conseillers viennent majoritairement de la périphérie et les (dés)équilibres démographiques paraissent effectivement plutôt bien respectés.

---

[9] Article L. 5211-6-1, CGCT.

Figure 1. Équilibres démographiques et politiques centre / périphérie au sein des organes des métropoles et de communautés urbaines

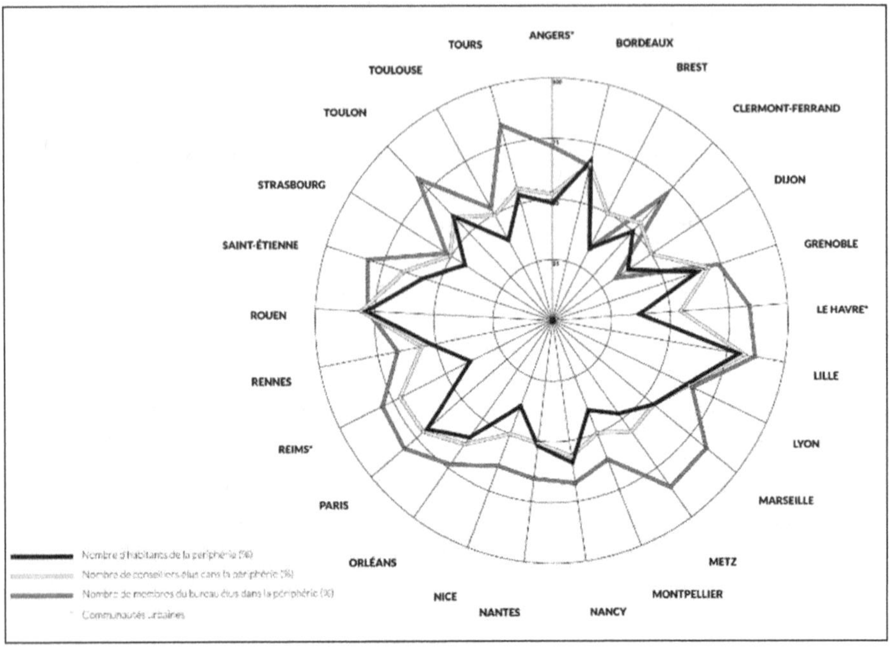

Moins de 20 % des conseillers métropolitains de la métropole européenne de Lille et de la métropole de Rouen représentent ainsi la ville centre. Dans ces conditions, le poids politique de la ville centre ne peut être que limité, ce que confirme par exemple la situation politique chahutée de la métropole de Tours. La démission surprise du président Schwartz en 2021 a donné lieu à un véritable affrontement centre / périphérie, au-delà des clivages politiques. Alors que la ville centre a été gagnée en 2020 par une alliance de gauche, des socialistes de la métropole ont quant à eux privilégié une union avec la droite, soutenue par des maires de petites communes qui voyaient sans doute là l'occasion inespérée de s'affirmer face à la commune centre.

2° La composition du bureau : le miroir grossissant de la démographie défavorable de certaines communes centres

Le poids politique réduit de la ville centre, lié à sa population, se traduit souvent par une très nette sous-représentation au sein du bureau de l'intercommunalité. Or le bureau est un organe clé dans la gouvernance en raison des délégations qu'il reçoit du conseil intercommunal et de sa composition restreinte. D'ailleurs, les difficultés de gouvernance nées de la fin de la cogestion à Bordeaux ont conduit le président de la métropole à proposer la réintégration des maires de l'opposition au sein du bureau pour assurer une « cohabitation plus forte »[10]. Le législateur n'a cependant pas prévu que la composition de cet organe tienne compte des équilibres démographiques. Et ce que la loi n'a pas imposé, les communes-centres n'ont pas toujours été en mesure de l'obtenir[11].

Hormis à Lyon, Bordeaux et Rouen, où la composition du bureau reflète assez fidèlement ces équilibres démographiques, les douze autres métropoles où les habitants de la commune-centre sont moins nombreux que ceux de la périphérie ont un bureau largement dominé par les élus de la périphérie, sans rapport avec les équilibres démographiques. La situation est particulièrement critique pour les communes centres dont la majorité municipale siège au sein de l'opposition intercommunale. Bien que 46 % des habitants de la métropole de Tours habitent dans la commune-centre, seulement 17 % des membres du bureau représentaient cette commune encore récemment.

Outre leur démographie défavorable, les communes centres peuvent également être marginalisées en raison de la fragmentation des grands ensembles urbains.

B. La marginalisation de la commune-centre dans des ensembles fragmentés

La fragmentation politique au sein des plus grands ensembles urbains a conduit à une sur-représentation de la périphérie au sein des organes de l'intercommunalité. Cela marque l'échec du législateur à rompre avec la commune au moins dans ces espaces particuliers.

1° Une fragmentation responsable de la sur-représentation de la périphérie

La sur-représentation de la périphérie est évidente dans les organes dont la composition est égalitaire. Ainsi, chaque commune dispose d'un siège au sein de la conférence des maires, quelle que soit sa taille. Alors que le rôle de cette conférence ne saurait être négligé[12], la fragmentation des plus grands ensembles urbains confère à des maires de petites communes périphériques un poids politique sans rapport avec la démographie de leur commune. De telles distorsions apparaissent plus problématiques encore lorsqu'elles concernent l'organe délibérant, sur lequel l'administration de l'intercommunalité repose.

Si le législateur paraît s'attacher au respect des équilibres démographiques pour la répartition des sièges au sein de l'organe délibérant, cette règle n'est en réalité appelée à jouer que contre la commune-centre. En

[10] A. Anziani, cité par X. Sota, « Le président Anziani remet la droite en selle », *Sud-Ouest*, 25 novembre 2021, p. 20.
[11] Voir figure 1.
[12] Voir Cour des comptes, *La mise en place des métropoles : un premier bilan peu convaincant*, 2020, p. 56 et s.

effet, une commune-centre ne peut pas prétendre à une représentation supérieure à son poids démographique dans l'EPCI, contrairement aux communes moins peuplées. En revanche, elle peut être sous-représentée. Ainsi, lorsqu'une commune concentre plus de la moitié des habitants de l'intercommunalité, « seul un nombre de sièges portant le nombre total de ses conseillers communautaires à la moitié des sièges de l'organe délibérant, arrondie à l'entier inférieur, lui est finalement attribué »[13]. Le législateur apporte certes un correctif, mais sa portée ne suffit pas à assurer à la commune-centre une représentation équivalente à son poids démographique. Surtout, cela suppose l'accord de « la majorité des deux tiers au moins des conseils municipaux des communes membres représentant plus de la moitié de la population de celles-ci ou de la moitié au moins des conseils municipaux des communes membres représentant plus des deux tiers de la population de celles-ci ». Le recours à ce correctif est donc compliqué par la fragmentation des intercommunalités puisque les communes périphériques ont là l'occasion de brider la représentation du centre, de se distribuer davantage de sièges et donc de conforter leur position. De fait, dans plusieurs métropoles et dans les plus grandes communautés urbaines, l'équilibre politique centre / périphérie est à rebours des équilibres démographiques : si elles concentrent plus de la moitié de la population de l'intercommunalité, les communes-centres n'y détiennent pas plus de la moitié des sièges[14]. Pis encore, Metz et Strasbourg sont minoritaires en nombre de conseillers métropolitains malgré leur population majoritaire. Toulouse quant à elle dispose certes d'une très courte majorité de sièges, mais sans proportion avec son poids démographique dans l'agglomération. Dans plusieurs de ces métropoles et communautés urbaines, les communes périphériques ont d'ailleurs mis à profit leur poids politique au sein de l'organe délibérant pour se réserver l'essentiel des sièges du bureau. C'est effectivement dans ces EPCI que les écarts entre représentation au bureau et poids démographiques sont les plus grands, au détriment du centre. Bien que le Havre concentre 63 % des habitants de la communauté urbaine, seuls 16 % des membres du bureau sont havrais.

En outre, le législateur impose que chaque commune dispose d'au moins un siège au sein de l'organe délibérant de l'EPCI[15]. Plus il y a de communes et plus ces communes sont petites, moins les habitants du centre seront bien représentés. Les Marseillais avec leurs 108 conseillers métropolitains sont ainsi 65 fois moins bien représentés que les 123 habitants de Saint-Antonin-sur-Bayon avec leur unique conseiller métropolitain.

[13] Article L. 5211-6-1, CGCT.
[14] Voir figure 1.
[15] Article L. 5211-6-1, CGCT.

Figure 2. Distorsion entre la représentation des habitants de la commune centre et celle des habitants des communes ou des circonscriptions périphériques

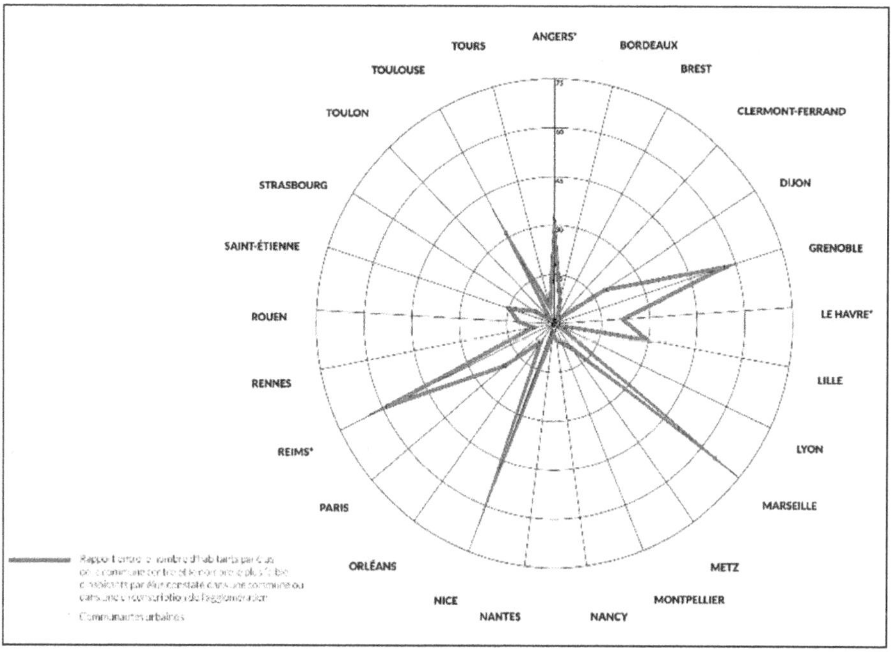

La métropole européenne de Lille, qui compte plus de 1,1 million d'habitants, est quant à elle présidée par un conseiller élu dans une commune de 913 habitants, ce qui pose d'évidentes questions de légitimité.

Ces distorsions s'expliquent par le refus du législateur de rompre avec la commune et de promouvoir la supracommunalité.

2° L'occasion manquée de rompre avec la commune

Le législateur n'a pas toujours absolument cherché à représenter et, *a fortiori*, à sur-représenter les petites communes périphériques au détriment du centre. La loi du 31 décembre 1966 créant les communautés urbaines et imposant la formule à quatre agglomérations prévoyait ainsi que, à défaut d'accord entre les communes membres, les communes dont la démographie ne permettait pas de prétendre à l'obtention d'un siège pouvaient ensemble participer à la répartition des sièges, en tenant compte par conséquent de leur population totale. Les sièges ainsi obtenus étaient ensuite pourvus au scrutin majoritaire de liste[16]. Par conséquent, certaines communes pouvaient n'être pas représentées au sein de l'organe délibérant de la communauté urbaine[17]. La rupture est également consommée avec la création de la métropole de

[16] Article 15, Loi du 31 décembre 1966 relative aux communautés urbaines.

[17] Voir D. Galimberti, S. Lobry, G. Pinson et N. Rio, « La métropole de Lyon. Splendeurs et fragilités d'une machine intercommunale », *Hérodote*, n° 154, 2014, p. 197.

Lyon en tant que collectivité territoriale. L'élection au suffrage universel direct des conseillers métropolitains a conduit à la définition de circonscriptions rapprochant les plus petites communes qui ne seront pas toutes représentées dans l'hémicycle métropolitain. C'est la raison pour laquelle les Lyonnais sont presque aussi bien représentés que les habitants des autres circonscriptions. Et c'est aussi à Lyon que la distorsion en termes de représentativité des conseillers métropolitains est la plus faible[18].

Il est permis de se demander dans quelle mesure la Constitution n'imposait pas au législateur de rompre avec la commune, comme il a tenté de le faire avec les communautés urbaines et comme il l'a fait à Lyon. Le Conseil constitutionnel a déduit des principes de libre administration des collectivités territoriales et d'égalité devant le suffrage que « la répartition des sièges doit respecter un principe général de proportionnalité par rapport à la population de chaque collectivité locale participante »[19]. S'il concède qu'« il peut être [...] tenu compte [...] d'autres considérations d'intérêt général », ce n'est que « dans une mesure limitée ». Parmi ces autres considérations d'intérêt général, figure « notamment [...] la possibilité qui serait laissée à chacune de ces collectivités de disposer d'au moins un représentant au sein du conseil concerné ». Cependant, les écarts de représentation liés aux dispositions permettant une sur-représentation des petites communes paraissent dépasser les simples tempéraments au principe général de proportionnalité. D'une part, il est douteux que l'intérêt général commande que l'organe délibérant des intercommunalités puisse être dominé par des élus des communes périphériques, mais pas par les élus de la commune centre. Au contraire, le *leadership* de la commune-centre permet de donner un cap à l'action intercommunale. D'autre part, les distorsions nées de la représentation minimale des plus petites communes justifient ensuite des correctifs de la part du législateur qui non seulement laissent des écarts toujours significatifs entre les communes les plus peuplées et celles les moins peuplées[20], mais qui produisent ou aggravent par ailleurs des écarts avec d'autres communes[21]. Finalement, l'octroi d'au moins un siège pour toutes les communes n'est vraiment d'intérêt général que si la mesure se double d'une fusion des plus petites communes. Pourtant, le Conseil d'État a assuré, trop brièvement pour emporter la conviction, que l'article L. 5211-6-

[18] Voir figure 2.

[19] Cons. const., décision n° 94-358 DC du 26 janvier 1995, *Loi d'orientation pour l'aménagement et le développement du territoire*, *JO* 1er février 1995, p. 1706 ; Cons. const., décision n° 2014-405 QPC du 20 juin 2014, *Commune de Salbris*, *JO* 22 juin 2014, p. 10316.

[20] Voir figure 2.

[21] Voir sur ce point Cons. const., décision n° 2015-521/528 QPC du 19 février 2016, *Commune d'Éguilles et autre*, *JO* 21 février 2016, texte n° 24.

1 du CGCT ne viole pas la Constitution[22]. Et le Conseil constitutionnel quant à lui n'a pas relevé *a priori* d'inconstitutionnalité[23].

Si la traduction de la métropolisation par les institutions intercommunales a conduit à diminuer le poids politique de la commune-centre, l'effacement du centre par rapport à la périphérie peut aussi se vérifier dans les relations entre l'intercommunalité centrale et l'aire urbaine.

II. L'EFFACEMENT DE L'INTERCOMMUNALITÉ CENTRALE AU SEIN DE SON AIRE URBAINE

Le législateur définit l'intercommunalité comme l'association de communes au sein d'un espace de solidarité. Cependant, les périmètres administratifs se brouillent considérablement dans la mesure où le législateur invite les intercommunalités les plus urbaines à s'ouvrir vers l'extérieur. L'objectif est de renforcer la solidarité avec des intercommunalités et des communes voisines. La métropole ou la communauté urbaine doit donc savoir faire passer leurs intérêts au second plan et s'effacer pour faire émerger un espace de solidarité plus vaste. À cette fin, la responsabilité des intercommunalités centrales vis-à-vis des territoires voisins est particulièrement mise en avant (A). Mais rien ne semble garantir que cette solidarité joue dans les deux sens, au risque de laisser penser que les plus grandes intercommunalités n'ont aucun défi propre à relever et tout à partager (B).

A. La mise en avant de la responsabilité des grandes intercommunalités vis-à-vis des territoires voisins

Les plus grands ensembles urbains sont composés d'une intercommunalité centrale autour de laquelle gravitent des intercommunalités « voisines » et non plus « périphériques ». Si l'ambition de cette précaution sémantique est d'installer par les mots une égalité entre des territoires en réalité très différents, le recours à une terminologie moins connotée révèle les tensions qui peuvent exister. L'idée de centre s'efface en même temps que celle de périphérie est refusée. La coopération avec ces territoires et d'autres collectivités territoriales permet de dépasser le seul intérêt des plus grandes intercommunalités urbaines (1). Toutefois, l'implication des territoires voisins est variable (2).

---

[22] Voir CE, 15 avril 2016, req. n° 396912, *Communauté d'agglomération du Grand Besançon*, inédit.

[23] Voir Cons. const., décision n° 2015-711 DC du 5 mars 2015, *Loi autorisant l'accord local de répartition des sièges de conseiller communautaire*, *JO* 10 mars 2015, p. 4361.

1° La coopération interterritoriale pour contenir la menace venant des intercommunalités centrales

Le législateur lui-même a insisté sur la responsabilité des plus grandes intercommunalités à l'égard des territoires voisins. Les métropoles sont ainsi appelées à « concourir à un développement durable et solidaire du territoire régional » et à agir « dans un esprit de coopération régionale et interrégionale et avec le souci d'un développement territorial équilibré »[24]. Ces indications ne sont prévues que pour les métropoles, ce qui laisse à penser que leur développement est autant une chance pour les territoires voisins qu'une menace. D'une certaine façon, cela déresponsabilise les territoires voisins dont les échecs devraient être imputés à la proximité d'une métropole plutôt qu'à leurs propres choix. Par exemple, si Libourne redoute l'attractivité commerciale de la métropole de Bordeaux pour le dynamisme de son centre-ville, cette ville moyenne semble en revanche bien moins préoccupée par la prolifération de grandes enseignes en périphérie, qui est interprétée comme un signe de « bonne santé économique du territoire »[25]. Et il suffira ensuite de réclamer que la métropole partage ce que Libourne n'a pas su conserver.

En tout état de cause, convaincues de leurs responsabilités, les métropoles notamment ont développé des outils contractuels avec les territoires voisins dans une logique interterritoriale[26]. La métropole de Tours a ainsi multiplié les contrats de réciprocité avec les différentes intercommunalités d'Indre-et-Loire pour approfondir le dialogue sur des problématiques communes. Bordeaux Métropole quant à elle espère que la promotion des territoires voisins comme Val de Garonne Agglomération lui permettra de surmonter les difficultés liées à la congestion. Cette coopération peut également associer l'État ou d'autres niveaux de collectivités territoriales. D'ailleurs, la formule du syndicat mixte ouvert permet de donner une dimension institutionnelle à ces coopérations multiniveaux, au-delà de la contractualisation. Ces démarches interterritoriales amènent l'intercommunalité centrale à se fondre dans un ensemble géographique plus vaste. En revanche, l'implication des territoires voisins s'avère variable.

2° L'implication variable des territoires voisins

Si les territoires voisins semblent très volontaires pour multiplier les espaces de dialogue avec l'intercommunalité centrale au sein des plus grands ensembles urbains, leur implication varie en revanche lorsque des opérations concrètes sont envisagées et surtout lorsqu'il s'agit de les financer. Pour

---

[24] Article L. 5217-1, CGCT.

[25] P. Belhache, « Quel équilibre entre centre-ville et périphérie ? », *Sud-Ouest*, 26 novembre 2021, p. 24.

[26] Voir M. Vanier, *Le pouvoir des territoires. Essai sur l'interterritorialité*, 2008, Economica, 160 p.

régler les problèmes de mobilité au sein de l'aire urbaine bordelaise, la région et plusieurs établissements publics de coopération intercommunale se sont associés au sein d'un syndicat mixte, Nouvelle-Aquitaine Mobilités. Plusieurs « bassins » ont été créés pour correspondre au mieux aux flux de voyageurs. À ce jour, le bassin Gironde-et-Garonne réunit seulement trois des huit autorités organisatrices de la mobilité (AOM) du département de la Gironde, autour de la région. Une communauté d'agglomération n'a pas adhéré et aucune communauté de communes n'est membre. D'ailleurs, l'idée de récupérer la compétence d'organisation des mobilités n'a pas vraiment soulevé l'enthousiasme des communautés de communes girondines. Alors que les statuts du syndicat mixte le prévoient, aucun versement mobilité additionnel n'est prélevé sur le territoire de toutes ces intercommunalités qui ne sont pas membres, mais qui sont desservies. À vrai dire, le syndicat mixte se révèle lui-même peu investi dans les projets de mobilités, financièrement portés par Bordeaux Métropole notamment. Celle-ci demeure la seule intercommunalité girondine engagée dans ces projets de mobilités, qui permettront aux contribuables de la quitter d'autant plus facilement pour des territoires à l'accessibilité renforcée (et à la fiscalité sans doute plus clémente)[27]. Les territoires voisins tireront en effet bénéfice de ces projets puisqu'il s'agit d'augmenter la fréquence de passage des trains et l'amplitude horaire dans la métropole et en dehors. Pourtant, si le législateur habilite les seules métropoles et communautés urbaines à « contribuer au financement d'un service ferroviaire régional de voyageurs ou d'un service en gare *situés dans leur ressort territorial* »[28], il n'est pas certain qu'elles puissent ainsi assumer même en partie un surcroît de desserte dans les territoires voisins.

Mais après la crise des gilets jaunes, la bonne volonté des métropoles reste une aubaine que ni l'État, ni les régions, ni les territoires voisins ne remettront en cause, d'autant plus que les intercommunalités centrales semblent se satisfaire parfois d'une solidarité à sens unique.

B. La solidarité parfois défaillante vis-à-vis des grandes intercommunalités

La solidarité que les intercommunalités centrales mettent en œuvre à l'égard des territoires voisins n'est pas toujours réciproque. Ces

---

[27] Pour le financement des « cars express », voir l'article 4.2 de la convention de financement 2020-2027 de la ligne régionale de cars express Créon <> Bordeaux [https://www.bordeaux-metropole.fr/content/download/128616/file_pdf/22_Convention_mise_en_forme_V11592389 257793.pdf]. Pour le financement du « RER métropolitain », voir par exemple l'article 7 du protocole-cadre relatif à la gouvernance et au financement des études nécessaires à la mise en œuvre du volet ferroviaire de la feuille de route du RER métropolitain bordelais [https://www.bordeaux-metropole.fr/content/download/133633/file_pdf/237_DTNA_CFi_Protocole_Cadre_A8_2010 211603445370810.pdf]

[28] Article L. 2121-3-1, Code des transports. Nous soulignons.

intercommunalités restent notamment confrontées à des logiques défensives (1) alors que les autres niveaux de collectivités territoriales ne jouent pas toujours pleinement leur rôle en matière de solidarité territoriale (2).

1° Les logiques défensives persistantes des territoires voisins les plus proches

En invitant les seules métropoles à « concourir à un développement durable et solidaire du territoire régional »[29], le législateur laisse entendre qu'il était inutile de le préciser pour les autres catégories d'intercommunalités. Cependant, la construction des agglomérations témoigne de ce que certaines intercommunalités se sont justement mises en place pour bloquer la solidarité vis-à-vis du centre, qui n'est pas le seul à concentrer des richesses et qui doit surtout assumer des charges de centralité[30]. La correspondance entre le périmètre institutionnel et le territoire vécu par les habitants reste souvent très imparfaite et des intercommunalités défensives continuent d'exister. D'ailleurs, la métropolisation, paradoxalement, leur a permis d'échapper à des pressions plus appuyées pour fusionner avec l'intercommunalité centrale puisque la croissance démographique en périphérie leur a souvent assuré une population de plus de 15 000 habitants[31]. La persistance de la fragmentation intercommunale évite certes de fondre les communes- centres dans des ensembles encore plus vastes alors qu'elles sont déjà peu et parfois sous-représentées. Mais l'étroitesse de leur périmètre n'a pas donné un argument aux métropoles et aux communautés urbaines pour refuser la solidarité vis-à-vis de territoires voisins qui se sont parfois construits contre elles.

Par conséquent, les intercommunalités centrales auraient tout intérêt à s'agrandir. Les ressources des territoires non plus voisins, mais bel et bien intégrés pourraient enfin être mobilisées afin de renforcer la solidarité dans le sens centre – périphérie, mais aussi dans le sens inverse. Il est sans doute nécessaire de ce point de vue de rappeler que, si la métropolisation s'analyse comme une concentration de richesses, le centre paraît parfois concentrer surtout la pauvreté. En tout cas, les métropoles et les communautés urbaines sont bien moins homogènes que l'organisation d'une solidarité à sens unique le laisse à penser. En réalité, s'il existe des territoires voisins déshérités, souvent trop éloignés du centre pour bénéficier de son dynamisme, bien des territoires jouxtant les métropoles et les communautés urbaines ont su attirer des entreprises et une population aisée.

---

[29] Article L. 5217-1, CGCT.

[30] Voir E. Négrier, « L'invention politique de l'agglomération », *in* F. Baraize et E. Négrier (dir.), *L'invention politique de l'agglomération*, L'Harmattan, coll. « Logiques politiques », 2001, p. 290 et s. ; C. Jebeili, « La réforme de l'intercommunalité », *POUR*, 2011, n° 209 et 210, p. 49 et s.

[31] Voir article L. 5210-1-1, CGCT.

Dès lors que le centre ne peut pas politiquement s'appuyer sur l'étroitesse de son périmètre pour refuser d'intervenir dans les territoires voisins, la constitution d'intercommunalités plus grandes semble d'autant plus intéressante que les autres niveaux de collectivités territoriales sont parfois en retrait en matière de solidarité territoriale.

2° D'autres niveaux de collectivités territoriales parfois en retrait en matière de solidarité territoriale

La région et le département ont des compétences sur lesquelles s'appuyer pour lutter contre les disparités. Alors que la première est chef de file pour l'exercice des compétences relatives à l'aménagement et au développement durable du territoire, le second l'est pour la solidarité des territoires. Pourtant, certaines de ces collectivités laissent les intercommunalités centrales assumer une grande part de la solidarité vis-à-vis des territoires voisins. Dans ces conditions, les ressources des intercommunalités centrales mises à contribution ne peuvent pas être mobilisées pour défendre leurs intérêts propres. À ce titre, il peut paraître étonnant que Bordeaux Métropole finance à parité avec la région des projets de mobilités pour lesquels cette dernière est maître d'ouvrage et qui profitent autant, voire davantage, aux territoires voisins qu'à la métropole elle-même. Si la métropole est mise à contribution, les autres intercommunalités devraient l'être également et assumer, au moins collectivement, une part égale. À supposer qu'elles ne le puissent pas, pour des raisons financières ou juridiques, leur part devrait alors être assumée par la région, laquelle est d'ailleurs l'AOM dans les communautés de communes qui n'ont pas pris la compétence d'organisation des mobilités. Le département s'est quant à lui illustré jusque-là par son absence dans de tels projets, notamment pour prendre en charge, totalement ou en partie, la part qui pourrait incomber aux territoires voisins.

Enfin, les défis propres aux métropoles et aux communautés urbaines peuvent également appeler la solidarité des autres niveaux de collectivités territoriales. La comparaison entre différentes métropoles tend à montrer que toutes ne bénéficient pas du même soutien. En Gironde, la politique du département en matière de solidarité le conduit même à nier le périmètre de la métropole de Bordeaux, sinon la métropole elle-même. Celle-ci n'apparaît donc pas comme un espace de solidarité et se trouve au contraire éclatée entre quatre « territoires de solidarité »[32]. Il est difficile de ne pas faire le lien entre cette stratégie consistant à diluer les frontières métropolitaines et les projets de réformes territoriales qui menacent de temps en temps l'unité départementale sur le modèle de la métropole de Lyon. À vrai dire, puisque la métropole aide les territoires voisins, parfois sans le département dont le

[32] Voir la carte des territoires de solidarité dessinée par le département de la Gironde [https://www.gironde.fr/sites/default/files/2020-07/A0-carte%20pactes-communes-cantons-2020-maq05.pdf].

soutien peut être aléatoire, l'idée de transformer les métropoles en collectivités territoriales pour leur confier les compétences des départements et leurs ressources gagne en pertinence.

En cherchant à répondre à la métropolisation, le législateur et les acteurs locaux ont contribué, à dessein ou non, à l'effacement du centre à toutes les échelles. C'est que la métropolisation est intimement liée au phénomène d'étalement urbain. Si les principales aires urbaines concentrent toujours plus d'activités, de ressources et d'habitants, leur territoire s'agrandit aussi toujours davantage. Cet étalement urbain est la preuve même de ce que le centre n'a pas su et n'a pas pu maîtriser le développement anarchique de sa périphérie, immédiate d'abord et plus lointaine désormais. La plupart des problèmes nés de la métropolisation trouvent ici leur origine. Ces problèmes conduisent aujourd'hui à se détourner des métropoles pour y préférer les villes moyennes. Toutefois, ce qui a affecté les métropoles frappera plus durement encore les villes moyennes. Et la mise en avant de ces villes cache mal l'attrait bien plus important, et plus menaçant, de leur périphérie.

Métropolisation, départements et régions : nouveau triangle d'or ou des Bermudes ?

Didier Guignard

Professeur de Droit public
Directeur du Master Droit des collectivités territoriales (FOAD)
Université Toulouse Capitole
IDETCOM (EA 785)

La loi n°2010-1563 du 16 décembre 2010 de réforme des collectivités territoriales avait entre autres, supprimé la clause générale de compétences des départements et des régions et consacré d'une part, la catégorie des métropoles et d'autre part, le conseiller territorial.

La loi n°2014-58 du 27 janvier 2014 de modernisation de l'action publique territoriale et d'affirmation des métropoles (MAPTAM) issue du changement de majorité de 2012 rétablit la clause générale de compétence et fit disparaître ledit conseiller, laissant augurer avec l'affirmation des métropoles d'un jeu à trois : métropoles, départements[1] et régions.

Le triangle évoque, selon certains, le symbolisme du trois, qui est ou serait défini comme la voie juste. De plus, souvent associé à l'ordre, à l'équilibre, « le chiffre 3 permet de dépasser le binaire (...) il révèlerait l'existence d'une force transcendante (...) il unirait les contraintes, réconcilierait les opposés »[2]. Comment ne pas être tenté d'établir un lien entre ces derniers traits, et y voir, bien que majoritairement les métropoles soient des EPCI, une des illustrations de la disposition de l'article 72 quant à l'interdiction d'une tutelle d'une collectivité sur une autre ?

---

1 « La loi de réforme des collectivités territoriales (RCT) du 16 décembre 2010 (...) semblait toutefois annoncer une nouvelle organisation en faisant apparaître deux niveaux principaux (régional et intercommunal), mais de manière évolutive pour ne pas crisper les sensibilités locales et sans aller jusqu'au bout de la logique puisque les quatre niveaux décentralisés demeuraient. De même, elle mettait en œuvre de manière empirique les conditions de la disparition du département sans le dire clairement, en misant sur la suppression de sa clause générale et sur le conseiller territorial. Si cette loi s'était appliquée, une nouvelle organisation aurait sans doute émergé, mais de manière non officielle, par la pratique qui se serait instaurée », N. Ferreira, « La réforme territoriale (...) pour quelle décentralisation ? », *AJCT* 2014, p. 412 et s.

2 Le Triangle et son symbolisme, 9 mars 2020, https://www.jepense.org

Triangle qui, comportant deux collectivités territoriales serait isocèle, la métropole pouvant exercer par convention des compétences transférées par celles-ci, triangle d'or[3].

L'équilibre étant un état bien souvent précaire la donne va changer rapidement ; le 8 avril 2014 dans la foulée de la conférence de presse du chef de l'État, le Premier ministre lors de son discours de politique générale à l'Assemblée nationale évoquait la réduction du nombre de régions, la suppression de la clause générale de compétences, la suppression des départements à l'horizon 2021.

Si la loi MAPTAM et la consécration de trois catégories de Métropoles dont la métropole lyonnaise semait le trouble, les lois n°2015-59 du 16 janvier 2015 relative entre autres à la délimitation des régions et n°2015-991 du 7 août 2015 (NOTRe) ont renforcé les incertitudes. Corrélativement, les métropoles continuaient leur ascension, échappant à toute logique, si logique il y a ou il y eut.

Dans la foulée de la loi du 28 février 2017 relative au statut de Paris et à l'aménagement métropolitain, la liste des « cités-mères » s'est allongée, quitte à altérer la raison d'être de ces structures ; quand trop de métropoles tue la métropole[4] !

À l'orée de la campagne présidentielle de 2017, le candidat Emmanuel Macron, proposait de "supprimer" les départements dans les zones les plus urbanisées et structurées par des métropoles, tout en les maintenant dans les zones plus rurales »[5]. Le 2 juin 2017, la Presse Quotidienne Régionale se faisait l'écho d'une démarche entreprise par six présidents de conseils départementaux[6] auprès du nouveau Chef de l'État et du Premier ministre quant à cette possible suppression du département, collectivité territoriale. Ce thème de l'éventuelle disparition de cette catégorie de collectivité territoriale s'avère ancien. Pour s'attacher à la période qualifiable de contemporaine, le rapport Attali de 2007 pour *La libération de la croissance française* en avait fourni une formulation particulièrement explicite en concluant à la nécessité de le supprimer : « l'objectif est de constater à dix

---

[3] Triangle isocèle dont les longueurs sont en proportion du « nombre d'or », https :www.jepense.org, le triangle et son symbolisme. Triangle d'angles 72°, 72° et 36. Le rapport du grand côté sur le petit est égal au nombre d'or. L'expression désigne également une production souvent rapide de richesse « sur une zone géographique limitée », *in* Le triangle d'or, https://www.fundswatch.fr

[4] S. Menu, « L'excès de métropoles tuera-t-il les métropoles ? », *La lettre du cadre territorial*, 8 août 2017, http://www.lettreducadre.fr .

Au 1er janvier 2017, la France comptait quinze métropoles. Sur « les EPCI pouvant accéder au statut de métropole », voir notamment pour les conditions d'éligibilité *Dynamique de l'emploi dans les métropoles et les territoires avoisinants*, La note d'analyse n°64, novembre 2017, CGET, France stratégie, p. 2.

[5] https://www.publicsenat.fr/article/politique/macron-propose-de-supprimer-les-departements-dans-les-zones-les-plus-urbanisees

[6] « Georges Méric et ses collègues socialistes de Gironde, de l'Hérault, de Loire-Atlantique, d'Ile-et-Vilaine et du Finistère », https://www.ladepeche.fr/article/2017/06/02

ans, l'inutilité du département »[7], aspiration qui ressortait également du rapport Balladur, et non fondamentalement remise en cause lors de l'exposé des motifs de la loi NOTRe. Mme Long prévenait : « l'avènement des métropoles [...] vient rappeler que l'avenir du département est compté »[8]. Mme Regourd précise, « Les métropoles questionnent l'avenir des départements selon deux modalités. La première, la plus radicale, correspond à la disparition du département situé sur le territoire métropolitain. La seconde, plus insidieuse, prend forme à travers les mécanismes du transfert ou de la délégation de compétences »[9].

Cette interrogation est servie par des éléments de droit comparé. En 2018, Michel Bouvard déclarait : « Nos voisins italiens ont organisé, eux aussi, ce processus. Ainsi, la ville de Turin a reçu le 1er janvier 2015 les compétences de la province de Turin, l'équivalent de l'échelon départemental, devenant avec 6 827 km², la ville métropolitaine la plus étendue d'Italie, en application de la loi du 7 avril 2014 de la République italienne portant «dispositions sur les villes métropolitaines, les provinces, les unions et fusions de municipalités » (...) En tout, l'Italie compte dorénavant 14 villes métropolitaines, le nombre des provinces étant ramené à 90, auxquelles s'ajoutent les 2 provinces autonomes de Bolzen/Bolzano et Trente, ce qui est à quelques unités près, le nombre de nos départements »[10].

Selon M. Frinault, « Un certain nombre de systèmes territoriaux en Europe accueillent une différenciation institutionnelle des agglomérations qui se traduit par un phénomène de substitution vis-à-vis des échelles institutionnelles immédiatement supérieures. En Allemagne, trois villes (Berlin, Hambourg et Brême) cumulent les compétences des trois niveaux d'administration locale (Land, arrondissement et commune), alors que 116 villes cumulent les compétences des communes et des arrondissements (kreisfreie Städte) (...) »[11]. L'auteur précise : « En France, ce schéma urbain dérogatoire était introuvable à l'exception notable de la ville de Paris, dont les conseillers exerçaient les fonctions départementales. Quant aux établissements intercommunaux, ils obéissaient, jusqu'à la loi MAPTAM, à des institutions coextensives de la commune, dont l'objet était d'exercer de

---

[7] C. Regourd, *Les métropoles au prisme du modèle territorial français,* Université Paris 1, 2018. p. 245.

[8] Cité par C. Regourd, *ibid.* p. 246.

[9] *Ibid.*

[10] M. Bouvard, « Quelle place pour le département », *RPPP* 2018, n°143, p. 47 et s.

[11] « ... En Autriche, 15 villes "à statut propre" (Statutarstadt) sont habilitées à assumer les compétences administratives du district, c'est-à-dire à appliquer les règlements du Land et de l'État fédéral. Vienne dispose, elle, d'un statut particulier puisqu'elle est à la fois une ville dotée d'un statut propre et un Land. En Hongrie, certaines villes dites "de droit comital" cumulent, avec un corps de représentants distinct, les fonctions de la collectivité locale avec les compétences d'un comitat – subdivision intermédiaire souvent désignée en français par le terme de "département" – à l'échelle urbaine », T. Frinault, L'approche institutionnelle des métropoles : une intercommunalité pas comme les autres !, https://doi.org/10.4000/metropoles.6819

manière coordonnée les compétences stratégiques et techniques locales en lieu et place des seules communes. De ce point de vue, la métropole introduit une rupture dès lors qu'elle permet des transferts de compétences issues des échelons supérieurs, allant jusqu'à consacrer une pleine substitution dans le cas lyonnais »[12].

Toutefois, le département est-il l'unique niveau concerné par cette éventuelle disparition ou engloutissement ? La collectivité régionale est-elle certaine de ne pas se dessiner ou deviner comme une victime par ricochet de la montée en puissance des métropoles ?

Ces interrogations résultent tant de certains ressentiments que de données matérielles et institutionnelles.

Concernant la banalisation du statut de métropoles, le Professeur Faure indique que la « distribution à volonté du statut de métropole est ainsi regardée par certains comme le résultat d'une improvisation conduisant au dynamitage de l'architecture institutionnelle de notre pays » (P. Laurent) »[13]. La terminologie « métropolisation » pourrait s'appréhender comme une ou la création improvisée des métropoles, improvisation avec ses risques et périls ; à cet égard, la liste de nouvelles métropoles qui continue à s'égrainer pour des raisons diverses ne rassure guère voire inquiète.

M. Duranthon rappelle : « la métropole a désigné la ville ayant un siège archiépiscopal, doté donc d'une situation de dominance sur un territoire. En lui-même, le mot est ainsi déjà porteur d'un projet politique de puissance que le vocable géographique confirme lui aussi, en distinguant la mégalopole — dont la définition repose sur un critère strictement démographique — de la métropole, qui désigne quant à elle des ensembles urbains "avant tout défini[s] par la concentration de fonctions de commandement conférant à ces agglomérations un rayonnement international et une production de richesse sans lien avec la concentration de population" »[14].

Improvisation de la refonte de la carte des régions, improvisation du statut de métropoles. Indubitablement certaines structures optent et ont opté pour la labellisation métropolitaine pour des raisons de marketing territorial[15] et de puissance communicationnelle. Ce double essor des régions et des métropoles conduit certains auteurs à déclarer que « le centre de gravité du droit des collectivités territoriales s'est déplacé vers un duo région/métropole »[16].

---

[12] *Ibid.*

[13] B. Faure, « La banalisation du statut de métropole », *RFDA* 2017, p. 637 et s.

[14] A. Duranthon, *L'institution départementale à l'heure métropolitaine : quelles perspectives ?,* Étude pour l'Assemblée des départements de France, 2018, p. 20.

[15] « Si le marketing territorial avait déjà conduit certaines communautés d'agglomération (exemple de Rennes) ou urbaines (exemple de Brest) à utiliser la dénomination de "métropole", ce terme se voyait désormais investi d'un contenu statutaire », T. Frinault, *op. cit.*

[16] A. Duranthon, *op.cit.* p. 11.

Or si l'équilibre persiste, pas simplement du droit des collectivités territoriales, mais entre les acteurs territoriaux, cela constituerait un moindre mal et si point d'équilibre il y a, qu'est ce qui l'a opéré – la disparition d'un des acteurs, une réduction de ces prérogatives ?

Incontestablement, comme l'indique le Professeur Janicot[17], la réforme territoriale tend à privilégier certains niveaux territoriaux en faisant émerger les régions et les métropoles au détriment des départements et des communes.

Irréfutablement, le phénomène de métropolisation ou "fait métropolitain se distingue des métropoles au sens juridique"[18] et conduit les aires concernées à dépasser les cadres institutionnels classiques communaux et départementaux. La métropole toulousaine au sens économique, démographique et en termes de déplacement concerne *a minima* quatre départements : la Haute –Garonne, le Gers, le Tarn, le Tarn et Garonne et les questions d'inter-territorialité prennent tout leur sens quand on sait qu'à ce jour la dynamique de l'emploi de métropole de Toulouse lui profite plus qu'aux territoires avoisinants[19].

Au plan institutionnel, l'article L. 5217-1 du CGCT indique : « La métropole est un établissement public de coopération intercommunale à fiscalité propre regroupant plusieurs communes d'un seul tenant et sans enclave au sein d'un espace de solidarité pour élaborer et conduire ensemble un projet d'aménagement et de développement économique, écologique, éducatif, culturel et social de leur territoire afin d'en améliorer la cohésion et la compétitivité et de concourir à un développement durable et solidaire du territoire régional ». Cette dernière évocation laisse à penser que cet espace territorial n'est pas voué à disparaître.

---

[17] L. Janicot, « Les départements : quel(s) avenir(s) ? », *AJDA* 2019, p. 2417 et s.

[18] Y. Lasnier et D. Riquier-Sauvage, *Les métropoles : apports et limites pour les territoires*, Les avis du CESE, octobre 2019, p. 8.

[19] « Le système Toulousain d'abord, est intéressant en raison de la place centrale de Toulouse Métropole au sein de la nouvelle Région Occitanie, Région aussi étendue que le Benelux et regroupant deux métropoles. Ce terrain offre l'exemple d'une métropole à la ville-centre prédominante, entourée d'une couronne de villes moyennes proches, et intégrée au cœur d'un système en étoile avec des transferts importants (notamment de masse salariale) », M. Bigay, T. Devillard, L. Perez Inigo, J. Sainclair, *Les environnements territoriaux des métropoles : quelles stratégies de coopération au service du développement local ?* Analyse comparée des systèmes de Lille, Nantes et Toulouse. Master stratégies territoriales et urbaines 2017/2018. Sciences Po, p.11. « En outre, la signature, en juillet 2017, du contrat de réciprocité entre le PETR Pays Portes de Gascogne et la métropole en fait un territoire d'expérimentation, dont le président affiche une volonté d'innovation en matière de coopération interterritoriale », *ibid.* p. 11. Par opposition, « Le bassin métropolitain Nantais ensuite, est souvent cité comme un écosystème territorial propice à la coopération (...) la métropole partage sa dynamique d'emploi avec les territoires qui l'entourent. L'existence de deux pôles métropolitains (Pôle métropolitain Nantes St-Nazaire et Pôle métropolitain Loire-Bretagne) déjà en fonctionnement en fait également un terrain d'étude pertinent pour observer le fonctionnement et le rôle de tels instruments de mise en réseau », *ibid.*

Matériellement, le Professeur Faure rappelle : « qu'à l'encontre des termes dudit article, la métropole de droit commun ne peut être qualifiée d'« établissement public de coopération intercommunale » parce qu'elle ne relève pas de cette catégorie juridique. La nature de ses compétences efface ce caractère (…). La structure des compétences métropolitaines posée à l'article L. 5217-2 du CGCT repose ainsi sur une addition de compétences communales, départementales, régionales et étatiques que la métropole exercera elle-même » [20]. Ce dépouillement ou soustraction des compétences au profit des métropoles pose la question de son étendue et de son caractère plus ou moins volontaire. À cet égard, le dispositif législatif fruit de la loi NOTRe pouvait laisser augurer le pire pour les départements. M. Duranthon relève : « Il pâtit notamment d'un nouveau renforcement des compétences métropolitaines, qui bénéficient d'un nouveau dispositif de transfert ou de délégation (…). La loi instaure en effet un rapport de force entre départements et métropoles en prévoyant qu'à défaut d'un accord sur au moins trois des groupes de compétences dont le transfert ou la délégation est rendu possible, l'ensemble de ces compétences se trouve automatiquement transféré à la métropole, à l'exception de la gestion des collèges »[21].

Il convient de préciser que les métropoles au sens institutionnel recouvrent une réalité plurielle *a fortiori* lorsqu'il s'agit d'appréhender les relations avec les deux catégories de collectivités territoriales – départements et régions. Comme le souligne, Mme Ferreira, « à côté de ces métropoles aux statuts, compétences et fonctionnement distincts, il existe une structure métropolitaine de droit commun, présentée dans le chapitre IV de la loi MAPAM intitulé « La métropole », montrant qu'il s'agit du statut principal, les métropoles parisienne, lyonnaise et marseillaise constituant des dérogations à ce statut général. Le législateur aurait sans doute pu user d'une autre terminologie pour ces situations particulières et éviter la confusion sémantique qui découlera de l'usage du même mot pour évoquer des catégories juridiques différentes. Mais la volonté d'employer le terme de "métropole", dans l'air du temps, l'a emporté sur la nécessité de clarté »[22].

Les questionnements quant aux relations entre les métropoles et les deux catégories de collectivités départementales et régionales dépendent notamment du type de métropoles : de droit commun ou particulières. Enfin, il n'est pas certain que le risque d'engloutissement touche la victime présumée, car si ceux qui se ressemblent s'assemblent, il arrive également qu'ils ou qu'elles se concurrencent et finissent par s'évincer ou s'éliminer. Avant de vérifier si les apparences sont trompeuses ou les préjugés à

---

[20] *Op. cit.* p. 639.

[21] Selon l'auteur, « Si l'envergure matérielle des compétences transférées ne connaît que très peu d'évolutions, essentiellement dues à la perte par le département de ses compétences en matière économique, l'occurrence de délégations ou de transferts de compétences départementales à la métropole est cependant fortement accrue », *op. cit.* p. 48.

[22] N. Ferreira, « Les métropoles de droit commun », *AJCT* 2014, p. 249.

dépasser (**II**), il convient de rappeler que les relations entre le fait métropolitain et les collectivités départementales et régionales sont anciennes (**I**).

I. Des relations anciennes

Le rapport sénatorial « *Quel rôle, quelle place, quelles compétences des départements dans les régions fusionnées aujourd'hui et demain ?* » relève : « Que les grandes villes soient en mesure d'assumer elles-mêmes tout ou partie des missions dévolues aux départements, notamment dans le domaine social, est une idée ancienne »[23] (A). Selon le Professeur Bouvier, « Certes, l'État, les régions et les métropoles ne sont pas des réalités nouvelles et la question de leurs relations n'est donc pas nouvelle »[24], particulièrement pour ces deux auteurs (B), mais « si elle se pose aujourd'hui avec beaucoup plus d'acuité c'est qu'elle intervient dans le cadre d'un contexte marqué par une métamorphose de notre société… »[25].

A. Département-intercommunalité

« En 1947 déjà, en présentant son projet de refonte de la carte départementale, Michel Debré proposait de confier aux grandes villes les tâches exercées par le département. Le trait particulier de ces villes, dont l'importance atteint ou dépasse 100 000 habitants, devrait être d'échapper à l'autorité départementale. (…) En d'autres termes, les grandes villes constitueraient à elles seules un département, leur conseil municipal serait en même temps leur conseil général »[26]. Ultérieurement furent visées par cette possible délégation principalement les compétences départementales en matière sociale[27]. Mme Cukierman précise que la montée en puissance de l'intercommunalité (*sic*) tant par l'entremise des communautés urbaines[28]

[23] C. Cukierman, n°706, enregistré à la présidence du Sénat, le 15 septembre 2020, p. 132.

[24] L'auteur indique : « Elle est cependant toujours restée sous-jacente aux évolutions qui se sont produites depuis l'après seconde guerre mondiale, avant même que la région ne soit constitutionnellement reconnue comme une collectivité territoriale, mais elle n'a finalement été qu'effleurée », M. Bouvier, « Régions et métropoles : une impossible alliance ? », *RFFP* 2018, sept., p. 13 et s.

[25] « … qui, en quarante années (…), a vu l'État et le secteur local se transformer en profondeur sous les effets conjugués de la crise économique, de la crise des finances publiques, de la mondialisation et du développement du numérique », *ibid.*

[26] Rapport Sénat n°706 précité, p. 132.

[27] « La loi du 22 juillet 1983 a ainsi autorisé les conseils départementaux à déléguer aux communes qui en feraient la demande les compétences qui, dans le domaine de l'action sociale, leur sont attribuées en vertu de l'article L. 121-1 du code de l'action sociale et des familles (…) Cette faculté de délégation semble néanmoins avoir été très peu utilisée », *ibid.*

[28] « Comme le relevait Olivier Landel, délégué général de France urbaine, lors de son audition par la mission d'information, "Il y a une quinzaine d'années déjà, les communautés urbaines d'alors se sont aperçues que, pour exercer leurs compétences en matière d'économie,

que des communautés d'agglomération ont renforcé ce mouvement notamment de délégation de compétences en matière d'aide sociale, de même, quant à « la gestion de la voirie départementale, c'est la loi du 12 juillet 2010 portant engagement national pour l'environnement qui a permis et même encouragé sa délégation aux communautés d'agglomération et aux communautés urbaines dans le périmètre de transports urbains »[29]. Comme indiqué précédemment le rapport de la commission Balladur qui préfigurait la réforme de 2010 recommandait « de créer onze métropoles dotées du statut de collectivités territoriales et exerçant sur leur territoire les compétences communales et départementales » (*sic*).

B. Régions-métropoles

« En Europe, la question des concurrences et des complémentarités entre régions et métropoles se pose avec une acuité nouvelle depuis environ deux décennies dans un double contexte »[30], acuité nouvelle « d'une question ancienne revisitée par la crise »[31].

Au-delà des incertitudes quant à l'exacte datation (certains parlent des quatre dernières décennies, d'autres remontent jusqu'aux années 1960[32]), il semble qu'il faille retenir que « ce duo "moderne" est souvent opposé à un duo plus traditionnel qui serait constitué par la commune et le département, deux collectivités créées au moment de la Révolution française »[33].

« Si la région est conçue depuis des décennies comme un espace de développement économique, parallèlement les métropoles ont été aussi désignées comme des pôles de développement il y a plus de cinquante ans.

---

d'environnement, d'aménagement urbain, elles avaient absolument besoin de leviers d'actions en matière sociale, pour l'insertion, l'accompagnement des familles, le relogement, etc. C'est pourquoi nous avions réfléchi à la possibilité de recevoir en délégation des départements un certain nombre de compétences". La loi "Chevènement" du 12 juillet 1999 ouvrit aux communautés d'agglomération et aux communautés urbaines (comme jusque-là aux communes) la faculté de se voir déléguer les compétences des départements en matière d'aide sociale », *ibid.*, p. 132-133.

[29] *Ibid.* p. 133.

[30] Introduction, in *Métropoles et Régions : entre concurrences et complémentarités : Regards croisés France/Italie,* sous la direction de M. Cremaschi, A. Delpirou, D. Rivière et C. Salone, Planum Publisher, 2015, p. 9.

[31] *Ibid.*

[32] À titre d'illustration, M. Behar écrit, « Émergeant avec les régions de programme en 1956, et les métropoles d'équilibre (1963), régions et métropoles constituent toujours une nouveauté au sein du paysage institutionnel français », « Régions et métropoles : les rivalités territoriales d'un couple moderne », in *Métropoles en chantiers 2 ; Ambitions métropolitaines, réalités territoriales*. G. Bettoni, D. Le Bras, F. Navarre, éditions Berger Levrault, p. 99 et s.

[33] X. Desjardins et N. Douay, « Le duo "métropole-région" au regard de l'évolution des politiques d'aménagement depuis les années 80 : une comparaison entre Paris et Marseille », in *Métropoles et Régions : entre concurrences et complémentarités : Regards croisés France/Italie*, p. 41 et s.

En effet, huit métropoles d'équilibre[34] furent créées par la DATAR en 1964 afin de contrebalancer la prédominance de Paris (…) Toutefois l'objectif ne fut pas atteint dans l'immédiat et ces villes ou ces groupes de villes ne parvinrent à s'imposer que beaucoup plus tard. Les régions l'emportèrent »[35]. Certaines études évoquent les risques de friction, de rivalité entre Métropoles et régions[36].

II. DES APPARENCES À DÉPASSER

Il semble que le département soit insubmersible (A). Quant à la région, à côtoyer la métropole, cette situation rappelle que les relations ne s'écoulent pas et ne se déroulent pas sur un long fleuve tranquille (B).

A. *Fluctuat nec mergitur*

Selon Mme Ferreira, « le département semblait en danger avec un effacement progressif et inéluctable »[37] notamment à la suite de l'avènement de la notion de collectivité unique pour certaines collectivités ultra-marine, dans le cas Corse[38] ou « encore du département de Paris absorbé de manière assez indolore par la ville de Paris tout comme une partie du département du Rhône, saisi par la métropole de Lyon »[39]. L'auteur précise : « Les menaces les plus fortes sont toutefois venues des métropoles, nouveaux acteurs aux visées hégémoniques (…) Cet objectif d'effacement des départements, programmé et inexorable, a toutefois connu un coup d'arrêt, semble-t-il, ceux-ci se rebiffant contre la procédure de délestage de leurs compétences au profit des métropoles et d'occultation spatiale qui les menaçait »[40].

Le législateur, qu'il s'agisse de la loi MAPTAM, NOTRe ou du 28 février 2017 « fit de la dévolution aux métropoles de compétences départementales non plus une faculté, mais une obligation »[41] ; concernant les métropoles intercommunales, « la loi impose aux départements de leur déléguer ou de leur transférer tout ou partie d'une liste de compétences

[34] « Lille/Roubaix/Tourcoing, Metz/Nancy, Strasbourg, Nantes/Saint-Nazaire, Lyon/Grenoble/Saint-Étienne, Bordeaux, Toulouse, Aix-en-Provence/Marseille », M. Bouvier, *op. cit.*

[35] *Ibid.*

[36] Voir entre autres, Y. Lasnier et D. Riquier-Sauvage, *op. cit.* p. 20 et s. ; voir également *infra* B.

[37] N. Ferreira, « Départements et métropoles : les départements ne veulent pas disparaître... », *AJCT* 2019, p. 318 et s.

[38] « Qu'il s'agisse de l'outre-mer où, en Guyane et en Martinique, la collectivité unique a permis à la région d'absorber le département, ou qu'il s'agisse de la fusion des deux départements corses au sein de la nouvelle collectivité de Corse », *ibid.*

[39] *Ibid.*

[40] *Ibid.*

[41] Rapport Sénat n°706, *op. cit.* p. 134.

touchant à l'action sociale, au tourisme et aux collèges, sous peine de devoir en transférer l'intégralité (à l'exception des collèges) »[42]. Toutefois, « ...les exécutifs métropolitains n'ont manifesté aucune appétence pour les compétences départementales en matière d'action sociale, sans doute en raison du coût de leur exercice, de leur faible "rendement" politique et de l'expérience acquise en la matière par les conseils départementaux »[43].

Globalement selon nombre de rapports, « les discussions semblent s'être déroulées dans un état d'esprit assez serein, les exécutifs départementaux (...) et métropolitains tombant rapidement d'accord pour limiter au strict minimum le champ des compétences transférées ou déléguées »[44]. Si quelques situations furent tendues (à Montpellier ou à Dijon entre la métropole et le conseil départemental de la Côte d'or) elles démontrent que ce n'est pas que cinématographiquement que « Papy fait de la résistance »[45].

Quant à l'engloutissement via le « tourbillon » ou modèle lyonnais, les départements qui étaient dans le projet présidentiel de fusion avec les métropoles ont opposé une fin de non-recevoir[46]. Si le cas des départements

---

[42] « Quant à la voirie départementale, la loi impose son transfert ou, à défaut, la signature d'une convention visant à assurer la cohérence de sa gestion avec les politiques métropolitaines », *ibid.* p. 135.

[43] « Les compétences les plus fréquemment transférées ou déléguées sont de guichet, comme la gestion du fonds de solidarité pour le logement ou celle du fonds d'aide aux jeunes (...) quelques équipements culturels ont été transférés... », *ibid.*, p. 136. Selon le rapport, « En ce qui concerne certains des groupes de compétences identifiés par la loi, le transfert ou la délégation a plutôt consisté à priver le département d'une (faible) partie de ses capacités d'intervention qu'à doter la métropole d'attributions véritablement nouvelles. Il en va ainsi, par exemple, en matière de tourisme, domaine de compétence partagée où les métropoles disposent de toute façon d'importants moyens d'action, sans que la délégation ou le transfert (éventuellement partiels) des attributions du département y ajoute grand-chose », *ibid.* Évoquant la loi Notre, Mme. Ferreira précise « concernant la nature de la convention c'est le transfert qui paraît avoir été privilégié, cela permettant d'avoir une vision claire et tranchée de la répartition des compétences, la délégation introduisant en outre une forme de contrôle par le département, dont les métropoles ne voulaient sans doute pas... », *op. cit.*

[44] Rapport Sénat, *op. cit.* p. 136.

[45] « On le voit, les départements ont donc tenté de résister à l'accaparement de leurs compétences par les métropoles en trouvant un accord minimal, ou en refusant plus clairement les demandes des métropoles, bien décidés à disposer d'un avenir qui ne soit pas diminué », N. Ferreira, *op.cit.*

[46] Les présidents des métropoles de Nice et Toulouse annoncèrent « le mercredi 13 février 2019 (...) qu'ils renonçaient au projet de fusion métropole-département (...) On sait en effet que les exécutifs des métropoles de Nantes et de Lille, puis de Bordeaux, ont déjà tour à tour renoncé », C. Mallet, « Fusion département-métropoles : Toulouse et Nice renoncent à leur tour », Localtis, 13 février 2019, www.banque des territoires.fr

« Toutefois, le risque de cette réforme, mis en avant par les élus, était d'aboutir à une rupture entre le territoire urbain ex-départemental qui serait absorbé par la métropole et celui, plus rural, qui resterait hors champ métropolitain, avec des moyens amputés, provoquant donc un déséquilibre territorial très clair, presque institutionnalisé, entre les territoires urbains dynamiques, attractifs économiquement et encore davantage aidés par la métropole et les zones rurales ou périurbaines, délaissées, ne pouvant plus dès lors compter avec les moyens qui leur étaient fournis par les périmètres urbains de ce qui formait jusqu'alors un même territoire départemental », N. Ferreira, *op. cit.*

franciliens est ajouté[47], la résistance des départements n'est nullement un vain mot. Demeure la question du département des Bouches du Rhône et son maintien. Il s'agit d'un cas d'espèce et le rapport Dartout invite à ce que la métropole englobe tout le département. « La métropole marseillaise a un périmètre regroupant la plus grande partie du département des Bouches-du-Rhône et concerne plus de 90 % de la population. Le projet n'est donc pas comme à Lyon une absorption des compétences départementales laissant subsister un département réduit à sa partie rurale, mais bien une intégration totale du département et donc l'élargissement du périmètre de la métropole, faisant coïncider les deux territoires »[48]. Si la fusion est reportée, dernièrement à l'occasion du congrès mondial de la Nature du 4 au 11 septembre 2021, la métropole et le département ont fait stand commun.

S'il était possible d'envisager les métropoles comme ces vagues scélérates, il n'en est rien et comme certains l'écrivent : « Quoi qu'il en soit, face aux métropoles, les départements se sont affirmés, alors que la bourrasque métropolitaine semblait devoir les emporter facilement »[49].

Le contexte météorologique est quelque peu différent concernant les régions.

B. Régions-métropoles des relations tempétueuses

Point de crispation pour certains, rivalité pour d'autres, concurrence, les qualificatifs ne manquent pas concernant les relations entre les métropoles et les régions. Probablement parce que ce nouveau couple territorial comme l'écrit Mme Regourd repose sur « une complémentarité territoriale en forme de postulat »[50]. L'étude de M. Behar s'avère fort stimulante et démontre que

[47] « Un rapport présenté en 2017 par le préfet d'Île-de-France, M. Cadot, avait pour ambition de simplifier l'organisation de la métropole du Grand Paris et de supprimer lesdits départements au profit d'établissements publics territoriaux (EPT) qui auraient vu leurs compétences renforcées, notamment en matière de gestion des collèges. Le préfet a fait l'objet de vives oppositions de la part des présidents des sept départements franciliens qui réclamaient en outre l'extension du Grand Paris au périmètre de la région. La ministre de la Cohésion des territoires a confirmé fin 2018 que les trois départements concernés (Hauts-de-Seine, Seine-Saint-Denis, Val-de-Marne) ne seraient pas supprimés. », C. Deves, « Départements : compétences », *Encyclopédie des collectivités locales*, Chapitre 5, §256.

[48] « Le rapport remis en mars 2019 par le préfet Dartout préconise ainsi une fusion complète, la métropole intégrant le reste du département hors métropole, constitué par le pays d'Arles, soit 29 communes représentant 8 % de la population (Rapp. du Premier ministre, mission Devenir de la métropole Aix-Marseille Provence et du conseil départemental des Bouches-du-Rhône, 13 mars 2019, www.bouches-du-rhone.gouv.fr). Toutefois, pour compenser la perte de proximité qui pourrait en résulter et en réponse aux critiques des maires, le rapport propose de restituer aux communes certaines compétences et de mettre en place "une organisation plus déconcentrée" de l'administration de la métropole et de supprimer les conseils de territoires qui pouvaient apparaître comme un échelon intermédiaire »,*ibid.* Sur ce dernier point la loi n°2022-217 du 21 février 2022 dite loi 3DS supprime à compter du 1er juin 2022 les six conseils de territoires.

[49] N. Ferreira, *op. cit.*

[50] *Op. cit.* p. 186.

dès le début des années 2000 des logiques de rivalités géopolitiques (*sic)* voient le jour entre régions et métropoles, qui seront relancées suite à l'institutionnalisation (*sic*) de ces dernières[51]. Rivalités, car comme l'écrit M. Duranthon « Métropoles et régions ont ainsi vu leur destin lié dès leur création »[52] ; il précise : « À peu de choses près, l'ensemble des compétences métropolitaines renvoie donc à des compétences régionales, et inversement. La liaison entre ces deux échelons est si forte que les compétences sont parfois libellées de la même manière, la région ayant pour rôle de planifier et programmer, la métropole de réaliser localement »[53]. Collaboration pouvant être source de tension comme l'atteste la question du Schéma régional de développement économique, d'innovation et d'internationalisation (SRDEII)[54]. Selon M. Frinault, « les stratégies métropolitaines ne sont pas toujours bien vécues du côté des conseils régionaux lorsqu'elles paraissent tantôt empiéter sur le pré carré de l'aménagement régional, tantôt lui faire concurrence ou échapper à toute gouverne régionale »[55]. Si comme l'indique l'auteur, la prescriptivité des schémas SDREII et du Schéma régional d'aménagement, de développement durable et d'égalité des territoires (SRADDET) étaient déjà sensibles pour les intercommunalités, en la matière les métropoles bénéficient d'une marge de manœuvre bien plus grande[56]. Quant au SRADDET, Mme Regourd souligne : « Les métropoles interviennent donc pour avis sur le contenu du schéma et elles peuvent suggérer des modifications, sans se voir reconnaître par la loi (…) un rôle spécifique »[57].

Il est donc aisé de dire que les risques de tempêtes existent ; les relations sont loin du long fleuve tranquille. Il est loisible d'opposer à ce cas de figure

---

[51] *Op.cit.* p. 101.
[52] *Op. cit.* p. 30.
[53] *Ibid.* p. 66.
[54] « Leur rôle dépasse en effet largement la simple concertation formelle, dans la mesure où l'adoption du volet métropolitain du SRDEII suppose leur approbation et qu'elles sont dotées d'une réelle capacité d'influence sur l'échelon régional du fait de la possibilité qui leur est reconnue d'adopter un schéma spécifique à la métropole en cas de mésentente avec la région », *ibid.* p. 67.
[55] *Op. cit.* §42.
[56] « Outre le fait de les associer plus étroitement que les autres EPCI à l'élaboration du SRDEII, en raison de leur poids économique, les orientations du schéma régional applicables sur le territoire métropolitain sont élaborées et adoptées conjointement par le conseil de la métropole et le conseil régional. La nécessité d'un accord entre le conseil régional et la métropole laisse présager des différences et des conflits entre les orientations applicables sur le seul territoire métropolitain et celles applicables sur le reste du territoire régional (Baubonne, 2015). En cas de désaccord avec la région, le conseil de la métropole dispose d'une souplesse qui lui est propre dès lors qu'il peut élaborer son propre document d'orientations stratégiques. Certes, cette souplesse est encadrée par la "prise en compte" du schéma régional dans la rédaction du document métropolitain. Mais la notion même de "prise en compte" apparaît plus souple que la compatibilité en autorisant une dérogation à la norme supérieure pour des motifs déterminés », *ibid.* §44.
[57] *Op.cit.* p. 221.

qualifiable de « darwinien » (*sic*) les deux autres envisagés par R. Pasquier le « lampedusien » et le « girondin » encore dénommés le « tout ou rien » et la « différenciation territoriale »[58].

Les phénomènes dans la zone du triangle des Bermudes s'expliquent, semble-t-il selon les spécialistes, par « l'existence de tourbillons aspirants »[59]. « Les tourbillons sont évidents, il y a d'immenses tunnels avec une très forte puissance d'aspiration (…) de nombreuses microrafales de vent soufflant à plus de 270 km/h sont à l'origine de vagues aux dimensions rares (…) »[60].

En 2019, le rapport du CESE relève que les concurrences, de manière générale, sont aujourd'hui moindres avec les départements qu'avec les régions[61]. Il précise : « Les métropoles, dans leurs liens avec les divers types de territoires, qu'il s'agisse des régions et des départements, d'autres villes ou d'espaces périurbains ou ruraux, devraient s'attacher à mettre davantage l'accent sur leurs atouts respectifs et leurs complémentarités dans une optique de solidarité et de coopération, plutôt que sur la concurrence »[62].

Il a été rappelé l'essor massif des métropoles au sens institutionnel depuis 2014 et l'usage approximatif, et communicatif de la terminologie « métropole ». La démocratisation des instances intercommunales transite aussi par leur intelligibilité. À ce titre, il est loisible de lire quant à « l'institution » (*sic*) : « Limoges Métropole est une Communauté Urbaine composée de 20 communes qui ont mutualisé des compétences majeures avec l'objectif de construire ensemble un projet d'avenir pour leurs habitants »[63] ; communauté urbaine- métropole, le risque d'une telle utilisation approximative est qu'elle recouvre toute la réalité notamment

---

[58] « Dans le second scénario tout change pour que rien ne change (…) Régions et métropoles s'appuient sur la force d'inertie de la décentralisation "à la française" pour privilégier une situation de statu quo ou d'ajustements résiduels (…). Dans ce scénario, les schémas régionaux prescriptifs au sein des futures conférences territoriales de l'action publique reproduiront les arrangements antérieurs selon des logiques de consensus et de connivence que l'on observe souvent dans le fonctionnement des EPCI petits ou grands. L'expérience montre que c'est le scénario le plus probable. Le scénario girondin, quant à lui, fait l'hypothèse d'une poussée de la dynamique de différenciation territoriale déjà à l'œuvre dans la décentralisation à la française (…). Dans cette hypothèse, l'articulation des logiques métropolitaine et régionale reposeront sur des modèles territoriaux d'action collective singuliers. Or, tous les systèmes d'acteurs n'ont pas la même capacité à produire des coalitions institutionnelles et politiques élargies pour porter de tels projets territoriaux. Sur le modèle corse ou lyonnais, c'est donc une France territoriale à géométrie variable qui se dessinerait ici », R. Pasquier, « Métropoles et régions : associées ou rivales ? », *La Tribune*, 31 mars 2016, https://region-aura.latribune.fr

[59] A. Sacleux, « Le triangle des Bermudes : entre mythe et réalité », https://www.nationalgeographic.fr

[60] « Ces vagues abruptes appelées vagues scélérates apparaissent souvent au sein d'un mouvement de vagues aux ondulations normales ».

[61] Y. Lasnier et D. Riquier-Sauvage, *op. cit.* p. 20.

[62] *Ibid.* p. 24.

[63] https://www.limoges-metropole.fr

intercommunale ! Or, la connotation urbaine voire la primauté de l'urbain d'un tel vocable et du fait métropolitain génère des inquiétudes, des mouvements relativement récents l'ont rappelé.

Concernant le triangle des Bermudes, en octobre dernier, le magazine Geo écrivait : « La peur de l'inconnu pousse souvent à trouver des explications farfelues pour donner du sens là où il en manque »[64]. Ce propos est à méditer.

[64] « Le triangle des Bermudes : légende ou réalité ? », https://www.geo.fr

Une redistribution des protagonistes ?

La métropolisation et le caractère unitaire de l'État : quelle place pour l'État dans la métropolisation ?

Mathieu Doat

Professeur de Droit public
Université de Perpignan Via Domitia
Directeur du CDED Yves Serra

Je voudrai tout d'abord remercier les organisateurs de ce colloque pour m'avoir offert la possibilité de réfléchir sur le sujet qui m'a été confié : la métropolisation et le caractère unitaire de l'État. Nul doute que la mise en place des métropoles représente un tournant majeur dans l'organisation administrative de la France. Cécile Regourd a parfaitement montré dans sa thèse l'impact de ce phénomène sur les catégories juridiques du droit des collectivités territoriales[1]. Et la question de l'unité de l'État, celle de sa place dans cette organisation territoriale se pose automatiquement.

En apparence, la réponse au problème de savoir ce qui a changé est assez rapide : on pourrait se contenter de dire « pas grand-chose ». Nous savons depuis longtemps que tout ce qui touche à l'organisation du territoire national relève de l'État. Toute décentralisation produit de la centralité. On pourrait à partir de là dérouler une ritournelle bien connue, formulée brutalement par Lucien Sfez : « décentraliser, c'est recentraliser »[2]. La ritournelle démarre le plus simplement du monde en rappelant l'histoire de la décentralisation, car on sait que depuis les projets révolutionnaires de Thouret jusqu'aux dernières grandes réformes de 2014/2015, « non seulement l'État a produit le local, mais il s'est reproduit dans le local »[3]. C'est un récit bien rodé que l'on raconte dans un cours à l'université ; une sorte de petit conte pour étudiants.

On peut y mettre un peu de suspens en y décelant une ruse de l'État[4]. Il est possible en effet d'y voir une manière dont le centre garde le contrôle du

---

[1] Cf. C. Regourd, *Les métropoles au prisme du modèle territorial français,* éd. Dalloz, col. Bibliothèque parlementaire et constitutionnelle, 2020.

[2] Cf. l'introduction à l'ouvrage dirigé par L. Sfez, *L'objet local,* éd. 10/18, p. 5.

[3] J.-A. Mazeres, « Les collectivités locales et la représentation, essai de problématique élémentaire », *RDP* 1990, p. 612.

[4] Cf. l'article de J. Caillosse, « La décentralisation, une ruse de l'État central ? Comment le centre (se) sort-il des politiques de décentralisation », *Pouvoirs locaux,* n°63, 2004.

territoire tout en dissimulant la violence de sa domination. Les réformes de l'organisation territoriale ne seraient qu'un outil indispensable de l'État pour conquérir, exercer et conserver le pouvoir. La décentralisation devient une construction tragique, qui offre un exemple en grandeur nature, de ce que nous sommes capables de faire collectivement de pire, sans trop le voir.

La force de la ritournelle, c'est son caractère répétitif. Même si on sifflote une variation, elle se consolide avec chaque interprète. Ainsi, en prenant un ton emphatique, on pourrait reprendre les mots écrits par Pierre Legendre dans le journal « Le monde » en 1983 : « La France est en train de réformer son centralisme, comme on réforme une religion, non pas de le supprimer. La France reste la France et la référence magique à l'unité nationale menacée reste un rite efficace »[5].

La fonction de la ritournelle est de fabriquer une sorte de contrat avec les auditeurs. Même s'il y a un changement, la force de l'habitude est là.

Dès lors comment faire pour changer nos habitudes et transformer nos ritournelles universitaires ? Si l'entreprise de dynamitage des codes du discours doctrinal est ambitieuse, elle est sans aucun doute présomptueuse. Il est très difficile d'échapper au mythe de l'unité. Nous allons toutefois essayer de repérer les changements d'une possible transformation des rapports de l'État avec les territoires locaux. L'identification n'est pas évidente, car il semble que l'évolution des rapports de l'État avec les métropoles s'apparente à la transformation de la neige qui fond. C'est toujours de la neige, mais à la fois, ce n'est plus vraiment la même chose[6].

Il en est de même pour l'unité de l'État. L'État est unitaire, mais on ne sait pas exactement de quelle unité on parle[7]. Le concept d'unité de l'État est loin d'être précis (I). On essaiera alors de préciser la place de l'État dans le processus de métropolisation (II).

I. L'UNITÉ DE L'ÉTAT : OUI, MAIS LAQUELLE ?

C'est en effet la première question qui est importante. S'interroger depuis le droit des métropoles sur l'impact de cette structure sur l'unité de l'État est loin d'être évident. Paradoxalement, la doctrine a pris comme un fait acquis l'existence de l'unité de l'État. Les théoriciens de l'État se sont préoccupés de répondre à la question de savoir si l'on peut qualifier l'État de personne,

[5] P. Legendre, « La France entre deux centralismes », *Le Monde*, 3 novembre 1983. Plus largement, sur les continuités qui marquent l'histoire de la relation entre l'État et la société en France, voir le récent ouvrage de P. Rosanvallon, *Le modèle politique français. La société civile contre le jacobinisme de 1789 à nos jours,* Le Seuil 2004.

[6] Nous empruntons cette métaphore à F. Julien, *Les transformations silencieuses,* ed. Grasset, 2009.

[7] Sur la polysémie de ce concept, voir l'étude de J.-A. Mazeres, « L'un et le comm(un) », *in Mélanges en l'honneur du professeur Christian Lavialle,* éd. Presses universitaires de Toulouse-Capitole, 2022, pp. 473-498.

ou encore comment s'ordonne le système juridique, mais peu ont affronté la question de savoir en quoi consiste l'unité de l'État. La doctrine dispose d'une classification qui permet de distinguer les États unitaires, des États régionaux et des États complexes de type fédéral, tout en expliquant que l'État est quoi qu'il en soit unitaire. Une chose est à peu près sûre : l'unité de l'État ne constitue pas un concept juridique précis. Autrement dit, nous ne savons pas trop quoi en penser. Peut-être que l'unité est plus une question de perception et que la pensée déborde le langage.

A. L'unité n'est pas un concept juridique précis

Il y a quelque chose de « pire que désespérant »[8] dans le rapport des structures territoriales à l'unité : l'État est partout, derrière la métropole qu'il produit, découpe et retravaille en fonction des circonstances. C'est l'État qui fait exister la métropole, mais l'unité reste supposée. Trois arguments peuvent être avancés rapidement.

La première remarque concerne la manière dont l'État français s'est construit en ayant recours au concept d'uniformité[9]. Depuis la révolution française, les structures territoriales ont été pensées sur un modèle identique et le principe de différenciation n'a été introduit que très récemment par le législateur[10]. Mais cette uniformité n'est pas ce qui permet l'unité. Le principe d'uniformité a été mobilisé pour favoriser l'égalité, pour aplanir les disparités[11]. Il concerne la forme et n'indique pas grand-chose de la substance des structures territoriales et de l'ensemble général dans lequel elles s'inscrivent. L'uniformité s'applique à la formation égale des collectivités et à leur organisation identique, mais elle ne dit rien sur l'unité de l'État[12]. Elle a été une manière d'essayer d'affirmer l'égalité sur le territoire national et elle permet une identification rapide de la structure, car les collectivités se construisent à l'identique. C'est parce qu'aujourd'hui cet objectif d'égalité semble difficile à atteindre que le principe se fissure. En cherchant à rapprocher l'offre des services publics locaux de ceux auxquels elle est destinée, les réformes entreprises depuis ces vingt dernières années ont conduit à une ouverture des collectivités sur leur environnement et à une diminution des responsabilités de l'État. Et les exemples de droit comparé

---

[8] L'expression est de Hans Kelsen, qui dresse un constat très critique sur l'État de la théorie juridique au début des années 20. H. Kelsen, « Der begriff des Staates und die sozialpsycholoie, Mit Besonderer Berucksichtigung von Freud Theorie der Masse », *in Imago* 1922, VIII, 2, pp. 97-141.

[9] Voir plus généralement la thèse de référence de D. Guignard, *La notion d'uniformité en droit public français,* éd. Dalloz, col. Nouvelle Bibliothèque de thèses, 2004.

[10] Cf. la loi 2022-217 du 22 février 2022, relative à la différenciation, la décentralisation, la déconcentration et portant diverses mesures de simplification de l'action locale.

[11] Cf. l'étymologie du mot ὁμαλός, qui dans la langue grecque désigne le plat, le lisse, l'égal. Voir l'article d'A. Mace, « L'uniforme et le non-uniforme », *Archives de philosophie,* 2005, p.223.

[12] Sur la différence entre l'identique et l'unité, voir J.-A. Mazeres, *op.cit.,* pp.481-486.

montrent que l'on peut mettre en place une toute autre organisation différentielle du territoire sans que pour autant l'unité de l'État soit remise en cause[13].

Notre seconde précision concerne la conception organique de l'État. Il peut être tentant de voir dans la figure du préfet la marque de l'unité de l'État. Gardien de la légalité, il est depuis sa création, le représentant direct de la figure paternelle et unique de l'État sur les territoires. Selon cette approche empirique, l'unité de l'État se traduirait d'une manière organique. Elle serait concrétisée par le lien unique qui lie les structures territoriales au préfet. Cette unité émotionnelle qui résulte du rapport immédiat à la figure personnelle du préfet semble aujourd'hui bien fragile. Il y a belle lurette que le préfet n'est plus ce commissaire de la loi et qu'il n'est plus le seul interlocuteur de l'État vis-à-vis des collectivités territoriales. On ne compte plus les acteurs du centre qui interfèrent avec les collectivités. Et le phénomène des métropoles a amplifié cette multiplication des interlocuteurs étatiques. Dans le cadre des pactes métropolitains, les négociations se déroulent avec différents ministères. Le ministre de l'Intérieur est largement court-circuité et la métropole discute directement avec les ministres de l'Enseignement supérieur, de l'Industrie, de l'Économie, de la Ville, de la Culture… Ces dispositifs conventionnels multiplient les acteurs. Pour affronter la concurrence des métropoles mondiales, ces structures sont sorties de la relation bilatérale avec le préfet, gardien de l'unité de l'État. L'expérience quotidienne de ce que l'on appelle l'unité de l'État est donc superficielle. La perception de l'unité par les acteurs locaux ne constitue qu'un ensemble de traces trompeuses qui ne constituent que les marques extérieures d'une réalité plus complexe.

Contre cette approche empirique, Kelsen a proposé une théorie normative du droit qui a le mérite de sortir la doctrine de ses ornières épistémologiques. C'est sans doute l'auteur qui est allé le plus loin pour développer une définition de l'État comme ordre juridique, où la question de l'unité est réglée par le rapport hiérarchique entre les normes. Si l'on suit le modèle bien connu de l'auteur autrichien, on constate que dans un sens ascendant, la logique hiérarchique des normes ramène à l'unité de la Constitution[14]. Forts de cette théorie, des auteurs peuvent expliquer que la métropole ne bouleverse pas le schéma unitaire. L'unité peut se concilier avec la diversité des régimes juridiques établis par un législateur soucieux des réalités du territoire. L'édifice constitutionnel n'est pas menacé et les verrous de l'indivisibilité de la république et de l'égalité, mis en œuvre par des juges

---

[13] Cf. la situation aux Etats-Unis ou encore au Canada, voir l'article de R. Gibbins, « La gouvernance locale dans les Etats-fédéraux », *Revue internationale des Sciences sociales*, 2001, pp.177 à 185.

[14] Selon Kelsen, « Une norme est une norme juridique en tant qu'elle appartient à un ordre juridique et elle fait partie d'un ordre juridique déterminé si sa validité repose sur la norme fondamentale de cet ordre », *Théorie pure du droit,* 2° éd. (1962), rééd. LGDJ, 1999.

scrupuleux permettent de contenir tout risque de fragmentation. Mais quelle que soit la qualité de cette théorie normative qui objective l'unité de l'État et ses transpositions pour analyser le droit positif, on remarque l'absence de lien entre hiérarchie et unité. Sans entreprendre ici un travail de déconstruction de la théorie normativiste, il est banal d'observer que l'ordre normatif est « bouleversé, par des règles de droit qui semblent surgir de partout, à tout moment et en tout sens » [15]. Le concept clef de hiérarchie des normes n'est plus pertinent pour traduire cet ensemble juridique en déséquilibre perpétuel. Dans cette évolution, de nombreux éléments sont intervenus. La pyramide n'en finit pas de bouger du fait de la transformation constante de nos systèmes juridiques[16]. Et nous devons admettre que se développe ce qu'André-Jean Arnaud appelle, une « polycentricité »[17]. De plus, depuis les travaux déterminants de Michel Troper, la hiérarchie ne peut être pensée comme un donné qui s'impose aux différents acteurs juridiques, et notamment au juge[18]. L'ordre juridique et son unité n'est pas un donné qui s'impose aux acteurs du système juridique et dans le cadre d'une approche empirique, la hiérarchie est essentiellement un concept qui permet de faire tenir ensemble des éléments contraires et à régler des questions d'articulation entre des normes. Elle sert avant tout à penser une totalité qui met en tension l'un et le multiple.

L'unité de l'État échappe donc aux constructions juridiques et le positionnement de la métropole est difficile. La perception immédiate et empirique de l'État est celle d'une multiplicité et les concepts juridiques qui tentent de le ramener à une unité, ne font qu'appauvrir la réalité.

B. Le langage juridique comme appauvrissement de la réalité

La recherche des transformations de l'unité de l'État du fait de l'introduction de la métropole dans le paysage administratif nous conduit à affronter une difficulté bien connue de ceux qui s'intéressent aux limites du langage. Les mots donnent une image fixe de la réalité et ne sont que des « étiquettes collées sur des choses »[19]. L'unité n'échappe pas à ce constat. Le mot se révèle vite être une métaphore ou une fiction : métaphore de la pyramide, fiction de la personnalité juridique. C'est même un véritable « sac à métaphores », pour reprendre l'expression de Pierre Musso[20], qui rend

---

[15] M. Delmas-Marty, *Pour un droit commun,* 1994, p. 52 ; sur cette transformation de l'ordre juridique, voir aussi J. Chevallier, « Vers un droit post-moderne ? Les transformations de la régulation juridique », *RDP* 1998, pp. 673-674.

[16] Parmi une littérature désormais classique, voir l'ouvrage de F. Ost, M. van de Kerchove, *De la pyramide au réseau, pour une théorie dialectique du droit,* éd. Facultés Universitaires de Saint Louis, 2010.

[17] A.-J. Arnaud, *Critique de la raison juridique,* LGDJ, 2003.

[18] Cf. M. Troper, *Pour une théorie juridique de l'État,* PUF, coll. Léviathan, 1994.

[19] H. Bergson, *Le rire,* (1900) PUF, coll. Quadrige, 2012, p. 117.

[20] P. Musso, *Télécommunications et philosophie des réseaux. La postérité paradoxale de Saint Simon,* PUF, 1997, p. 36.

particulièrement périlleuse toute tentative d'une définition de ce terme. Les images s'apparentent à des procédés déformants et jouent comme de véritables obstacles épistémologiques à la mise au point du concept. Celui-ci reste flou, comme s'il était « impossible » d'obtenir de la netteté et de faire apparaître les lignes.

Dès lors, si l'unité est à chercher du côté de la métaphore et de la représentation, on change radicalement d'approche pour positionner la métropole, car on quitte les rivages du positivisme pour analyser une esthétique. Il n'existe pas un espace délimité qui permettrait de fixer les acteurs comme sur un échiquier. La carte la plus simple offre un sens que jamais aucun discours n'égalera. Les yeux retrouvent leur fonction. Lorsque nous examinons les atlas administratifs, nous observons aujourd'hui moins des lignes, que des panels de couleurs qui se mêlent et créent des mouvements. L'esthétique de l'unité se matérialise dans les jardins à la française et dans une certaine forme d'architecture comme la pyramide du Louvre[21], mais elle ne prend pas corps dans le langage juridique.

On comprend dès lors pourquoi les relations qu'entretiennent l'État et les métropoles sont en grande partie fantasmées. L'unité étant seulement une représentation, le rapport juridique se joue sur le terrain inconscient. La relation de la métropole à l'État s'analyse dès lors plutôt en termes de désir et de pouvoir, de pulsions et de refoulement. Pierre Legendre a très bien montré comment derrière la dogmatique juridique et son appareil conceptuel « se propage la soumission, devenue désir de soumission, quand le grand œuvre du pouvoir consiste à se faire aimer »[22]. La référence à l'unité n'est qu'un tour de passe-passe qui n'a été possible que grâce à une longue tradition juridique, imprégnée de la mystique chrétienne. Il s'agit de faire croire en une alliance fusionnelle dont la finalité est de manifester la gloire du père[23].

Il n'existe donc pas vraiment de concept juridique d'unité. Les discours ont essentiellement une fonction idéologique : nous faire croire en une cohésion et à un ordre territorial fixe. Cette unité fictive permet de masquer la laideur des rapports de force à travers une organisation administrative harmonieuse dans laquelle chaque structure à sa place. Dès lors, on comprend la difficulté de prendre pour objet scientifique l'impact de la constitution des métropoles sur l'unité de l'État, car on est plus dans le registre de la représentation que dans celui du savoir objectif. Il est en effet difficile de se débarrasser de cet imaginaire qui nous pousse dans le dos. La

---

[21] Sur le processus d'émancipation de l'esthétique au siècle des lumières, voir l'ouvrage de M. Jimenez, *Qu'est-ce-que l'esthétique ?,* éd. Gallimard-Folio, coll. Essais, 1997, pp. 53-206.

[22] Cf. P. Legendre, *L'amour du censeur,* éd. du Seuil, 1974, p. 5.

[23] Dans l'évangile de Jean, Jésus a partagé la Sainte Cène, le saint repas. Et c'est dans cet esprit de communion profonde, d'union profonde, dans cette notion d'alliance que la prière de Jean 17 trouve ses fondations les plus profondes et ses racines les plus réelles. Jésus a rompu le pain et partagé le vin dans cette pensée profonde : « Qu'ils soient un comme nous, nous sommes un ».

compréhension de l'unité de l'État implique néanmoins qu'on ait une idée de la place de l'État dans le processus de métropolisation. Si l'on renonce au concept d'unité, il est toutefois important de préciser la place de l'État dans le processus de métropolisation.

II. De quelle place parle-t-on ?

La relation de la métropole à l'État ne se situant pas dans le cadre d'une mécanique rationnelle productrice d'unité, il serait néanmoins naïf de croire que l'on s'est débarrassé du centre. Bien au contraire, contre les possibles développements du fédéralisme, notamment en Nouvelle-Calédonie[24], l'État n'a jamais aussi été présent. C'est bien une tendance lourde des réformes de l'organisation territoriale de ces dernières années qui n'entachent pas « la foi qui soutient la pérennité d'un État »[25]. À l'époque où les espaces régionaux et communaux se regroupent, l'obscure question des équilibres territoriaux revient sur le tapis. La terre-ification de l'espace national, c'est-à-dire la transformation de la terre en chose abstraite n'en finit pas[26]. Et c'est à Paris que la métropole se construit, que l'on fixe ses mouvements, que l'on écrit son rôle et que l'on veille à la cohérence de son jeu avec l'ensemble de la représentation du territoire.

Jacques Caillosse a parfaitement analysé cet art de la mise en scène, il a clairement montré que la centralisation ne serait rien sans cet art du dressage qui inculque à chacun de ses acteurs son répertoire exact[27]. Il nous invite à tenir compte de l'espace et à tenir compte du rôle des acteurs.

A. Un espace de jeu

Il est banal de reconnaître la dimension spatiale de la décentralisation. Depuis une quarantaine d'années, on constate des processus de déterritorialisation et de reterritorialisation[28]. La création des métropoles accentue ce processus, car ces institutions se justifient d'abord par un fondement économique, elles créent des pôles de compétitivités puissants, capables d'affronter la concurrence internationale. Dans ce contexte, les territoires et leurs frontières s'effacent, car l'objectif est de libérer les acteurs

---

[24] Cf. F. Faberon, « Le fédéralisme, solution française de décolonisation : le cas de la nouvelle Calédonie », *RFDC* 2015, pp. 53-72.

[25] Cf. P. Legendre, *Fantômes de l'État en France,* éd. Fayard, 2015, p. 12.

[26] P. Legendre rappelle l'étymologie du mot territoire. « *Territorium*, dit-on, vient du verbe *terreo*, qui signifie produire l'épouvante ; c'est le lieu dans les frontières duquel le pouvoir légitime exerce *le droit d'épouvanter* (*ius terrendi*), synonyme du *ius submovendi*, qu'on peut traduire par *le droit de rayer de la carte* », *in L'empire de la vérité,* éd Fayard 2001, p. 224.

[27] J. Caillosse, *Les « mises en scène » juridiques de la décentralisation,* éd. LGDJ, coll. Droit et société, 2009.

[28] Sur ce processus dégagé par Gilles Deleuze, voir l'article de J.-M. Pontier, « Territorialisation et déterritorialisation de l'action publique », *AJDA* 1997, p. 723 et s.

et l'État n'est plus en surplomb, gardien du jeu territorial. Il est au contraire pleinement acteur de cette compétition. Les préfets et sous-préfets à la relance sont devenus des éléments essentiels des politiques globales menées par les métropoles qui ne sont pas fixées dans des territoires intangibles. Ce sont des périmètres aux contours adaptables et non des espaces fixes où la structure territoriale s'exerce souverainement. L'espace métropolitain, défini d'abord par les urbanistes et les géographes sert à penser la gestion des flux et non à inscrire une compétence sur un territoire. Alors que le territoire est la « sphère de validité d'un ordre juridique » selon la définition de Kelsen[29], le périmètre est « une surface d'inscription, un corps lisse »[30].

De plus, si les métropoles sont les nouveaux espaces de jeu, ce ne sont pas des lieux figés. Les déplacements sont aussi essentiels. Nous entrons de plain-pied dans l'ère des relations juridiques. Depuis la troisième république, la décentralisation s'est construite à l'image du théâtre traditionnel. L'État pouvait entrer et sortir. Le pouvoir disciplinaire de la tutelle s'exprimait fortement, mais d'une manière très discontinue. Les études théâtrales rappellent que dans la « dramaturgie classique, la circulation des personnages obéit à une règle à la fois stricte et tacite : un personnage ne peut entrer en scène deux fois au cours du même acte »[31]. On retrouve des contraintes similaires dans le théâtre de la décentralisation. Seul le préfet pouvait agir. Le nombre de personnages était réduit, car, comme au théâtre, il s'agissait de privilégier le face-à-face. L'État apparaissait sous une forme facile à reconnaître, car son représentant porte l'uniforme de la centralité.

Aujourd'hui, le théâtre a changé depuis l'arrivée de la métropole. Non seulement, les acteurs ne sortent plus de la scène, mais celle-ci s'est ouverte à la société. Cela circule dans tous les sens. Comme dans le théâtre contemporain, la scène locale n'est plus un lieu sacré. Elle est ouverte à l'expérimentation, pour échapper aux conformismes. Il n'y a plus d'un côté un pouvoir central face à un pouvoir local avec comme spectateur le citoyen. Il n'y a même plus de local, car tout est diffus. C'est un spectacle vivant, car il s'agit moins d'interpréter la loi, que de fabriquer des politiques publiques spectaculaires. L'action publique prime sur la personne et l'action (en anglais et dans le discours du théâtre, la *performance*), efface les textes et leurs interprétations.

---

[29] H. Kelsen, *Théorie générale du droit et de l'État,* LGDJ, coll. La pensée juridique, 1997, p.260.

[30] Cf. G. Deleuze et F. Guattari, *L'anti-Œdipe, Capitalisme et Schizophrénie,* Les éditions de Minuit, 1973, p.13 à 15 ; pour une transposition de ce concept en matière de décentralisation, voir l'article de J.-A. Mazeres et S. Regourd, « Du modèle communautaire territorial au modèle fonctionnel », *in La commune, L'État, le droit,* (dir. M. Bourjol), LGDJ, 1990, p. 292 et s. ; voir aussi J.-M. Pontier, « Territorialisation et déterritorialisation de l'action publique », *AJDA* 1997, pp. 723-731.

[31] Cf. M. Douguet, « Entrée en scène, entrée en acte », *Revue Agôn,* 2012, https://doi.org/10.4000/agon.2346

Bouleversant les codes, essayant sans cesse de nouvelles techniques, la métropole, dès ses débuts, s'est affranchie des règles de l'échiquier traditionnel, pour imposer une esthétique qui lui est propre. Il ne s'agit plus, pour la métropole, de donner une représentation du territoire à partir du point fixe de l'État, mais de livrer des points de vue pour devenir elle-même source de représentation. Désacraliser le territoire, c'est aussi donner une autre fonction aux acteurs locaux.

B. Des acteurs

La transformation de l'espace à travers la création des métropoles n'a pas simplement ouvert la scène. Elle a conduit à une modification du jeu des acteurs qui se retrouvent toujours en action. Avec le dogme de la transparence et l'information, il n'y a plus de hors-scène. Toute l'action se déroule en continu. Il ne s'agit plus de dissocier les acteurs publics et les structures privées, ou d'opposer la périphérie au centre. Il y a bien sûr des écarts entre les différents acteurs. Mais la construction de la métropole implique de rassembler cette multiplicité et de la faire vivre.

Deux outils sont particulièrement remarquables. Le premier est aujourd'hui bien connu : c'est le recours au contrat, notamment le contrat de ville métropole qui permet d'innover, d'improviser parfois des politiques publiques qui servent de levier. Le contrat permet de rompre avec la logique d'attribution législative des compétences qui conduisent à la spécialisation. La métropole étant considérée comme une institution pivot, elle se voit reconnaître une marge de manœuvre importante sans que pour autant l'on reconnaisse à la structure une clause générale de compétence. Afin de préserver la susceptibilité des communes, le dispositif contractuel non législatif ouvre les champs de l'action publique locale pour répondre aux enjeux stratégiques. Il atténue les rapports de force en laissant la négociation possible entre les différents acteurs.

Le deuxième mécanisme est celui de la dérogation. Il ne suffit pas pour les acteurs d'exploiter les potentialités du système juridique ; il faut leur permettre de pouvoir adapter les dispositions. C'est ainsi que l'État prévoit la possibilité de déroger à la répartition des compétences dans le secteur de l'eau, de l'électricité ou encore de la gestion des milieux aquatiques. Et l'on peut parier que les métropoles pourraient être les nouveaux espaces d'expérimentation en tous genres.

Dans cette reconfiguration, l'État est partout. Les métropoles sont la parfaite projection de l'État dans l'espace. On y retrouve toute la palette des services publics qui font l'État : de l'université à l'action internationale. Décentraliser, c'est recentraliser au profit de Toulouse, de Rennes ou de Strasbourg. Et les territoires sans métropole se retrouvent un peu comme les territoires d'outre-mer, des espaces périphériques imparfaits car dépourvus de toutes les marques de l'État et de ses services publics, des « outre-terres », c'est-à-dire des espaces « en plus », dont on peut se passer.

En conclusion, si la création des métropoles constitue un tournant majeur pour la décentralisation, il n'est pas certain que les relations de l'État à ces territoires urbains soient profondément modifiées. Cela fait longtemps que le modèle de l'État souverain unifié n'est plus représentatif de ce qui se vit sur les territoires. La métropole fait comprendre que l'unité de l'État est d'abord métaphorique. Ce qui se joue sur l'esthétique de la décentralisation est différent. La représentation de l'espace n'est plus un simple produit du centre. Elle résulte de tous les acteurs. L'État n'est pas moins dominant qu'avant. Un nouveau spectacle se déroule en continu. Chacun ne voit, ni ne regarde la même chose et chaque acteur, praticien du local, en même temps qu'il interagit avec les autres et est en présence constante des autres, suit sa propre partition, en s'émancipant du texte. La métropole est porteuse d'une hétérogénéité présente dans toutes les actions, elle s'accole au modèle classique de la décentralisation, pour mieux contredire et dénoncer le récit de la décentralisation. La relation entre la métropole et l'État se joue au présent, dans une tension continue. La métropole conteste toutes les autres structures territoriales parce qu'elle est capable de créer une nouvelle représentation qui dénonce les autres espaces, parce qu'elle est une nouvelle illusion esthétique.

La métropolisation et les citoyens

Camille Morio

Maîtresse de conférences en droit public
Sciences Po Grenoble
CERDAP2 (EA7443)

Le processus de rationalisation de la carte intercommunale engagé en 2010 amplifie le phénomène de concentration des populations dans les « grosses » intercommunalités. Selon le *Bulletin d'information statistique de la DGCL*[1], en 2021, un Français sur trois habite dans une métropole ou dans une communauté urbaine, alors qu'ils n'étaient que 12% dans ce cas en 2014.

Si l'effet de « masse » est ainsi mesuré, ces chiffres ne disent rien sur la manière dont les habitants vivent ce phénomène de concentration, de métropolisation.

À l'égard de la métropolisation, cet ouvrage appelle à raisonner au-delà de la seule structure métropolitaine, puisqu'à travers la métropolisation, ce sont les liens entre le centre et la périphérie qui sont interrogés, que ces liens se situent à l'intérieur d'une structure métropolitaine[2] ou bien entre elle et l'extérieur[3].

Le juriste, avec ses lunettes institutionnalistes, est néanmoins quelque peu contraint d'avoir les structures, les institutions pour point de départ. Simplement, il faudra étendre l'analyse à d'autres institutions que les métropoles, et notamment celles qui permettent d'atténuer l'éventuelle fracture susceptible d'apparaître entre la structure métropolitaine et son environnement immédiat. Deux types d'ensembles doivent donc être envisagés. Les ensembles inter-intercommunaux, que « l'on hésite à qualifier d'inter-intercommunalité, d'intercommunalité au carré, d'intercommunalité 2.0, d'intercommunalité fédérale »[4], sont le premier d'entre eux. Ils

---

[1] N° 152, mai 2021.

[2] La métropole et ses « *hinterlands* » selon une expression mise en avant par Nelly Ferreira, « Intercommunalité : métropole de droit commun », *Encyclopédie des collectivités locales*, chapitre 8, folio n° 1180, 2020-4, §10.

[3] Notamment les « territoires interstitiels » : Nelly Ferreira, *op. cit.*, §9.

[4] A. Taillefait, « Les pôles métropolitains et les pôles d'équilibre territoriaux et ruraux », *AJDA* 2014, p. 625.

comprennent les pôles d'équilibre territorial et rural (PETR)[5], l'inter-intercommunalité ouverte à la ruralité, qui prennent le relais des « pays »[6] et qui, avec les pays qui subsistent, couvrent 60% du territoire métropolitain et 45% de la population française[7]. Leur population, d'environ 85 000 habitants[8], varie fortement selon la présence ou non d'une métropole[9]. Les ensembles inter-intercommunaux comprennent également les pôles métropolitains[10], l'inter-intercommunalité urbaine voire multiscalaire. Ces établissements publics sont formés par plusieurs EPCI dont au moins l'un fait au moins 100 000 habitants (50 000 s'ils sont limitrophes d'un État étranger). Les départements et les régions sur le territoire desquels se trouve le siège des EPCI membres peuvent y adhérer. Au 1er janvier 2021, la France compte 25 pôles métropolitains, comportant chacun 600 000 habitants en moyenne[11]. Les syndicats mixtes sont le second type d'ensembles. Ils peuvent accueillir des EPCI, mais pas uniquement. Les syndicats mixtes fermés sont composés exclusivement d'EPCI ou bien d'EPCI et de communes[12], tandis que les syndicats mixtes ouverts associent des collectivités territoriales, des groupements de collectivités territoriales et d'autres personnes morales de droit public[13]. Les ententes, conventions et conférences intercommunales[14] peuvent également être envisagées, même si elles ne correspondent pas à des personnes publiques.

Ainsi défini, le champ de recherche invite à réfléchir la place du citoyen non seulement dans la structure métropolitaine, mais aussi dans les outils permettant une communication de la métropole avec son « milieu ».

Dans un sondage IFOP de 2018 commandé par l'Assemblée des communautés de France, 62% des personnes interrogées sont d'accord avec l'affirmation selon laquelle « l'intercommunalité tend à complexifier la gestion locale et non à la simplifier ». S'exprime également une difficulté à saisir ce que font réellement les institutions : 59% des répondants s'estiment mal informés et aimeraient en savoir plus sur leur intercommunalité, contre

---

[5] CGCT, art. L5741-1 et s.

[6] Les pays peuvent être définis comme « une aire spatiale traditionnelle de dimension limitée, portant un nom d'origine ancienne, reconnue par les habitants comme entité originale dans laquelle existe un fort sentiment d'appartenance partagée, et nettement différenciée des aires voisines », P. Flatrès, Association nationale des PETR et des Pays (ANPP), https://anpp.fr/payspetr/definition-pays-petr/ .

[7] ANPP, *Panorama 2021*, p. 1 https://anpp.fr/ .

[8] DGCL, *op. cit.*, p. 7.

[9] ANPP, *ibid.*

[10] CGCT, art. L. 5731-1 et s.

[11] DGCL, *ibid.*

[12] GCT, art. L. 5711-1 à L. 5711-6.

[13] CGCT, art. L. 5721-1 à L. 5722-11.

[14] CGCT, art. L. 5221-1 à L. 5221-2. V. J.-F. Sestier, « La coopération contractuelle comme alternative à la coopération institutionnelle », *AJDA* 2013, p. 857.

47% vis-à-vis des communes[15]. Ce sentiment de complexité et de manque de lisibilité interroge à l'heure de la convergence des forces économiques, politiques, mais aussi juridiques qui rime avec la métropolisation.

La question démocratique dans la métropolisation est le plus souvent traitée en doctrine juridique à travers la représentation des communes au sein de la structure intercommunale[16]. Lorsqu'il est abordé sans être réduit à la question du mode de scrutin, le thème de la participation des citoyens à la vie des institutions métropolitaines ou plus largement intercommunales débouche quant à lui sur un constat négatif[17]. Ce constat se confirme à l'échelle de la métropolisation : les citoyens sont plutôt tenus à distance du phénomène métropolitain.

Cela s'observe à trois stades. Tout d'abord, l'implication des citoyens dans les processus de création des structures métropolitaines est en grande partie dépendante du pouvoir de décision dont l'État dispose en la matière (I). Ensuite, les citoyens sont inégalement écartés du processus de désignation des personnes qui les représentent au sein de ces structures (II). Enfin, leur participation à la vie de ces institutions se trouve encore réduite (III).

I. La place des citoyens dans les procédures de création des structures métropolitaines contingente du pouvoir décisionnel de l'État

Alors qu'il est question de créer un mécanisme par lequel leur commune va transférer des compétences à une structure tierce ou, plus souvent, par lequel leur intercommunalité va se transformer en une structure encore plus fortement intégrée, les citoyens sont évincés de la procédure de création de la métropole (A). Ils le sont dans une moindre mesure lorsqu'il est question de créer des structures satellites à la métropole (B). C'est qu'en matière de création de structures métropolitaines, la place des citoyens, toujours médiatisée par leurs représentants élus dans les conseils municipaux ou intercommunaux, est dépendante du pouvoir de décision dont l'État dispose.

---

[15] *Les Français et l'intercommunalité : Vague 2018,* IFOP pour l'Assemblée des Communautés de France, 8 octobre 2018.

[16] B. Faure, *Droit des collectivités territoriales*, Dalloz, coll. Précis, 6e éd., 2021, §506 ; J.-F. Brisson, « Le bloc communal : recoller les morceaux et préserver l'essentiel », *RFDA* 2020, p. 214, en introduction ; J.-F. Lachaume, « La démocratie intercommunale », *AJDA* 2018, p. 1370.

[17] C.-A. Dubreuil, « La démocratie locale au défi du XXIe siècle », *in* J.-M. Pontier et U. Ngampio-Obélé-Bélé (dir.), *Le droit administratif aux défis du XXIe siècle*, Institut francophone pour la Justice et la Démocratie, LGDJ : Lextenso, 2022, p. 122 ; L. Regairaz, « La démocratisation des établissements publics de coopération intercommunale à fiscalité propre », *AJCT* 2021, n° 12, p. 585.

A. Une compétence étatique exclusive de la participation effective des citoyens à la création de la métropole

Les deux lois[18] qui ont créé puis renforcé le statut de métropole ont suivi un processus parlementaire classique, sans recours particulier à un dispositif de participation citoyenne du type de ceux ayant tendance à se multiplier[19]. La loi dite MAPTAM du 27 janvier 2014 a imposé[20] l'institution par décret de plusieurs métropoles, ce qui a donné naissance à 14 d'entre elles[21], rejointes par Nancy en 2016[22]. La création de ces premières structures est donc passée par la démocratie représentative et a été unilatérale. Cette unilatéralité ne vaut pas uniquement entre État et métropoles, mais aussi entre personnes élues et citoyens, comme le montrent les analyses de science politique[23].

Même si les conditions de création des autres métropoles ont été assouplies[24], ce sont bien les intercommunalités elles-mêmes qui peuvent obtenir la création par décret de la métropole, selon une condition partielle de représentativité de la population[25]. Les sept autres métropoles de France ont été instituées par cette voie. Les citoyennes et les citoyens n'obtiennent donc qu'une place très indirecte dans le processus à travers l'avis des conseils municipaux. En outre, des communes peuvent théoriquement être intégrées contre leur gré à une métropole[26].

Il n'existe pas de mécanisme systématique de consultation ou de référendum ni de mécanisme de pétition effectif sur la question de la création d'une structure métropolitaine. Du côté des outils dont la mobilisation est facultative, les options sont limitées par la mainmise de l'État sur le paysage

---

[18] Loi n° 2010-1563 du 16 décembre 2010 de réforme des collectivités territoriales, art. 12 ; loi n° 2014-58 du 27 janvier 2014 de modernisation de l'action publique territoriale et d'affirmation des métropoles (loi MAPTAM).

[19] Et qui sont mobilisés discrétionnairement par le gouvernement ou par le Parlement. L'Assemblée nationale indique ainsi que la première consultation sur un texte de loi est celle qui s'est tenue en février 2015 sur la future loi n° 2016-87 du 2 février 2016 créant de nouveaux droits en faveur des malades et des personnes en fin de vie. La thématique de la réforme territoriale n'apparaît pas dans la liste des démarches participatives enclenchées par le Sénat : http://www.senat.fr/consult/index.html. Du côté de celles lancées par le gouvernement, la première a été celle s'étant tenue à l'automne 2015 et ayant débouché sur la loi n° 2016-1321 du 7 octobre 2016 pour une République numérique.

[20] Loi MAPTAM précitée, art. 43.

[21] 12 métropoles de droit commun, 2 métropoles à statut particulier, auxquelles il faut ajouter la métropole de Lyon, collectivité territoriale à statut particulier.

[22] Décret n° 2016-490 du 20 avril 2016.

[23] C. Parnet, « La métropole, une affaire d'élus. La mise à distance des citoyens dans la réforme territoriale (2012-2016) », *Participations*, 2020/1-2, n° 26-27, pp. 105-134 ; F. Desage et D. Gueranger, « La démocratie locale, ils n'en ont pas voulu », *Mouvements*, 2014/1, n° 77, pp. 145-156.

[24] Loi n° 2017-257 du 28 février 2017 relative au statut de Paris et à l'aménagement urbain, art. 70.

[25] CGCT, art. L. 5217-1 al. 3.

[26] *Ibid.*

intercommunal. En effet, les consultations locales[27] et référendums locaux[28] que les communes peuvent enclencher doivent porter sur des « décisions » à prendre[29]. Or les conseils municipaux ne formulent que des « avis » ou des « accords »[30] en la matière, qu'il s'agisse d'ailleurs de la création d'une métropole ou de tout autre EPCI à fiscalité propre. Est ainsi de nature à créer un doute sérieux sur la légalité le moyen selon lequel méconnaît l'art. L. 1112 - 15 CGCT une délibération municipale organisant une consultation sur l'intégration d'une commune à une intercommunalité alors que « les conseils municipaux doivent simplement émettre un avis sur les projets de schémas départementaux de coopération intercommunale [et] qu'ils ne peuvent ainsi prendre aucune décision »[31]. Il en va de même pour les transformations de l'EPCI sur lesquelles des communes souhaiteraient consulter leurs électeurs. Ainsi, a été annulée la délibération d'une commune organisant une consultation sur son intégration à une communauté d'agglomération plus grande que celle à laquelle elle appartenait déjà, au motif que cette intégration résultait d'une réforme de la carte intercommunale alors en cours, laquelle « ne peut être décidée que par les représentants de l'État dans les départements intéressés »[32].

Quant aux EPCI eux-mêmes, ils peuvent certes « obtenir » leur transformation par décret en métropole, mais ils ne formulent qu'une « demande » en ce sens. Ils peuvent donc difficilement être considérés comme décisionnaires à cet égard, même si la compétence du gouvernement est liée[33]. À défaut de décision à prendre, ils ne peuvent pas mettre en place la consultation que le CGCT prévoit à leur endroit[34]. Ils ne peuvent pas non plus organiser de référendum local, cet outil étant à l'heure actuelle réservé aux collectivités territoriales[35].

La problématique du caractère décisoire de l'acte soumis à participation citoyenne peut néanmoins être contournée par les règles de la consultation ouverte facultative (COF)[36]. Posées par l'art. L. 131-1 du Code des relations

---

[27] CGCT, art. L. 1112-15 et s.

[28] CGCT, art. LO. 1112-1 et s. Pour rappel, la différence entre consultation locale et référendum local tient au fait que le référendum local peut, dans certaines conditions, être décisionnel, tandis que la consultation locale ne peut jamais l'être.

[29] CGCT, L. 1112-15 pour la consultation locale et CGCT, art. LO. 1112-1 pour le référendum local.

[30] CGCT, art. L. 5211-49 al. 3 pour la transformation d'un EPCI dont elles sont membres en métropole.

[31] TA Nîmes, ord. 20 octobre 2011, n° 1103079, *Préfet de Vaucluse.*

[32] TA Melun, 10 juillet 2015, n° 1503192, *Préfecture de Seine-et-Marne.*

[33] CGCT, art. L. 5217-1 al. 3. La compétence du gouvernement est liée tant que les conditions posées par le CGCT sont remplies.

[34] CGCT, art. L. 5211-49 al. 1.

[35] Const., art. 72-1 al. 2 et CGCT, art. LO. 1112-1 et s. V. cependant cette contribution, III, A).

[36] Que l'on peut aussi, avec le professeur Saunier, appeler règles des « consultations innommées » : S. Saunier, « L'association du public aux décisions prises par l'administration », *AJDA* 2015, p. 2426.

entre le public et l'administration (CRPA), elles confirment que les autorités administratives peuvent associer le public[37] à « la conception d'une réforme ou à l'élaboration d'un projet ou d'un acte ». Le champ de la consultation dépasse donc largement toute notion de décision, et peut parfaitement recouvrir une procédure débouchant sur la délivrance d'un « avis » ou d'un « accord ». Tel était d'ailleurs le cas dans l'affaire ayant donné lieu à l'arrêt de principe *Occitanie* rendu en 2017 par le Conseil d'État sur l'art. L. 131-1[38]. Néanmoins, cette forme de participation ne peut être que consultative. En outre, la décorrélation entre COF et notion de décision n'équivaut pas nécessairement à une décorrélation entre COF et notion de compétence. En effet, bien que l'art. L 131-1 n'impose pas que l'objet de la consultation relève des compétences de l'autorité organisatrice, l'arrêt *Occitanie* mentionne bien cette exigence[39]. La COF ne pourra donc pas porter sur le principe de la création même de la métropole, puisque ni les communes ni les EPCI ne sont compétents pour se prononcer (que ce soit par un avis, un accord ou une décision) sur ce sujet, qui relève de la seule compétence de l'État.

Quant à la pétition, que la Constitution réserve aux collectivités territoriales[40], sa circonscription juridique la rend ineffective : elle ne consiste qu'en le droit pour les électeurs de « demander » qu'une question relevant de la compétence de la collectivité soit inscrite à l'ordre du jour de l'assemblée délibérante[41]. Ainsi, même s'ils remplissent les critères tout récemment posés par la loi 3DS, les électeurs n'ont aucune garantie que leur demande soit effectivement inscrite ni qu'il soit délibéré sur la question[42]. Tout au plus la pétition peut-elle représenter une pression politique, en fonction des circonstances locales.

Ainsi, la place de l'État dans la politique intercommunale, à travers le décret, l'arrêté de périmètre, l'arrêté de création ou encore le schéma départemental ou régional de coopération intercommunale selon les cas, ainsi que la liaison entre certains outils de démocratie participative et les notions de décision, limitent drastiquement les possibilités d'expression effective des citoyens. Pourtant, la compétence réservée de l'État n'empêche pas le législateur de prévoir l'implication du public. Tel est le cas de la

---

[37] Notion plus large que celle d'électeurs, en jeu dans les consultations locales et les référendums locaux.

[38] CE, Ass., 19 juillet 2017, *Assoc. citoyenne pour Occitanie et Pays Catalan et autres*, n°s 403928 et 403948 ; *AJDA* 2017, p. 1662, chron. Odinet et Roussel ; *JCP A* 2017, n° 38-39, concl. Daumas ; *Constitutions* 2017, p. 611, chron. Beaubonne ; *Procédures* 2017, p. 253, comm. Chifflot ; *LPA* 12 décembre 2017, p. 13, note David ; *DA* 2017, n° 12, p. 49, comm. Éveillard ; *AJCT* 2017, p. 634, obs. Mondou ; *JCP G* 2017, p. 942, note Testard.

[39] Arrêt *Occitanie* précité, §15.

[40] V. toutefois cette contribution, III, A).

[41] Const., art. 72-1 al. 1.

[42] CGCT, art. L. 1112-16, II, version issue de la loi n° 2022-217 du 21 février 2022 relative à la différenciation, la décentralisation, la déconcentration et portant diverses mesures de simplification de l'action publique locale, art. 14.

consultation locale déclenchée par l'État sur les projets d'infrastructure ou d'équipement susceptibles d'avoir une incidence sur l'environnement dont la réalisation est subordonnée à la délivrance d'une autorisation relevant de l'État[43]. La loi prévoit même un cas de consultation-veto obligatoire en matière de création de commune nouvelle, matière où l'État est bien le décisionnaire[44]. Il serait donc envisageable d'instaurer par la loi une possibilité voire une obligation d'impliquer les citoyens dans la création de la métropole, le degré de caractère décisoire du résultat de cette participation restant à déterminer.

Le pouvoir de décision de l'État en matière de création des métropoles exclut donc à ce jour la participation effective des citoyens. La création de dispositifs satellites à la métropole est plus ouverte à la participation, du moins en théorie.

B. La participation à la création des dispositifs satellites à la métropole théoriquement facilitée

En matière de création de structures susceptibles d'inclure des métropoles, la participation systématique des citoyens n'est pas prévue, et la variété des degrés d'intervention de l'État brouille les pistes quant aux possibilités pour les entités membres de recourir à l'éventail participatif existant.

La création d'un pôle métropolitain se réalise par « accord entre des [EPCI] »[45], bien qu'il revienne au préfet de décider (ou non) de la création effective de la structure[46]. La création du PETR est « décidée par délibérations concordantes » des organes délibérants des EPCI à fiscalité propre souhaitant le composer et doit être « approuvée » par le représentant de l'État[47]. La création de tout syndicat mixte est initiée par accord des institutions qui en seront membres, mais doit être actée par le préfet[48]. Quant aux ententes, conventions et conférences intercommunales, les conseils municipaux, les organes délibérants d'EPCI ou de syndicats mixtes en sont à l'initiative et le représentant de l'État n'intervient pas dans leur création[49].

La lecture littérale des textes semble donc fermer la porte à la tenue d'une consultation locale ou d'un référendum local sur les structures sur lesquelles les collectivités territoriales ou les EPCI donnent leur « accord » sans rien décider, c'est-à-dire les pôles métropolitains et les syndicats mixtes. Ici, seul

---

[43] Envir., art. L. 123-20 et s. Cas de la consultation sur l'aéroport de Notre-Dame-des-Landes.
[44] CGCT, art. L. 2113-3.
[45] CGCT, art. L. 5731-1, al. 1.
[46] CGCT, art. L. 5731-2, I, al. 4.
[47] CGCT, art. L. 5741-1, I, al. 2.
[48] CGCT, art. L. 5212-1 et s., par renvoi de L. 5711-1 pour les syndicats mixtes fermés ; V. F. Sempé, « Intercommunalité : syndicats de communes », *Encyclopédie des collectivités locales*, Dalloz, Chapitre 2, folio n° 1120, 2013-3, §51 et s. CGCT, art. L. 5721-2 pour les syndicats mixtes ouverts.
[49] CGCT, art. L. 5221-1 à L. 5221-2.

le recours à une COF sera possible, dans la limite exposée ci-dessus selon laquelle le public pourra être consulté sur l'intégration de l'entité locale à la structure, mais non sur le principe même de la création de la structure, en raison de la compétence de l'État sur ce point. Là où le Code précise au contraire que les EPCI et collectivités locales « décident », une consultation locale ou un référendum local[50] serait envisageable, en plus d'une COF. Cela concerne la conclusion d'une entente, d'une convention ou d'une conférence intercommunale. La création d'un PETR se trouve dans une zone grise : les textes, qui précisent que les EPCI membres « décident » de sa création, semblent autoriser la tenue d'une consultation locale. Elle pourrait *a minima* porter sur le principe de l'adhésion de l'EPCI organisateur au PETR, mais la question de savoir si elle pourrait porter sur le principe même de sa création reste ouverte, puisque l'État partage ici le pouvoir de décision, par le biais du préfet qui doit approuver cette création. *A fortiori*, une COF sera envisageable, avec la même réserve.

Le recours à la pétition locale reste possible dans les collectivités territoriales, uniquement sur les objets mentionnés ci-dessus et dans les conditions d'effectivité limitée qui ont déjà été exposées.

Reflétant les ambiguïtés de l'immixtion de l'État dans le jeu inter-intercommunal, la participation citoyenne n'est pas pleine et entière. Fait exception la création d'une entente, d'une convention ou d'une conférence intercommunale. Le cas de l'institution d'un PETR reste quant à lui incertain. En théorie, les citoyens disposent donc de légèrement davantage de possibilités d'intervenir sur le plan inter-intercommunal. Cela serait finalement avec ses marges, c'est-à-dire les ensembles potentiellement les plus éloignés géographiquement ou socioéconomiquement, que la métropolisation s'ouvre davantage à la participation. Toutefois, cette participation reste tributaire du bon vouloir des représentants élus. Surtout, sur le plan pratique, il importe de ne pas faire preuve de naïveté : la question inter-intercommunale est sans doute à mille lieues de soulever l'enthousiasme du grand public ! La participation au choix des personnes chargées de le représenter dans les structures métropolitaines se réalise déjà à grand-peine, sur le terrain. Ici, la situation des citoyens varie.

II. Les citoyens inégalement écartés de la désignation de leurs représentants dans les structures métropolitaines

Le sondage IFOP précité confirme que le mode de scrutin des élections communautaires, voire leur principe même, est peu connu : lorsqu'il est affirmé aux personnes interrogées que depuis 2014, « dans les communes de plus 1 000 habitants [*sic*], les élus qui représentent les communes au sein des intercommunalités sont [...] élus directement par les citoyens sur des listes

[50] Réservé aux collectivités territoriales.

spécifiques en même temps que les conseillers municipaux », seulement 55% d'entre elles considèrent que l'affirmation est « vraie »[51]. Néanmoins, une fois l'affirmation confirmée, 78% des personnes interrogées répondent que ce système est une bonne chose[52]. Il n'y a donc pas de désintérêt particulier pour la question de la désignation des conseillers communautaires.

En droit, les communes restent un intermédiaire incontournable entre les électeurs et les élus intercommunaux, empêchant l'établissement d'un lien direct entre eux (A). Le mode de scrutin nouvellement appliqué à la métropole de Lyon préfigure peut-être un lien pouvant être renforcé (B). À l'opposé, ce lien est complètement distendu dans les structures inter-intercommunales (C).

A. La commune, entremetteuse soit d'un mariage forcé soit d'un mariage de raison entre les électeurs et leur intercommunalité

En matière d'élection intercommunale, le prisme municipal reste incontournable, car le principe est avant tout celui de la représentation des communes plutôt que celle des électeurs. Cela se manifeste toutefois de manière différente selon le type de commune dont il est question.

Le lien entre les électeurs et électrices des communes de 1000 habitants et plus et l'intercommunalité a été récemment renforcé. La loi du 17 mai 2013[53] a remplacé, dans les communes de 1 000 habitants et plus, la désignation parmi les membres du conseil municipal par une élection au suffrage universel direct. Toutefois, le mode d'élection retenu s'apparente à un mariage forcé dont l'entremetteuse serait la commune. Ces élections ont lieu dans le cadre de l'élection municipale[54]. Toute la structure électorale de l'EPCI est liée à la commune : les votants sont les mêmes[55], et « nul ne peut être conseiller communautaire s'il n'est conseiller municipal ou conseiller d'arrondissement »[56]. Les conditions d'éligibilité, les inéligibilités et les incompatibilités sont identiques. Les conseillers municipaux et communautaires sont élus pour la même durée et renouvelés à la même date. En pratique, un seul vote sert à désigner les deux types de conseillers : les bulletins de vote comportent deux listes, la municipale et l'intercommunale. Par le même geste, deux élections se produisent en même temps. Dans les deux cas, il s'agit d'une élection au suffrage direct. Cependant, comme un seul geste est réalisé, cette double élection reste cachée pour la plupart des

---

[51] *Les Français et l'intercommunalité : Vague 2018, op. cit.*

[52] 15% « très bonne chose » et 63% « assez bonne chose ».

[53] Loi n° 2013-403 du 17 mai 2013 relative à l'élection des conseillers départementaux, des conseillers municipaux et des conseillers communautaires et modifiant le calendrier électoral.

[54] R. Rambaud, *Droit des élections et des référendums politiques*, LGDJ, coll. « Domat Droit public », 2019, §506 et s ; Code élect., art. L. 273-6 et s.

[55] Y compris donc les ressortissants des États membres de l'UE.

[56] Code élect., art. L. 273-5, I.

électeurs[57]. Enfin, le système de fléchage garantit un ancrage de la liste communautaire dans la liste municipale[58].

Le choix de cette modalité découle surtout de la volonté de ne pas déposséder les communes, plus que d'une volonté d'instituer un lien entre les citoyens et les conseillers communautaires[59]. Des propositions ont été formulées, à l'égard des élections métropolitaines[60], pour jouer sur les modalités de l'élection, dans l'idée de renforcer le lien entre les citoyens eux-mêmes et les personnes élues, mais le législateur y a finalement renoncé[61].

Ce lien forcé entre électeurs et intercommunalité par l'intermédiation de la commune pose une difficulté de fond supplémentaire : l'élection communautaire est un vote dont on ne peut pas s'abstenir. Le bulletin de vote étant unique, si l'on vote aux élections municipales, l'on vote aux intercommunales, sauf à s'abstenir aux deux. Il est donc impossible de marquer un mécontentement ou un retrait spécifiquement par rapport à ce niveau de gouvernance. Se retrouve ici l'idée d'une métropolisation à marche forcée pour les citoyens, même si cela n'est pas propre aux grosses intercommunalités.

Dans les communes de moins de 1000 habitants, l'inexistence d'une élection pour les conseillers communautaires fait davantage ressembler le lien entre électeurs et intercommunalité à un mariage de raison. Les conseillers communautaires sont les « membres du conseil municipal désignés dans l'ordre du tableau »[62]. Dans ces communes, qui représentent 71,5% des municipalités françaises et 13,1% de la population nationale[63], le lien entre électeurs et intercommunalité se réalise par le suffrage universel indirect, et l'intermédiation, là encore, de la commune.

La participation des citoyens à la désignation de leurs représentants passe donc inévitablement par le truchement de la commune. L'élection métropolitaine de Lyon préfigure toutefois possiblement l'établissement d'un lien direct entre les électeurs et l'intercommunalité.

---

57 R. Le Saout et S. Vignon (dir.), *Une invitée discrète, l'intercommunalité dans les élections municipales de 2014,* Berger-Levrault, 2015.

58 Code élect., art. L. 273-6, al. 1.

59 Voir, à propos de l'élection métropolitaine, la proposition de loi sénatoriale n° 276 (2017-2018) relative à l'élection des conseillers métropolitains et le rapport correspondant de la Commission des lois (n° 381).

60 Voir par exemple le rapport rendu en janvier 2017 par le Gouvernement sur le fondement de l'art. 48 de la loi MAPTAM, *Les modalités d'élection des conseillers métropolitains au suffrage universel direct.*

61 Loi n° 2019-1461 du 27 décembre 2019 relative à l'engagement dans la vie locale et à la proximité de l'action publique, art. 6 abrogeant l'art. 54 de la loi MAPTAM qui programmait la refonte du mode de scrutin des élections métropolitaines. V. D. Akpatcha, « L'échec de la réforme du mode de scrutin des métropoles : *Requiem* pour l'article 54 de la loi MAPTAM », *AJDA* 2020, p. 33 et s.

62 Code élect., art. L. 273-11.

63 Chiffres au 1er janvier 2021. DGCL, *Les collectivités locales en chiffres 2021*, p. 21.

B. Les élections métropolitaines de Lyon, préfiguration d'un lien direct entre les électeurs et la métropole ?

Le principe de la représentation de chaque commune au sein de l'intercommunalité est posé par l'art. L. 5211-6-1 du CGCT. Devenue collectivité territoriale à statut particulier, la métropole du Grand Lyon y échappe. L'ordonnance de 2014 ratifiée en 2015 et le décret de 2015 découpent le territoire de la métropole lyonnaise en 14 circonscriptions[64]. Ces dernières envoient un nombre de conseillers métropolitains fixé non pas en fonction du nombre de communes présentes dans chaque circonscription, mais principalement en fonction du nombre d'habitants résidant dans chaque circonscription. Certaines circonscriptions envoient moins de représentants que ce qu'elles comportent de communes. Ainsi peut-on estimer avec Jean-Pierre Grandemange qu'à l'image des conseillers départementaux, les conseillers métropolitains représentent davantage des populations que des territoires[65]. Débarrassée de l'intermédiation des communes, l'élection de la métropole du Grand Lyon traduit, par rapport à ce qui existe dans les autres intercommunalités, un lien juridiquement plus fort entre les électeurs et l'institution[66].

Toutefois, ce lien est loin d'être tout à fait direct. En effet, premièrement, il n'existe pas une circonscription métropolitaine unique pour l'élection des représentants métropolitains. Deuxièmement, le mode de scrutin est « calqué sur celui des élections municipales »[67]. Troisièmement, le choix politique a été fait de reporter ces élections de 2015 à 2020 afin qu'elles se tiennent en même temps que les élections municipales, ce qui a contribué au couplage, voire à la confusion, entre les deux élections[68].

De l'autre côté du spectre, le lien entre les citoyens et les personnes qui les représentent est à peu près absent des structures satellites à la métropole.

C. L'absence de lien entre les citoyens et leurs représentants dans les structures satellites à la métropole

Les structures satellites à la métropole n'offrent guère de droit de regard direct aux citoyens puisque s'il y a une élection des représentants des membres de ces structures, celle-ci se réalise au suffrage universel indirect.

---

64 Ordonnance n° 2014-1539 du 19 décembre 2014 relative à l'élection des conseillers métropolitains de Lyon, ratifiée par la loi n° 2015-816 du 6 juillet 2015 ; décret n° 2015-1169 du 22 septembre 2015. V. désormais Code élect., art. L. 224- 1 et s. ; V. B. Lecoq, « L'élection des conseillers de la Métropole de Lyon : *crash test* d'un prototype », *AJDA* 2020, p. 40 et s. ; J.-P. Grandemange, « Les élections métropolitaines de Lyon : quel bilan de cette "expérimentation" ? », *BJCL* 2020, n°12, pp. 856-861.

65 J.-P. Grandemange, *ibid*, II.

66 L'on s'écarte ici de la critique formulée par Monsieur Grandemange, qui pointe la « perte d'influence des territoires périphériques » (*ibid*, II), car cette critique revient à réduire la place des citoyens à la représentation, là encore, des communes, dans la structure métropolitaine.

67 R. Rambaud, *op. cit.*, §568.

68 B. Lecoq, *ibid.*, II, A), 2°.

Un degré supplémentaire est franchi à l'observation des personnes pouvant être envoyées dans la structure inter-intercommunale. Les représentants des EPCI dans ces structures peuvent être élus parmi tous les conseillers municipaux des communes membres de l'EPCI concerné, que ce conseiller soit conseiller communautaire ou pas. Tel est le cas pour les représentants des EPCI dans les pôles métropolitains[69], les PETR[70], les syndicats mixtes fermés[71] et ouverts[72]. Ces représentants sont donc non seulement choisis par des élus, mais en outre peuvent l'être alors qu'ils n'ont pas été avalisés par les électeurs pour s'intéresser aux questions intercommunales ni, *a fortiori* et *a priori*, aux questions inter-intercommunales. Niveau encore supplémentaire, dans les syndicats mixtes ouverts, non seulement le représentant d'un syndicat mixte peut être choisi par des représentants qui n'avaient pas particulièrement été élus pour s'intéresser aux questions inter-intercommunales, mais encore ceux-ci peuvent choisir un représentant parmi tous les conseillers municipaux, y compris ceux qui ne sont pas eux-mêmes membres du conseil syndical du syndicat[73].

Les représentants des départements ou des régions au sein des pôles métropolitains doivent en revanche être choisis par les membres des assemblées délibérantes de ces collectivités territoriales parmi leurs pairs[74].

Enfin, si le Code prévoit l'existence d'une conférence des maires dans les PETR, il s'agit là surtout de redonner de la visibilité aux maires sur l'action de l'inter-intercommunalité plutôt que d'injecter du contrôle démocratique direct[75].

Le droit de regard des citoyens sur les structures inter-intercommunales est donc très indirect, voire absent. Le fait métropolitain plus généralement associe de manière très inégale les citoyens à la désignation des personnes supposées les représenter. Pour ces personnes comme pour l'ensemble des personnes élues en France, il n'existe aucun mécanisme de révocation[76].

Le constat n'est guère plus positif sur la participation des citoyens à la vie des structures métropolitaines.

---

[69] CGCT, art. L. 5711-1, al. 3 ou L. 5721-2, al. 6, par renvoi de CGCT, art. L. 5731-3, al. 1.

[70] CGCT, art. L. 5711-1, par renvoi de L. 5741-1, II.

[71] CGCT, art. L. 5711-1 al. 3.

[72] CGCT, art. L. 5721-2, al. 6.

[73] CGCT, art. L. 5721-2, al. 6.

[74] CGCT, art. L. 5721-2, al. 6, par renvoi de CGCT, art. L. 5731-3, al. 1

[75] A. Taillefait, « Les pôles métropolitains et les pôles d'équilibre territoriaux et ruraux », *AJDA* 2014, p. 625, III, C).

[76] À ce sujet, V. C.-E. Sénac, « La révocation populaire des élus. Anatomie d'une institution démocratique », *Spicilegium Juris Politici, Mélanges offerts à Philippe Lauvaux*, Éditions Panthéon-Assas, 2021, pp. 917-935.

III. Une participation réduite des citoyens à la vie institutionnelle des structures métropolitaines

La participation des citoyens à la vie institutionnelle des structures métropolitaines est réduite pour deux raisons principales : si, dans les métropoles, un modèle participatif est en voie de construction, il est encore peu effectif (A). En outre, ces outils participatifs sont sans grande incidence sur les fractures entre le centre et la périphérie (B).

A. Un modèle participatif en voie de construction dans les grandes intercommunalités

Le modèle participatif intercommunal n'est pas complètement assimilable à ce qu'il se passe dans les collectivités territoriales. S'il n'y a pas de spécificité des métropoles à cet égard, il existe une légère spécificité des grandes intercommunalités. Elle se caractérise par deux aspects qui montrent que ce modèle est encore en construction : la sous-exploitation des dispositifs consistant pour les citoyens à « saisir » et à « décider » d'une part, et la prévalence renforcée de la délibération d'autre part.

Les outils participatifs consistant à « saisir » et « décider » correspondent au droit de pétition et au référendum local. L'art. 72-1 prévoit, depuis 2003, ces dispositifs dans la Constitution, mais uniquement au bénéfice des collectivités territoriales. Si cela peut laisser penser que ces outils sont réservés aux collectivités, une autre lecture peut être avancée. En effet, la formulation de l'article n'implique pas une interdiction pour les intercommunalités : il ne dit rien à leur propos. Dans le même sens, rien n'exige que les règles sur la démocratie participative figurent dans la Constitution[77]. Il pourrait donc appartenir à la loi voire aux intercommunalités elles-mêmes, selon les cas, de se saisir de ce champ libre. La seule réserve serait la nécessaire intervention d'une loi pour autoriser la mise en place d'outils contraignants, faisant exception au principe général de prohibition de l'incompétence négative. Paradoxalement, n'étant pas limités par le texte constitutionnel, ces dispositifs intercommunaux pourraient aller plus loin que ce qui est permis dans les collectivités territoriales. Ainsi, pour la pétition locale et le référendum local, le défaut de statut de collectivité

[77] Par exemple, la consultation sur la fusion de communes, dont le résultat pouvait être décisoire dans certains cas, existait dès 1971. D'autres dispositifs consultatifs ont existé depuis bien avant 2003. De la même manière, le droit de pétition tel qu'il est actuellement réglementé par le texte suprême n'est qu'une manifestation de la liberté d'expression, elle n'ajoute rien au corpus juridique, ce qui montre l'inutilité juridique de son inscription dans la Constitution. Le droit de pétitionner pour demander l'organisation d'une consultation dans les intercommunalités existait dès 1995, et subsiste aujourd'hui, selon une forme d'ailleurs élargie, malgré la révision de 2003.

territoriale, plutôt que de faire obstacle, constituerait une chance pour la participation, dont le législateur et les EPCI ne se sont pas encore saisis[78].

Les outils participatifs consistant à « être consulté » ou à « délibérer » obéissent à un régime en partie spécifique qui tend à rendre le modèle intercommunal peut-être davantage co-constructif que celui des collectivités territoriales. Du côté des outils qui ne sont pas spécifiques, peuvent être citées les règles de la COF. Si le CRPA ne mentionne pas explicitement les EPCI dans l'article qui détermine son champ d'application[79], la généralité des termes de la loi d'habilitation[80], du Code et de l'arrêt *Occitanie* autorise à les y faire entrer. L'enjeu est d'appliquer ces règles, qui sont de nature à augmenter la sincérité et donc la crédibilité des démarches d'implication du public, aux politiques participatives intercommunales. À côté de la COF, tous les EPCI peuvent organiser des consultations locales, et celles-ci peuvent être demandées par les électeurs[81]. Plus spécifiques sont les règles relatives aux instances et à la politique participative intercommunale au sens large. La loi prévoit la possibilité ou l'obligation, selon les cas, de créer de nombreuses instances participatives, dont l'avis est toujours consultatif. Certaines peuvent se retrouver dans des collectivités territoriales (conseil de jeunes[82], commission consultative des services publics locaux[83], commission pour l'accessibilité[84]), d'autres y ressemblent (comité consultatif[85]). Le conseil de développement, ou « codev », est en revanche une originalité des grandes intercommunalités[86]. Créée entre 1995 et 1999 et étendue par la loi NOTRe[87], cette instance est désormais obligatoire dans les EPCI FP de plus de 50 000 habitants, et facultative dans ceux de 50 000 habitants et moins[88]. Composé de représentants des milieux économiques, sociaux, culturels, éducatifs, scientifiques, environnementaux et associatifs du périmètre de

[78] Sauf de rares exceptions dans des intercommunalités ayant mis en place un système de pétition.
[79] CRPA, art. L. 100-3.
[80] Loi n° 2013-1005 du 12 novembre 2013 habilitant le Gouvernement à simplifier les relations entre l'administration et les citoyens, art. 3, II.
[81] CGCT, art. L. 5211-49 et s.
[82] CGCT, art. L. 1112-23.
[83] CGCT, art. L. 1413-1.
[84] CGCT, art. L. 2143-3.
[85] CGCT, art. L. 5211-49-1.
[86] CGCT, art. L. 5211-10-1, sauf cas particuliers. Le codev est également prévu dans les métropoles particulières : art. L. 5211-10-1, VI pour la Métropole de Lyon, art. L. 5219-7 et L. 5219-1, I, 5° al. 4 pour le Grand Paris et L5218-10 pour Aix-Marseille-Provence.
[87] Loi n° 95-115 du 4 février 1995 d'orientation pour l'aménagement et le développement du territoire ; loi dite « Voynet » n° 99-533 du 25 juin 1999 d'orientation pour l'aménagement et le développement durable du territoire ; loi NOTRe n° 2015-991 du 7 août 2015. Pour l'intention sous-jacente à cette instance, V. notamment les propos du député socialiste D. Potier, lors de la discussion de la future loi NOTRe, Assemblée nationale, 5 mars 2015, 1re lecture, 2e séance.
[88] Ce depuis la loi n° 2019-1461 du 27 décembre 2019 relative à l'engagement dans la vie locale et à la proximité de l'action publique.

l'EPCI[89], le conseil de développement a pour vocation de porter un regard prospectif et transversal sur les projets du territoire, est une « force de propositions, un laboratoire d'idées, [et tient] un rôle d'éclaireur et d'alerte »[90]. Il se démarque par sa relative autonomie par rapport à l'EPCI, notamment en ce qu'il s'organise librement et qu'il dispose d'un pouvoir d'autosaisine protégé par la loi[91]. Aujourd'hui, par sa « représentativité et son champ d'action très larges, le conseil de développement se positionne, plus qu'hier encore, comme un partenaire potentiellement privilégié de nombreux EPCI »[92]. Sa consultation obligatoire sur plusieurs outils stratégiques tels que le projet de territoire en fait un moyen fort d'associer les citoyens à la discussion de questions structurantes. Seconde originalité, la loi engagement et proximité du 27 décembre 2019 contraint les EPCI FP, notamment après chaque renouvellement général des conseils municipaux, à débattre et délibérer sur « les conditions et modalités de consultation du conseil de développement *et* d'association de la population à la conception, à la mise en œuvre ou à l'évaluation des politiques de l'établissement »[93]. Les EPCI FP sont les seules entités locales pour lesquelles la loi prévoit explicitement que les modalités de la participation du public doivent être discutées, selon, en outre, une fréquence régulière. La dimension participative doit donc être pleinement intégrée à la politique des intercommunalités concernées.

L'échelle intercommunale, encore plus pour les grosses intercommunalités, connaît donc des modalités originales d'association des citoyens. Leur organisation (débat et délibération obligatoires et conseil de développement) les fait tendre vers de la co-construction. Cette limitation à de la forme consultative ainsi que la sous-exploitation des marges existant sur les outils consistant à saisir et décider peuvent néanmoins être considérées comme maintenant le modèle participatif des grandes intercommunalités dans une participation « molle », que d'aucuns pourront qualifier d'ineffective.

Quoi qu'il en soit, ces outils ne sont pas de nature à résorber les fractures pouvant exister entre le « centre » métropolitain et la périphérie.

---

89 CGCT, art. L. 5211-10-1, I, al. 2.

90 Coordination nationale des conseils de développement (CNCD), *Vade-mecum. Conseils de développement. Mettre en œuvre la loi sur le terrain*, 2016, p. 4.

91 CGCT, art. L. 5211-10-1, III et IV al. 2.

92 P. Mozol, « Le conseil de développement à la lumière des récentes lois de décentralisation : le renouveau dans la continuité », *JCP A* 2019, Etude, 2007.

93 CGCT, art. L. 5211-11-2, II. Nous soulignons. V. également, pour le Grand Paris, art. L. 5219-1, I, 5° al. 4.

B. Des outils participatifs sans influence sur les fractures entre centre et périphérie

Cela s'observe d'une part entre les métropoles et ses territoires intérieurs (communes, quartiers...). Premièrement, les EPCI ne peuvent pas réduire une consultation locale à une partie de leur territoire, contrairement aux collectivités territoriales[94]. À cet échelon intracommunautaire, les liens centre / périphérie reposent essentiellement sur une démarche volontaire de mutualisation et / ou de mise en réseau des instances participatives. Par exemple, les commissions pour l'accessibilité peuvent être mutualisées entre les commissions intercommunales et les commissions communales[95]. La composition et / ou l'objet d'instances comme les comités consultatifs intercommunaux ou le conseil de développement peuvent porter sur une question territoriale particulière ou insister sur la représentation de telle catégorie d'habitants. Pour le reste, le maillage participatif peut se réaliser par des démarches proactives de mise en réseau, principalement entre les instances participatives intercommunales et les instances participatives municipales. Les conseils citoyens font exception dans le sens où, tels qu'ils ont été configurés par la loi, ils mettent des habitants de quartiers en difficulté en situation de se prononcer sur la politique de la ville, qui est multipartenariale et implique souvent des EPCI[96].

Cela s'observe d'autre part entre les métropoles et l'extérieur. Les pistes existantes ne suffisent pas à caractériser une citoyenneté « métropolisationnelle ». Il existe bien quelques instances participatives inter-intercommunales. D'abord, les codev peuvent être mutualisés entre plusieurs EPCI contigus. Le codev mutualisé se substitue aux anciens[97]. Bien que la loi ne l'impose pas, il est possible de prévoir, à l'intérieur de ce « codev inter-intercommunal », un collège par intercommunalité, pour conserver une optique à la fois intercommunale et inter-intercommunale. De plus, les codev sont obligatoires dans les PETR. Prenant le nom de « conseil de développement territorial »[98], leur logique est identique à celle des codev intercommunaux. Cette instance participative inter-intercommunale présente l'intérêt de rassembler des personnes provenant de territoires potentiellement assez différents, intervenant ainsi comme un vecteur de lien voire, sans excès de naïveté là non plus, de construction d'une identité commune. Degré supérieur dans la mutualisation — et la complexité —, il est possible de mutualiser le codev d'un EPCI et celui d'un PETR[99]. Cette mutualisation entre des niveaux d'échelle différents peut en outre être totale ou partielle :

---

[94] Comparer CGCT, art. L. 5211-49 et s. et L. 1112-15.

[95] CGCT, art. L. 2143-3, al. 10 à 12.

[96] Loi n° 2014-173 du 21 février 2014 de programmation pour la ville et la cohésion urbaine, art. 7.

[97] CGCT, art. L. 5211-10-1, I, al. 3.

[98] CGCT, art. L. 5741-1, IV.

[99] La loi engagement et proximité met fin à l'incertitude sur ce point : CGCT, art. L. 5211-10-1, al. 3.

un EPCI peut décider de conserver son propre codev tandis que d'autres souhaitent mutualiser le leur avec celui du PETR. Le paysage institutionnel de la participation peut donc être à géométrie variable, ce qui constitue un facteur de grande complexité pour les acteurs, notamment les membres des codev eux-mêmes ainsi que les autres habitants ! Si l'on comprend l'intérêt de cette possibilité là où les périmètres d'un codev intercommunal et celui du codev du PETR sont presque similaires, on détecte aussi l'un des objectifs de la loi engagement et proximité : l'article qui prévoit cette option figure dans un chapitre de la loi intitulé « Simplifier le droit applicable aux élus locaux »... À ce titre, les instances participatives sont vues comme un carcan pour les personnes élues, plutôt que comme une modalité normale de gouvernance. L'absence de codev dans les pôles métropolitains peut quant à elle être perçue comme une lacune au regard de la taille et de la potentielle hétérogénéité territoriale de ces pôles. Pour le reste, un travail de mise en réseau des instances participatives entre elles, et / ou entre les instances participatives et les structures (inter)intercommunales peut être réalisé, mais il s'agira là aussi d'une démarche dépendant du bon vouloir des personnes publiques, et des moyens qu'elles confèrent à leurs instances. Tel peut être le cas par exemple entre des comités consultatifs ou conseils consultatifs de petites communes et les codev de l'EPCI dont elles relèvent, le codev du PETR ou encore le codev mutualisé. Les pôles métropolitains peuvent être encouragés à se saisir des travaux formulés par les codev des EPCI adhérents. On peut également penser à des échanges avec les conseils économiques, sociaux et environnementaux régionaux.

Toutefois, ces quelques instances ne sauraient suffire à établir une citoyenneté « métropolisationnelle ». Ainsi que le souligne le rapport de la mission Bernasconi rendu en février 2022, « les instances consultatives locales, du fait de leur caractère obligatoire et de leur formalisme, ne sont pas en mesure, en l'état, de répondre au déficit démocratique ressenti par les citoyens. Pire, elles pourraient conduire à estimer que le droit des citoyens à être informé et consulté est formellement respecté au niveau local et à décourager des approches plus effectives de la participation » [100]. D'où la proposition du rapport de valoriser une démarche de participation « par projet » : dès qu'un projet est *a minima* structurant pour le territoire et ses habitants, un mécanisme *ad hoc* de participation pourrait être mis en place. Les règles de l'art. L131-1 CRPA et de la jurisprudence *Occitanie* pourraient s'avérer précieuses à cet égard. Aujourd'hui, elles s'appliquent déjà aux consultations lancées par les structures inter-intercommunales, tout comme à celles enclenchées par les métropoles. Le fait que le périmètre des projets soumis à consultation puisse dépasser les limites géographiques des ou de l'autorité organisatrice ne constitue pas un obstacle : le cadre juridique des COF intègre cette variable, puisque le « public » amené à participer doit

---

[100] *Rétablir la confiance des Français dans la vie démocratique, 50 propositions pour un tournant délibératif de la démocratie*, février 2022, p. 34.

simplement être « pertinent par rapport à l'objet de la consultation »[101]. L'outil « COF » permet donc à la métropole d'aller chercher des habitants de sa périphérie, tout comme elle autorise des intercommunalités ou des inter-intercommunalités situées à proximité d'une autre intercommunalité à recueillir l'avis des personnes qui vivent, travaillent, voyagent entre les deux territoires, mettant ainsi en œuvre une citoyenneté d'usage.

En conclusion, entre métropolisation et citoyen, le lien est très diffus. Cela s'explique non seulement par des raisons structurelles de forte complexité institutionnelle[102], mais par l'état du droit en matière de démocratie, qu'elle soit élective ou participative. En outre, les instruments participatifs ne sont pas de nature à résorber les fractures entre les citoyens du centre et ceux de la périphérie. Des évolutions sont possibles, à travers notamment une lecture moins cloisonnée de la notion de compétence pour la mise en œuvre des outils de démocratie participative, ou encore une mise en réseau davantage encouragée. Sans doute une participation moins institutionnalisée, mais plus fluide conduirait-elle également à tisser davantage de liens entre les citoyens et le phénomène de métropolisation et entre les citoyens eux-mêmes, d'une manière plus alignée avec l'idée selon laquelle la métropolisation constitue un phénomène vivant, dynamique.

---

[101] Arrêt *Occitanie* précité, §16.

[102] Complexité qui ne doit à notre sens pas s'opposer à la participation des citoyens : la situation est tout autant compliquée pour les personnes élues elles-mêmes, que l'élection ne rend pas omniscientes du jour au lendemain.

La métropolisation et le droit substantiel des collectivités territoriales

La métropolisation et l'action des collectivités territoriales

La métropolisation : quelles conséquences pour la répartition des compétences locales ?

Nelly Ferreira

Maîtresse de conférences en Droit public
LEJEP – CY Cergy Paris Université

Réfléchir à la question des effets induits par la métropolisation sur la répartition des compétences locales semble devoir conduire à l'annonce d'une forme de bouleversement de cette distribution des compétences, tant l'émergence et le développement rapide des métropoles paraissaient devoir mener à une réorganisation territoriale en profondeur, et notamment concernant la question des compétences.

Les métropoles, outils juridiques venant à la fois officialiser et parachever la métropolisation déjà existante, à savoir principalement la concentration démographique en milieu urbain, devaient permettre de répondre aux problèmes liés au développement urbain ainsi créé, s'agissant des transports, du logement, de l'emploi, du cadre de vie...nul élément ne semblant pouvoir leur échapper.

Dépassant et se substituant aux acteurs traditionnels, que sont les communes et les départements, qui paraissaient frappés d'archaïsme du fait de leur émiettement institutionnel et de la fragmentation de leurs interventions, les métropoles étaient censées apporter une réponse nouvelle par la concentration des compétences et des moyens dédiés. Cette forte intégration et l'unification ainsi opérée au sein d'une entité locale ne disposant pourtant que du statut intercommunal, devaient également permettre une simplification de l'écheveau si emmêlé des compétences.

Les métropoles portaient donc une vision nouvelle de l'organisation décentralisée, alliant gigantisme de l'entité et captation des compétences, selon l'idée d'un « *big is beautiful* » accolé, non plus seulement aux entreprises privées, mais également aux structures publiques (la refonte de la carte intercommunale afin de créer des intercommunalités XL...voire XXL, ou le dessin de la nouvelle carte régionale fusionnant un certain nombre de régions, allant bien dans ce sens).

Là où la décentralisation, en 1982-1983, prônait la pluralité et la proximité des décideurs locaux, pour une meilleure prise en compte des réalités du terrain, celle des années 2010 semblait, à l'inverse, considérer que l'efficacité de l'action publique locale nécessitait recentrage et unification des compétences, ainsi qu'éloignement du champ décisionnel pour une vision plus globale, de plus grande ampleur et une meilleure cohérence des politiques publiques, dans l'objectif avoué de réduction des coûts. L'appréhension du local semble donc avoir profondément changé.

Ainsi, à l'ancienne partition des compétences, devait succéder une nouvelle répartition due à cette capacité d'accaparement octroyée aux métropoles, mais aussi à la souplesse accordée par le législateur pour certaines attributions, même si ce fut effectué de manière non réellement anticipée et pensée, mais plutôt quelque peu hiératique au cours des lois successives, et qui a abouti à ce que les métropoles disposent de compétences différenciées, censées être adaptées à leur territoire.

Entre concentration et variation des attributions, la métropolisation annonçait donc une révolution des compétences pour les objectifs affichés de clarification, d'adaptation et d'efficacité, notamment financière, de l'action publique locale en zone urbaine.

Une dizaine d'années après, on constate que la révolution annoncée, voire affichée n'a pas eu lieu : cette révolution inaboutie montre des métropoles moins prédatrices que prévu, absorbant moins de compétences que ce qui était attendu.

À l'inverse, entre la petite musique du retour des communes, une capacité de résistance des départements pour conserver autant que faire se peut leurs attributions, et une forme de prudence des métropoles, on pourrait être tenté de voir se dessiner, non un statu quo, mais une sorte de répartition pragmatique, empirique montrant l'impossibilité d'absorber et de gérer un trop-plein de compétences. Au risque d'aboutir à une complexification accrue, loin de la simplification prônée, mais qui s'inscrit aussi, d'une certaine manière, dans le cadre de la différenciation tant vantée actuellement.

La métropole que l'on voulait gargantuesque n'aura pu digérer facilement le menu qui lui était proposé, et le millefeuille territorial, y compris des compétences, sera resté dès lors le dessert, que l'on souhaitait pourtant alléger.

I. Entre concentration et variation des compétences, une révolution attendue de la métropolisation

Tel qu'énoncé par le législateur à l'article L. 5217-1 du Code général des collectivités territoriales (CGCT), le projet confié aux métropoles est ambitieux puisqu'il s'agit d'un « projet d'aménagement et de développement économique, écologique, éducatif, culturel et social de leur territoire afin d'en améliorer la cohésion et la compétitivité et de concourir à un développement durable et solidaire du territoire régional. Elles valorisent les fonctions économiques métropolitaines, [leurs] réseaux de transport et [leurs] ressources universitaires, de recherche et d'innovation, dans un esprit de coopération régionale et interrégionale et avec le souci d'un développement territorial équilibré ».

Programme d'envergure qui nécessite des compétences nombreuses et structurantes, jusque-là dispersées entre divers acteurs : communes, départements, régions, voire État. Les métropoles apparaissent donc comme de possibles structures captatrices, réunissant des compétences qui sont autant de leviers pour agir simultanément, de manière cohérente et donc plus efficace et ce, sur un territoire étendu. Les métropoles, nouveaux monstres quasiment omnipotents, devaient ainsi constituer une sorte de creuset des compétences locales, et être le visage d'une décentralisation plus resserrée, limitée à quelques grands acteurs, mais dont les interventions, grâce aux moyens ainsi recentrés, devaient avoir des effets bénéfiques, « ruisselant » sur le territoire régional, voire interrégional.

A. Une concentration des compétences communales au sein des métropoles

Dans cette optique, les compétences communales ont fait l'objet d'un transfert important, de plein droit et homogène par le biais de six grands champs d'action largement appréhendés et englobant de nombreuses compétences structurantes[1]. Qu'il s'agisse, entre autres, du développement et de l'aménagement économique, social et culturel, qu'il s'agisse de l'aménagement de l'espace métropolitain ou encore de la politique locale de l'habitat, les métropoles ont reçu de multiples attributions, à l'image des communautés urbaines dont elles diffèrent assez peu sur ce point.

Phénomène accentué par le fait que les métropoles ont bénéficié d'un transfert le plus souvent intégral, un nombre limité de compétences faisant l'objet d'un partage avec les communes par le biais de l'intérêt métropolitain. Ainsi, à l'origine, seules trois compétences étaient soumises à cette reconnaissance par le vote du conseil de la métropole, sous peine que l'intégralité de la compétence concernée ne soit transférée à la métropole. Il s'agissait des équipements culturels, socio-culturels, socio-éducatifs et sportifs, des opérations d'aménagement, ainsi que des cimetières et sites cinéraires. La loi relative à la différenciation, la décentralisation, la déconcentration et portant diverses mesures de simplification de l'action publique locale (loi 3 DS)[2] a permis que la voirie, qui jusque-là faisait l'objet d'un transfert complet, puisse être soumise à l'intérêt métropolitain. La

[1] CGCT, art. L. 5217-2.

[2] Loi n°2022-217 du 2I février 2022 relative à la différenciation, la décentralisation, la déconcentration et portant diverses mesures de simplification de l'action publique locale, *JO* 22 février 2022.

procédure est toutefois spécifique puisque cette possibilité est ouverte pendant la durée d'un an suivant la promulgation de la loi 3 DS et à condition qu'elle soit autorisée par le conseil de la métropole et la majorité qualifiée des conseils municipaux (au moins deux tiers des conseils municipaux représentant plus de la moitié de la population globale ou au moins la moitié des conseils municipaux représentant plus des deux tiers de la population globale de l'intercommunalité). Si cette décision est prise, la compétence de création, aménagement et entretien de la voirie sera donc soumise à un partage entre la métropole et ses communes membres par le biais de l'intérêt métropolitain. Compétence qui fera donc l'objet d'une gestion différenciée selon chaque métropole, entre une gestion qui peut demeurer intégralement métropolitaine à une gestion pouvant faire intervenir les communes de manière importante, en fonction de la définition de l'intérêt métropolitain.

Cette concentration des compétences communales interroge d'ailleurs le principe de spécialité censé régir les établissements publics que sont supposées être les métropoles. Ces compétences nombreuses, variées, définies de manière large semblent leur octroyer une vocation presque générale à agir, tant elles paraissent pouvoir tout couvrir, à la fois des compétences stratégiques, telles que l'aménagement de l'espace ou la politique de la ville, mais aussi des compétences de gestion par le biais des services d'intérêt collectif (eau, assainissement, services d'incendie et de secours), ou encore les déchets et les réseaux de chaud ou de froid urbains.

L'énumération est telle qu'elle ne paraît pas limiter, enfermer comme l'induit pourtant le principe de compétences attributives. A l'inverse, elle semble ouvrir un champ des possibles autorisant les métropoles à pouvoir s'emparer de nombreux sujets et s'émanciper paradoxalement du principe de spécialité, que l'énumération est pourtant censée traduire. Cette forme d'habilitation large a justifié que puisse être posée la question de l'existence, au bénéfice des métropoles, d'une forme de clause générale de compétence qui ne dirait pas son nom.

B. Un accaparement variable des compétences d'autres collectivités

Ce rôle polarisateur que le législateur entend leur faire jouer est accentué par la détention de compétences provenant d'autres collectivités que les seules communes, et qui marque la spécificité de la métropole, structure pourtant intercommunale. Concernant toutefois ces autres attributions, elles ne leur sont pas dévolues de manière compacte et homogène, mais font l'objet de variations dans leur étendue, leurs modalités de dévolution (transfert ou délégation, obligatoire ou facultative), permettant à chaque métropole de disposer d'attributions choisies, adaptées, « différenciées » selon le terme actuellement en vogue. Cette souplesse, qui apparaît quelque peu contradictoire avec leur caractère fortement intégratif, permet toutefois d'assurer une certaine mise en œuvre de la subsidiarité de ces compétences, assurant le choix du niveau le plus pertinent pour celles-ci. Mais cette élasticité est aussi (et sans doute surtout) la marque des hésitations et errances du législateur en la matière.

Concernant les compétences départementales, il était entendu, dès le rapport Balladur, qu'elles seraient octroyées intégralement aux métropoles « car tel est bien le meilleur moyen de répondre de manière concrète aux besoins des habitants en zone très urbanisée et de réaliser des économies d'échelle », nous dit le rapport.

Mais le législateur ne s'est pas aventuré dans ce transfert intégral et s'est dès lors montré hésitant, évoluant au fil des lois, de celle de Réforme des collectivités territoriales (RCT) de 2010, de Modernisation de l'action publique territoriale et d'affirmation des métropoles (MAPTAM) de 2014, avant de s'arrêter sur la formule de la loi portant Nouvelle organisation territoriale de la République (NOTRe) de 2015, qui laisse les métropoles et départements s'entendre, par voie conventionnelle, pour opérer le choix d'au moins trois compétences parmi la liste de neuf proposées par le législateur[3], aboutissant donc à des compétences variables. Souplesse également proposée pour la modalité, transfert ou délégation. Tout ceci néanmoins dans un délai très contraint sous peine de voir l'intégralité de ces compétences (exception faite de celle concernant les collèges), en l'absence d'accord, transférée aux métropoles.

Les compétences issues des régions ont, elles aussi, connu des variations tout au long des lois, avant d'aboutir à la possibilité de délégation offerte par la loi NOTRe, concernant les compétences liées aux lycées et sur tout ou partie de celles intéressant le développement économique, questionnant la pertinence d'un tel dessaisissement de la part des régions, alors même qu'elles sont responsables de cette action. Quoi qu'il en soit, même si les régions ont conservé cette attribution d'importance, les métropoles sont associées à l'élaboration du schéma régional de développement économique, d'innovation et d'internationalisation et en cas d'absence d'accord avec la région, elles élaborent alors un document d'orientations stratégiques qui doit toutefois prendre en compte le schéma régional. Ou comment diviser pour

---

[3] Cf. CGCT, art. L. 5217-2, IV. Cela concerne l'attribution des aides au titre du fonds de solidarité pour le logement ; les missions confiées au service public départemental d'action sociale en application de l'article L. 123-2 du code de l'action sociale et des familles ;l'adoption, adaptation et mise en œuvre du programme départemental d'insertion ; l'aide aux jeunes en difficulté ; les actions de prévention spécialisée auprès des jeunes et des familles en difficulté ou en rupture avec leur milieu ; les personnes âgées et l'action sociale en application des articles L. 113-2, L. 121-1 et L. 121-2 dudit code ou une partie de ces compétences, à l'exclusion de la prise en charge des prestations légales d'aide sociale ; le tourisme, la culture et construction, exploitation et entretien des équipements et infrastructures destinés à la pratique du sport, ou une partie de ces compétences ; la construction, reconstruction, aménagement, entretien et fonctionnement des collèges (accueil, restauration, hébergement, entretien général et technique, à l'exception des missions d'encadrement et de surveillance des élèves ; la gestion des routes classées dans le domaine public routier départemental ainsi que de leurs dépendances et accessoires.

mieux régner pour l'État mais en prenant garde de ne pas tout désorganiser…

Enfin l'État peut aussi se délester, par convention, de compétences dont certaines peuvent être transférées (pour les grands équipements ou infrastructures), et d'autres simplement déléguées (et qui concernent les politiques d'accès au logement et à l'hébergement)[4].

La lecture des compétences possiblement métropolitaines laisse penser qu'un nouvel agencement des compétences a eu lieu, les métropoles pouvant disposer d'attributions nombreuses, à la fois de proximité et stratégiques. Mais l'impression est grande également d'un manque de cohérence, ne permettant pas d'identifier un champ d'action propre aux métropoles tant le spectre est large. Il est vrai que cela s'explique par leur caractère intégratif, mais le risque de perdre en cohésion et en lisibilité, voire en efficacité avec l'éparpillement des moyens, existe. À moins que ce foisonnement d'attributions ne soit une reconnaissance en creux d'une forme d'habilitation générale non clairement formulée.

Toutefois, le bilan qui peut être fait montre que la révolution annoncée n'aura pas eu complètement lieu. En effet, le caractère accaparant des métropoles s'est heurté à la volonté des communes et des départements de ne pas se dessaisir complètement de missions qui leur semblent essentielles, mais aussi à une forme de timidité bienvenue de la part des métropoles elles-mêmes.

II. Entre prudence et résistance, une révolution heureusement inaboutie ?

Les compétences potentiellement métropolitaines dépassent donc largement le cadre intercommunal dont les métropoles empruntent pourtant le statut et appellent sans doute une évolution de celui-ci, surtout si l'on considère que les métropoles disposent d'une forme de vocation quelque peu générale à agir. Cette question de l'inadéquation du statut d'établissement public à l'ampleur des compétences métropolitaines est redondante, et l'idée, comme le proposait le rapport Balladur, de leur octroyer le statut de collectivités, sans rien supprimer ni simplifier, semble pourtant compliquée. En attestent d'ailleurs les tentatives de fusion-absorption de certains départements par les métropoles[5], lancées par le président de la République

[4] La loi 3DS a modifié l'article L. 5217-2 CGCT en la matière, dans un souci d'harmonisation des régimes de délégation de compétences en matière de logement et d'hébergement en indiquant dorénavant que « L'État peut déléguer, par convention, à la métropole certaines de ses compétences, dans les conditions prévues à l'article L. 301-5-1 du code de la construction et de l'habitation » (CGCT, art. L. 5217-2, II).

[5] Il avait été envisagé l'absorption par les métropoles d'Aix-Marseille-Provence, de Bordeaux, de Lille, de Nantes, de Nice et de Toulouse, des territoires urbains des départements respectifs

sur le modèle de la métropole lyonnaise et qui n'ont pas abouti, se heurtant au risque d'asphyxie financière des départements qui auraient ainsi vu partir leur territoire urbain et les ressources inhérentes, ne leur permettant plus dès lors de remplir leurs missions d'action sociale. La question se pose donc de savoir jusqu'où aller dans cette volonté de concentration…

Les métropoles peuvent-elles demeurer cet objet juridique non totalement identifié, catégorie hybride, mi collectivité, mi-intercommunalité, ou doivent-elles voir leur statut clarifié ? Mais cette question se pose-t-elle encore ? En effet, le dérèglement juridique que connait la notion de collectivité territoriale et sa proximité de plus en plus grande avec celle d'établissement public mérite-t-il pareil effort ? Mais surtout, la révolution des compétences métropolitaines qui nécessiterait ce changement a-t-elle bien eu lieu ?

En effet, si les métropoles disposent bien de compétences importantes, car telle était la volonté du législateur, elles n'ont pas montré de visée accaparante, semblant à l'inverse avoir fait preuve d'une forme de retenue, de timidité en la matière.

A. Une timidité métropolitaine bienvenue

De manière générale, les métropoles s'en sont tenues le plus souvent aux compétences qui leur étaient transférées de plein droit, mais ne se sont pas saisies des missions facultatives qui leur étaient offertes. Sans doute parce que l'ampleur des compétences obligatoires était déjà suffisamment importante pour ne pas vouloir prendre en charge d'autres missions.

S'agissant même des compétences communales transférées obligatoirement, la pratique montre que les métropoles n'exercent pas l'intégralité de ces attributions, au grand dam de la Cour des comptes tel qu'elle l'exprime dans son rapport de décembre 2020[6], les communes restant en effet toujours présentes.

Certaines attributions ont ainsi fait l'objet de transferts très tardifs, montrant la difficulté des métropoles à pouvoir se les approprier et à disposer des moyens et de l'ingénierie nécessaires à leur exercice, notamment s'agissant de compétences de gestion, telles que l'eau ou l'assainissement, qui nécessitent une proximité dont ne disposent pas les entités métropolitaines.

Dans d'autres cas, elles ont délégué aux communes ces compétences, s'agissant, comme la voirie, là encore de compétences de proximité.

De même, l'utilisation étendue, que la Cour des comptes juge abusive, des conventions de gestion qui permettent aux intercommunalités de confier

---

des Bouches-du-Rhône, de Gironde, du Nord, de Loire-Atlantique, des Alpes-Maritimes et de Haute-Garonne.

[6] Cour des comptes, *Les finances publiques locales 2020*, Fascicule 3 : La mise en place des métropoles : un bilan peu convaincant, décembre 2020

la création ou la gestion de certains équipements ou services relevant de leurs attributions à une ou plusieurs communes membres, en vertu de l'article L. 5215-27 du CGCT (l'inverse étant également possible), et qui devaient faire l'objet d'un usage transitoire, le temps que la métropole dispose de l'ingénierie nécessaire à la prise en main de la compétence, questionne également sur la pertinence de transferts massifs de compétences communales. Ces conventions ont permis aux communes de continuer à gérer des compétences et s'inscrivent d'ailleurs dans le pacte de gouvernance[7] que chaque intercommunalité peut élaborer et qui permet de prévoir son organisation interne et notamment les relations avec les communes membres, dont font partie ces conventions, qui apparaissent comme des modalités presque normales de gestion de certaines missions métropolitaines, dans un souci de proximité et d'efficacité.

Accompagnant d'ailleurs ce mouvement, la loi 3DS permet aux métropoles de déléguer à leurs communes membres, par convention, la gestion de tout ou partie des équipements et services nécessaires à l'entretien de leur voirie. Cette compétence ainsi déléguée est exercée au nom et pour le compte de la métropole, qui disposera donc de moyens de contrôle concernant « les objectifs à atteindre en matière de qualité du service rendu, de pérennité des infrastructures »[8].

Allant encore plus loin, la loi 3DS permet la restitution de la compétence « promotion du tourisme, dont la création d'offices de tourisme » entre les mains d'une ou plusieurs communes touristiques érigées en stations classées de tourisme (en application des articles L. 133-13 et 151-3 du code du tourisme). Cette restitution est décidée par délibérations concordantes du conseil de la métropole et des conseils municipaux de l'ensemble des communes intéressées, dans les conditions de majorité qualifiée nécessaires à la création de la métropole[9]. Toutefois, la restitution n'est pas complète puisque la métropole conserve l'exercice de cette compétence « concurremment auxdites communes et sur son territoire », à l'exclusion de la création d'offices de tourisme qui, elle, réintègre bien l'escarcelle communale. Davantage qu'une restitution, c'est un partage de la compétence auquel convie le législateur qui précise qu'en cas de perte du classement en station de tourisme, la commune perd également la compétence qui revient intégralement à la métropole…

On voit qu'il peut être difficile, pour les métropoles, de gérer de nombreuses attributions, notamment celles liées aux services de proximité et que l'utilisation de l'échelon communal peut se révéler nécessaire, surtout

---

[7] Cf CGCT, art. L. 5211-11-2 : « Le pacte de gouvernance peut prévoir […] 3° Les conditions dans lesquelles l'établissement public peut, par convention, confier la création ou la gestion de certains équipements ou services relevant de ses attributions à une ou plusieurs de ses communes membres ».

[8] CGCT, art. L. 5217-2, I.

[9] CGCT, art. L. 5217-2, I.

pour des activités que ne géraient pas les anciens EPCI devenus métropoles. L'idée d'un transfert compact se heurte donc à la réalité de la nécessaire proximité et aboutit à un partage qui se révèle plus pragmatique et réaliste.

Cet état de fait nuance le principe d'exclusivité qui préside au transfert de ces compétences, mais montre la difficulté pour ces métropoles d'exercer des missions de proximité, pour lesquelles elles ne détiennent pas, du moins rapidement, l'outillage nécessaire. L'on voit ainsi poindre, accompagnant un législateur qui semble redonner un rôle fort aux communes[10], des demandes d'élargissement de l'intérêt métropolitain à l'ensemble des compétences communales, exception faite du développement économique qui resterait intégralement transféré à l'intercommunalité[11]. La loi 3 DS n'aura fait droit à cette demande qu'à la seule compétence voirie, mais peut-être est-ce là la première étape d'un nouveau partage des compétences entre métropole et communes membres par une possible extension de l'intérêt métropolitain ?

Ce « renouveau » communal exprime sans doute un besoin de proximité, et apparaît assez paradoxal pour une métropole que le législateur souhaitait très intégrative. Le développement de l'intérêt métropolitain aboutirait à un degré moins fort d'intégration et à une plus grande hétérogénéité des compétences métropolitaines, permettant toutefois une différenciation de celles-ci selon les territoires. Avec néanmoins une complexité accrue et une moins grande lisibilité de cet imbroglio des compétences.

On constate tout le paradoxe, voire la contradiction entre un projet clairement affiché de forte intégration et l'espèce de retour en arrière pragmatique qui pourrait s'amorcer, montrant que le rôle des métropoles n'a pas été véritablement pensé et que les difficultés d'une telle intégration n'ont pas été anticipées.

B. Une capacité de résistance

À côté de cette prudence métropolitaine, on constate aussi une forme de « résistance » de la part de ces communes qui souhaitent, dans la mesure du possible, préserver le peu de compétences structurantes qui leur restent.

Concernant les compétences départementales, on ne peut que constater que les métropoles ont fait le choix du transfert (et non de la délégation) minimaliste de trois compétences et dont on peut noter qu'elles sont assez communes aux métropoles, faisant fi d'une nécessaire adaptation au territoire : pour les compétences municipales, le souhait est de disposer de compétences différenciées, alors que le transfert était homogène ; à l'inverse, pour les attributions départementales, il existait un choix possible et les métropoles ont fait le choix des mêmes compétences (fonds de solidarité

---

[10] Notamment avec la Loi n°2019-1461 du 27 décembre 2019 relative à l'engagement dans la vie locale et à la proximité de l'action publique.

[11] Cf « Métropoles : pour de nouvelles dynamiques territoriales », Rapport d'information de Mmes Gatel, Estrosi-Sassone, Gréaume et Robert, fait au nom de la délégation aux collectivités territoriales.

pour le logement, l'aide aux jeunes en difficulté et la prévention spécialisée auprès des familles en difficulté, les missions liées à l'action sociale ou aux collèges n'ayant pas été retenues.)

Mais ce paradoxe et ce choix s'expliquent à la fois par la volonté des métropoles de ne pas se charger de compétences coûteuses et totalement nouvelles pour elles, mais aussi par la capacité de résistance des départements à ne pas se délester de compétences qui constituent leur cœur de mission. Ce choix rationnel et raisonnable s'est fondé sur des compétences qui peuvent se rattacher à des missions déjà exercées par les métropoles et pour lesquelles elles ont déjà une expérience, sans trop bouleverser l'existant. L'idée de la grande transformation ne s'est pas concrétisée et les grands principes de la répartition des compétences n'auront pas été bouleversés jusqu'ici.

Certes, il est vrai que le principe de spécialité semble malmené par l'étendue des compétences communales ; certes, le principe d'exclusivité ne paraît pas strictement respecté avec ce partage des compétences qui pourrait se développer avec l'éventuelle extension de l'intérêt métropolitain.

Mais cela existait déjà avec d'autres intercommunalités. La spécificité des métropoles était bien ce fort degré d'intégration, de concentration et d'unification des compétences et celle-ci semble s'être heurtée à la réalité des territoires : est-ce l'effet du conservatisme des élus locaux, rétifs à toute modification, ou à une prudence bienvenue face à une prédation des compétences qui seraient malaisées à exercer. Ce projet d'émergence d'acteurs locaux aux compétences vastes est-il souhaitable ? Faut-il s'échiner à courir après ce modèle XXL qui est censé tout absorber pour en faire profiter les territoires voisins, dans un but de développement régional, ou interrégional ? Alors même que le constat de ce ruissellement est un échec, faut-il, à l'instar de la Cour des comptes, regretter que les métropoles ne montent pas davantage en compétences ou saluer cette forme de résistance à une trop forte captation qui risquerait d'assécher encore plus les hinterlands et risquerait de provoquer une dilution, un éparpillement et une perte de sens de métropoles aux compétences trop dilatées ?

La métropolisation au défi du métabolisme urbain : l'exemple de l'inter-SCOT Lyon-Saint-Etienne

Benoît Schmaltz

Maître de conférences en Droit public
Université Jean Monnet Saint-Étienne
Université de Lyon (CERCRID)

Le juriste consciencieux essaye sans doute de ne jamais être totalement ignorant des réalités sous-jacentes aux règles de droit qu'il manipule. Il ne lui est néanmoins pas facile d'appréhender des données scientifiques, économiques, sociales et politiques parfois complexes et intriquées. Cela ne lui est en outre pas toujours nécessaire. Tel est cependant bel et bien le cas lorsque le juriste entend se confronter aux bouleversements majeurs qu'implique la transformation de nos sociétés et de leurs économies sous la double pression des enjeux environnementaux et des contraintes énergétiques.

On dispose désormais d'un concept unificateur : l'Anthropocène[1]. Le terme renvoie à l'hypothèse émise par Paul Crutzen[2] et largement reprise depuis lors, suivant laquelle nous serions entré dans une nouvelle étape de l'Histoire de la Terre caractérisée par les impacts de l'Homme déstabilisant, par ses activités, des variables biophysiques globales. Encore discutée en géologie[3], l'hypothèse trouve principalement sa justification dans les constats permis par les Sciences du Système Terre et dont la plus emblématique présentation est sans doute celle de la Grande Accélération[4].

---

[1] C. Bonneuil et J.-B. Fressoz, *L'événement anthropocène : la Terre, l'histoire et nous*, Paris, Éditions Points, 2016 ; R. Beau et C. Larrère (dir.), *Penser l'Anthropocène*, Paris, Les Presses Sciences Po, 2018 ; F. Gemenne *et al.*, *Atlas de l'anthropocène*, Paris, Presses de Sciences Po, 2019.

[2] P.-J. Crutzen, E.-F. Stoermer, « The "Anthropocene" », *Global Change Newsletter* n°41, 2000, pp. 17–18 ; P.-J. Crutzen, « Geology of Mankind », *Nature*, 2002, (415/51), p. 23.

[3] Voir les travaux du Groupe de Travail *ad hoc* au sein de l'Union Internationale des Sciences Géologiques : http://quaternary.stratigraphy.org/working-groups/anthropocene/

[4] W. Steffen *et al.*, *Global Change and the Earth System: A Planet Under Pressure*, Global Change — The IGBP Series, Berlin, Heidelberg, Springer Berlin Heidelberg, 2005, disponible sur http://link.springer.com/10.1007/b137870.Voir également l'actualisation sur le site de l'IGBP :

La Grande Accélération situe la rupture fondamentale au sortir de la Seconde Guerre Mondiale lorsque se globalise le modèle de développement industriel. Elle met en évidence deux séries de tendances. Les premières sont socioéconomiques, et correspondent à la croissance exponentielle des variables relatives au mode de vie des êtres humains : l'énergie qu'ils mobilisent, les déplacements qu'ils effectuent, leur population et leur espérance de vie etc. Les secondes sont des variables du système Terre : croissance là aussi exponentielle des émissions des différents gaz à effet de serre, de l'artificialisation des sols et de la déforestation, de l'acidification des océans et de l'érosion de la biodiversité.

Trois variables socioéconomiques résument la croissance exponentielle de l'Humanité et de sa capacité à mobiliser les ressources naturelles à son profit : dépassant le milliard d'êtres humains en 1800 pour bientôt dépasser les 8 milliards, cette humanité n'a jamais disposé d'autant d'énergie par habitant et, malgré des inégalités criantes et bon nombre de « progrès » discutables, n'a jamais produit autant de richesses.

Une variable écologique suffit à résumer la contrepartie dramatique de cette corne d'abondance. Cette dernière repose sur la consommation massive d'énergies fossiles à l'origine d'un réchauffement climatique dont la réalité est désormais scientifiquement établie[5]. Depuis 1850 la température a augmenté de 1,1°C en moyenne mondiale et les engagements des États lors de la COP26 placent l'humanité sur trajectoire de 2,7°C. Les émissions réellement prévisibles correspondraient plutôt, quant à elles, à une augmentation de 3 à 4°C.

Ce chiffre n'est modeste qu'en apparence. Le régime climatique des derniers millions d'années est caractérisé par une alternance de périodes glaciaires et interglaciaires. Or, c'est également une variation de l'ordre de 4 à 6°C de température moyenne globale – mais en réalité de 10 à 12°C en Europe qui fait passer la Terre d'un état climatique à un autre. Cela à raison d'un degré tous les 2500 ans pour la dernière transition. En d'autres termes, nos émissions anthropiques de gaz à effet de serre mettent le climat terrestre sur une trajectoire de réchauffement du même ordre de grandeur qu'une transition interglaciaire, mais en à peine deux ou trois siècles !

L'Anthropocène est donc à la fois un constat et un projet. Il est le constat des conséquences sur le système Terre d'une activité anthropique démultipliée. Il est le projet consistant à limiter ces impacts tout en gérant les conséquences dramatiques que cela peut avoir pour les sociétés humaines – ne rien faire entraînant des conséquences pires encore. Cette double

---

http://www.igbp.net/globalchange/greatacceleration.4.1b8ae20512db692f2a680001630.html

[5] IPCC, 2021: Climate Change 2021: The Physical Science Basis. Contribution of Working Group I to the Sixth Assessment Report of the Intergovernmental Panel on Climate Change [Masson-Delmotte, V., P. Zhai, A. Pirani, S.L. Connors, C. Péan, S. Berger, N. Caud, Y. Chen, L. Goldfarb, M.I. Gomis, M. Huang, K. Leitzell, E. Lonnoy, J.B.R. Matthews, T.K. Maycock, T. Waterfield, O. Yelekçi, R. Yu, and B. Zhou (eds.)]. Cambridge University Press, Cambridge, United Kingdom and New York, NY, US.

dimension de constat et de projet explique les approches de « monitoring », parfois critiquées pour leur anthropocentrisme prométhéen, dont la plus emblématique est sans doute la démarche de Johan Rockström du *Stockholm Resilience Center* promouvant le concept de limites planétaires[6]. Nous devons restructurer nos activités humaines afin de rester dans ce qu'il appelle « *a safe operating space for humanity* »[7].

Pour le juriste, l'anthropocène constitue un défi épistémologie majeur. En effet, il suppose une appréhension globale et systémique d'une réalité que le droit, essentiellement national, ne saisit généralement que par discipline, branche, secteur, autrement dit localement et en « silos ». Le droit de l'environnement, notamment, n'appréhende les changements globaux qu'à partir de réglementations particulières qui ne font en rien système. Ses concepts ne sont alors, et c'est bien logique, qu'adaptés à l'échelle et à la nature des problématiques en cause.

C'est aujourd'hui par l'hybridation et la complémentarité que « les droits » peuvent être considérés comme de nature à saisir les enjeux environnementaux et de la transition de manière transversale. On sait ainsi, notamment, à quel point droit de l'environnement et droit de l'urbanisme sont devenus des matières imbriquées[8]. De même que le droit économique de l'environnement s'impose comme un objectif nécessaire[9]. Un objectif seulement, qui relativise autant que l'indépendance des législations relativise la liaison entre droit de l'urbanisme et de l'environnement.

C'est que le droit est ici le reflet de la pensée politique dont il est le résultat des manifestations de volonté. Nous sommes gouvernés par des ministères et des administrations en silos, et la pensée systémique peine à devenir une matrice de politiques publiques.

Bien mal armé, en conséquence, se trouve le juriste qui voudrait envisager le changement global, et tout particulièrement les transformations majeures et profondes qu'il appelle dans un avenir immédiat. Pour remédier à cette défaillance, il lui faut une passerelle conceptuelle qui permette de comprendre la société dans son interaction avec l'environnement, et de la saisir dans toute sa complexité sans, pour autant, s'y perdre. Défi s'il en est…

---

[6] W. Steffen *et al.*, « Planetary boundaries: Guiding human development on a changing planet », *Science*, février 2015, vol. 347, n° 6223 ; A. Boutaud et N. Gondran, *Les limites planétaires*, Repères, n° 740, Paris, la Découverte, 2020.

[7] J. Rockström *et al.*, « A safe operating space for humanity », *Nature*, septembre 2009, vol. 461, n° 7263, pp. 472-475.

[8] M. Prieur et autres, *Droit de l'environnement*, Précis, Paris, Dalloz, 2019, pp. 1082-1083 avec de nombreuses références ; voir également O. Fuchs, Conclusions sur CE, avis, 9 juill. 2021, n° 450859, *AJDA* 2021, p. 1808.

[9] G. Martin (éd.), *Pour un droit économique de l'environnement, Mélanges en l'honneur de Gilles J. Martin*, Paris, Éditions Frison-Roche, 2013.

La notion de métabolisme social est un assez bon candidat pour servir d'outil conceptuel. Inscrit dans des courants plus larges d'écologie sociale[10] ou territoriale[11], le concept « désigne l'ensemble des flux d'énergie et de matières mis en jeu par le fonctionnement d'un territoire donné »[12]. On peut utiliser le concept à différents niveaux. Global, et il s'agit alors d'évaluer les grandes typologies de régimes socio-écologiques, distinguant par exemple entre métabolisme du feu, agraire ou industriel. Local, et il s'agit alors de comprendre le métabolisme d'un groupe social géographiquement et historiquement situé. Dans les deux cas, la pertinence de la démarche exige de comprendre également les facteurs déterminant les flux constatés.

La notion est d'importance si on la rapproche de l'idée de transition. En effet, l'anthropocène autorise à penser la transition *métabolique* vers un métabolisme décarboné et à moindre impact environnemental.

Pour le juriste, le métabolisme social et la gouvernance de la transition métabolique évoquée constituent d'excellents points de contact entre l'approche systémique de la crise écologique, et la gouvernance de la transition métabolique qu'elle appelle. Loin de constituer une solution clef en main, cette démarche intellectuelle ouvre plutôt sur un océan de recherches à mener et développer.

C'est peut-être ici l'occasion de dire quelques mots sur « d'où parle » l'auteur de ces lignes. C'est dans le prolongement de travaux commencés avec *Les personnes publiques propriétaires*[13] que le lien a pu se faire avec le métabolisme social, d'abord en envisageant la question du découplage[14], puis en développant la réflexion autour du rapport entre l'Anthropocène et la propriété[15] et l'approche juridique du métabolisme social[16].

Dans le cadre de la présente contribution, nous aimerions simplement en évoquer quelques éléments essentiels envisagés dans le cadre du phénomène de « métropolisation ». Il s'agit de comprendre quelques enjeux de gouverner la transition métabolique dans le contexte de la métropolisation, à

---

[10] H. Haberl *et al.* (éd.), *Social Ecology*, Cham, Springer, 2016.

[11] N. Buclet, *Écologie territoriale et transition socio-écologique*, London, ISTE Editions, 2021.

[12] S. Barles, « Écologie territoriale et métabolisme urbain : quelques enjeux de la transition socioécologique », *Revue d'Économie Régionale Urbaine*, 2017, n° 5, pp. 819-836.

[13] B. Schmaltz, *Les personnes publiques propriétaires*, Nouvelle bibliothèque de thèses, volume 160, Paris, Dalloz, 2016.

[14] P.-Y. Longaretti et B. Schmaltz, « Croissance économique, découplage & gaz à effet de serre : objectifs chiffrés et lois de la physique », *in* Association des doctorants en droit public de l'université de Lyon (éd.), *Chiffre(s) et droit public*, Droit public, Paris, Mare & Martin, 2022.

[15] B. Schmaltz, « Property and the Anthropocene: How Power on Things is Central to our Ecological Predicament », *in* J. Kassiola (ed.), *Handbook on Environmental Politics and Theory*, Palgrave Macmillan, à paraître 2023 ; travail qui préfigure une habilitation à diriger des recherches en cours de préparation.

[16] B. Schmaltz, « A legal approach to social metabolism », intervention à la conférence du *Studio Métabolisme*, École urbaine de Lyon, 28-30 juin 2022 à Lyon.

la fois comme phénomène socioéconomique, et comme phénomène juridique.

La métropolisation se dédouble donc entre la métropolisation du métabolisme social (I) et celle de la gouvernance métabolique, dépendante de la capacité qu'aura le droit de se saisir du concept de métabolisme territorial (II).

I. LA MÉTROPOLISATION DU MÉTABOLISME SOCIAL

L'anthropocène, dans les sociétés industrielles aux économies avancées comme la nôtre, est caractérisé par un métabolisme *urbain*, au point que certains suggèrent qu'il est très largement un *urbanocène* (A). La caractéristique essentielle de ce métabolisme est d'être *carboné*, en ce sens que son fonctionnement repose sur l'utilisation d'énergies fossiles dont l'utilisation abondante est bon marché dérègle le climat tout en étant, quoi qu'il en soit, condamnée à cesser par l'épuisement des ressources considérées (B).

A. Métabolisme urbain

L'une des tendances socioéconomiques constitutives de la « Grande Accélération » est la part de la population vivant dans des villes. Malgré des difficultés méthodologiques expliquant des divergences importantes dans les évaluations[17], la population mondiale est réputée avoir dépassé les 50% d'urbains et s'orienter vers une population mondiale aux trois-quarts urbaine d'ici 2050. En France, avec la nouvelle définition des ruraux de l'INSEE[18], la répartition est déjà de 2/3 d'urbains contre seulement 1/3 de ruraux, mais seulement 14% de la population peut être considérée comme vivant dans une commune rurale autonome, les autres « ruraux » étant en réalité sous l'influence plus ou moins prégnante d'un pôle urbain.

86% de la population française vit donc dans ou sous l'influence d'un pôle urbain. C'est une caractéristique fondamentale du métabolisme social de l'anthropocène, et pour la part de l'humanité la plus directement « responsable » des facteurs de dérèglement des variables planétaires. On peut en rechercher les causes dans les théories de l'anthropocène précoce[19] qui identifient les prémices de nos civilisations contemporaines dès la

[17] Angel et al., *Our Not-So-Urban World*, The Marron Institute of Urban Management, New York University, 2018.
[18] https://www.insee.fr/fr/statistiques/5039991?sommaire=5040030
[19] W.F. Ruddiman, *Earth's climate: past and future*, New York, W.H. Freeman and Company, 2014.

révolution néolithique[20], dont l'une des dimensions majeures est l'apparition du fait urbain.

L'ubiquité du phénomène urbain suscite l'ambition d'identifier de véritables lois régissant le développement des villes malgré leur évidente diversité[21]. Ambition critiquable, et critiquée du reste[22]. On en retiendra simplement que la capacité des villes à maximiser les interactions entre êtres humains et ainsi favoriser à la fois les économies d'échelles et la survenance des produits de ces interactions – positifs, comme la créativité et l'organisation collective, ou négatifs, comme la transmission de pathogènes et la criminalité. La ville, est le lieu où des choses se passent, et les villes sont la manifestation d'une humanité qui a intensifié ses activités en tout genre. Il apparaît donc logique que le métabolisme social caractérisé par une croissance exponentielle de l'énergie mobilisée pour asservir la réalité au profit de l'humanité ait également pour manifestation des villes toujours plus nombreuses et densément peuplées.

On comprend ainsi pourquoi l'anthropocène est, en effet, un urbanocène. Le métabolisme urbain, bien compris, rend la chose encore plus claire tant il suppose le développement des tendances caractéristiques de l'anthropocène. Mais avant d'envisager le métabolisme *urbain*, comme forme territoriale, il convient de revenir sur la notion plus générale de métabolisme social et ses implications.

Le métabolisme social est évidemment un concept qui a fait l'objet d'une littérature abondante, mais on peut partir pour en faire ici une présentation commode, de la théorisation tentée par Manuel Gonzalez de Molina et Victor Toledo[23]. Ceux-ci ont retenu 5 processus rendant compte du métabolisme social : l'appropriation, la circulation, la transformation, la consommation et l'excrétion. L'appropriation suppose que des unités de production d'une société organisent l'exploitation de la réalité telle qu'elle se donne à l'état « brut », « naturel », soit sous la forme d'une extraction, minière notamment, soit sous la forme d'une exploitation de la photosynthèse par l'agriculture, l'élevage ou l'exploitation forestière. Tout cela bien sûr selon des degrés variables de technicité, d'ampleur, et de durabilité. Les autres processus sont assez évidents, mais il est fondamental de comprendre qu'ils ne sont en définitive que la continuation de cette

---

[20] J.-P. Demoule, *La révolution néolithique*, Paris, Éd. le Pommier : Cité des sciences et de l'industrie-[Universcience, 2013 ; K. Gernigon, « Les villages avant les maisons ? La néolithisation de l'Europe au prisme de la maisonnée », *Palethnologie. Archéologie et sciences humaines*, décembre 2016, n° 8.

[21] G.B. West, *Scale: the universal laws of growth, innovation, sustainability, and the pace of life in organisms, cities, economies, and companies*, New York, Penguin Press, 2017.

[22] G.F. Mulligan, « Book Review: Scale: The Universal Laws of Life, Growth, and Death in Organisms, Cities, and Companies », *Economic Development Quarterly*, novembre 2019, vol. 33, n° 4, pp. 379-381.

[23] M. González de Molina et V.M. Toledo, *The Social Metabolism: A Socio-Ecological Theory of Historical Change*, Environmental History, n° 3, Cham, Springer, 2014.

première étape qui consiste à s'approprier socialement la réalité physique naturelle.

Ces cinq processus fondamentaux vont ensuite prendre une forme actuelle qui variera en fonction de nombreux facteurs, mais notamment scientifiques et techniques. L'évolution des sociétés humaines s'est ainsi faite avec pour moteur notre capacité relativement exceptionnelle dans le règne animal d'appliquer notre pensée rationnelle et stratégique à la résolution de problèmes. Or, la résolution de problèmes emporte avec elle un degré supplémentaire de complexité, à tel point que les solutions apportées portent en elles-mêmes leur lot de nouveaux problèmes à résoudre. Avec, hélas, une loi d'airain qui semble être la baisse tendancielle des rendements de l'incrément de complexité, augmentant autant la capacité d'agir d'une civilisation que sa vulnérabilité et, partant, la possibilité de son effondrement[24].

Les formes historiques du métabolisme sont schématiquement les suivantes : le premier saut métabolique qui sépare l'homme des grands singes sociaux a été la maîtrise de l'outil (fabriquer des outils avec des outils) et, plus encore, du feu ; le deuxième saut conduisit à l'agriculture et l'élevage tandis que la révolution industrielle conduisit à un métabolisme d'une puissance de transformation, et de dégradation, incommensurable alimentée, condition *sine qua non* de sa survenance[25], par les énergies fossiles.

Le métabolisme d'une civilisation est cependant une conception générale, agrégée, et donc relativement abstraite d'une réalité composite. Une société n'existe en effet pas comme un tout, mais comme un agrégat de réseaux de pouvoir et d'agir individuels entrelacés[26]. Ces réseaux peuvent être appréhendés par le territoire qui en constitue le théâtre de déploiement, ou une partie de celui-ci. C'est ainsi qu'émerge le concept de métabolisme territorial et, en son sein, de métabolisme urbain.

---

[24] J. Tainter, *The Collapse of Complex Societies*, s.l., Cambridge University Press, 1988 ; J.A. Tainter, « Collapse and Sustainability: Rome, the Maya, and the Modern World: Rome, the Maya, and the Modern World », *Archeological Papers of the American Anthropological Association*, mars 2014, vol. 24, n° 1, pp. 201-214 ; U. Bardi, S. Falsini et I. Perissi, « Toward a General Theory of Societal Collapse: A Biophysical Examination of Tainter's Model of the Diminishing Returns of Complexity », *BioPhysical Economics and Resource Quality*, mars 2019, vol. 4, n° 1, p. 3.

[25] E.A. Wrigley, *Energy and the English Industrial Revolution*, Cambridge ; New York, Cambridge University Press, 2010.

[26] M. Mann, *The Sources of Social Power*, 4 volumes : v. 1. *A history of power from the beginning to AD 1760*, Cambridge, Cambridge University Press, 1986; v. 2. *The rise of classes and nation-states, 1760-1914*, Cambridge, Cambridge University Press, 1993; v. 3. *Global empires and revolution, 1890-1945*, Cambridge, Cambridge University Press, 2012; v. 4. *Globalizations, 1945-2011*, Cambridge, Cambridge University Press, 2013

Né avec les analyses de l'anglo-saxon Wolman[27] et du francophone Duvigneaud[28], on en trouve une expression contemporaine avec les recherches de Sabine Barles concernant les métabolismes de Paris, Lille ou par d'autres auteurs[29].

Ce qu'on peut en dire ici est que la caractéristique fondamentale du métabolisme urbain est l'externalisation : la ville concentre des activités de production, d'échange et de consommation qui supposent toutes, *a fortiori* depuis l'éloignement des industries polluantes et dangereuses, des activités en amont et en aval. Pour son alimentation en eau et en vivres, pour l'approvisionnement de ses habitations, ses entreprises, ses commerces, la ville dépend de l'extérieur. Le métabolisme urbain implique donc un territoire au-delà des limites géographiques de la ville, suscitant des difficultés de gouvernance.

Quant à l'évolution du métabolisme urbain, et social, la notion de transition doit bien être comprise non pas comme une simple altération à la marge du métabolisme par la substitution d'un élément par un autre. Il s'agit bien, pour qu'il y ait réellement passage d'une forme métabolique à une autre, d'une transformation profonde des flux et stocks de matière et d'énergie organisés par l'information[30].

Or, la mutation à venir est fondamentale en raison de l'ubiquité de la « carbonation » du métabolisme contemporain, spécialement le métabolisme urbain des métropoles. La décarbonation qui consiste à évoluer vers un métabolisme bas carbone et à moindre impact environnemental est une restructuration profonde et difficile de la société et de l'économie.

B. Métabolisme carboné

On l'aura compris, le métabolisme social est la dimension *matérielle,* l'infrastructure ou bien encore le *hardware* d'une société que les sciences sociales conçoivent trop souvent uniquement du point de vue *software*[31]. Si les deux se rejoignent *via* l'information dont on peut dire qu'elle renvoie aussi aux institutions (et notamment au droit) d'une société, c'est évidemment l'énergie et la matière qui constituent le principal de cette infrastructure.

---

[27] A. Wolman, « The Metabolism of Cities », *Scientific American*, septembre 1965, vol. 213, n° 3, pp. 178-190.

[28] P. Duvigneaud et S. Denaeyer-De Smet, *L'écosystème urbs : l'écosystème urbain bruxellois*, Gembloux : Duculot, 1977.

[29] N. Buclet (éd.), *Essai d'écologie territoriale : L'exemple d'Aussois en Savoie*, Espaces et milieux, Paris, CNRS Éditions, 2019.

[30] M. Fischer-Kowalski, « Analyzing sustainability transitions as a shift between socio-metabolic regimes », *Environmental Innovation and Societal Transitions*, juin 2011, vol. 1, n° 1, pp. 152-159.

[31] G.B. West, *Scale*, *op. cit.* illustre assez l'exemple inverse d'une réduction de la compréhension des sociétés à des aspects matériels, physiques.

L'énergie, en réalité, doit être située au premier plan en ce qu'elle mesure la transformation de la réalité, les physiciens diraient le *travail*, et que c'est donc l'énergie qui est la principale ressource limitante d'une société. En fonction de l'énergie dont elle dispose, une société est située dans un contexte où ce qui est *physiquement possible* précède et dimensionne ce qui sera pour elle *socialement loisible*[32].

C'est pour l'économie que le rôle de l'énergie est le plus critique et que, pourtant, il est le plus méconnu en raison des failles épistémiques de l'économie principalement pratiquée[33]. En effet, l'économie néoclassique n'appréhende que très imparfaitement l'énergie dans ses modèles macroéconomiques, notamment à travers un thème de la part dans les coûts de production (*cost-share theorem*) qui conduit à une mésinterprétation totale de la fonction de l'énergie pour l'économie. En un mot, l'économie standard évalue l'importance de l'énergie par rapport à ce qu'elle coûte, sans voir que l'énergie détermine et limite ce que l'économie *peut effectivement produire*. L'énergie n'est donc pas un simple facteur de production, elle en est un facteur limitant. C'est ce que, avec d'autres, Robert Ayres, fondateur de l'écologie industriel, a pu démontrer par diverses études et ouvrages[34].

Suivant cette perspective, l'énergie apparaît comme l'élément explicatif de ce que les néoclassiques envisagent comme un « résidu de Solow », dont le caractère mystérieux est escamoté sous les expressions de « progrès technique » et de « productivité de tous les facteurs ».

Or, et de là naît l'essentiel de la problématique associée, l'atténuation du réchauffement climatique suppose l'abandon plus ou moins total des énergies fossiles, lesquelles constituent 80% du mix énergétique de l'humanité (et 66% du mix d'un pays comme la France où seule l'électricité est largement décarbonée). La transition métabolique vers la société bas carbone suppose donc de retirer les quatre cinquième de la base énergétique.

Les capacités de remplacement par des énergies décarbonées dans un délai relativement court ne sont pas évidentes, et se heurtent en réalité à de très puissantes limites. L'innovation ne peut jouer qu'un rôle limité tant les délais de développement à échelle industrielle d'une nouvelle technologie peuvent être longs. Les énergies fossiles vont être plus onéreuses voire, pour le pétrole, moins abondantes à moyen terme, en plus d'une éventuelle restriction dans leur usage au nom de de la lutte contre le réchauffement

[32] V. Smil, *Energy and civilization: a history*, Cambridge, Massachusetts, The MIT Press, 2017.

[33] Pour une analyse plus générale, voir K. SCHUBERT, « Macroéconomie et environnement », *Revue de l'OFCE*, 2017, vol. 153, n° 4, pp. 133-150.

[34] R.U. Ayres, « Exergy, power and work in the US economy, 1900–1998 », *Energy*, mars 2003, vol. 28, n° 3, pp. 219-273 ; R.U. Ayres et B. Warr, *The economic growth engine: how energy and work drive material prosperity*, Cheltenham, UK ; Northampton, MA, Edward Elgar, 2009 ; R. Ayres, *Energy, Complexity and Wealth Maximization*, s.l., Springer., 2016, disponible sur http://dx.doi.org/10.1007/978-3-319-30545-5 (Consulté le 11 septembre 2020).

climatique[35]. Les énergies décarbonées, et notamment les renouvelables solaires et éoliennes, vont donc devoir se déployer dans un contexte énergétiquement contraint, doublé d'une tension sur les matériaux nécessaires à leur déploiement[36].

La décarbonation est donc synonyme d'une évolution vers un métabolisme social reposant sur un mix énergétique doublement dégradé : *quantitativement*, et tous les scénarios envisagent une baisse de 33 à 66% de la consommation d'énergie que seuls des gains d'efficacité particulièrement optimistes pourraient compenser, et *qualitativement*, en allant vers un taux de retour sur investissement énergétique, mesure de l'efficacité fondamentale du mix, inférieur à celui que nous avons connu dans l'âge d'or des fossiles[37]. C'est ce qui explique le plus grand scepticisme de la littérature économique spécialisée quant à la notion de « découplage », et ses potentialités pour assurer la croissance économique future dans un contexte de contrainte énergétique[38].

En tous les cas, l'évolution du métabolisme social par la décarbonation va impacter les métropoles en raison même de leur métabolisme largement externalisé, et reposant sur des chaînes d'approvisionnement et de logistique dont nombre de maillons sont particulièrement carbonés et par conséquent peu résilients à la décarbonation. Il faut ici rappeler une distinction essentielle entre émissions territoriales et émissions incorporées. Cette distinction correspond à l'analyse du point de vue de la production, évaluant les facteurs d'émissions d'une unité de production donnée, et l'analyse du point de vue de la consommation, recourant à des méthodes exhaustives, mais complexes d'analyse du cycle de vie permettant de comprendre combien d'émissions sont associées à la consommation de tel bien ou service. Ces deux analyses s'illustrent dans les statistiques officielles : l'analyse de production permet d'établir les émissions territoriales de la France tandis que l'analyse de consommation permet d'établir l'empreinte carbone des Français[39].

---

[35] L. Delannoy *et al.*, « Peak oil and the low-carbon energy transition: A net-energy perspective », *Applied Energy*, décembre 2021, vol. 304, pp. 1-17 ; L. Delannoy *et al.*, « Assessing Global Long-Term EROI of Gas: A Net-Energy Perspective on the Energy Transition », *Energies*, août 2021, vol. 14, n° 16, p. 5112.

[36] O. Vidal, *Matières premières et énergie*, ISTE éditions, 2018.

[37] P.E. Brockway *et al.*, « Estimation of global final-stage energy-return-on-investment for fossil fuels with comparison to renewable energy sources », *Nature Energy*, juillet 2019, vol. 4, n° 7, pp. 612-621.

[38] H. Haberl *et al.*, « A systematic review of the evidence on decoupling of GDP, resource use and GHG emissions, part II: synthesizing the insights », *Environmental Research Letters*, juin 2020, vol. 15, n° 6, p. 065003 ; T. Vadén *et al.*, « Decoupling for ecological sustainability: A categorisation and review of research literature », *Environmental Science & Policy*, octobre 2020, vol. 112, pp. 236-244.

[39] Haut Conseil pour le Climat, *Rapport annuel 2020 - Redresser le cap, relancer la transition*, https://www.hautconseilclimat.fr/publications/rapport-annuel-2020/.

Si l'on aborde une analyse économique et un point de vue fiscal, avec en tête la logique de la TVA et son paiement fractionné où chaque étape de la vie d'un bien ou service voit s'ajouter de la valeur, on peut par analogie réfléchir à l'incorporation du carbone. Depuis l'extraction minière jusqu'au recyclage et à la gestion des déchets en passant par les phases de production, de consommation et de maintenance, on peut envisager à chaque étape comment les facteurs d'émissions conduisent à l'incorporation de carbone dans le bien ou le service. On mesure alors l'ubiquité de la carbonation, le fait qu'elle tient plus de la métastase et que la décarbonation aura par conséquent des effets systémiques d'une très grande ampleur.

L'intensité carbone du métabolisme social doit donc s'estomper et cela suppose de prendre différentes décisions, dépendantes des possibilités physiques et techniques pertinentes. Décarboner, c'est soit substituer un procédé décarboné à un procédé carboné, soit renoncer au procédé et choisir, alors, entre déployer une chaîne de valeur alternative ou renoncer au bien ou au service produit. Les « alternatives sociotechniques » associées à la décarbonation soulèvent de nombreuses difficultés en termes d'acceptabilité social, de conséquences économiques pour la croissance ou l'emploi, et se heurtent par ailleurs aux mêmes limites que celles évoquées précédemment pour la transition énergétique. La prospective et les analyses préalables constituent ici une ressource précieuse et indispensable dont on peut trouver un exemple intéressant, accessible aux non spécialistes, avec le Plan de transformation de l'économie française proposé par le *think tank* The Shift Project[40].

Cette première partie aura permis de poser le cadre conceptuel et de donner les éléments fondamentaux de compréhension du métabolisme social et particulièrement urbain. La suivante envisage sa gouvernance.

II. La métropolisation de la gouvernance métabolique

Le métabolisme social est difficilement saisi par le droit, et *a fortiori* envisagé dans une logique territoriale, le principal défi étant alors celui de la territorialisation de la gouvernance métabolique (A). C'est pour contribuer à cette appréhension juridique du métabolisme des métropoles que l'hypothèse inter-SCOT s'impose, matrice d'un projet de recherches sur la décarbonation territoriale : DécarboLySE (B).

A. Le défi de la territorialisation

Pour les besoins de cette seconde partie dans un cadre limité à l'intervention d'un colloque, c'est à partir de la décarbonation comme

[40] The Shift project et J.-M. Jancovici, *Climat, crises, le plan de transformation de l'économie française*, Paris, Odile Jacob, 2022.

transition métabolique que l'on réfléchira à la gouvernance territoriale du métabolisme des métropoles. Cette gouvernance est un défi en raison des difficultés à répondre à la question suivante : quel est le territoire pertinent pour gouverner la décarbonation du métabolisme ?

Selon une approche subjective, la question se pose du point de vue d'une autorité qui entend décarboner « son » territoire. Une collectivité va alors penser la décarbonation de ses services, d'abord, et ensuite des individus et entreprises dont elle pense pouvoir influencer ou déterminer la réduction des émissions. C'est une logique plutôt de production, visant la réduction des émissions territoriales.

Selon une approche objective, la question se pose du point de vue du territoire déterminé et c'est donc la bonne échelle *métabolique* qui importe. On peut seulement ensuite envisager l'intervention de l'ensemble des collectivités publiques qui exercent des compétences sur le territoire. C'est alors une logique plus propice à une analyse en consommation en appréhension globale et systémique du métabolisme.

Les deux approches ne coïncident jamais vraiment, car le contexte institutionnel est aujourd'hui assez complexe et la logique n'est évidemment pas celle du métabolisme social. Ce qui serait du reste un erreur, tombant dans le réductionnisme.

La seule solution consiste donc à croiser les deux logiques.

L'approche territoriale objective doit permettre de mettre en évidence l'état de carbonation du territoire et les trajectoires de sa décarbonation. Une analyse de consommation ou en chaînes de valeurs oblige à aller plus loin et à comprendre de manière plus systémique les émissions incorporées dans tel bien ou service, dans tel comportement, et d'envisager les conditions et conséquences de la décarbonation.

L'approche territoriale subjective doit permettre d'identifier la contribution à la décarbonation des compétences exercées par les collectivités publiques du territoire. On peut distinguer ici entre la décarbonation *de* l'exercice de la compétence, autrement dit des services de la collectivité considérée ; et la décarbonation *par* l'exercice des compétences, envisagées comme levier de décarbonation.

Un aller et retour incessant entre les deux approches doit permettre, en définitive, de mieux comprendre les enjeux de la décarbonation, les conséquences qu'elle peut avoir pour les entreprises, les habitants et les collectivités du territoires. Le territoire pertinent pour la décarbonation est donc, dans cette perspective, un territoire où l'action coordonnée des acteurs publics peut favoriser l'évolution de l'essentiel des acteurs du territoire vers la neutralité carbone.

Si l'on étend la problématique à l'ensemble des dimensions du métabolisme social, le droit apparaît capable d'une approche sectorielle : droit de l'eau, droit des déchets, droit des pollutions et nuisances. On est loin cependant d'une approche systémique, encore balbutiante même si l'efficacité dans l'utilisation des ressources et l'économie circulaire sont désormais de droit positif[41].

La métropolisation témoigne d'une même inadéquation entre la conception géographique des métropoles, et la réalité juridique de celles-ci dans le droit français des collectivités territoriales. C'est en recherchant cet équilibre entre une échelle territoriale pertinente du point de vue de l'appréhension du métabolisme ainsi que du point de vue de l'action publique que nous avons retenu, pour un projet de recherche, l'hypothèse de l'inter-SCOT.

B. L'hypothèse inter-SCOT et le projet DécarboLySE

Le schéma de cohérence territoriale est le document de planification urbaine situé au cœur de l'architecture institutionnelle française dans la mesure où il fait la liaison entre le bloc communal qu'il surplombe, et les échelons supérieurs d'administration que sont la région (marginalement les départements) et l'État. L'esprit du SCOT est de saisir les différentes « fonctions urbaines », ce qui est plutôt en phase avec la logique du métabolisme territorial, vers laquelle convergent certaines propositions d'évolution[42].

Les SCOT ont fait l'objet d'une réforme par ordonnance en juin 2020[43]. L'objectif est d'abord de mettre en avant le projet de territoire dont le SCOT doit être l'expression en tant que document stratégique, et ce à travers un « Projet d'Aménagement Stratégique » (PAS) qui ravit la première place au trop lourd et technocratique « rapport de présentation », relégué en annexes. Selon le nouvel article L. 141-3 du code de l'urbanisme, le PAS « définit les objectifs de développement et d'aménagement du territoire à un horizon de vingt ans sur la base d'une synthèse du diagnostic territorial et des enjeux qui s'en dégagent ».

Au niveau périmètre, la réforme entend l'élargir au-delà de l'intercommunalité pour que les SCOTs soient élaborés pour un bassin d'emploi[44], ce qui est évidemment plus en phase avec la logique métabolique. Il s'agit de saisir la vie sociale à l'échelle de son fonctionnement, en prenant notamment en compte « les bassins de mobilité » visés par l'article L. 1215-1 du code des transports. On peut néanmoins

---

[41] Loi n° 2015-992 du 17 août 2015 relative à la transition énergétique pour la croissance verte, not. article 74.

[42] F. Duval, P. Iselin et R. Marques, *Quelles évolutions pour les schémas de cohérence territoriale ?*, Rapport du CGEDD n° 010656-01, avr. 2017.

[43] Ordonnance n° 2020-744 du 17 juin 2020 relative à la modernisation des schémas de cohérence territoriale ; voir par ex. E. Carpentier et R. Noguellou, « Que tout change pour que rien ne change », *AJDA* 2020, p. 2258 ; F. Benech, « Un SCoT simplifié et plus stratégique à partir du 1er avril 2021 », *AJCT* 2021, p. 189.

[44] Et non plus « bassin de vie » comme dans l'ancienne rédaction de l'article L. 143-3 du code de l'urbanisme.

relever qu'il n'y a là aucune obligation et qu'il reste encore possible qu'un SCOT couvre le territoire d'un seul EPCI[45].

Cette logique appliquée au périmètre l'est aussi sur le fond, ce dont témoigne la diversité des items qu'il peut aborder. Ainsi, trois blocs thématiques doivent structurer le DOO, document d'orientation et d'objectifs : les activités économiques, y compris agricoles et commerciales ; les autres principaux lieux de vie et leur rapprochement (logements, mobilité, équipements, services et densification) ; la transition écologique et énergétique, y compris la valorisation des paysage et la gestion économe de l'espace (objectifs chiffrés liés à la consommation d'espaces naturels, agricoles et forestiers).

On voit cependant que les trois dimensions sont juxtaposées et n'envisagent donc pas la société du territoire comme une forme métabolique. C'est particulièrement vrai avec la séparation de la dimension économique avec la dimension écologique, alors même que la transition consiste en un développement économique à moindre impact environnemental. Certes, le SCoT peut désormais tenir lieu de plan climat-air-énergie territorial (PCAET), par transfert de la compétence définie à l'article L. 229-6 du code de l'environnement à l'établissement public chargé du portage du SCOT. Néanmoins, on aurait préféré que le SCOT soit considéré comme l'instrument de planification de la décarbonation dont les PCAET seraient la simple déclinaison au niveau intercommunal.

Malgré ses limites, le SCOT constitue un instrument pertinent pour l'approche métabolique, précisément par sa vocation moins réglementaire que stratégique. Si le SCOT formule une vision du territoire qui évolue en direction d'un métabolisme moins carboné et à moindre impact environnemental, il joue alors un rôle fondamental dans la transition écologique en acculturant l'ensemble des acteurs et parties prenantes.

À condition toutefois de réfléchir à une échelle territoriale pertinente.

Or, les SCOT héritent de l'architecture précédente ou le PLU communal dépendant d'un SCOT intercommunal. Dès lors que l'objectif est d'avoir une approche plus pertinente avec un PLU intercommunal et un SCOT qui joue le rôle d'échelon intermédiaire plaçant le « bassin de vie ou d'emploi » entre l'intercommunalité et la région, il a vocation à étendre son territoire.

Deux approches sont alors possibles : la fusion des SCOTs ou l'inter-SCOT.

La fusion des SCOTs a par exemple était retenue pour les agglomérations de Grenoble et d'Annecy. Ainsi, le nouveau SCOT grenoblois est l'un des plus grands de France, réunit 8 établissements de coopération intercommunale (EPCI) et couvre 60% de la population iséroise[46].

---

[45] Voir E. Carpentier et R. Noguellou, précité.

[46] https://scot-region-grenoble.org/le-contexte/

Comparable, celui d'Annecy couvre 20% de la Savoie et 30% de la population, et entourant intégralement le lac[47].

À l'inverse, les SCOTs de la région de Lyon illustrent la difficulté d'opérer une telle fusion et la nécessité d'une approche différente. Ils ne réunissent en général de trois ou quatre intercommunalités et ne couvrent qu'un territoire réduit. Or, d'un point de vue métabolique, il est clair que l'ensemble de l'aire métropolitaine de Lyon et de Saint-Étienne (AMéLySE) constitue un ensemble cohérent où vie quotidienne et activité économique sont entrelacées en réseaux dont Lyon est le principal des pôles d'attractivité et de rayonnement.

Afin de pallier cette limite, les acteurs du territoire ont, bon gré mal gré et souvent sous la contrainte de la nécessité pratique, appris à travailler ensemble à l'administration de cette vie sociale et économique complexe. Ainsi est née, notamment, l'inter-SCOT[48], une initiative qui a connu d'autres avatars en France, mais avec des succès très variables[49]. L'inter-SCOT de Lyon et Saint-Étienne est sans doute, de ce point de vue, l'une des plus fonctionnelles, bénéficiant du renfort de deux agences d'urbanisme de premier plan à Lyon (UrbaLyon) et Saint-Étienne (EPURES).

SCOT élargi ou inter-SCOT, la même difficulté demeure centrale cependant : coordonner des collectivités aux conceptions et aux intérêts souvent divergents quant à l'évolution du territoire.

Le projet que nous développons en partenariat avec l'inter-SCOT et les deux agences d'urbanisme s'appelle DécarboLySE pour décarbonisation de l'AMéLySE. Il a pour objet de synthétiser les savoirs et travaux prospectifs nationaux et internationaux sur la décarbonation afin d'en développer des applications au niveau d'un territoire déterminé. L'idée étant bien sûr d'avoir un projet « pilote » qui soit réplicable en tout autre endroit. La synthèse des savoirs doit permettre l'information sinon la formation des agents, élus et acteurs du territoire qui seront partie prenante du projet – de même que la montée en compétence des chercheurs impliqués eux-mêmes, dans un esprit systémique et pluridisciplinaire[50]. La partie recherche-action devant développer des analyses, des outils et des scénarios prospectifs de décarbonation[51] : l'un des premiers « modules » constitué travaille sur la massification de la rénovation des logements par l'évaluation des instruments juridiques à disposition ou à créer, comme par exemple des « concessions de rénovation » plus interventionnistes que l'actuelle stratégie de simple « guichet ».

---

[47] http://www.scot-bassin-annecien.fr/territoire.html
[48] https://www.inter-scot.fr/
[49] Voir par exemple l'analyse de l'AUDIAR, Les démarches interSCoT – Note d'analyse sur les démarches interSCOT, 2015 : https://www.audiar.org/sites/default/files/documents/editeur/scot/interscot_demarches_repro.pdf
[50] En partenariat avec l'équipe STEEP de l'INRIA de Grenoble, notamment.
[51] https://decarbolyse.msh-lse.fr/

La décarbonation présente de multiples intérêts pour mieux appréhender le métabolisme social et territorial saisi par le droit, et en approfondir les dimensions juridiques. L'une des plus importantes est évidemment la question de l'architecture institutionnelle, la répartition des compétences, entre différentes collectivités publiques, et particulièrement entre l'État et les collectivités. Si la décarbonation est une restructuration en profondeur de l'économie et de la société, la tension entre centralisation et libre administration retrouve toute sa vigueur, tout dépendant de ce que l'État entend derrière le vocable désormais admis de « planification », écologique ou environnementale.

Le projet soulève donc pour l'instant beaucoup plus de questions qu'il n'est en mesure d'apporter des réponses. Mais c'était bien là l'objectif de cette intervention. Inviter, modestement, à une réflexion sur la compréhension du métabolisme social par les juristes et la transposition en droit des enseignements qu'ils sauront en retirer. Nous avons un rôle essentiel à jouer dans le choix collectif qui sera fait entre l'abîme le plus sombre ou un moins mauvais avenir, le radieux étant déjà, hélas, hors de portée.

Métropolisation et mobilités

Nathalie Laval-Mader

Maître de conférences en Droit public HDR
Directrice du Master Droit des collectivités territoriales
Université Toulouse Capitole

« On ne peut faire de la recherche en droit des collectivités territoriales si l'on n'aime pas l'histoire, la géographie, la sociologie, les sciences politiques ». Cette formule du Professeur Verpeaux, prononcée lors des échanges au cours du colloque « Métropolisation et grands ensembles urbains », est d'autant plus éclairante lorsque l'étude envisagée contient un suffixe en « on », nécessitant de dépasser le seul éclairage juridique.

Le thème « métropolisation » n'échappe pas à la règle : construit par extension du terme « métropole », il désigne un processus de transformation à la fois économique, morphologique, géographique, démographique et d'aménagement des territoires[1]. Phénomène travaillé par les sciences sociales, la métropolisation est synonyme de poussée urbaine, d'attraction et de concentration.

Au-delà du phénomène d'étalement urbain, la métropolisation est aussi une dynamique juridique, pour ne pas dire un effet de mode, nous faisant passer de dix métropoles[2] en 2015 à plus de vingt en 2018. Cette attraction « merquatique » aura ainsi vidé de sa substance le statut de métropole, crée en 2010 et renforcé en 2014, dont l'objectif originel était de donner un cadre juridique, une visibilité, un « label » aux grands ensembles urbains face à la concurrence européenne. La métropole est depuis devenue un outil d'aménagement du territoire, de marketing territorial, surtout un choix politique, notamment celui des anciennes capitales régionales afin de compter dans les grandes régions.

Quoiqu'il en soit, le thème de métropolisation repose sur une perception ambivalente dans le champ politique ou médiatique, tantôt repoussoir, tantôt pensée magique : épouvantail, on peut s'amuser avec les suffixes, en parlant de « métropophagie », tant dans l'imaginaire, la métropole apparait comme

---

[1] V la communication de S. Saunier, « Existe-t-il une notion juridique de métropolisation ? », *supra* p. 13.

[2] Au 1er janvier 2015.

un ogre vorace lequel, par son appétit de puissance, a pour dessein d'annexer les territoires, la « périphérie », de capter la matière grise et de cannibaliser les départements[3]. Mais, à l'opposé, la métropolisation peut apparaitre tout aussi bien comme une pensée magique : ce phénomène, en effet, constitue une mythologie, une idéologie, un récit, celui selon lequel seules les métropoles seraient ces territoires compétitifs en capacité de créer des richesses, entraînant les autres territoires par un effet de ruissellement.

Il reste que, si l'on plonge le sujet dans le bain de l'actualité (deux crises en trois ans), la vision euphorique de la métropolisation, a pu prendre « du plomb dans l'aile » : d'un côté, la crise des « gilets jaunes », au commencement, crise de la mobilité, a pu apparaitre, sur ces nouvelles agoras que constituent les ronds-points et barrières de péage, comme une manifestation d' un sentiment d'abandon, d'assignation à résidence d'une certaine « France périphérique » reléguée, invisible, face aux métropoles, représentant la France qui gagne et qui surfe sur la mondialisation[4]. Cette polarisation urbaine a pu alors passer du statut de solution miracle pour doper la croissance, à celui de territoire vulnérable, facteur de pollution, gentrification, embouteillage, puis, pendant le confinement, synonyme d'exode urbain des CSP+ ! La crise sanitaire a pu ainsi interroger la concentration urbaine et confronter les métropoles aux enjeux contemporains de la durabilité, à l'heure du réchauffement climatique, du développement du télétravail, donnant par là même un nouveau souffle aux villes moyennes, aujourd'hui villes d'équilibre, qui étaient sorties des radars politiques depuis des années.

Cette double crise a sans doute bousculé les certitudes et fait bouger le culte de la métropole, appelant aujourd'hui à « déconstruire le mythe et repenser l'articulation des territoires »[5] selon Olivier Bouba Olga. L'enjeu, en effet, est de créer des dynamiques d'alliance des territoires, dans la mesure où ce fait urbain irrésistible ne saurait se faire au détriment des territoires vécus, villes d'équilibres, territoires périurbains, ruraux, mais également aux départements et aux régions. Le défi est alors de « faire vivre l'intelligence des territoires » (autre formule magique).

Dans son fonctionnement réticulaire, ce phénomène métropolitain prend une dimension particulière lorsque l'on envisage la question des mobilités comme un réseau, un système sanguin qui va irriguer, par des flux

---

[3] Il n'y a qu'à voir la réaction vent debout des présidents des départements de la Haute-Garonne, de la Loire Atlantique, du Nord et de la Gironde, lorsque le Premier ministre Edouard Philippe a émis, en septembre 2018, le souhait de dupliquer le fameux modèle lyonnais dans ces territoires.

[4] Il est certain qu'il est nécessaire de relativiser ce discours dominant décliniste. Les réalités territoriales sont éminemment plus complexes que ce diagnostic binaire paresseux.

[5] Interview de Olivier Bouba Olga, économiste, professeur en aménagement du territoire et urbanisme, Université de Poitiers, aujourd'hui responsable des études et prospectives au pôle DATAR de la Région Nouvelle Aquitaine, *in La gazette des communes*, 9 novembre 2020, p. 16 et suivant.

quotidiens de population, les territoires et qui va alors alimenter ce mouvement dans les grandes aires urbaines[6]. Cette dynamique des territoires géographiques et juridiques est ainsi, un enjeu qui questionne l'organisation de la mobilité et appelle des évolutions de gouvernance au nom de l'équilibre et de l'attractivité des territoires.

I. MÉTROPOLISATION, UNE DYNAMIQUE TERRITORIALE QUI QUESTIONNE LA MOBILITÉ

La problématique est la suivante : la métropolisation constitue un phénomène, un mouvement, tandis que la mobilité repose sur des cadres juridiques, le transport urbain, le transport non urbain. La loi d'organisation des mobilités (LOM) du 24 décembre 2019 a toutefois intégré la dynamique de métropolisation à plusieurs niveaux.

A. Le phénomène de métropolisation interroge les cadres juridiques de la mobilité

Le transport est un défi en termes de structuration de l'espace, d'égalité des territoires, de cohésion sociale, de développement économique, mais également de protection de l'environnement. La mobilité, c'est travailler, voyager, étudier, se former, s'ouvrir au monde, rencontrer d'autres systèmes, d'autres arts de vivre. La mobilité est facteur d'émancipation, tandis que l'immobilité constitue un enfermement, une assignation à résidence, porteuse de fractures territoriales, d'inégalité face à l'accès à l'emploi, à la formation ou à la culture.

Réfléchir alors au phénomène de métropolisation, inventer l'avenir de la dynamique métropolitaine en termes de réseaux de mobilités, nécessite de développer une culture prospective, en mettant autour de la table de nombreux experts : géographes, sociologues, juristes, ingénieurs, économistes, architectes, démographes, sans oublier les élus. Mais cette réflexion prévisionnelle se heurte aux cadres juridiques enfermant les mobilités.

Reconnaissons toutefois une double évolution législative, au travers de la loi NOTRe du 7 août 2015[7] et de la LOM du 24 décembre 2019[8], bouleversant le paysage éclaté du transport. Dans la logique des lois de 2014/2015 qui valorisent les régions et les métropoles, la loi NOTRe a fait le ménage en redistribuant le transport scolaire et le transport collectif interurbain sur route à la région, au détriment des départements, tandis que le

---

[6] Par exemple, dans la grande aire urbaine toulousaine construite en étoile autour de l'astre, la Métropole (juridique) de Toulouse, avec les villes d'équilibre, telles que Auch, Carcassonne, Montauban, Albi ou Foix.

[7] Loi n°2015-991 du 7 août 2015 portant nouvelle organisation territoriale de la République.

[8] Loi n°2019-1428 du 24 décembre 2019 d'orientation des mobilités.

transport urbain fut confié aux intercommunalités. La loi a renforcé le chef de filât de la région, chef d'orchestre de l' « intermodalité et de complémentarité entre les modes de transports », pour une mobilité « sans couture ». Elle a également renforcé la planification de la mobilité, avec la définition des SRADDETT[9] « co-construit » avec l'État, les métropoles, les syndicats mixtes de transport. Mais force est de constater, qu'après ce premier acte de rationalisation en matière de transport, c'est surtout la LOM qui a modifié le paysage des autorités organisatrices des mobilités (AOM) et intégré cette dynamique de métropolisation à plusieurs niveaux.

B. La LOM, ou les coopérations renforcées à l'échelle de « bassin de mobilité » du quotidien

En quoi la LOM a bouleversé substantiellement les cadres juridiques permettant cohérence et complémentarité en matière de mobilité (selon le gouvernement) ? La France a-t-elle dessiné un nouvel avenir dans les transports ? Même si pour beaucoup la loi ne fut pas révolutionnaire, reconnaissons toutefois qu'elle a jeté les bases d'une refondation de la gouvernance des transports publics. Quels en sont les points saillants ?

Déjà, la LOM a procédé à un glissement sémantique ayant d'importantes répercussions sur le plan juridique : nous sommes passés du « transport collectif » aux « mobilités », plus englobant, les autorités organisatrices du transport (AOT) devenant des autorités organisatrices des mobilités (AOM), avec des compétences élargies à la mobilité privée (co-voiturage, autopartage), à la mobilité active ou douce (marche, vélo), aux nouveaux usages (engin libre-service, véhicules autonomes, trottinettes, etc). Un des objectifs fut en effet de définir et d'encadrer juridiquement l'émergence de nouvelles modalités de transports, actives, douces ou sauvages souvent sources de conflits d'usage. La LOM, au dernier moment, a créé également le concept de société de projet, permettant de manière partenariale de financer les infrastructures de transport terrestre[10] telles que les projets de LGV du sud-ouest de la France.

Un des points importants de la réforme fut surtout d'organiser la couverture des zones blanches en AOM urbaines. Rappelons que la compétence en matière de mobilité urbaine était jusqu'alors obligatoire uniquement pour les métropoles, les communautés urbaines et les communautés d'agglomération. De fait, 80% du territoire national n'était pas

---

[9] Schéma régional d'aménagement, de développement et d'égalité des territoires.

[10] La Région Occitanie a été dans l'impulsion ferme de ce projet, aux côtés de ses partenaires (État, UE, Région Nouvelle Aquitaine, Métropoles de Toulouse, Bordeaux, …), afin d'organiser un tour de table financier pour le financement de ses LGV (GPSO et LNMP) ; l'intérêt d'une structure est de pouvoir lever des taxes locales, de recourir sur 40 ou 50 ans à l'emprunt, de recevoir des recettes des péages de la SNCF et de permettre de transformer pour les collectivités territoriales engagées, leurs dépenses de fonctionnement en dépenses d'investissements.

couvert par un AOM. Il s'est donc agit de généraliser le transfert obligatoire de la compétence « organisation des mobilités » aux intercommunalités et notamment les communautés de communes au plus tard 1er juillet 2021. Ce transfert fut assorti d'une option pour les communautés de communes : soit avant cette date, prendre la compétence, soit, dans le silence, laisser les régions intervenir et se substituer à elles, en élaborant en concertation des plans de mobilités sur les bassins de vie. Au-delà toutefois de la ventilation technique de compétences sur la base du louable principe de subsidiarité, les régions y ont vu une tactique politique visant à fragiliser le bloc régional[11].

Insistons plutôt sur un élément de réforme, moins visible assurément, mais qui impacte la gouvernance des mobilités dans les grands ensembles urbains : la suppression du « périmètre de transport urbain » (PTU), remplacé par le « ressort territorial de l'AOM ». Le PTU, basé sur une définition géographique et juridique, permettait de définir ce qu'était le transport urbain, le transport devenant inter urbain, au-delà du périmètre géographique, organisé par le département, puis la région avec la loi NOTRe. Mais cette définition géographique n'était plus en phase avec l'extension des périmètres des intercommunalités, particulièrement avec le phénomène de métropolisation. En effet, avec la révision en deux temps des schémas départementaux de coopération intercommunales (SDCI), de nombreuses zones peu denses se sont retrouvées intégrées dans ces nouveaux PTU, consécutivement à la fusion d'intercommunalités ou le rattachement d'office des communes, entraînant alors une problématique requalification de transport inter urbain en transport urbain dans les territoires ruraux.

Ainsi, depuis la LOM, le transport urbain est défini selon des critères techniques, au travers du « ressort territorial de l'AOM » sur la base d'une définition fonctionnelle. Le transport urbain, ou « service urbain », se caractérise par des éléments propres au service de transport : est par exemple pris en compte le type de véhicule (bus urbains, cars non urbains, guidés tel que tram), les distances entre les arrêts, ou la fréquence en heures de pointe, ou heures creuses. Si bien qu'une AOM, notamment une métropole, exerce aussi bien dans son « ressort territorial », comportant des zones très urbanisées et d'autres rurales, du transport urbain que non urbain, et ce, par conventionnement avec la région. Dans cette perspective, afin de permettre la complémentarité dans les modes de transports, et donc l'articulation entre territoires administratifs sur les « bassins de mobilité », la LOM a renforcé la contractualisation entre AOM (les métropoles, les autres EPCI, ainsi que les

[11] Région de France a considéré qu'il était incohérent, après avoir fait « remonter » la compétences transports aux régions (Loi NOTRe), de la faire « redescendre », dans une logique inverse, aux intercommunalités. Ainsi, pour donner un exemple, par un fort travail de « conviction » de la Région Occitanie, sur 161 EPCI, dont certains sont déjà AOM, seule une communauté de communes (la CC du Gévaudan en Lozère) a décidé de prendre la compétences transport.

régions). Elle a donc doté le phénomène de métropolisation d'outils contractuels afin d'accompagner cette dynamique, voire la fortifier avec « les contrats opérationnels de mobilités » sur les « bassins de mobilités »[12]. Sans oublier que la contractualisation se déploie toujours au travers d'outils contractuels plus traditionnels, la délégation de compétences, et bien sûr, les cadres institutionnels classiques, tels que les syndicats mixtes de transport, les pôles Métropolitains ou PETR.

Voilà aujourd'hui, l'état des lieux de la mécanique des territoires dans la dynamique métropolitaine de la mobilité. Faut-il aller plus loin ? C'est l'avis de nombreux élus, estimant, face aux iniquités territoriales qu'il est urgent d'être plus innovant, afin que l'organisation des mobilités épousent les réalités locales, la LOM étant au milieu du gué. C'est aussi ce qui ressort du rapport Duron, « sur le modèle économique des transports collectif suite à la crise sanitaire » du 21 juillet 2021, commandé par le ministre des transports Jean-Baptiste Djebbari, modèle fortement impacté par la crise du covid qu'il est urgent de réinventer[13]. Riche d'une cinquantaine de recommandations, le rapport Duron ne manque pas d'alimenter les débats.

II. Des évolutions de la gouvernance des mobilités souhaitables au service de l'attractivité et des équilibres territoriaux

Ainsi, sans évoquer ici l'impératif besoin de sanctuarisation des investissements du transport collectif, des évolutions de la gouvernance sont souhaitables, au nom de l'attractivité et des équilibres territoriaux. L'enjeu est le suivant : comment faire de la mobilité « porte à porte », « sans couture », ou dans un jargon technique, de l'intermodalité (en connectant différents modes de transport, vélos, trains régionaux, trams, voitures…) alors même que le service public du transport collectif est enfermé dans des périmètres juridiques. L'enjeu est le même pour la gestion du réseau, pulvérisée entre multiples propriétaires ou affectataires.

A. Le constat de l'éclatement administratif dans la gestion du réseau et du service public de transport

Dans les grandes métropoles, comment faire face à cet éclatement administratif, entre les modes de transports collectifs urbains (tram, métro, bus), de transport inter urbain (sur rail) et de transports publics ou privés sur

[12] Les régions ont donc élaboré en concertation une cartographie de ce que pourrait être des « bassins de mobilités », préalable à la contractualisation.

[13] Selon le Rapport Duron, publié sur le site du Ministère de la transition écologique, le transport urbain a subi une baisse de 31% en 2020, 40% pour le transport non urbain des régions. Il met également en exergue les « très importants » besoins d'investissements du secteur.

route. Nous retrouvons ici les périphériques ou rocades, le réseau national non concédé et en partie dégradé sous l'autorité de État, les autoroutes concédées, sans oublier la voirie départementale, réseau secondaire, qui a été, rappelons-le transféré des départements aux métropoles par la loi NOTRe[14]. N'oublions pas également les pôles d'échanges multimodaux ou PEM (aéroports, gares ferroviaires, routières, aires de covoiturage…), sorte de nœuds stratégiques permettant de connecter les différents réseaux, modes de transports afin de faciliter les correspondances pour la continuité des flux, dont la gestion est tout aussi éclatée entre multiples autorités.

On voit bien que s'entrechoquent de multiples compétences en matière de réseau et d'organisation des transports, enfermées dans les cadres juridiques des collectivités publiques (État, région et intercommunalités, métropoles en particulier), même si la LOM fut un progrès avec la fin des périmètres de transports urbains pour une définition fonctionnelle du transport.

Le phénomène de métropolisation invite donc à anticiper les évolutions, à réfléchir à de nouveaux outils contractuels, mais également à une gouvernance de la mobilité rénovée.

B. De nouvelles coopérations sur des « aires d'attraction des villes »

Il est devenu fondamental de s'interroger sur les périmètres d'organisation du transport et la dynamique de leurs évolutions en lien avec l'évolution des usages, comme ce fut le cas avec la LOM[15]. Aussi faut-il réfléchir, au détriment des « aires urbaines », aux moyens de coopération à l'échelle de bassins de vie plus amples que le cadre juridique dépassé de la métropole, plus spécifiquement au travers d'un zonage en « aire d'attraction des villes », comme l'y invite l'INSEE[16]. Aujourd'hui le « ressort territorial » de nombreuses métropoles n'est plus en adéquation avec les flux quotidiens de population qui s'inscrivent dans une « aire d'attraction d'une ville », dont l'influence est mesurée par l'intensité des déplacements domicile-travail d'un pôle à sa couronne.

---

[14] 550 km sont passés par exemple de la propriété du département de la Haute Garonne à celle de Toulouse Métropole.

[15] Recommandation 29 du Rapport Duron, préc.

[16] Le zonage en aires d'attraction des villes succède au zonage en aires urbaines de 2010. L'aire d'attraction d'une ville est un ensemble de communes, d'un seul tenant et sans enclave, qui définit l'étendue de l'influence d'un pôle de population et d'emploi sur les communes environnantes. Une aire est constituée d'un pôle et d'une couronne. Au sein du pôle, la commune la plus peuplée est appelée commune-centre. Si un pôle envoie au moins 15 % de ses actifs travailler dans un autre pôle de même niveau, les deux pôles sont associés et forment ensemble le cœur d'une aire d'attraction. Les communes qui envoient au moins 15 % de leurs actifs travailler dans le pôle constituent la couronne de l'aire.

C. Des interactions entre compétences rendues problématiques avec l'élargissement du transports public3333s aux mobilités

Il est tout aussi essentiel de s'interroger sur la compétence « transport » dans son environnement juridique, compétence, qui n'est pas isolée, mais au cœur d'enjeux juridiques qui la dépassent. Nous l'avons vu, la compétence « transport » est bien distribuée entre l'État, les régions et les intercommunalités.

Mais cette compétence, sur ces cadres bien balisés, interagit avec d'autres, telles que l'urbanisme, le pouvoir de police, l'ouverture et la protection des données, l'économie, le développement durable du territoire impliquant la nécessaire décarbonation du secteur. Or, ces interactions sont devenues encore plus problématiques avec l'élargissement du transport public à la mobilité du fait de la LOM.

En effet, autant les métropoles et autres intercommunalités, disposent de la compétence pour développer la mobilité publique, autant elles ne maîtrisent pas tous les leviers pour favoriser notamment le report modal, c'est-à-dire le report d'une partie du flux de la voiture solo qui se retrouvent aux heures de pointes dans les bouchons, sur le transport collectif, ou doux, ou partagé (en d'autres termes le développement d'alternatives à la voiture). Sur les grands axes d'entrée, de sortie et d'évitement des villes, l'on retrouve en effet une multitude de pouvoirs de police qui s'entremêlent, surtout qui ne sont pas entre les mêmes mains : la police de l'ordre public, entre le maire et le préfet, la police de la conservation de la voirie confié au gestionnaire, la police de la circulation et du stationnement, pouvant être déléguée aux présidents de métropoles.

D. Pour la création d'agences métropolitaines des mobilités

Il est donc devenu fondamental de simplifier le mille-feuille, ou crumble territorial, tant les compétences s'enchevêtrent, afin d'organiser dans les grandes métropoles, à l'image du modèle de transport de « Ile de France mobilité » (STIF) une seule et unique AOM, une sorte d'agence métropolitaine des mobilités[17]. Ces agences, sous forme de syndicats mixtes comprenant région, métropole et département, avec une reprise en maîtrise d'ouvrage par les métropoles et régions des réseaux nationaux non concédés, auraient tous les leviers pour développer des politiques ambitieuses de mobilité, par exemple des voies routières prioritaires, ou réservées pour le covoiturage ou le transport collectif.

---

[17] Proposition conjointe par exemple de la présidente de la région Occitanie, Carole Delga, de la présidente de Nantes Métropole, Johana Rolland, du président du département de Meurthe et Mozelle, Mathieu Klein : « Le devoir de rompre avec les inégalités face aux mobilités », *Libération,* 15 janvier 2019.

E. Consolider l'écosystème financier des mobilités

C'est tout l'intérêt du rapport Duron, d'établir un diagnostic dc la situation des AOM consécutivement à la baisse drastique depuis 2020 de fréquentation des transports collectifs, de manière générale aux nouveaux comportements de mobilité induit par le télétravail et les relocalisations de domicile.

L'étude met également en exergue les très importants besoins en financement, évalués à trente milliards d'euros pour trente-six AOM, tout en proposant un ensemble de ressources stables (versement mobilité, fléchage d'une partie de la TICPE, baisse de la TVA...). Insistons toutefois sur un point : dans les métropoles, alors que le GIEC (groupe d'experts intergouvernemental sur l'évolution du climat) a publié son dernier rapport[18] aussi concret qu'alarmant sur l'urgence à se mobiliser contre le réchauffement climatique au vu de son intensification, l'enjeu est le développement des trains du quotidien afin de fluidifier les mouvements pendulaires de populations dans les bassins de mobilités. Faciliter un report modal efficace ne saurait être mis en œuvre que si l'on cadence mieux les trains régionaux : le RER métropolitain, on en parle, on en rêve aussi bien à Bordeaux qu'à Toulouse ! Ce projet constitue un élément déterminant dans le débat entre les acteurs publics d'Occitanie et ceux de Nouvelle Aquitaine dans le cadre du montage financiers des deux LGV[19], considérant que seules de nouvelles lignes, face aux bouchons ferroviaires en l'absence de sillons disponibles, pourront améliorer la fréquence des trains et créer ainsi des RER en région.

Afin d'accompagner le phénomène de métropolisation, le défi est de créer un mode de gouvernance plus intégrée, adapté aux enjeux de l'intermodalité, c'est-à-dire réduire les émissions de CO2 dues au trafic routier, désengorger la ville et faciliter la vie des concitoyens. « Faire des villes des territoires résilients et décarbonés ; prôner l'inclusion, la mixité sociale, la durabilité et la solidarité », c'est que prêche France Urbaine dans l'adresse à l'attention des candidats à l'élection présidentielle [20].

---

[18] « Climate change 2022 : impacts, adaptation and vulnerability », 6e rapport sur le changement climatique publié par le GIEC le 28 février 2022.

[19] LGV Sud-Ouest (Toulouse Bordeaux, et Bordeaux Dax), LNMP (ligne nouvelle Montpellier Perpignan).

[20] Conférence de presse du 8 mars 2022 de France urbaine, interpelant les candidats à l'élection présidentielle au travers de 322 propositions.

La métropolisation et les moyens des collectivités territoriales

Mutualisation des services et transformation du pouvoir hiérarchique au sein des Métropoles[1]

Sarah Massé

Doctorante en droit public
Institut Léon Duguit
Université de Bordeaux

Le Professeur Bertrand Faure a pu relever, à propos de l'expression autorité fonctionnelle, qu'elle « échappait aux catégories de la connaissance juridique »[2]. Pourtant, cette notion qui apporte au langage juridique une nouvelle distinction, apparaît dans des matières publiques diverses, qu'il s'agisse de circonscriptions administratives telles que les académies ou de certains établissements publics tels que les établissements publics hospitaliers ou les établissements publics locaux d'enseignement. Mais l'existence de cette expression et donc de la distinction entre autorité hiérarchique et autorité fonctionnelle continue d'interroger le juriste et ce d'autant qu'elle poursuit sa progression matérielle. C'est ainsi qu'on la retrouve s'agissant cette fois de la création de services communs, à l'article L. 5211-4-2 du Code général des collectivités territoriales qui dispose : « Lorsqu'ils exercent leurs fonctions dans le service commun, les agents sont placés sous l'autorité fonctionnelle du président de l'établissement public ou du maire de la commune gestionnaire ».

Sur ce fondement, cette notion d'autorité fonctionnelle est reprise par l'un des deux contrats servant la création des services communs au sein de Bordeaux Métropole. En reprenant cette expression, les fiches d'impacts annexées aux conventions de création des services communs[3] viennent,

[1] Cette communication s'intéresse à l'une des phases structurantes de la métropolisation que constitue la mutualisation de services par la création de services communs. Elle prend directement appui sur une étude de terrain réalisée au sein de la Métropole de Bordeaux dans le cadre d'une thèse CIFRe. L'analyse conduite nous a permis de mettre en lumière l'émergence d'un nouveau principe d'organisation fondé sur la distinction entre autorité hiérarchique et autorité fonctionnelle, distinction constituant l'une des conséquences directes de la création de services communs au sein d'entités territoriales.

[2] B. Faure, « La promotion contrariée des polices municipales », *AJDA* 2021, pp.1490.

[3] Conformément à l'article L. 5211-4-2 du CGCT qui dispose « Les effets de ces mises en commun sont réglés par convention après établissement d'une fiche d'impact décrivant

sinon l'opposer, directement la distinguer de celle d'autorité hiérarchique. C'est ainsi que le paragraphe 2.4 desdites fiches indique : « Selon le type de mission réalisée, les agents des services communs sont placés sous l'autorité hiérarchique du président de Bordeaux métropole et sous l'autorité fonctionnelle du président de Bordeaux métropole et/ou du Maire conformément au CGCT article L 5211-4-2. Les agents provenant de la ville de X sont rattachés hiérarchiquement au directeur / directrice de leur direction d'accueil, qui définit et organise leurs missions et activités. L'évaluation annuelle est assurée par le supérieur direct de l'agent ».

L'analyse juridique conduite sur cette dichotomie notionnelle s'est heurtée à de nombreuses difficultés. Notre premier réflexe qui aura été d'effectuer un travail définitionnel nous aura mis rapidement dans l'embarras. En effet, s'est imposé de manière malheureusement évidente, le constat d'absence de véritable définition juridique de notre objet d'étude. Ne serait-ce que s'agissant de la définition du terme autorité, qui bien que couramment manipulée en droit public, ne bénéficie pas d'une appréhension unique et juridique, qui permettrait sa manipulation hors du contexte qui y est attaché. Le Professeur Jean-Marie Pontier relèvera à son propos que bien « très répandu en droit public[...], il n'est pas d'une signification évidente »[4].

Notre recherche s'inscrivant dans un dispositif CIFRe, nous avons pu retenir une approche définitionnelle pragmatique, nous permettant de nous concentrer sur l'usage concret de la notion, l'usage recherché étant moins celui du discours et par la même de la jurisprudence que l'usage correspondant aux pratiques administratives quotidiennes.

C'est ainsi que pour mener à bien notre étude, nous avons effectué une quarantaine d'entretiens, auprès d'agents relevant de différents niveaux hiérarchiques et devant répondre des deux types d'autorités, fonctionnelle(s) et hierarchique(s), puis, auprès des autorités, hiérarchique(s) et fonctionnelle(s), desdits agents.

Ce travail intéressant la pratique administrative, le quotidien des agents, a permis d'enserrer les notions d'autorités hiérarchiques et fonctionnelles dans un contexte, favorisant donc le travail définitionnel. Nous avons ainsi pu remarquer que cette notion d'autorité bénéficie de différentes appréhensions, selon qu'elle repose sur une condition factuelle/matérielle, ou sur une norme juridique, de sorte que la formulation selon laquelle « une autorité qui disposerait d'une autorité sur une autre autorité » soit correcte. En effet, tout en correspondant à la pratique administrative, cette formulation met en lumière le fait que la notion d'autorité ne peut être départie de son environnement et bénéficie par voie de conséquence, d'une pluralité de définitions.

---

notamment les effets sur l'organisation et les conditions de travail, la rémunération et les droits acquis pour les agents. La fiche d'impact est annexée à la convention ».

[4] J.-M. Pontier, « Le nouveau préfet », *AJDA* 2010, pp. 819.

Ce travail d'entretien nous a permis de retenir, s'agissant de la mutualisation et précisément de l'instrument service commun, trois types de définitions.

1° D'abord une définition substantielle de l'autorité. Selon celle-ci, l'autorité doit être perçue comme la capacité de décider reconnue à une personne de par la fonction qu'elle exerce.

2° Ensuite une définition institutionnelle de l'autorité. Selon celle-ci, l'autorité serait assimilable à l'individu en tant que tel, en ce qu'il bénéficierait de l'autorité dans sa définition substantielle. Cet individu incarnerait donc l'autorité compétente, celle saisie en ce qu'elle dispose de la capacité de décider. C'est une définition qui entretient donc des liens avec le pouvoir hiérarchique[5].

3° Enfin une définition fonctionnelle de l'autorité. Selon celle-ci, l'autorité traduit les situations de subordination, de sorte que cette autorité marque l'emprise ou l'influence que peut avoir un agent sur ses subordonnés, permettant ainsi de réguler les relations entre agents. C'est une définition qui à l'inverse de la précédente n'entretient pas de liens avec le pouvoir hiérarchique, mais avec le principe hiérarchique.

Ces définitions retenues, une formulation du type « une autorité investie d'une autorité dispose d'une autorité sur d'autres autorités », semble répondre à nouveau parfaitement à la pratique administrative post-création des services communs. Or cet état définitionel peu satisfaisant se trouve davantage compliqué par la distinction autorité hiérarchique/autorité fonctionnelle.

Ainsi, notre analyse juridique menée sur cette dichotomie notionnelle s'est faite d'un coté en confrontation avec la notion de principe hiérarchique (I), de l'autre en confrontation avec celle de pouvoir hiérarchique (II), nous permettant de mettre en évidence certaines carences dans la prise en compte des spécificités des rapports sociaux au sein des entités territoriales, en ce sens qu'elle semble faire disparaître, voire ignorer certaines logiques hiérarchiques.

I. Sur le principe hiérarchique

Les entretiens nous ont tout d'abord permis de relever que cette dichotomie notionnelle a des conséquences s'agissant du principe hiérarchique.

Ce principe doit être entendu bien distinctement du pouvoir hiérarchique, en ce qu'il s'intéresse à l'aspect organisationnel de la structure, aux lignes hiérarchiques donc. Ce principe fait davantage référence non pas à la notion d'autorité hiérarchique, mais à la notion de supérieur hiérarchique.

Sur ce sujet, le résultat des entretiens est sans appel. 100% des interrogés relèvent des problèmes de visibilité de leur hiérarchie, de visibilité dans la détention du pouvoir au sein de Bordeaux Métropole et 97% d'entre eux estiment que ces problèmes résultent de cette dichotomie autorité fonctionnelle/autorité hiérarchique et résulte donc de la création des services communs.

---

[5] CE, sect., 30 juin 1950, *Quéralt*, *Rec.*, p. 413, *S.* 1951.3.85, note J.-M. Auby.

Ce constat nous a donc naturellement amené à interroger la forme d'organisation de l'entité territoriale. En effet, cette identification - de la forme d'organisation - permet de rendre visible la détention du pouvoir et donc visible la logique hiérarchique. Différentes formes d'organisations ont ainsi été étudiées.

D'abord et assez logiquement, *l'organisation bureaucratique*, qui est une forme d'organisation qui repose sur des règles, des procédures, des modes opératoires, des organigrammes ou encore des descriptions de fonction. Un tel modèle pourrait répondre parfaitement à la logique métropolitaine. Cependant, l'instauration de la dichotomie notionnelle fausse la compatibilité dudit modèle. En effet, dans l'organisation bureaucratique, la chaîne hiérarchique se déploie en partant d'une autorité se trouvant entre les mains d'une seule personne ou d'une seule équipe, ce qui n'est plus le cas post-création des services communs : la chaîne hiérarchique se développe en partant d'une autorité qui se trouve entre au moins autant de mains que de communes ayant mutualisé.

Organisation bureaucratique

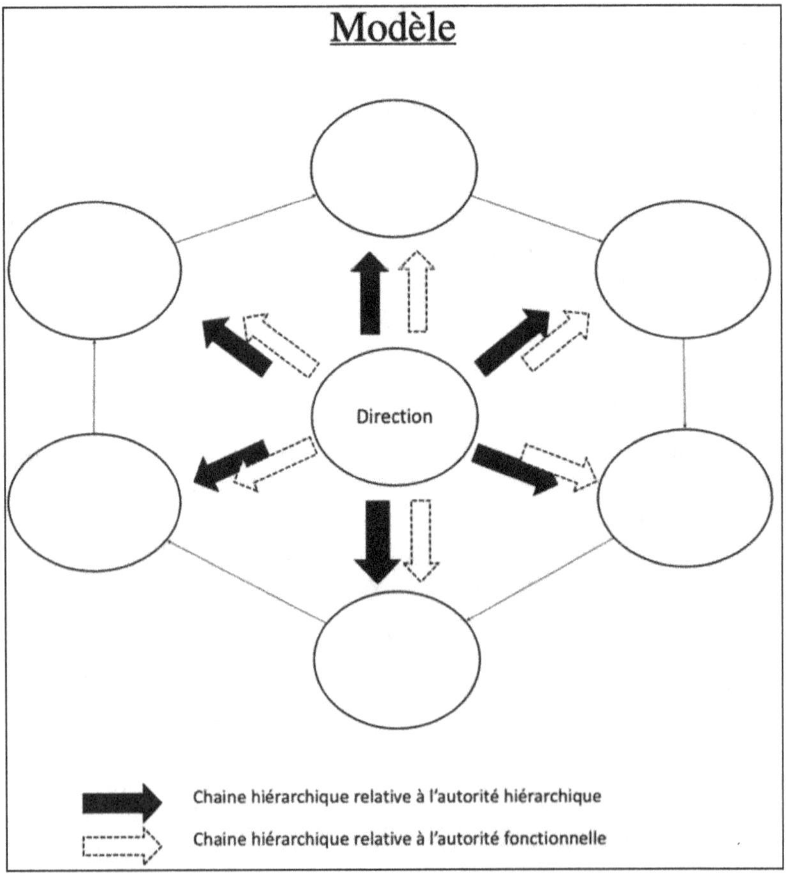

Modèle adapté à l'organisation de Bordeaux Métropole

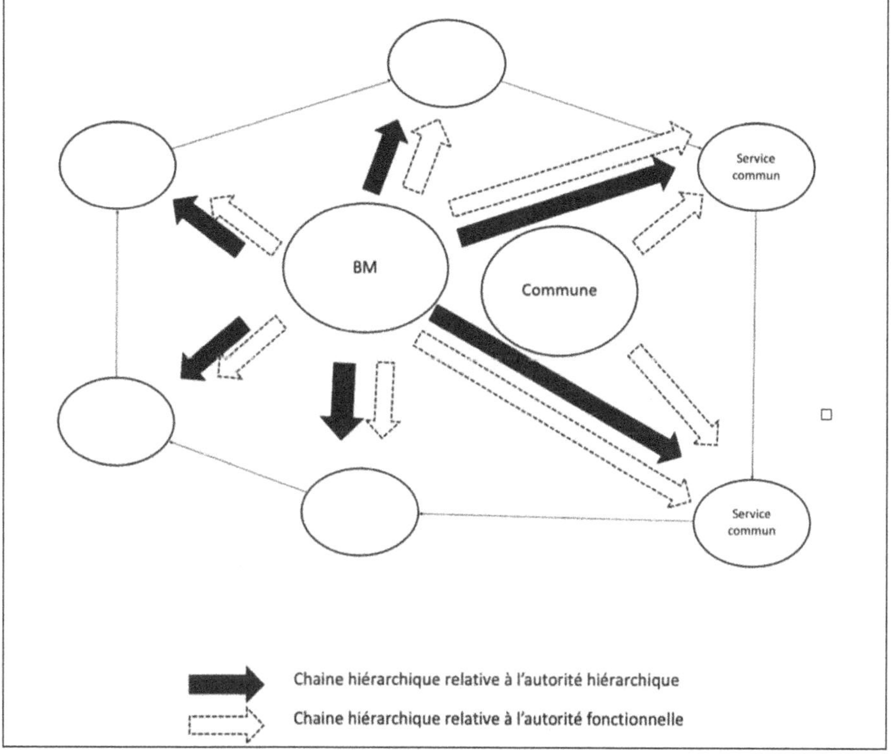

C'est ensuite le *modèle d'organisation pyramidal* qui a retenu notre attention. En effet, l'organigramme d'une entité territoriale semble se rapprocher d'un tel modèle : on constate l'existence de lignes hiérarchiques permettant de rendre compte de différents échelons et de la répartition du travail entre toutes les directions, tous les services et agents. Tous sont détenteurs, à un certain degré, du pouvoir. Nous avons donc une chaîne hiérarchique qui semble décentralisée verticalement.

Or, depuis la création des services communs, cette ligne hiérarchique est décentralisée certes, mais elle ne l'est pas uniquement de manière verticale, comme peuvent en témoigner les schémas ci-après. Ceux-ci laissent apparaitre une chaîne hiérarchique qui serait davantage montagneuse que pyramidale.

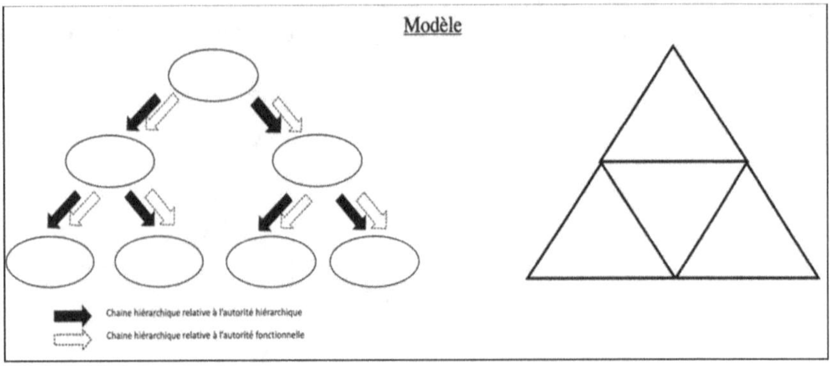

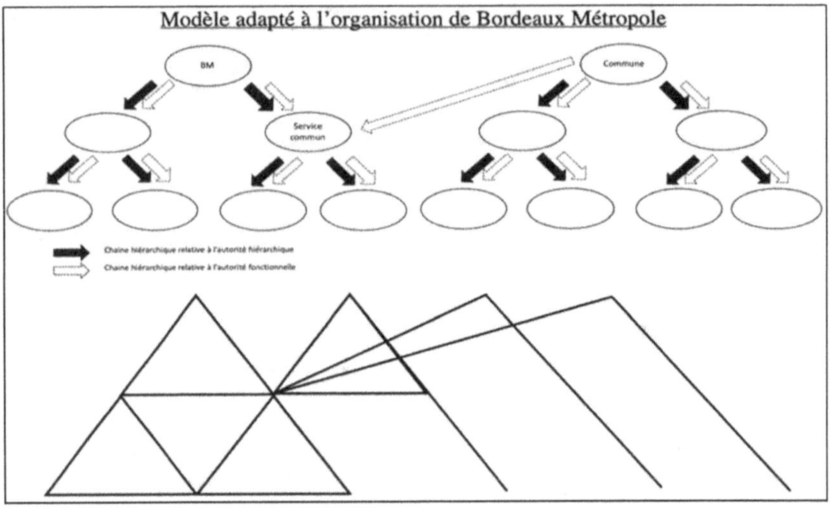

L'absence de comptabilité des deux modèles précédents nous a conduits à étudier le *modèle d'organisation dual.* Dans ce modèle, l'organisation poursuit plusieurs objectifs non hiérarchisables, ce qui conduit à une dissociation entre autorité hiérarchique et autorité fonctionnelle de façon sectorielle, de sorte que les services opérationnels, c'est-à-dire ceux en charge d'obtenir les résultats, relèvent d'une autorité fonctionnelle tandis que les services supports, qui touchent à la responsabilité de la gestion des ressources, relèvent d'une autorité hiérarchique.

Dans ce genre d'organisation, les chaînes hiérarchiques mettent en évidence une décentralisation du pouvoir non pas verticale, mais horizontale. En effet, les autorités fonctionnelles et hiérarchiques sont situées au même niveau hiérarchique, mais ne sont pas dans les mêmes mains, forçant alors la chaîne hiérarchique à coopérer. On est donc face à un modèle d'organisation qui remet en cause le principe d'unité de commandement[6].

[6] H. Fayol, « Administration industrielle et générale », *Bulletin de la Société de l'Industrie Minérale*, n° 10, 1916, p. 5-164.

Là encore, on ne peut que constater l'incompatibilité de ce modèle avec l'organisation métropolitaine. En effet, la création de services communs rompt nécessairement avec l'unité de commandement, le président de la Métropole disposant de l'autorité fonctionnelle, mais également de l'autorité hiérarchique, ce qui ne conduit pas à la dissociation attendue par l'application d'un tel modèle.

Modèle dual

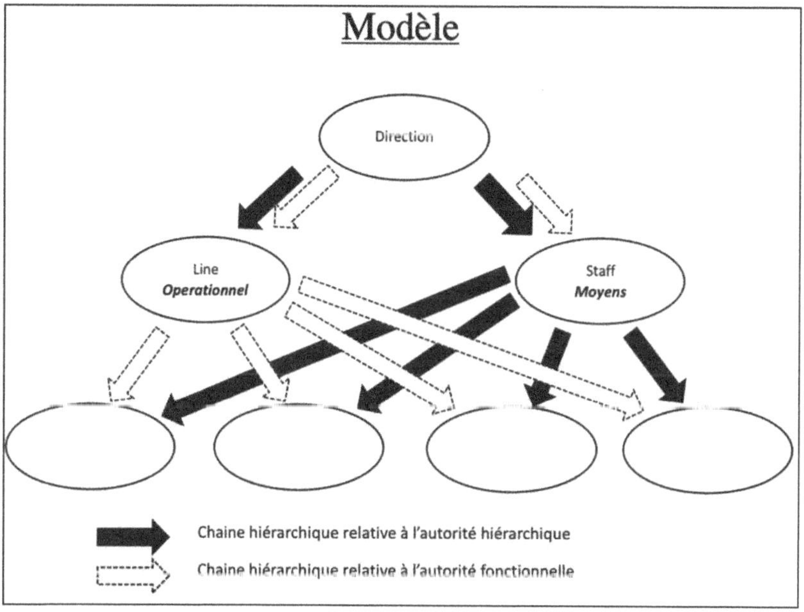

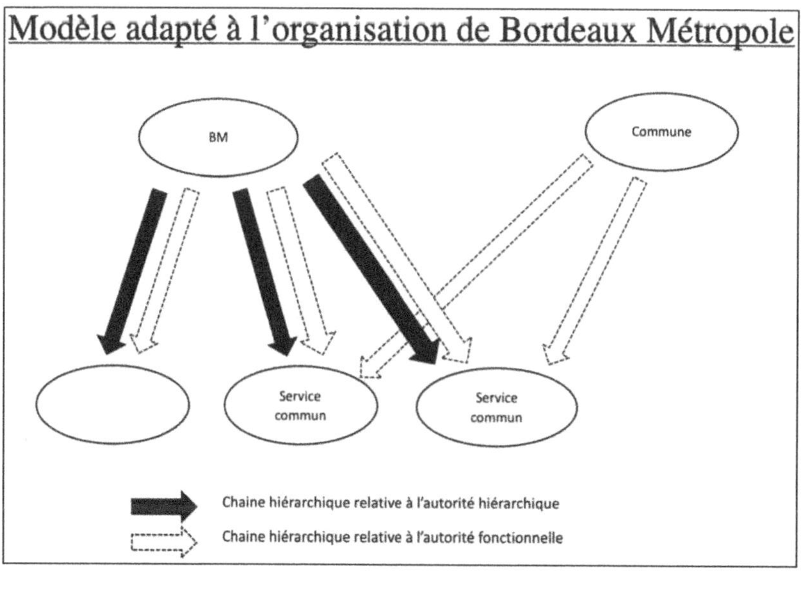

Bordeaux Métropole, en instaurant cette distinction d'autorité, place l'entité territoriale dans un schéma d'organisation qui n'existe pas. Cette dichotomie vient dessiner une mosaïque de hiérarchies, tantôt hiérarchie hiérarchique, tantôt hiérarchie fonctionnelle, expliquant par là même les difficultés organisationnelles et d'identification du pouvoir relevées par les agents lors des entretiens.

En guise de remarque terminale sur le principe hiérarchique et avant de nous intéresser au pouvoir hiérarchique, il convient de relever que cette dichotomie notionnelle semble marquer une rupture avec l'analyse classique des chaines hiérarchiques au sein des entités territoriales[7]. En effet, ces chaînes hiérarchiques, dans le cadre de la déconcentration, remontent jusqu'au ministre et se terminent en conséquence hors des différentes entités territoriales. Or, dans le cadre de la décentralisation, le sommet de ces chaînes se trouve en principe au sein desdites entités.

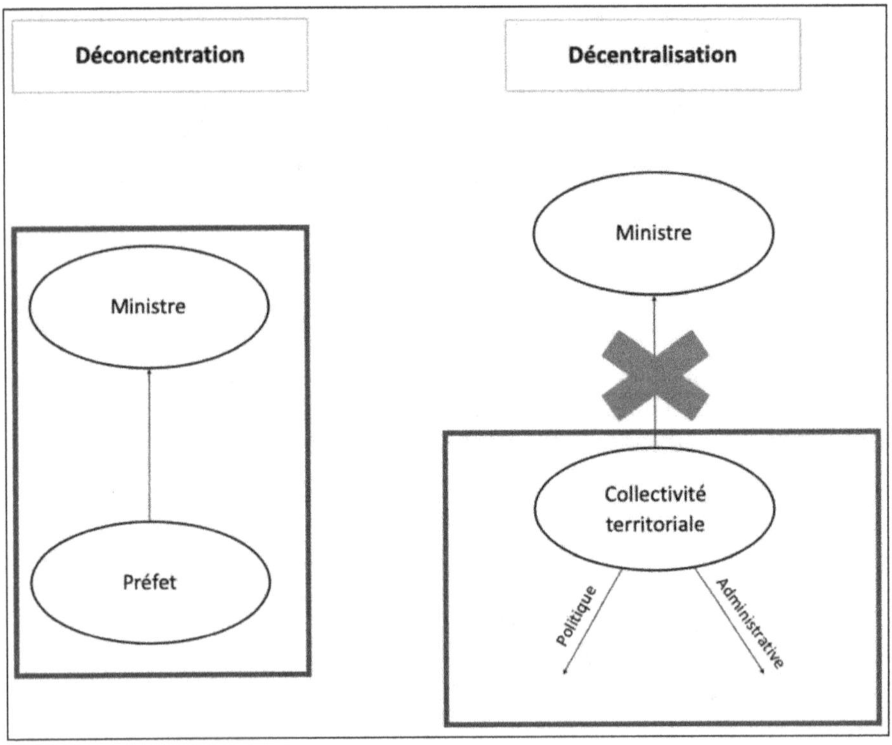

Or, la mutualisation « façon » Bordeaux Métropole, en faisant le choix de soumettre les agents des services communs à la double autorité, hiérarchique et fonctionnelle, conduit au bouleversement du sommet de ces chaînes hiérarchiques, qui ne se terminent plus dans la structure, éloignant davantage

[7]Voir en ce sens, par exemple, N. Poulet, « Le pouvoir hiérarchique », *RFDA* 2007, pp. 508-517.

encore les décideurs des services et donc des agents tout en rendant à nouveau difficile l'identification du pouvoir - hiérarchique? -.

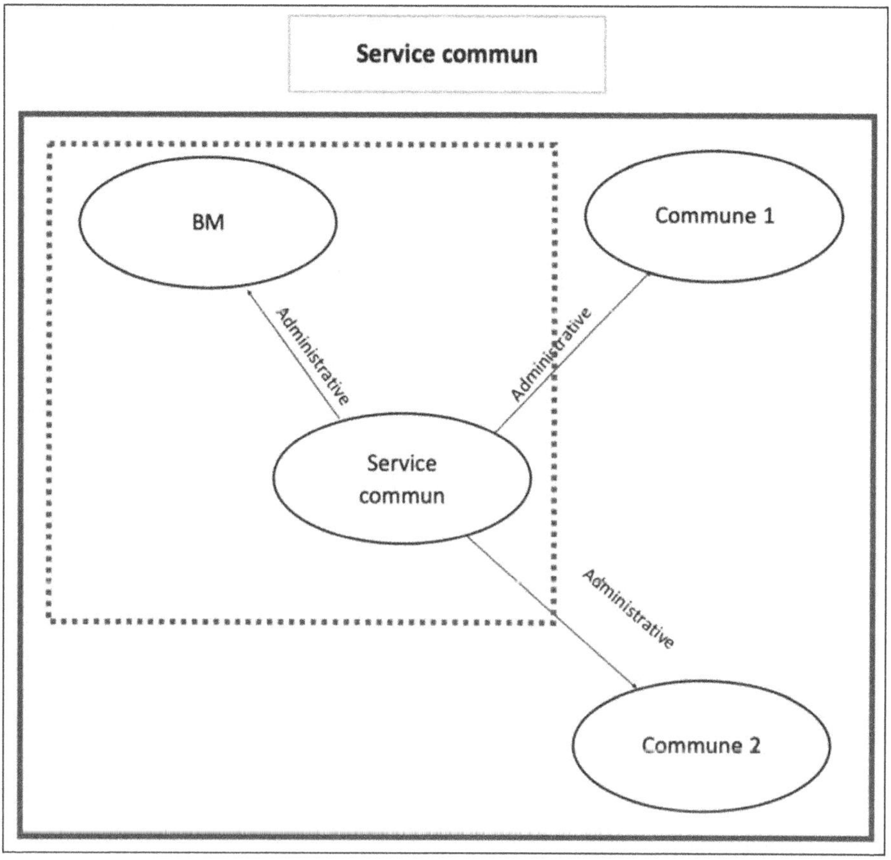

II. SUR LE POUVOIR HIÉRARCHIQUE

Après être venus confronter la dichotomie notionnelle au principe hiérarchique, nous sommes venus la rapprocher du pouvoir hiérarchique. Les résultats des entretiens et de l'étude menée permettent d'envisager, au-delà de la décomposition qui existe traditionnellement s'agissant du pouvoir hiérarchique[8], une troisième composante.

En principe, dans une organisation traditionnelle et donc pyramidale, toutes les composantes de ce pouvoir hiérarchique sont entre les mains d'une seule et unique personne, suivant ensuite le mouvement des chaînes hiérarchiques. Dans l'organisation résultant de la dichotomie d'autorité, le pouvoir hiérarchique se trouve doublement éclaté : d'abord en ce que ses

[8] C. Chauvet, *Le pouvoir hiérarchique*, Thèse LGDJ, coll. « Bibliothèque de droit public », tome 276, 2013.

composantes traditionnelles sont décomposées davantage qu'à l'habitude, ensuite parce que ces composantes se retrouvent entre les mains de différentes personnes - autorités - .

C'est ainsi qu'il nous est possible de venir identifier deux pouvoirs de commandement auxquels se rajoute un pouvoir de coordination, de sorte que le pouvoir hiérarchique soit triplement composé.

Sur les deux pouvoirs de commandement d'abord.

Le premier pouvoir de commandement se matérialiserait au travers d'un pouvoir hiérarchique sur les activités, qui serait pris en charge au titre de *l'autorité fonctionnelle*, mais également au titre de *l'autorité hiérarchique* selon les cas.

Ainsi, en ce qui concerne tout ce qui touche à la nécessité d'assurer la continuité du service[9], c'est-à-dire l'encadrement de l'action des agents et l'organisation du service et des activités, ce pouvoir hiérarchique est pris en charge au titre de *l'autorité hiérarchique*, donc pris en charge par les chaines hiérarchiques relatives à l'autorité hiérarchique.

En revanche, en ce qui concerne le pouvoir de sollicitation du service qui passe par un pouvoir d'instruction, un pouvoir d'ordonner, cette dimension du pouvoir hiérarchique est prise en charge au titre de *l'autorité fonctionnelle*. Ainsi, l'organe détenteur de l'autorité fonctionnelle pourra venir solliciter le service et les agents, faisant usage de son pouvoir d'ordonner, pouvoir ayant pour conséquence un devoir d'obéissance hiérarchique[10]. Comme son nom l'indique ce devoir découle directement de la hiérarchie, on le retrouve au titre I du statut général actuel à l'article 28 qui dispose : « tout fonctionnaire [...] doit se conformer aux instructions de son supérieur hiérarchique [...] ». Ce supérieur hiérarchique doit donc s'entendre comme le supérieur disposant de l'autorité fonctionnelle. Nous serions donc face à une autorité fonctionnelle, détenue par le supérieur hiérarchique au titre de son pouvoir hiérarchique sur les activités, supérieur hiérarchique issu de la hiérarchie fonctionnelle.

Qu'en est-il, en cas de refus ou d'incapacité de se conformer à une décision du supérieur hiérarchique? La question amène à traiter du deuxième pouvoir de commandement.

Le deuxième pouvoir de commandement se matérialiserait au travers d'un pouvoir hiérarchique sur les personnes et serait pris en charge au titre de *l'autorité hiérarchique* et donc, dans notre exemple, par l'autorité hiérarchique que constitue le président de Bordeaux Métropole.

---

[9] Cons. const., 25 juillet 1979, n° 79-105 DC, Loi modifiant les dispositions de la loi n° 74-696 du 7 août 1974 relatives à la continuité du service public de la radio et de la télévision en cas de cessation concertée du travail, *Rec*. Cons. const. 33.

[10] CE, 5 mai 1911, *Giraud*, n°40541.

Ce pouvoir hiérarchique sur les personnes passe par un pouvoir de nommer, d'affecter et de sanctionner. Prenons l'exemple du pouvoir de sanction. D'autres ont pu écrire que « le pouvoir hiérarchique est renforcé par le pouvoir de sanction dont dispose l'employeur public. Il est indissociable de celui-ci »[11]. Or, dans notre étude, la distinction entre autorité hiérarchique et autorité fonctionnelle conduit à cette dissociation. Ainsi, une sanction sera infligée à un agent par l'organe qui est investi de l'autorité hiérarchique, mais pour une faute qui pourra être commise à l'occasion d'une instruction donnée par un organe bien distinct, investi d'une autorité fonctionnelle. De sorte que le supérieur hiérarchique déçu (que ce dernier soit issu de la chaîne administrative ou politique[12]) ne bénéficie pas de l'autorité hiérarchique lui permettant de sanctionner.

Sur le pouvoir de coordination ensuite.

Outre ces deux pouvoirs de commandement, cette dichotomie notionnelle fait apparaître une troisième composante au pouvoir hiérarchique : un pouvoir de coordination.

Ce pouvoir, que l'on peut nommer *pouvoir hiérarchique d'équilibrage ou d'harmonisation,* ne permet pas, au contraire des deux autres, la manipulation d'un pouvoir sur les personnes ou sur les activités, mais la manipulation d'un devoir attaché au bon fonctionnement du service - service commun - et à la bonne organisation de ce dernier.

Ce pouvoir hiérarchique d'équilibrage est pris en charge au titre de *l'autorité hiérarchique* autant qu'au titre de *l'autorité fonctionnelle.* Il est indispensable à la coordination des agents et peut conduire à leur sollicitation croissante dans le processus d'élaboration des décisions.

En effet, les entretiens menés nous ont permis de mettre en lumière le fait que les agents des services communs se trouvaient très régulièrement confrontés à des sollicitations difficilement hiérarchisables, parfois incompatibles, parfois contraires, parfois même illégales. Ces constats ont amené les supérieurs hiérarchiques, issus de la hiérarchie hiérarchique, mais également fonctionnelle, à trouver des solutions visant à harmoniser la gestion de ces sollicitations, faisant ainsi naître cette troisième composante du pouvoir hiérarchique que constitue le pouvoir hiérarchique d'équilibrage.

Cette nouvelle composante se matérialise par la création d'espaces de discussions[13], qui peuvent prendre la forme de comités ou de réunions périodiques réunissant les différents acteurs hiérarchiques. Ces espaces de discussion peuvent également se traduire par une activité normative des entités territoriales : sont ainsi rédigées des chartes procédurales - sorte de

---

[11] C. Moniolle, « La subordination dans la fonction publique », *AJDA* 2010, pp. 1629.

[12] CAA Bordeaux, 10 févr. 2009, n°08BX01503, Inédit au recueil Lebon.

[13] Espace de discussion, notion empruntée aux sciences de gestion et en particulier aux travaux d'Aurélien Ragaigne.

chartes de bonne conduite - mais également des chartes permettant la construction d'une identité commune autour des rôles et des missions partagées. Enfin, ces espaces de discussion prennent parfois la forme de création de postes en commun. Ont ainsi été créés au sein des communes des postes de *cadre interface*, cadres chargés de faire le lien entre la ville, ses agents, ses usagers, ses élus et les services mutualisés. Ce type de création est apparu indispensable à la traduction de la commande des élus et donc indispensable aux services communs dans leurs propositions d'action aux communes.

Les entretiens ont par ailleurs pu démontrer que ces espaces de discussions aboutissent la plupart du temps à des compromis. Par conséquent, ce pouvoir hiérarchique d'équilibrage permet tout simplement à toutes les autorités de coexister post dissociation notionnelle, de sorte que cette troisième composante doit être comprise comme indispensable à l'éclatement du pouvoir et donc au bon fonctionnement des autres composantes.

S'il n'est pas nouveau de constater que le pouvoir hiérarchique puisse prendre différentes formes, attribuant au détenteur des compétences qui peuvent être manipulées de manière isolée[14], ce pouvoir hiérarchique prend ici une nouvelle forme, forme qu'il n'est cependant pas impossible d'imaginer temporaire - le temps pour les équilibristes manipulant ce pouvoir hiérarchique d'équilibrage de trouver l'équilibre -.

[14] Voir en ce sens C. Eisenmann, *Cours de droit administratif*, Paris, LGDJ, 1982, p. 240

Métropolisation et biens des collectivités territoriales

Florence Lerique

Professeure à l'Université Bordeaux Montaigne
GRALE / AFDCL

Alors que la métropole a été définie comme « une grande ville qui s'étale (...), qui concentre populations et emplois, qui rassemble des activités diversifiées et nombre de fonctions tertiaires supérieures, qui rayonne de plus en plus en réseau avec les autres grandes villes »[1], la métropolisation a également fait l'objet d'une définition spécifique. Elle est conceptualisée comme « un processus de polarisation de l'organisation des territoires par les villes et en particulier par les plus grandes d'entre elles. Le concept est en général associé à la mondialisation de l'économie et des échanges »[2].

Depuis une décennie la question urbaine est largement revenue sur le devant de la scène scientifique et législative. La ville et la métropole occupent une place de choix dans la réflexion en matière de réforme territoriale[3]. En revanche, les études sur ce sujet se sont plutôt concentrées sur les enjeux d'aménagement du territoire ainsi que sur les aspects institutionnels et les compétences. Les contributions en droit des biens sont rares[4]. La question pourrait apparaître secondaire si les compétences des métropoles n'étaient pas ce qu'elles sont. Or, les compétences sont structurantes, stratégiques et financièrement très coûteuses, il en résulte que l'intérêt d'une étude consacrée aux biens des collectivités en voie de métropolisation est donc réel.

Pourtant, « le droit de propriété constitue le type même de droit fondamental dont une collectivité publique est le plus naturellement susceptible de se voir accorder le bénéfice au même titre que n'importe quel

---

[1] Y. Lasnier, D. Riquier-Sauvage, *Les métropoles : apports et limites pour les territoires*, Les avis du CESE, 2019, p. 63.

[2] *Ibidem.*

[3] J.-C. Douence, « Les métropoles », *RFDA* 2011, p. 258-266.

[4] C. Mamontoff, « Le patrimoine de la métropole et la compétitivité territoriale », *in A l'heure de la métropolisation. Quels contours juridiques ?* (dir.) F. Lerique, L'Harmattan, 2012, p. 151-164. C. Meurant, « Le statut juridique des biens transférés aux métropoles », *RFDA* 2018, p. 451.

particulier »[5]. Cette assertion de B. Faure peut être transposée au profit des établissements publics de coopération intercommunale à fiscalité propre (EPCI à FP) et donc des métropoles, quand bien même ces établissements publics ne bénéficient pas à proprement parler du principe de libre administration[6]. Sans compter, si l'on peut dire, sur les montants parfois considérables que le statut de propriétaire implique pour les métropoles[7]. Si le droit de propriété rapproche la personne privée de la personne publique, il rapproche également l'établissement public de la collectivité territoriale. Voilà résumé en peu de mots l'enjeu de la contribution sur les biens des métropoles à savoir une question qui normalise le statut de l'établissement public comme les relations avec les collectivités territoriales. Le processus d'alignement semble engagé depuis longtemps, et aboutira à des différences résiduelles.

L'ambition de la loi RCT de 2010, à l'origine des métropoles, est d'en faire un EPCI différent qui doit affirmer la montée en puissance du fait urbain, éviter la fragmentation des intérêts sur le territoire métropolitain et améliorer la compétitivité et la cohésion de leur territoire pour pouvoir être comparées aux métropoles européennes et internationales[8].

L'un des objets du colloque est d'ailleurs également d'évaluer dans quelle mesure ces EPCI sont bien différents des trois autres catégories d'EPCI à FP que sont les communautés de communes, les communautés d'agglomération et communautés urbaines. La question se pose aussi de savoir si la catégorie métropole a une consistance suffisamment solide au point de pouvoir la singulariser. De ce point de vue, circule un certain nombre d'idées reçues et magiques selon lesquelles les métropoles seraient des établissements à part et autoriseraient une application de la théorie du ruissellement. C'est oublier que les métropoles, comme tout autre territoire, connaissent leurs propres difficultés et fractures qui sont connectées avec les territoires limitrophes d'où le succès des politiques qui recourent à l'inter-territorialité. Le CESE mettait d'ailleurs en évidence « qu'alors que les métropoles sont supposées être des lieux de croissance et d'attractivité,

[5] B. Faure, *Droit des collectivités territoriales*, Précis, Dalloz, 3e édition, 2014, p. 52.

[6] Le texte de la Constitution de la Ve République, en ses articles 34 et 72, évoque le principe de libre administration des collectivités territoriales. À aucun moment les établissements publics de coopération intercommunale ne sont associés à la libre administration sauf de manière indirecte de par leurs membres constitutifs qui sont des collectivités territoriales.

[7] À ce titre, il est possible de citer en exemple la politique de Berlin en matière de rachat de logements pour 30 milliards d'euros pour essayer d'enrayer la hausse des loyers. Cette politique a fait l'objet d'un référendum d'initiative populaire en septembre 2021. Article Le Monde « Un référendum-clé à Berlin sur l'avenir de la politique du logement », 25 septembre 2021.

[8] Cour des comptes, *Les finances publiques locales 2020*. « La mise en place des métropoles : un premier bilan peu convaincant », Fascicule 3, Décembre 2020.

pauvreté et contrastes sociaux sont particulièrement importants dans les plus grandes aires urbaines de l'hexagone »[9].

À la lecture de la littérature grise on peut se demander si la problématique des biens des EPCI ne serait pas négligée ? Mais aborder la métropole par la voie de la propriété revêt un caractère heuristique de l'évolution des EPCI à FP, comme cela a déjà été souligné, et des métropoles en particulier. Or, l'envergure des métropoles invite à apporter au sujet un intérêt sérieux ce que n'a pas manqué de faire la Cour des comptes dans son rapport de décembre 2020[10].

Le Code général des collectivités territoriales ne fait pas mystère de ce que le sujet est corrélé à la question du transfert de compétences et inscrit d'emblée la thématique dans les questions générales, qui concernent par ailleurs les collectivités territoriales, puisque l'article L 1321-1 prévoit que le transfert d'une compétence entraîne de plein droit la mise à disposition de la collectivité bénéficiaire des biens meubles et immeubles utilisés, à la date de ce transfert pour l'exercice de cette compétence. Même quand il s'agit d'une mise à disposition « la collectivité bénéficiaire assume l'ensemble des obligations du propriétaire. Elle possède tout pouvoir de gestion »[11]. Il s'agit d'une traduction en droit des collectivités locales du caractère absolu du droit du propriétaire sur la chose du droit privé. Le droit de propriété prend le pas sur la nature du propriétaire.

La propriété des métropoles constitue une entrée, qui permet de penser, que grâce aux biens les métropoles bénéficient de la libre administration, ou à tout le moins que la métropole n'est pas moins libre de sa gestion de biens qu'une commune-membre, collectivité territoriale. En réalité ce qui tient l'édifice c'est l'exercice de la compétence transférée. La propriété des métropoles est donc dépendante des communes ainsi que le signifie l'expression bloc communal, mais elle constituera également dans un deuxième temps un moyen d'émancipation de ce niveau de collectivité. En conséquence, nous verrons dans un premier temps que la propriété revêt, malgré le droit défini, une forme de contingence (I) et dans un deuxième temps, que cette propriété peut avoir une vocation émancipatrice notamment du statut d'établissement public (II).

I. UNE PROPRIÉTÉ CONTINGENTE

En 2012, G. Marcou relevait de manière visionnaire que « la ville restait dominée par les communes qui la composent, allant même jusqu'à affirmer

[9] Y. Lasnier, D. Riquier-Sauvage, *Les métropoles : apports et limites pour les territoires*, CESE, 2019, p. 16.

[10] Cour des comptes, *Les finances publiques locales 2020*. « La mise en place des métropoles : un premier bilan peu convaincant », Fascicule 3, décembre 2020.

[11] Article L. 1321-2 du CGCT.

qu'il n'est pas sûr que les métropoles (…) parviennent à être autre chose que des super communautés urbaines »[12]. Le propos est visionnaire en ce qu'il a été confirmé par le retour sur le devant de la scène des communes et de leur maire après la loi engagement et proximité[13]. C'est en effet ainsi qu'a pu être interprété le pacte de gouvernance qui assure le fonctionnement quotidien de l'EPCI entre élus locaux[14]. Le rapport de la Cour des comptes de 2020 confirme ces premières remarques considérant même que « les communes sont restées maîtres du jeu institutionnel »[15].

La propriété des métropoles est organisée en fonction du transfert des compétences entre les communes et les métropoles pour l'essentiel. Cependant, le transfert de propriété peut également, à titre accessoire, concerner les biens de l'État, des départements voire des régions. En effet, ces trois dernières collectivités peuvent également transférer des compétences aux métropoles. Au regard de cette modalité de transfert de propriété il n'est pas surprenant d'observer que les difficultés juridiques sont susceptibles de se propager lors des étapes successives que constitue le processus de transfert de compétences et des biens qui y sont attachés.

A. Un transfert de propriété contingent des compétences transférées

Selon l'article L. 5217-5 du CGCT, les biens et droits à caractère mobilier ou immobilier situés sur le territoire de la métropole, et utilisés pour l'exercice des compétences transférées (mentionnées au I de l'article L. 5217-2), sont mis de plein droit à disposition de la métropole par les communes membres. Un procès-verbal précise la consistance et la situation juridique de ces biens et droits. Les biens et droits sont transférés dans le patrimoine de la métropole au plus tard un an après la date de la première réunion du conseil de la métropole.

Le basculement de l'EPCI préexistant vers la métropole est également prévu puisque les biens et droits appartenant au patrimoine de l'EPCI avant la transformation en métropole sont transférés à la métropole en pleine propriété. Dès lors que les biens sont mis à disposition de l'EPCI par les communes, le transfert de propriété est opéré entre la ou les communes concernées et la métropole (article L. 1321-1, L. 1321-2). En fait, le phénomène de centralisation décrit et critiqué par B. Faure lors de la création des EPCI XXL ne sera pas à l'œuvre en matière de biens, car c'est la même règle qui a vocation à s'appliquer pour toutes les formes d'EPCI[16]. La règle

---

[12] G. Marcou, « Avant propos de l'ouvrage », *A l'heure de la métropolisation, quels contours juridiques ?,* Dir. F. Lerique, L'Harmattan 2012.

[13] Loi n° 2019-1461 du 27 décembre 2019 relative à l'engagement dans la vie locale et à la proximité de l'action publique, *JO* 28 décembre 2019.

[14] F. Lerique, « Le pacte de gouvernance : traduction du bloc communal », *BJCL* n°1/2020.

[15] Cour des comptes, *Les finances publiques locales 2020*. « La mise en place des métropoles : un premier bilan peu convaincant », Fascicule 3, décembre 2020.

[16] B. Faure, « Quelle gouvernance pour les intercommunalités XXL ? », *BJCL*, n° 7-8-2017.

revêt l'apparence de la simplicité et peut renvoyer à l'adage l'accessoire suit le principal à savoir le bien suit la compétence.

En pratique, les transferts sont réalisés à titre gratuit et ne donnent lieu à aucun paiement d'indemnité ou de taxe pas plus que de droits, salaires ou honoraires. La métropole est donc substituée de plein droit pour l'exercice des compétences transférées aux communes membres et à l'EPCI transformé (en application de l'article L. 5217-4) dans l'ensemble des droits et obligations attachés aux biens mis à disposition et transférés à la métropole ainsi que pour l'exercice de ces compétences sur le territoire métropolitain dans toutes leurs délibérations et tous leurs actes.

B. Une consistance éminemment contingente

La consistance renvoie au contenu de la propriété de l'établissement public. De la même manière, la consistance de la propriété des métropoles est contingente d'un point de vue objectif puisqu'elle est déclinée en fonction des compétences socles des communes membres, comme d'un point de vue subjectif en fonction de l'intérêt métropolitain et des compétences de l'État, des départements et de la région exercées par la métropole et qui font l'objet d'une sélection et d'un vote.

Le choix des compétences par les métropoles a pu faire l'objet de critiques quand il a eu comme support l'intérêt métropolitain. De fait, le transfert est plus ou moins étendu en fonction de la définition de l'intérêt métropolitain comme le souligne le rapport de la Cour des comptes de 2020[17]. Or, le juge financier a relevé que « les contrôles menés mettent en évidence que l'intérêt métropolitain, quand il a été défini, a le plus souvent été arrêté de manière empirique, voire opportuniste, sans réelle vision stratégique »[18]. Un rapport sénatorial reprend cette remarque pour formuler des recommandations. Les auteurs du rapport estiment notamment que « l'intérêt métropolitain doit être défini à partir de critères préalablement discutés en termes d'efficacité et de réactivité de l'action publique, et, d'autre part, que l'exercice des compétences obligatoires, en dehors de la compétence économique, devrait être subordonné à la reconnaissance préalable de cet intérêt »[19]. Au regard de l'ampleur de la recommandation, à n'en pas douter, les questions de patrimonialité font partie de l'appréciation portée sur le transfert de la compétence via la reconnaissance de l'intérêt métropolitain.

Dans un deuxième temps, le transfert est plus subjectif et dépendra de la volonté de chaque métropole d'exercer les compétences de l'État, des départements ou des régions. Si la métropole exerce des compétences de ces

[17] *Op. cit.*

[18] *Ibidem.*

[19] F. Gatel, D. Estrosi Sassone, M. Gréaume et S. Robert, Rapport d'information au nom de la délégation aux collectivités territoriales et à la décentralisation sur les métropoles : pour de nouvelles dynamiques territoriales. Sénat, juin 2021.

collectivités (précisons que c'est une obligation pour une partie des compétences départementales selon l'article 90 de la loi Notre[20]), cette possibilité va conduire à une singularisation de chaque métropole. Cela renforcera la difficulté de pouvoir les comparer entre elles, problème relevé là aussi par le juge financier[21], comme dans un certain nombre de rapports[22]. Il est possible d'ajouter à cela le transfert de la part de l'État de « la propriété, l'aménagement, l'entretien et la gestion des grands équipements et infrastructures »[23], source de singularisation là aussi.

Malgré la banalisation[24] dont elle fait l'objet, la catégorie métropole va être difficile à appréhender de manière homogène, sans doute à un point tel que la notion de catégorie pourra à certains égards être remise en cause. Le transfert des biens de l'État illustre le caractère également subjectif de la propriété des métropoles. La métropole pourra conduire une politique propre quant aux compétences qu'elle souhaitera exercer venant notamment de l'État. En effet, l'article L. 5217-2 prévoit que l'État peut transférer à la métropole qui en fait la demande la propriété, l'aménagement, l'entretien et la gestion des grands équipements et infrastructures. Ces transferts sont effectués à titre gratuit et ne donnent lieu au paiement d'aucune indemnité ou taxe, ni d'aucun droit, salaire ou honoraire. Le transfert est autorisé par décret. Une convention conclue entre l'État et la métropole précise les modalités du transfert. Cette propriété est fonction de la passation d'une convention entre l'État, le département, la région et la métropole concernée. Chaque métropole pourra ainsi se singulariser, le transfert des biens suivra. La différenciation des compétences est donc bien à l'œuvre et sera appuyée et même généralisable, au deuxième degré, avec l'adoption définitive du projet de loi 3DS. En effet, ce texte prévoit un nouvel article L. 1111-3-1 du CGCT qui dispose que « les règles relatives à l'attribution des compétences et à leur exercice applicables à une catégorie de collectivités territoriales peuvent être différenciées dans le respect du principe d'égalité ».

Le deuxième intérêt du rapport de la Cour des comptes de 2020 réside dans le constat que le transfert de propriété prévu par la transformation en métropole est, pour certaines d'entre elles, très en retard et cela pour diverses raisons. Le transfert est donc contingent d'un certain nombre de difficultés qui seront propres à l'établissement concerné. Le transfert de propriété est cependant une modalité d'émancipation à l'égard des communes membres.

---

[20] Loi n°2015-991 du 7 août 2015 portant nouvelle organisation territoriale de la République, *JO* 8 août 2015.

[21] Cour des comptes, *op. cit.*

[22] Y. Lasnier, D. Riquier-Sauvage, *Les métropoles : apports et limites pour les territoires*, CESE, 2019.

[23] Article L. 5217-2 du CGCT.

[24] B. Faure, « La banalisation du statut de métropole », *RFDA* 2017, p. 637-641.

II. UNE PROPRIÉTÉ ÉMANCIPATRICE

Si en décembre 2020, la Cour des comptes relève un certain nombre de difficultés dont un retard substantiel du transfert des biens aux métropoles, la constitution du patrimoine des métropoles n'en est que retardée, à la fois parce que le transfert des biens est plus lent que celui des compétences, mais également parce que les compétences des métropoles ne sont pas définies avec beaucoup de diligence. L'intérêt métropolitain connaît lui aussi des résistances. Il n'en demeure pas moins qu'à terme le patrimoine constitué, que la métropole gérera en propriété, aura une vertu émancipatrice par rapport aux communes membres.

A. La constitution du patrimoine différée

Le retard observé dans le transfert des biens aux métropoles a un lien avec la liberté et l'autonomie que cela va générer et en contrepoint la liberté et l'autonomie que le processus retire à la commune qui était propriétaire des biens au préalable. La question se pose de savoir pourquoi une procédure efficace de transfert des biens n'a pas été imaginée et que les nouvelles métropoles soient retenues par les statuts précédents. Les propos de G. Marcou étaient prémonitoires puisqu'il considérait qu'il y avait une éventualité que les métropoles ne deviennent que des super communautés urbaines. Dans son rapport de décembre 2020 la Cour des comptes ne dit pas autre chose en remarquant que « la création du statut de métropole n'a pas apporté de modifications substantielles au socle des compétences dont disposait déjà les communautés urbaines ». En quelque sorte, la question des biens est un impensé de la création des métropoles ou une question insuffisamment pensée. Il a, sans doute, été considéré que la continuité avec les communautés urbaines suffirait largement. Or, les métropoles n'ont plus exactement la même vocation que celle qui avait présidé à la création des établissements publics précédents, ceux de 1966.

La Cour relève également que « les métropoles ne connaissent qu'imparfaitement leur patrimoine et les transferts de compétence ont souvent accentué ce phénomène ». Or dans un autre rapport consacré à la gestion directe de l'eau et de l'assainissement la Cour des comptes remarquait qu'une bonne connaissance patrimoniale induisait un meilleur rendement en ce qui concerne les services d'eau et d'assainissement[25]. Si le service public est particulier, on peut avoir une appréciation généralisable. Ainsi, il peut sembler important pour l'efficacité et la qualité des services délivrés par la métropole qu'elle ait une bonne connaissance des biens qui constituent et devraient constituer son patrimoine.

On peut également souligner des retards dans le transfert des biens qui a accompagné le transfert des compétences communales[26]. En effet, la Cour

---

[25] Cour des comptes, *Gestion directe des services d'eau et d'assainissement*, 2015.

[26] Illustrations concrètes du retard à intégrer dans le patrimoine des métropoles.

souligne que la grande majorité des contrôles des chambres régionales des comptes mettent en évidence des retards parfois très importants dans la mise en œuvre du transfert des compétences communales. Ce constat porte plus particulièrement sur « les transferts patrimoniaux qui ont été réalisés tardivement ou sont toujours en cours alors qu'ils auraient dû intervenir au plus tard un an après la date de la première réunion du conseil métropolitain »[27] comme le prévoit l'article L. 5217-5 du CGCT. Certains biens n'avaient pas fait l'objet de transfert de propriété alors que les compétences auxquelles ils correspondent étaient exercées de longue date par les EPCI et ce bien avant qu'ils se transforment en métropole.

Deux explications sont avancées pour comprendre cette situation, « d'abord la faiblesse des services techniques et juridiques des communes en matière de patrimoine et les aspects symboliques et politiques de la dévolution des biens correspondants ». Les cas de Saint-Étienne, Grenoble et Nice sont pris pour illustrer les motifs de ces retards substantiels dans le transfert. Les justifications sont à chaque fois différentes. Pour Saint-Étienne c'est la succession des statuts, pour Grenoble les difficultés résident dans des désaccords avec les communes sur l'assiette à transférer ainsi que sur les conditions matérielles du transfert, des difficultés à retrouver toutes les origines de propriété, découpage parcellaire très nombreux, division en volume souvent requise. À Nice, première des métropoles, les procès-verbaux de mise à disposition des biens meubles et immeubles ont été signés avec près de 2 ans de retard et le transfert en pleine propriété des biens n'est toujours pas activé.

Enfin, la Cour relève un certain nombre de problèmes pour définir l'intérêt métropolitain qui se répercute sur les compétences exercées et donc les biens transférés. C'est ainsi une apparence de simplicité juridique qui recouvre d'un voile discret le transfert effectif des biens aux métropoles.

B. Une propriété placée, à terme, sous l'empire de la libre administration

Dans ce registre, la libre administration peut être assimilée à de la libre gestion comme B. Faure l'évoque en remarquant que la position doctrinale comparant la libre administration à un pouvoir de libre gestion, « à l'exclusion de toute possibilité de libre gouvernement », est assez largement partagée[28]. L'idée est intéressante, car elle permet d'associer l'établissement public et la collectivité territoriale alors même que la libre administration apparaît, suite à la jurisprudence du Conseil constitutionnel, « comme une norme de fond »[29] et surtout une garantie réservée aux collectivités

[27] Cour des comptes, *op. cit.*, p. 43.

[28] B. Faure, *Droit des collectivités territoriales*, Dalloz, 1ere édition, 2009, p. 28-29.

[29] J. Ferstenbert, F. Priet, P. Quilichini, *Droit des collectivités territoriales*, Dalloz, 2009, p. 73.

territoriales dont ces derniers ne bénéficieraient que par procuration. Des limites sont cependant posées à la libre administration, à savoir le respect de l'unité et des prérogatives de l'État comme l'application uniforme des droits et libertés.

Des retards dans le transfert des biens sont enregistrés et cela illustre, entre autre chose, la volonté des communes de ralentir le transfert des biens pour continuer à bénéficier des prérogatives du propriétaire en exerçant la compétence[30]. La Cour des comptes relève ainsi qu'à Bordeaux « des équipements manifestement d'intérêt métropolitain (Opéra national, la Cité du vin, le stade J. Chaban Delmas) n'ont toujours pas été transférés à la métropole en raison de leur rayonnement, de leur caractère unique ou structurant auquel tient la commune qui les héberge »[31]. Ceci démontre la rétention et une volonté délibérée de ralentir le transfert. Différents moyens sont mis en œuvre, comme les conventions de gestion, afin de faire en sorte que les communes ralentissent le plein exercice par les métropoles de leurs compétences[32]. La Cour souligne par ailleurs que « des conventions de gestion provisoires ont permis aux métropoles de confier l'exercice de pans entiers, voire la totalité, de certaines de leurs compétences aux communes membres, et ce dans des conditions peu encadrées »[33]. Le recours aux métropoles est donc bien instrumentalisé.

Pour conclure, on peut déduire du transfert des compétences et des biens afférents des communes aux métropoles que cela va entraîner un appel d'air de libre administration au profit des métropoles. L'article 72 de la Constitution réserve la libre administration aux collectivités territoriales. Cependant dans l'exercice des prérogatives du propriétaire il n'y a pas de différence entre une collectivité territoriale et un établissement public. De par leurs biens les métropoles seront plus libres et, en quelque sorte, plus proches de la catégorie des collectivités territoriales, parce que des propriétaires comme les autres.

---

[30] Cour des comptes, *op. cit.*, p. 45.

[31] *Ibidem.*

[32] *Ibidem.*

[33] *Ibidem.*

Structures éditoriales du groupe L'Harmattan

L'Harmattan Italie
Via degli Artisti, 15
10124 Torino
harmattan.italia@gmail.com

L'Harmattan Hongrie
Kossuth l. u. 14-16.
1053 Budapest
harmattan@harmattan.hu

L'Harmattan Sénégal
10 VDN en face Mermoz
BP 45034 Dakar-Fann
senharmattan@gmail.com

L'Harmattan Cameroun
TSINGA/FECAFOOT
BP 11486 Yaoundé
inkoukam@gmail.com

L'Harmattan Burkina Faso
Achille Somé – tengnule@hotmail.fr

L'Harmattan Guinée
Almamya, rue KA 028 OKB Agency
BP 3470 Conakry
harmattanguinee@yahoo.fr

L'Harmattan RDC
185, avenue Nyangwe
Commune de Lingwala – Kinshasa
matangilamusadila@yahoo.fr

L'Harmattan Congo
219, avenue Nelson Mandela
BP 2874 Brazzaville
harmattan.congo@yahoo.fr

L'Harmattan Mali
ACI 2000 - Immeuble Mgr Jean Marie Cisse
Bureau 10
BP 145 Bamako-Mali
mali@harmattan.fr

L'Harmattan Togo
Djidjole – Lomé
Maison Amela
face EPP BATOME
ddamela@aol.com

L'Harmattan Côte d'Ivoire
Résidence Karl – Cité des Arts
Abidjan-Cocody
03 BP 1588 Abidjan
espace_harmattan.ci@hotmail.fr

Nos librairies en France

Librairie internationale
16, rue des Écoles
75005 Paris
librairie.internationale@harmattan.fr
01 40 46 79 11
www.librairieharmattan.com

Librairie des savoirs
21, rue des Écoles
75005 Paris
librairie.sh@harmattan.fr
01 46 34 13 71
www.librairieharmattansh.com

Librairie Le Lucernaire
53, rue Notre-Dame-des-Champs
75006 Paris
librairie@lucernaire.fr
01 42 22 67 13

www.ingramcontent.com/pod-product-compliance
Lightning Source LLC
LaVergne TN
LVHW011449061026
849535LV00004BA/1016
* 9 7 8 2 3 3 6 4 0 8 7 9 8 *